D1513728

# LES PETITES MAZARINES

DU MÊME AUTEUR

Louis II de Bavière, *biographie*, Éditions spéciales, 1973.
Les Chevaliers du crépuscule, *roman*, J.-C. Lattès, 1975.
Les Funérailles de la sardine, *roman*, Grasset, 1986. (Prix Médicis.)
Les Filles du Calvaire, Grasset, 1991. (Prix Goncourt.)
La Sainte Famille, Grasset, 1996.
Le Songe de Pharaon, *roman*, Grasset, 1998.

PIERRE COMBESCOT

# LES PETITES MAZARINES

BERNARD GRASSET
PARIS

*A Cristiana, à Nicky et Jean-Claude, à Julien et à Marie-Sarah, à Hugues et également à la bibliothèque de mon ami Bernard.*

# 1

## Le cardinal Jules Mazarin se débarrassera-t-il jamais de son double : Giulio Mazarini ?

Le Cardinal aime sa famille, les salsifis et lui-même plus encore. Depuis quatre ans il gouverne la France et y prend ses aises. Quelques années auparavant, ni vu ni connu, il avait un soir au coin d'une rue abandonné une vague ombre, le cavalier romain Giulio Mazarini, pour se glisser dans la peau de Jules Mazarin, favori de la Reine et cardinal-ministre. Cependant quoi qu'il fasse, l'Italien, chez lui, revient au galop. S'il y en a pour un, il s'en trouvera toujours assez pour le reste de la famille, se persuade-t-il. Et d'écrire aussitôt à Rome afin qu'on lui envoie les quatre aînés des enfants de ses sœurs. Nous sommes en septembre de 1647. Et ce n'est qu'un commencement. Car cette marmaille hirsute, piaillante, chaude encore du nid, qui bientôt va paraître à la cour, ne sera que la première volée d'une longue série de neveux et nièces, dont il s'appliquera, par la suite, à imaginer la fortune.

*Jules Mazarin empoche le cœur de la reine Anne d'Autriche*

Jules Mazarin possède un sentiment très vif de la famille qu'on nommerait volontiers mafieux, si depuis toujours le népotisme n'avait été de règle dans la péninsule. Aussi est-ce sans aucun scrupule, avec la virtuosité d'un artiste de l'escamotage, qu'il va s'employer à en acclimater l'usage au royaume de France.

Au début il y recourt feignant l'air du chat assoupi ; tout en douceur, sans hâte ; c'est qu'il déguise encore son féroce appétit ; il s'avance « scherzando », patte de velours, ainsi qu'il en a toujours usé, laissant entrevoir du paysage, façon de faire rêver. Il se joue des cœurs et des âmes ; attise les ambitions – c'est une méthode qui a fait ses preuves. Il braconne ici, chaparde là. C'est ainsi qu'il a escroqué, il y a peu, le cœur de la Reine Régente.

A l'âge où d'autres sont grands-mères, Anne d'Autriche continuait à rêver d'amour. La Reine cajole sa paresse avec gourmandise ; sous des chairs un peu molles, un peu mûres, elle dissimule mal une âme romanesque et des vanités de petite fille. Pour l'exemple : elle n'est pas peu fière de ses mains qu'elle a fines et blanches. Le Cardinal qui l'a percée prend aussitôt l'air rêveur. Oh ! les mains, les belles mains ! semble dire son regard. Le voilà en extase, prêt à pâmer. Anne en conçoit aussitôt du trouble. Ce regard, elle le pressent enflammé, brûlant ; il n'est que froid et calculateur. Elle est au bord de chanceler. Mon Dieu ! se serait-elle trompée sur son compte ? Assaillie d'un doute, elle veut reconsidérer le bel Italien qu'elle n'a accepté au Conseil de régence qu'à contrecœur. Ne disait-on pas qu'il était son ennemi. Pire, une créature de feu le Cardinal-duc, qui avait été son plus féroce persécuteur.

Elle veut en avoir le cœur net. Elle ajuste sa lorgnette et qu'aperçoit-elle ? Des yeux caressants, une bouche charnue, un beau nez viril et avec cela des manières veloutées de chat d'appartement.

« Il était du monde l'homme le mieux fait ; il était beau ; il avait l'abord agréable, l'esprit d'une grande étendue ; il l'avait fin, insinuant, délicat ; il faisait fort plaisamment un conte... » écrit de lui Bussy-Rabutin qui n'a jamais été tendre.

*Un grand maître en gigolaillerie,*
*ou simplement à poil et à plume ?*

Or il est vrai que Mazarin est d'un commerce charmant, avec ce don de plaire aux femmes comme aux hommes, n'ayant du sacerdoce gardé que le strict nécessaire. Toutefois à l'exception des mains de la Reine et d'une aventure de jeunesse en Espagne, on ne lui connaît guère de liaison.

Serait-il de ces délicats qui recherchent des plaisirs plus singuliers ? Ses penchants d'esthète le dénonceraient volontiers comme un Italien « très italien » – c'est ainsi qu'on disait alors. Anne d'Autriche s'est elle-même, un temps, interrogée sur cette possibilité. Certes il lui fait entrevoir du paysage, mais jamais le solide, et ses nerfs s'agacent de l'incessant bruissement de dentelles et de moires qu'il suscite autour d'elle. C'est qu'il s'amuse à la déconcerter par un manège incessant. L'irritation de la souveraine le ravit ; il la provoquerait même ; il joue de ruses ; feint de s'intéresser à son babillage. Il se divertit de son innocence ; caresse voluptueusement ses sottises ; les lui fait redire comme s'il les avait mal entendues ; s'émerveille de ces perles. Oh, comme c'est reposant d'être une dinde ! Il affecte de débrouiller ses sentiments pour mieux les emmêler. Déjà il règne en maître sur son cœur.

Furent-ils amants ? Anne, plus perspicace qu'on ne le croit, donne de singulières explications à l'une de ses dames d'honneur, pour la persuader qu'il ne s'est jamais rien passé entre le Cardinal et elle. Elle avoue qu'il n'aime point les femmes, puisque italien, il l'est en tout. Le stratagème n'est pas pour déplaire à l'intéressé. Le Cardinal est passé maître dans l'art de brouiller les pistes, pratiquant en virtuose la supercherie.

N'est-ce point d'ailleurs le plus sûr moyen de faire taire les jalousies et de tenir court les piaffeurs de cabales ; ces messieurs les importants qui font le siège de la Reine Régente, n'attendant que le moment propice pour attraper le vent de la révolte.

Et puis Mazarin n'est-il pas de la race de ces grands voluptueux qui, à l'ostentation de leur félicité, en préfèrent l'avarice ?

Il possède, en effet, l'art consommé, on ne peut plus italien, de savoir bivouaquer à la lisière ; là où le bonheur se débusque plus sûrement – ce bonheur dont il a le goût plus que quiconque en ce siècle, et qui, chez lui, alterne avec ce génie souple qu'il met au profit de ses intérêts, encore que parfois il sache en faire bénéficier ceux qui ont aidé à sa réussite. Les voies détournées lui paraissent toujours plus enviables que les allées cavalières. Aussi préfère-t-il les escaliers dérobés aux degrés d'apparat. Tous les escaliers dérobés et, en particulier, ceux qui mènent chez la Reine. Madame, la Palatine, confiera plus tard dans une lettre à une de ses parentes d'Allemagne : « La feue reine a fait pire que d'aimer le cardinal Mazarin, elle l'a épousé. » Et de décrire l'escalier du Palais-Royal qui existait toujours au siècle suivant, par où l'Eminence se rendait nuitamment chez « sa femme ».

Aussi allez savoir...

Cependant, lorsque le Cardinal, vers la fin de sa vie, se mettra en tête de briguer le trône pontifical, personne ne fera de difficulté à ce qu'il reçoive les ordres majeurs, dans le cas où il serait élu. Selon certains, il les aurait d'ailleurs reçus sur son lit de mort avec l'extrême-onction.

Les amours de la Reine et de son ministre demeurent en tout cas un mystère qui n'intéresse notre curiosité que pour le brio et le charme avec lequel le Cardinal mena son grand carrousel sentimental ; une reprise de haute école, en dépit de la pouliche quelque peu sur le retour. La manière tient à la fois de l'art équestre et de la grande gigolaillerie ; encore que, lorsque les princes et les grands, les parlements, la France entière exigent votre renvoi, il faille plus que de l'assiette pour se maintenir en selle auprès d'une reine perruchante et assez bornée, et plus encore influençable, au point de s'être jadis compromise dans des conspirations où la duchesse de Chevreuse, son amie de cœur, trouva le chemin de l'exil et le prince de Chalais celui de l'échafaud.

Sachant la Reine incertaine, Mazarin accorde-t-il tout, ou préfère-t-il souffler le froid et le chaud, s'amuser d'elle, en faire sa dupe ? Pousse-t-il plus loin les caresses ? Ou se contente-t-il de lui débiter mille douceurs, de la payer avec du vent pour, ensuite, par un mot cruel la désespérer ? Mazarin possède le coup d'œil froid. S'il joue des frustrations, c'est qu'il sait jusqu'où il peut éperonner cet être paresseux et plein d'abîmes, aux chairs roses et molles. La Reine appartient à cette catégorie de personnes qui, froissées par la vie, par un mariage décevant, puisent en elles leurs échauffements du cœur, ces emballements romanesques qui se révèlent bien plus violents que ceux qu'elles eussent tirés des réalités d'une passion dont elles se seraient finalement lassées. Mazarin a su débrider le cœur de la Reine par des douceurs feintes subitement suivies de réserves glacées. Une tactique proche des manières de gouvernement, qu'il appliquera non seulement à son ministère mais également à sa famille.

### Coup d'œil sur la jeunesse de
### M. le Cardinal Mazarin

Affable et délicieusement sournois, Mazarin est un cynique capable d'amitié ; de fidélité même. A son passé d'abord qu'au faîte de sa gloire, alors qu'il s'invente une généalogie illustre, il n'a jamais perdu de vue ni renié. Il lui restera toujours quelque chose de l'aventurier, en quête de l'occasion. Comme un parfum de ruffiannerie de ce temps où il fréquentait les tripots romains et y apprenait l'humanité sur le tas et l'art de savoir pallier le hasard en biseautant les cartes. « Sa naissance était basse et son enfance honteuse. Au sortir du Colisée, il apprit à piper, ce qui lui attira des coups de bâton... » nous dit Retz. A tous vents donc ! à la fois entremetteur et chevalier d'industrie, mi-faquin mi-signorino ; il y a du roman picaresque dans la jeunesse turbulente du cavaliere Giulio Mazarini.

Aussi comment s'étonner, qu'en dépit de ses efforts de camouflage, on devine par instants comme l'ombre furtive, dans les rougeoiements que jette autour de lui la pourpre cardinalice, du petit ruffian bien troussé qu'il fut quand il hantait les mauvais lieux et procurait pêle-mêle aux cardinaux Barberini des eaux à la violette, des comédiennes délurées ou de jeunes castrats –, à leur guise.

Au sortir des jésuites, il musarde quelque temps alentour des palais ; il cherche, comme tout un chacun à Rome, un patron. En ce temps-là, on se doit d'être de la faction de France à moins que l'on ne soit de celle d'Espagne. Les princes Colonna, chez qui son père Pietro Mazarini a été intendant, ont de toujours été acquis à cette dernière. Le jeune Giulio aurait dû rejoindre leur parti.

Tout au contraire il va se fourrer chez les Barberini, ce qui revient à choisir le camp adverse, celui de France. De chez les « cardinaux-neveux », il se pousse bientôt chez « l'oncle » qui n'est autre que le pape Urbain VIII. La succession du duché de Mantoue survient. On est en 1628. La France une fois encore se trouve opposée à l'Espagne. Mazarin aperçoit une brèche. Et dans cette brèche, au loin, une soutane rouge. Il s'y faufile. Sans demander son reste.


### L'affaire est dans le sac : Giulio Mazarini a fait rire l'Homme rouge

Tout de suite, il a saisi comme une lueur amusée dans l'œil du terrible Cardinal qui semble lui dire : étonnez-moi. Cette sympathie d'un instant va être le détonateur de sa fortune car, nul doute, sans cela son destin eût été à vau-l'eau ; pareillement à celui de ces aventuriers transalpins qui, poussés par la nécessité, s'en viennent à chaque génération chercher fortune en France et qui, leurs industries épuisées, s'en retournent outre-monts ; à moins qu'ils ne finissent par grossir un monde grouillant d'intrigants obscurs et faméliques, et cela nonosbstant leur verve incomparable que double un époustouflant culot.

L'œil ardent, la parole facile, avide comme eux de toutes les fortunes, Mazarin eût, comme eux, probablement échoué dans son dessein s'il n'y avait eu Richelieu et cette rencontre du 28 janvier 1630 à Lyon où le pape Urbain VIII l'avait envoyé pour sonder le ministre.

Richelieu se prépare, en effet, à bousculer les armées de Savoie et d'Espagne ; aussi le tortueux pape Barberini compte-t-il sur Mazarin pour louvoyer à vue et tromper à la fois la France, la Savoie et l'Espagne.

Richelieu se tient près de la cheminée, impressionnant d'allure, mi-prêtre mi-cavalier, soutane fendue, relevée en deux pans qui laissent apparaître de hautes bottes de chevreau liserées de pourpre. Un vaste manteau en taffetas couleur feu se répand de ses épaules jusqu'au sol. C'est ainsi qu'il est toujours mis en son particulier, sans souci pour autant de cérémonie ; et cependant, Mazarin n'a pas souvenir d'avoir croisé à Rome un prince de l'Eglise aussi fièrement campé. L'œil du Cardinal s'est posé sur lui. Un œil froid, d'entomologiste. Et aussitôt il s'est senti transpercer. C'est alors qu'il a eu la prescience – oui ! vraiment c'est cela : « per genio » ! – que tout se jouait en cet instant de son destin, sa fortune.

« Alors Monsu Mazarini, comment se portent par les temps qui courent messieurs les cardinaux-neveux ?... » Cela a été dit en badinant. Un coup de sonde pour connaître les intentions du Saint-Siège. Mazarin est bien déterminé à se montrer sous son meilleur jour ; à la hauteur de la réputation dont le Cardinal-duc a certainement été prévenu. Aussi lui sert-il tout de go un grand récital de charme et de gaieté, tout d'ingéniosités et d'inventions. Il varie les arguments à l'infini, pousse ses développements en une pétarade de lazzis, de traits, de saillies, sans lâcher son interlocuteur du regard. Il le caresse avec des mots et tout en le charmant, il essaie de trouver le défaut de la cuirasse. Les passes sont serrées. Richelieu, ironique, parle par monosyllabes. Chaque pointe porte. Il le tient court et lui laisse peu d'initiative. Impossible de feindre. Cependant Mazarin revient toujours à l'assaut. Le champ se rétrécit. Finalement il accepte de rendre les armes, d'autant que le Cardinal lui accorde les honneurs de la guerre. D'ailleurs peu lui importe à la fin de faire entrer Richelieu dans ses vues ou de le gagner à la cause du pape, son maître, puisqu'il a su obtenir sa confiance ; et peut-être même un peu plus : sa sympathie.

Un quart de siècle plus tard Mazarin se souviendra au mot près de ce qu'avait été ce soir-là leur première rencontre. Et comment il en était sorti enrichi, comme fécondé par une intelligence mâle, rigoureuse. Une intelligence qui l'avait reconnu comme son égal, lui l'aventurier aux origines douteuses. Le grand Cardinal l'avait choisi entre tous pour son seul génie et il en avait fait son légataire spirituel. Celui qui apposerait le sceau à son œuvre. N'était-ce point marier la carpe au lapin ? Comment l'Homme rouge, ce haut personnage de tragédie, pouvait-il s'acoquiner à un valet de la commedia dell'arte, au fripon écarlate qu'il était ! Et oui ! rouge aussi ! C'est ainsi que l'avait voulu Richelieu qui l'avait aussitôt ondoyé dans la pourpre.

A demi-mot ils se comprenaient. Comme deux acteurs sur un même théâtre s'échangeant leurs répliques ; se soufflant l'un à l'autre. Ils partageaient la même passion de la scène. Cet art des illusions, de la tromperie et du camouflage. Les apparitions du Cardinal étaient réglées d'ailleurs comme des entrées d'opéra.

Mazarin quitte Lyon aussi leste qu'Arlequin. On le retrouve au siège de Casale en octobre de la même année. Il laisse plusieurs chevaux sur les dents, à force de courir d'une armée à l'autre pour s'entremettre. Il fourbe joliment les Espagnols. De la belle ouvrage. Aussi son nom s'en vient-il de nouveau tinter aux oreilles de Richelieu. Comment dites-vous, Mazarini ? Encore cet Italien ! Mazarini ! Mais c'est un nom de théâtre ! Cette fois Richelieu retient définitivement le nom. Mazarin brûle alors les étapes. Il est nommé vice-légat en Avignon ; et de là, nonce extraordinaire en France. On est déjà en 1634. Il lui faut frapper les imaginations. Aussi est-ce en grand équipage qu'il entre dans Paris par la porte Saint-Antoine. Il se tient à la portière du carrosse que le roi Louis XIII lui a envoyé. Tout pommadé et frisé, il fait un petit monsignor ravissant. Une troupe de gentilshommes lui ouvre la marche tandis que par-derrière s'en vient une quantité d'estafiers et de valets à sa livrée. Bonjour messeigneurs ! Révérence ! Serviteur ! Mazarin n'est pas fait pour s'attarder. Il presse le pas. Quitte la nonciature et hop ! le voilà aux basques de Richelieu.

Le Cardinal le tient encore pour un objet bizarre ; mais qui le fait rire. Car Mazarin, aussi bien que des femmes, se joue des hommes. Il se laisse respirer comme une fleur exotique. Il zézaie délicieusement à la manière d'Italie ; chuchote comme au fond d'un confessionnal. Le Cardinal-duc ne résiste plus. Il est grisé par ce parfum d'aventurier ; s'amuse des facéties de ce demi-Pantalon. Tout, chez l'Italien, le divertit. Qu'il date lestement une missive secrète : « le 16 du mois de... de la chambre de Son Eminence, au commencement du ballet... » et voilà Richelieu en joie pour la journée. Mazarin chantonne sans façon ; ne se bride guère plus en sa présence. Faut-il au Cardinal un avis éclairé sur la guerre avec l'Espagne ? le voici ! Veut-il une chanson ? la voilà ! Il pousse la complaisance jusqu'à trousser des livrets pour les intermèdes musicaux de Son Eminence. Cela change Richelieu du « Tenebroso-cavernoso ». C'est ainsi qu'il nomme en privé le père Joseph du Tremblay, la célèbre « éminence grise ». Richelieu caresse l'Italien, le bombarde de sobriquets. Ce cher Giulio sera tour à tour son « Nunzinicardo » (le cher petit nonce) ; ou encore son « Colmarduccio », mot dont on ignorerait le sens, si le Cardinal n'avait eu l'obligeance pour la petite histoire d'en donner la traduction de « Frère Coupe-Choux ».

Richelieu a vu clairement en Mazarin le cherche-fortune, le mercenaire ; mais probablement y a-t-il deviné aussi le grand condottiere d'Etat qui y sommeille. Richelieu, qui se sent pressé par la maladie, veut parachever l'habit de cour de son protégé. Aussi fait-il quérir à Rome un chapeau de cardinal. Puis après l'en avoir coiffé il le pousse au devant de la scène. Au baptême du Dauphin, Louis Dieudonné, ce miracle que l'on n'attendait plus, il lui fait tenir l'enfant sur les fonts.

*Louis Dieudonné, un vrai miracle !*

La reine Anne d'Autriche avait vécu six ans à attendre un mari que la vie ennuyait et qui n'aimait guère plus que cela les femmes. Elle avait passé ses nuits à l'attendre ; sous ses fenêtres coulaient les eaux vertes de la Seine où se reflétait, les soirs de lune, la tour de Nesle à demi écroulée sur la rive d'en face. Chaque nuit elle avait cru qu'on frappait à sa porte. C'est

Luynes, le favori de son mari, qui, alors qu'elle se désespérait d'être toujours vierge, lui avait amené Louis XIII de force. Il l'avait arraché à son sommeil et, comme un enfant en lui fredonnant une chanson pour le calmer, l'avait finalement fourré dans son lit. Durant des années ils s'évertuèrent avec application à se donner un héritier. Ils échouèrent. Anne se blessa plusieurs fois. A la Reine, Louis préférait la chasse et ses jeunes écuyers. Bientôt il cessa tout à fait ses visites. Parut alors Buckingham, un Anglais à la peau rose. Ce fut une nuit dans un jardin d'Amiens. Il portait les diamants de la couronne d'Angleterre et semait les perles sous la lune argentée. Un an plus tard, il tombait sous le poignard d'un fanatique alors qu'il s'apprêtait à secourir les protestants de La Rochelle. Anne vécut dès lors dans son souvenir. Elle conservait, disait-on, dans un coffret le couteau dont son sang avait rouillé la lame. Elle soupçonna Richelieu d'avoir favorisé le crime. Et se mit aussitôt à conspirer avec son amie, la duchesse de Chevreuse. Elle écrivit en Espagne à son frère Philippe IV des lettres compromettantes. Mme de Chevreuse était une romanesque qui pratiquait la conspiration comme un sport. Rohan de naissance, par son premier mariage elle avait été la Connétable de Luynes. Veuve du favori de Louis XIII, elle s'était remariée à un prince lorrain. Anne qui ne possédait pas son art du complot prit des risques, commit des imprudences. Certaines lettres tombèrent aux mains de Richelieu ; le Roi fut averti qui lui dépêcha le chancelier Séguier. Celui-ci se fit remettre, sur son ordre, les clefs de ses cassettes. Rien de compromettant n'y fut trouvé. Il fallait, donc, chercher ailleurs. Le chancelier s'apprêtait déjà à plonger dans son décolleté les pincettes dont il s'était armé pour éviter de porter la main sur sa personne, quand la Reine lui remit d'elle-même ce qui allait devenir les « lettres espagnoles ». On parla de couvent. De renvoi en Espagne. Le temps passa. Louis XIII pardonna, mais à demi. Richelieu qui n'avait en tête que la grandeur de la maison de France voulait un dauphin. Il proposa ses services de géniteur. La Reine, qui possédait au plus haut degré l'orgueil Habsbourg, le foudroya du regard. Le Cardinal-duc ne persécutait la Reine que parce que, oublieuse de son devoir, elle s'était alliée aux ennemis de la France ; il avait en revanche pour la femme des regards attendris. Des mémoires du temps racontent les folies auxquelles il se livra pour la séduire. Nous vous les donnons pour ce qu'elles valent.

Un jour qu'Anne d'Autriche et la duchesse de Chevreuse, alors surintendante de la maison de la Reine, causaient, cette dernière lui laissa entendre que le Cardinal n'était pas insensible à ses charmes. « Il est passionnément épris, Madame. Je ne sache rien qu'il ne ferait pour plaire à Votre Majesté. Voulez-vous que je vous l'envoie un soir dans votre chambre, vêtu en baladin ? Que je l'oblige à danser ainsi une sarabande ? Le voulez-vous ? Il viendra... » — « Folie ! » répondit la Reine. Cependant l'idée d'un pareil spectacle lui parut divertissante. Elle prit au mot la duchesse qui fut du même pas trouver le Cardinal. Aussi occupé de l'Europe que fût, alors, ce grand ministre, il ne laissait pas en même temps de rêver à l'amour. Il accepta le rendez-vous. Un violon fut appelé. Il se nommait Boccan. On lui demanda le secret mais c'est par lui que l'on sut, par la suite, toute l'aventure. Richelieu parut. Il était vêtu d'un pantalon de velours vert ; il avait à ses jarretières des sonnettes d'argent, et aux doigts des castagnettes. Il dansa la sarabande. Le violon ainsi que les spectateurs étaient cachés derrière un paravent. Tous se mirent à pouffer. Et notre mémorialiste, cinquante ans après, en riait encore.

Ce temps de folies passa. La duchesse de Chevreuse fut chassée. Si Anne ne voulait pas être renvoyée en Espagne ou mise au couvent, il lui fallait un fils. Elle courut les abbayes. Se perdit en neuvaines. Le Roi, lui, s'épuisait à la chasse. Un soir d'hiver, il frappa à sa porte. C'était la nuit du 5 au 6 décembre 1637. Une de ces nuits bénies, bibliques presque, où les anges poussent, dit-on, les astres afin que leur configuration soit favorable. L'orage avait grondé toute la nuit. L'enfant, cependant, naquit en septembre de l'année suivante. Un bon gros garçon bien épais. Louis « Dieudonné » puisque le Créateur l'avait voulu ainsi. Il était venu au jour armé de deux dents. Personne ne s'étonna qu'une seule nuit d'amour eût suffi après une si longue attente à rendre féconde cette épouse déjà mûrissante. Monsieur Gaston, le frère du Roi, grimaça en voyant s'éloigner la couronne et les libertins de la cour prirent un air rêveur. Un second enfant naquit. De nouveau un fils, Philippe d'Anjou, qui, à la mort de son oncle Gaston d'Orléans dit Monsieur, deviendra à son tour duc d'Orléans et Monsieur également. Et c'est ainsi que Mazarin, grâce à une nuit d'orage sans lune se retrouva parrain du futur Roi-Soleil.

Le couronnement d'une carrière ? Pour tout autre ce l'eût été. Pour Mazarin, c'est à peine un début.

### M. le Grand, le Cardinal-duc et le Roi tirent leur révérence

Richelieu s'épuise à la tâche tandis que Louis XIII traîne un ennui qui lui ronge les entrailles. Le Roi a livré à son ministre son favori, le petit Cinq-Mars, un être charnu, blond et insolent.

Pâle, décharné, déjà à demi fantôme, c'est ainsi que Mazarin voit passer le Cardinal-duc. Il mène ses prisonniers au château de Pierre-Encise afin de les livrer au bourreau. Richelieu a quitté Tarascon traînant derrière lui les deux principaux conjurés, Cinq-Mars et de Thou. Il remonte le Rhône à petites journées, en bateau. Des gardes en casaques écarlates postés à la proue et à l'arrière veillent. Une tente dressée aux couleurs cardinalices occupe l'avant du pont. Richelieu y repose, allongé sur un lit tendu de soie rouge. Dans une barge accrochée à l'arrière se tiennent les deux prisonniers. Sur les rives progresse une compagnie de mousquetaires et de chevau-légers. La procession funèbre avance au son rauque du tambour. A l'étape, sans quitter son lit, le Cardinal est porté par des soldats jusqu'à un logis. Le catafalque est introduit dans la maison par une fenêtre grâce à un système compliqué de poulies. Vision terrible que ce moribond s'en allant récolter la tête de ses ennemis, en apparat, vêtu de soie et de velours, avec par-dessous la purulence d'abcès prêts à éclore.

Cinq-Mars est le dernier en date des favoris de Louis XIII. On ne l'appelle plus que M. le Grand depuis que le Roi l'a fait son grand écuyer. Se croyant intouchable, il a conspiré avec l'Espagne et projeté l'assassinat de Richelieu. Le Roi lui aurait bien sacrifié son ministre dont il se trouve las certains jours. Mais M. le Grand n'est qu'une tête folle et capricieuse.

M. le Grand fait belle figure contre mauvaise fortune. Il s'en va à l'échafaud avec toute l'insolence qu'il a su mettre dans sa brève existence. Ainsi demeure-t-il lui aussi dans le ton d'un grand théâtre cruel.

Vingt ans à peine révolus, le voilà qui toise la mort, poing sur la hanche et gant à la main, avec plein de rubans et de nœuds de couleurs tendres et des aiguillettes zinzolin et noires au pourpoint. Mon Dieu ! qu'est-ce que ce monde ? murmure-t-il en offrant sa tête rose et blonde au bourreau.

Richelieu lui a fait trancher la tête ; puis il est mort. Louis XIII, lui, résiste quelque temps encore. Assez pour tourmenter la Reine qu'il donne pour responsable de la mort de Cinq-Mars. C'est elle qui a fourni les preuves au Cardinal de sa trahison. Evidemment, qui aurait pu mieux qu'elle les lui fournir puisqu'elle était du complot. Aussi quand le Cardinal-infant, frère d'Anne d'Autriche, passant par Paris au retour des Pays-Bas dont il est gouverneur, tombe malade, Louis XIII se charge de commenter les bulletins de santé avec délectation. L'Infant meurt et Louis XIII, avec une cruelle désinvolture, du fond de son cabinet en jette la nouvelle à la Reine. La cour rassemblée dans la galerie qui sépare les deux appartements royaux retient son souffle. Comme chacun s'emploie à consoler Anne, lui faisant valoir que son frère a fait une fin exemplaire, on entend de l'autre bout de la galerie le Roi hurler : « Tout à fait exemplaire en vérité ! Quand il est mort, il y avait autour de lui trois bonnes catins du meilleur choix... » L'atmosphère de jour en jour devient irrespirable entre les deux époux. Dans l'ombre, Mazarin est aux aguets.

Et puis par un beau jour de mai de 1642, quelques mois seulement après son ministre, c'est au tour de Louis XIII de rendre l'âme en son château de Saint-Germain. Le bruissement des fontaines et des cascades s'entremêle aux râles de l'agonie. Le parfum des roses monte des jardins par les fenêtres ouvertes de la chambre tandis que les embaumeurs s'affairent autour du corps. Anne d'Autriche ne perd pas un instant. Elle convoque le Parlement. A peine est-il assemblé, qu'elle y tient un lit de justice et fait casser le testament du Roi. Sans partage de pouvoir, elle devient régente ; et Mazarin de prendre aussitôt un air penché en contemplant ses mains. Quelques semaines encore de ce manège et il se glissera en grand comédien dans le rôle de Premier ministre.

# 2

# M. le Cardinal s'installe dans ses meubles

Enfin assuré de sa fortune, Mazarin n'a de cesse de s'inventer un prétexte afin de prendre ses distances. C'est que son amoureuse se fait de jour en jour plus sentimentale. Elle roucoule, l'accable de caresses, le colle en un mot. Pour être une reine, faut-il se montrer aussi inopportune ? Il étouffe. Un jardin, un mur, de grâce, demande-t-il. Pourquoi pas une rue pour mettre quelque distance entre elle et lui. Il s'est appliqué à soumettre cette beauté mûrissante aux chairs amples et délicates, cela ne vaut-il pas, à présent, quelque repos.

Aussi peut-on se demander si cet escalier dérobé du Palais-Royal dont parle la Palatine ne fut pas tout bonnement imaginé par cet esprit moqueur comme un simple accessoire pour la comédie à l'italienne qu'il entend donner à la Reine. Cette dernière a quitté le Louvre, malcommode et plein de courants d'air, pour le Palais-Cardinal construit à grands frais par Richelieu. Aussitôt il est rebaptisé Palais-Royal. La Reine y occupe un appartement dans l'aile droite de la cour des Proues. Elle y aménage un oratoire et une salle de bains sur le jardin. Mazarin ne s'éloignera guère. Au bout des jardins se trouve un verger, et jouxtant ce verger, un hôtel que l'architecte Lemuet vient de terminer pour le président Tubeuf. On raconte que le président, sachant le désir du Cardinal d'avoir son propre logis, se serait, pour lui faire sa cour, laissé gagner au piquet cette demeure. Les livres de comptes de Colbert où sont inscrites les diverses sommes versées dès 1644 au sieur Tubeuf démentent cette belle histoire de courtisan.

## Un « *goût Mazarin* »

L'hôtel s'élève entre cour et jardin. Il est accompagné de deux ailes en retour sur la rue des Petits-Champs dont les extrémités sont terminées par des pavillons surmontés d'un petit dôme. L'hôtel ne comprend qu'un étage et un attique pourvu d'œils-de-bœuf. Les appartements sont décorés par Simon Vouet. D'une maison de simple particulier, le Cardinal imagine aussitôt un palais. Il mande le Bernin de Rome. Le pape refuse de se défaire de son architecte. Le Cardinal charge alors François Mansart de construire derrière son hôtel, parallèlement à la rue Vivien (la rue Vivienne aujourd'hui), deux galeries; l'une pour ses antiques, l'autre pour ses tableaux et objets de curiosité. Les travaux sont diligentés. Aussi dès 1647 la riche bibliothèque du Cardinal peut s'installer dans le local prévu à cet effet. Mazarin, de son passage chez les Barberini, a attrapé le virus du collectionneur. Ce qui au début aurait pu passer pour une manière de poser au grand seigneur mécène est devenu une passion violente. Son œil est précis, infaillible. On parlera bientôt d'un « goût mazarin ».

Ses « pigeons privés », les Baret, les Zongo Ondedei, tout en délivrant les messages, en nouant et dénouant les fils compliqués de la politique étrangère de Son Eminence, traquent chez les antiquaires d'Amsterdam, auprès des particuliers en difficulté, le bibelot amusant, l'objet curieux, l'antique inconnu, le bronze opulent qui pourrait intéresser leur maître; chez les banquiers aussi on les voit musarder, comme chez Jabach, ce financier allemand, impénitent collectionneur qui entasse des chefs-d'œuvre dans son hôtel de la rue Neuve-Saint-Merri. Le Cardinal lui rachètera la *Vénus du Pardo* du Titien qui a appartenu à Charles Ier d'Angleterre, ainsi que *Le Triomphe de la Vertu* du Corrège. Mazarin est trop éclairé des choses de l'art pour ignorer qu'en acquérant ce tableau et en faisant acheter son pendant *L'Allégorie du Vice* au jeune Louis XIV, il continue, également dans ce domaine, l'œuvre de Richelieu. En effet ces deux toiles du Corrège ont été, avec deux Mantegna, un Pérugin et deux Lorenzo Costa (tous aujourd'hui au Louvre ainsi que les deux Corrège), d'une même suite commandée jadis par Isabelle d'Este pour orner son « studiolo » au château San Giorgio à Mantoue. Richelieu avait laissé les deux toiles du Corrège partir pour l'Angleterre lors de la succession de Mantoue. En les rattrapant, Mazarin va permettre de compléter un ensemble de peinture Renaissance unique au monde.

Mazarin a le goût opulent. Quand il veut un conseil, c'est auprès des cardinaux Barberini, ses anciens patrons romains, qu'il le prend. Perfectionniste, il ne trouve jamais passements d'or à son goût ; trop minces, pas assez épais. Cette ostentation quelque peu nouveau riche est, cependant, tempérée par des frilosités de collectionneur, toujours tiraillé entre le désir de faire admirer ses trésors et la peur d'en être dépossédé. Mazarin vit, en effet, dans la terreur des cleptomanes. Quand la reine Christine de Suède, de passage à Paris, demandera à visiter sa maison, il chargera Colbert de la surveiller. « ... En cas qu'elle demande à les voir, je vous prie de prendre garde que la folle n'entre pas dans mes cabinets, car on pourrait prendre de mes petits tableaux... »

### Les ouistitis et les nièces

Il entasse objets, cristaux, livres, tableaux, cabinets de jaspe et de lapis, guéridons de porphyre, tapisseries d'après des cartons du Titien, de Jules Romain, et de Raphaël... Et pour que l'inventaire soit complet, il faut prendre en compte également les pensionnaires des écuries : mules et genets d'Espagne, petits barbes nerveux, lipizzans venus à grands frais de Trieste, le tout pour servir aux carrousels de Son Eminence ; il y a aussi les animaux rares de la ménagerie, en particulier de petits singes pour lesquels le Cardinal a un goût très vif et qu'il laisse en liberté dans ses antichambres afin de juger, par les traitements que les courtisans leur réservent, de l'affection qu'ils ont pour sa personne. Un coup de pied en douce à Mlle Lili, sa guenon préférée, peut signer une disgrâce.

C'est lors d'une de ces livraisons quotidiennes en petits macaques, ouistitis, papegaïs, perruches rares, qu'arrive d'une destination moins lointaine, puisque de Rome, le premier échantillon de neveux et de nièces. De cet envoi, nous ne retiendrons qu'Olympe Mancini, future comtesse de Soissons. Car si tous sont promis à de grandes fortunes, seules quatre des nièces peuvent prétendre au beau nom de « Mazarine ». L'intrigue, le poison et la galanterie les ayant jetées sur les chemins de l'Europe, leur humeur aventureuse et un goût certain du romanesque les y maintiendront. Elles vivront de toquades et d'errances. La facilité de leurs mœurs et la fécondité de leur imagination leur feront traverser le siècle au grand galop des scandales, pareillement à ces cavalières vagabondes du théâtre espagnol, laissant derrière elles un parfum d'aventure.

# 3

# Nous arrivons, nous voilà !

C'est sur l'ordre de la Reine et en grand équipage que deux dames de bonne noblesse, transformées pour l'occasion en gouvernantes, s'en furent chercher au château de Fontainebleau une poignée de mouflets fraîchement débarqués de Rome. Deux carrosses et une compagnie de mousquetaires gris ferment le convoi. Aussitôt qu'elles aperçoivent cette nichée de créatures sauvages, au pelage doré, les gouvernantes ne peuvent retenir un cri de surprise. Hirsutes, fagotés à la diable, pour un peu on dirait des romanichels. A la hâte les deux dames s'emploient à réparer cette apparence. Mais les enfants leur glissent entre les mains pour s'égailler dans les escaliers. Ils sautent par les fenêtres, emplissent de leurs rires les allées du parc. Ils ont déniché une barque et les voilà aussitôt naviguant sur le canal. Olympe est la plus petite mais aussi la plus diable. Frisée et noiraude, elle bondit comme un cabri. Son effronterie n'a d'égale que ses reparties déjà étonnantes de férocité pour une fillette de dix ans. Sa sœur Laure-Victoire de deux ans plus âgée amène un peu de calme dans cette volière. Elle est aussi potelée et rose que sa sœur Olympe est pointue et pruneau. Ce sont les deux petites Mancini, les filles de Lorenzo Mancini, baron romain de fraîche date, et de Geronima Mazarini, la sœur cadette du Cardinal. Du même âge qu'Olympe, sa cousine germaine Anne-Marie Martinozzi semble à côté douce et sans sorcellerie. Elle est la fille cadette du comte Martinozzi d'origine bolognaise, à qui le Cardinal fit épouser sa sœur aînée donna Margherita. Comme pour ce premier envoi le Cardinal désirait également un garçon, donna Geronima a joint au paquet Paul, l'aîné de ses trois fils. C'est un garçonnet à la figure avenante. Il possède tous les traits caractéristiques des *ragazzi* de son âge, bouclé, lustré, avec une figure à peindre, éclairée de grands yeux profonds et noirs que noie par instants une ombre de tristesse. Il y a du feu dans son regard, mais également ce détachement des êtres destinés à mourir jeunes. C'est qu'un soir il a surpris son père parlant à voix basse à sa mère.

### Don Lorenzo Mancini et donna Geronima, intimes

Le seigneur Lorenzo Mancini, astrologue à ses heures perdues, n'annonce généralement que des catastrophes. A l'en croire, son fils devrait mourir au combat ; lui-même l'ayant précédé dans la mort. L'avenir, cependant, n'effraie pas le signor Lorenzo. Il préfère en rire. Il est d'un naturel accommodant. Toujours content de son sort, il prend la vie comme elle vient. Avec le détachement d'un épicurien qui a hérité cet art de jouir de l'instant des anciens Romains.

Par les lucarnes du grenier de sa maison du Corso à Rome, il surveille de son télescope le voyage des astres. L'argent que son beau-frère Giulio lui envoie de Paris est, aussitôt qu'il arrive, dépensé en nouvelles lentilles. Geronima qui croit aux dons divinatoires de son époux s'est empressée de désigner Paolo pour le voyage de Paris, quand il lui a fallu choisir parmi ses enfants. Ainsi pense-t-elle prévenir le mauvais sort car, pour elle, ce combat où son fils doit trouver la mort ne peut être qu'un de ces guets-apens nocturnes, tendus par quelques spadassins à gages, de ces « *bravi* » qui fourmillent dans la ville, et qui sont devenus, avec la religion et le poison, l'une des spécialités romaines. En effet, dans le Borgo, près du Campo dei Fiori, ou encore le long du Ghetto, derrière l'ancien palais Cenci, dans ces venelles sombres d'où refluent les odeurs d'urine et de beignet de morue, il ne se passe pas de nuit où l'on n'assassine pour le compte d'un prince, d'un cardinal, jaloux d'une chanteuse, qui sait d'un castrat. Geronima, évidemment, ne pense

pas un instant que ce frère si bien installé à Paris puisse mettre
en péril les jours de son fils. Pour elle, s'il y a danger il se trouve
dans Rome.

Geronima est de nature prévoyante. Sans être taciturne, elle
ne possède cependant pas l'humeur joviale de son mari. Elle a
le sang âcre des ménagères siciliennes et ne pense qu'à l'ascension de la famille.

## La chambre des enfants...

C'est non sans mal que Mme de Nogent, une des gouvernantes, finit par enfourner tout ce petit monde dans le carrosse.
Les mousquetaires secouent leurs panaches, rejettent leurs
casaques sur l'épaule. L'air n'est que piaffements. Les marchepieds remontés, les carrosses s'ébranlent vers Paris. Par la portière les enfants aperçoivent un instant encore le beau parc de
Fontainebleau, ses eaux immobiles, ses parterres jonchés de
feuilles. Puis lentement tandis que le convoi s'éloigne la vision
se résout peu à peu en brumes dorées du bel automne.

Au Palais-Royal la cour s'impatiente. Les nièces et neveu du
Cardinal, pensez! C'est mieux qu'une nouveauté, presque un
miracle. Cet Italien sorti d'on ne sait où aurait donc une
famille? Les langues vont bon train. Et chacun de conjecturer
sur l'avenir des demoiselles nièces et de monsieur le neveu. Il se
fait un mouvement de foule. On se pousse. Chacun veut apercevoir les enfants. Le cabinet de la Reine est pris d'assaut. Le
maréchal de Villeroi avec la solennelle gravité du parfait courtisan se penche à l'oreille du duc d'Orléans, Monsieur Gaston,
frère du feu roi Louis XIII qui, pas encore tout à fait brouillé
avec la cour, se trouve ce jour-là présent, soit par curiosité, soit
pour faire sa cour au Cardinal. «Voilà de petites demoiselles,
Monseigneur, qui présentement ne sont point riches mais qui
bientôt auront de beaux châteaux, de bonnes rentes, de belles
pierreries, de la bonne vaisselle d'argent, et peut-être de
grandes dignités; mais pour le garçon, comme il faut du temps
pour le faire grand, il pourrait bien ne voir la fortune qu'en

peinture. » Et Gaston d'Orléans de friser sa moustache en opinant. « Sait-on jamais, monsieur le Maréchal, oui sait-on jamais... »

La reine Anne d'Autriche, qui est toute au Cardinal, considère les nièces et le neveu avec de grands yeux mouillés comme s'ils étaient déjà de la famille. Elle les caresse, les prend sur ses genoux. Elle leur trouve même un certain air de ressemblance avec leur oncle. Ici c'est le nez tout craché de Son Eminence, là ses yeux de velours... Le Cardinal la regarde froidement s'émouvoir ; il est assez satisfait de son coup. Anne se sent le sein lourd et se prend à rêver. Ne sont-ils pas les enfants qu'elle aurait dû avoir si le Cardinal... Les petits se montrent peu farouches. Ils rient, font des niches, baragouinent. Anne s'en amuse. Mme de Nogent a bien essayé de leur apprendre la révérence à la française. Les petites y sont si gracieusement maladroites que la Reine en redemande. Elle les mène ensuite dans les appartements du Cardinal où ils logeront pour la nuit. Celui-ci ne montre pas qu'il s'en soucie beaucoup. Au contraire, il raille ceux qui, assez sots pour penser qu'ils lui font la cour, leur prêtent attention. Cependant il est probable qu'il a déjà en tête leur établissement. Son indifférence n'est qu'affectation. En effet, dès le lendemain, les petits seront logés dans un appartement jouxtant celui du Roi et de son frère Philippe d'Anjou.

Par la suite quand la cour s'en retournera au Louvre, ils occuperont les anciens appartements de la Reine. Là même où s'étaient déroulés complots, intrigues et comédies de masques, et aussi ces nuits sans amour durant lesquelles le feu roi épuisait ses dernières forces. Ce sera là dorénavant la chambre des enfants.

*Un vent de fronde*

Le jeune roi et son frère ont été abandonnés à eux-mêmes ; autant dire aux valets. Anne passe en coup de vent les embrasser. Ils dorment dans des draps troués. S'amusent au cheval-jupon. Parfois Mazarin monte chez eux, leur parle doucement comme à ses chats; et s'éclipse à la suite de la Reine. C'est qu'Anne a d'autres soucis que l'éducation de ses enfants. Ceux avec qui elle a naguère comploté, la Chevreuse, le duc - d'Enghien qui n'est pas encore prince de Condé, sa sœur la duchesse de Longueville, Beaufort, fils d'un bâtard d'Henri IV, se mêlent à présent de faire leurs importants. Quant aux grands seigneurs mécontents, ils menacent à tout propos de se retirer dans leur province, et d'y mener la révolte. Et puis il y a cette jeunesse qui, trop longtemps tenue sous le joug par Richelieu, relève la tête. Une jeunesse frisée, pommadée, gaufrée, enru-bannée, avec collerettes de dentelles par-dessus le buffle, qui, les mains fines et nerveuses crispées sur le pommeau de l'épée, est prompte à la querelle. Au sortir du bal ou du lit de sa maî-tresse on s'en va en découdre au Pré-aux-Clercs, dans les fossés du Louvre, et en musique car les violons sont de toutes les fêtes. On est « mécontent » parce que c'est dans l'air du temps. Comme un accès de fièvre. Il est de bon ton de brocarder Maza-rin. Et chacun d'y aller de sa « mazarinade ». L'Italien met en verve les rimailleurs. C'est qu'il a le dos large, le Mazarin. Même les bourgeois s'y sont mis. Laissez-les chanter, ils paie-ront, zézaie le Cardinal en écoutant gronder Paris. C'est la grande parade des importants. On passe d'un camp à l'autre comme on change de gants ou de dentelles. On lustre ses plumes. Chacun se doit de chanter dans son arbre. Le plus haut, le plus fort. Les Espagnols et les Impériaux peuvent menacer la France, bivouaquer dans les gras pâturages de la Picardie, la noblesse française s'épuise en vaines disputes. Des bandes de mercenaires, tudesques, croates, bataves, plus affamés que les loups et que commandent des capitans d'infortune, troussés comme les reîtres de Jacques Callot, sillonnent les provinces. C'est la grande misère du royaume. Chacun tire à hue et à dia. Il y a là une coalition d'égoïsmes concertés afin de rétablir l'hérédité des charges et des gouvernements. Le dernier sursaut de l'esprit féodal pour ramener en arrière la monarchie vers un passé mal défini. A cela s'ajoutent la misère du peuple, la lour-deur des impôts, les griefs du Parlement.

Pour l'heure, le duc de Beaufort est au cachot à Vincennes et Mme de Chevreuse a repris le chemin de l'exil. Le cardinal

Mazarin ferme les yeux sur les menées sournoises du clan des Condé. Il ménage le vainqueur de Rocroi. Quant à Monsieur Gaston il fait campagne en Flandre où il dirige avec succès le siège des places fortes.

C'est dans ce calme relatif, le calme d'avant la tempête, où l'on fourbit ses armes, où l'on se compte, que débarque cette première fournée des neveux. Le bénin cardinal prend l'air modeste quand on lui en fait compliment. Il ne prétend à rien. Lui-même n'a-t-il pas rabattu de cette morgue ordinaire aux cardinaux, ne désirant aucune préséance à l'exception des églises ?

### Ils sont mécontents ? On leur donnera de l'opéra

Mazarin sait le goût de la Reine pour la musique et combien elle en fut privée durant le règne du mélancolique Louis XIII que sa religion sévère détournait des représentations théâtrales si l'on excepte quelques ballets. De Rome, sur son ordre affluent violons, chanteurs et petits castrats. La mode est à ces grands égosillés. Sur ce chapitre le Cardinal est un fin connaisseur. Déjà à Rome il avait fait exécuter au palais de l'ambassade un opéra dédié à Richelieu. A présent c'est le cardinal Michele Mazarini, son frère, qui de Rome lui diligente musiques et musiciens. C'est un personnage haut en couleur que cet ancien dominicain, que Mazarin nommera vice-roi de Catalogne et qui répète à qui veut l'entendre que son frère n'est qu'un gros couillon doublé d'un pleutre : « *Il mio fratello è un coglione ; fate rumore, gli farete paura.* » (Mon frère est un couillon ; faites du bruit, vous lui ferez peur.)

Les grandes machines que Torelli dresse au Petit-Bourbon, dans la grande galerie du Palais-Royal éblouissent la cour. On en oublierait presque le vent de fronde.

Déjà, le Cardinal a fait représenter *La Finta Pazza* de Sacrati sur un poème de Strozzi qui avait servi, naguère, à Monteverdi pour un opéra du même nom. C'est au tour de l'*Orfeo* de Luigi

Rossi d'enchanter la cour. La musique, les castrats, les violons – sans doute les mêmes dont Condé se fait précéder quand il avance à la tête de sa cavalerie devant Lerida –, les perspectives de Torelli s'accrochant aux chapiteaux et aux stucs des galeries sculptés par l'ornemaniste Caffieri, les plafonds peints par Romanelli, les tableaux du Guide et du Carrache, des faunes antiques musculeux et sémillants, le jeu, les folies, les gaietés d'amours rendent un parfum entêtant importé de Rome à grands frais par le Cardinal. Il se retrouve là, en effet, une effervescence, un mouvement qui ne trompe pas. Un enchevêtrement qui n'est peut-être que la rhétorique d'un grand baroque finissant. Une casuistique de la perspective; qui sait une poétique de l'illusion et de l'émerveillement. Les perruches et les guenons du Cardinal se doivent compter dans cette fête autant que les neveux et nièces de la chambre des enfants.

# 4

# Vacances romaines

*Avril 1652, le jour de Pâques*

Les cloches s'élancent dans le petit matin. Bientôt l'air n'est qu'un bourdonnement. Dans les campaniles, les poutres grincent, les cordes se tendent. Les pigeons s'envolent par rafales et, un instant, obscurcissent le soleil. Cela fait comme une houle irrépressible. Rome entière vibre. La bourrasque d'airain saute de toit en toit, par-dessus les coupoles et les dômes des basiliques, pour s'en aller réveiller les ruines cariées d'inertes portiques, d'amphithéâtres dévastés qui se dressent aux abords du *campo vaccino*. Le Tibre deux fois recourbé au flanc des sept collines a pris une couleur de plomb tandis qu'au loin à leur tour les églises paroissiales entonnent à pleine voix cette jubilation des cloches. A Sainte-Marie-en-Cosmedin, à Saint-Paul-hors-les-Murs, à Saint-Serge et Bacchus. C'est au tour maintenant des campaniles par-derrière l'Aventin et le Janicule de s'émouvoir ; là-bas où les vergers en fleurs des couvents crêtent de rose et de blanc les murs en blocs de travertin qui s'allument aux rayons obliques d'un soleil pâle et printanier. Enfin les cloches de Sainte-Sabine, de Saint-Georges au Vélabre, de l'Ara Coeli au Capitole se mêlent au concert pour dire une fois encore qu'aujourd'hui, c'est Pâques.

Cette après-midi il y aura une course de petits barbes devant le palais de Venise et de beaux carrosses tout bourrés de princesses, de sigisbées et de petits chiens remonteront le Corso. Le soir chacun ira à la comédie ; ou encore entendre l'opéra au théâtre Barberini qui, depuis quelque temps, n'est plus astreint à des sujets édifiants. On y donnera peut-être la *Galatea* du chevalier Loreto, ce castrat sur le retour, jadis favori, peut-être même un peu plus, du cardinal Ludovici qui l'avait enlevé au grand-duc de Toscane. On dit qu'il chantera compensant par un art des plus exquis les méfaits que l'âge a fait subir à son timbre. Il fut un temps du cercle galant du cardinal Antonio Barberini à qui il dédicaça d'ailleurs cet opéra. C'est ce même cardinal-neveu qui fut, naguère, le premier patron de Mazarin; devenu, depuis, Premier ministre, ce dernier l'a nommé Protecteur des affaires de France. Autant dire des siennes. Le chevalier Loreto est également l'auteur d'un oratorio sacré dans lequel Mazarin du temps où il était au Collegio Romano chez les jésuites, avait interprété le rôle de saint Ignace de Loyola. Mais qui à Rome s'en souvient à présent? Qui pense même au Cardinal?

### Quand les effets de la Fronde se font sentir au palazzo Mancini

Des nuages depuis quelques mois ont obscurci le ciel de France; et l'étoile du Cardinal en a pâli. A Rome on le tient pour un homme fini. On le dit en fuite; sans plus aucun crédit; ruiné, courant les routes, talonné par les reîtres du prince de Condé avec pour tout bagage ses neveu et nièces. On dit même qu'il a été obligé de sortir du royaume. Aux dernières nouvelles il serait réfugié en Allemagne auprès de l'archevêque de Cologne, à Brühl dans une de ses résidences d'été. C'est dire qu'au palais Mancini en ce jour de Pâques le cœur n'est pas à la fête.

Des trois petites Mancini qui sont demeurées à Rome, Marie serait, si l'on en croit madame sa mère, la moins jolie. Trop maigre, trop noire. « De beaux yeux vifs ne font pas tout... » lui répète-t-elle. De ses enfants c'est celle qu'elle aime le moins. Donna Geronima se méfie de Marie depuis le jour où son défunt mari, ce cher Lorenzo, mort l'année précédente, était redescendu du grenier où il consultait les astres, avec des présages effrayants. A l'en croire, Marie devait bouleverser le monde. Le monde pour Geronima qui aime essentiellement l'ordre, se limite à sa famille; quoi qu'en puisse dire et écrire son frère Giulio de Paris. D'ailleurs elle a beau jeu de constater où tous les beaux projets de son frère, pour elle et les siens, l'ont mené. Mme Mancini n'est pas de celles qui ont la tête aux champs. En bonne ménagère elle connaît la vanité de ces rêves de grandeur; et aussi cardinal-ministre qu'il soit, cela n'empêche pas présentement monsieur son frère de vaguer par les grands chemins, une meute de loups à ses trousses. L'argent d'ailleurs manque au palais Mancini; et à ce jour il n'est plus question de figurer, mais de survivre. Aussi n'a-t-elle pas besoin d'une folle au logis. Même son père Pietro Mazarini, que Giulio a installé à grands frais dans un palais, est obligé de réduire son train et d'abandonner à des locataires le « piano nobile ». Ce palais, jadis construit par un prince Borghese qui en avait fait peindre certains plafonds par Guido Reni, était passé aux Bentivoglio qui l'avaient, ensuite, vendu à Mazarin. A cette époque le Cardinal caressait encore l'idée de se retirer à Rome. Cette acquisition datait de 1641. Louis XIII et Richelieu vivaient encore. Et l'avenir de Mazarin était mal assuré. Il avait fait meubler somptueusement le palais. Ne pouvant l'habiter, il y logea son père qu'il déménagea du palais Colonna où il avait été longtemps majordome. Dès que celui-ci fut veuf, le Cardinal le poussa à se remarier. On lui trouva une Orsini. On était en 1644. C'était mieux qu'une promotion sociale : une revanche. Pensez, épouser une Orsini pour un aventurier sorti de la nébuleuse sicilienne, ayant, de surcroît, sur les bras plusieurs méchantes affaires, dont un assassinat...

### Marie, Philippe, Hortense et les autres...

L'argent se fait rare comme les nouvelles de France, aussi vit-on d'expédients à la « casa » Mancini. Geronima a envoyé Marie au couvent Santa Maria in Campo Marzo. Tita, sa sœur, en est la supérieure. La vie y passe lentement, ponctuée par les cloches des offices. Tout y transpire l'ennui, jusqu'au jet d'eau du bassin et aux chants des oiseaux. Marie a bâillé aux sermons de la tante. Une profonde langueur l'a gagnée ; elle s'est alitée. Geronima appelée d'urgence est sommée de la reprendre.

Marie est donc de retour, depuis peu, dans la maison du Corso, où elle a retrouvé Philippe, le petit Alphonse et Marianne, la toute dernière ; mais surtout Hortense, sa préférée qui est aussi celle de sa mère.

Geronima soupçonne Marie. Elle ne sait pas de quoi mais elle la soupçonne. En revanche elle pare Hortense de toutes les vertus. Quand il faut aider au ménage, c'est toujours Marie qui est mise à contribution alors qu'Hortense demeure à sa toilette. Coquette et déjà indolente, elle y passe des heures.

Pâques, donc, carillonne en ce matin d'avril 1652. La famille Mancini se trouve au balcon du petit palais qu'elle occupe au Corso pour voir passer la procession. En bas, la foule jette des pétales de roses. Passent les bannières et les prêtres en chapes, armés de croix d'or. Passent les petits monsignors enrobés comme des bonbons dans leurs friselis de dentelles. Viennent ensuite, dans leurs carrosses, solennels et rengorgés, ruisselant de moire écarlate, les cardinaux. Ils procèdent avec la lenteur de l'éternité. Peut-être est-ce leur manière d'y croire. En longue théorie, ils se rendent au Latran. Au coin du Corso, la masse rouge du palais de Venise se découpe soudain sur le ciel bleu, presque pervenche encore en ce début de matinée. Les cardinaux passés, paraît sous un dais la haquenée blanche du pape, la « *chinea* ». C'est le prince Colonna, grand connétable héréditaire du royaume de Naples, qui la mène par la bride ; comme il le fait également tous les 29 juin, jour de la Saint-Pierre, quand il s'en va déposer aux pieds du pape les dix mille ducats d'or, tribut du royaume de Naples. Il est entouré de sa maison. Il est reconnaissable dans son habit à l'espagnole. Pourpoint tailladé, manteau court, bas-de-chausses en taffetas puce, grands rabats de dentelle noire de Malines, écharpe blanche en sautoir sur laquelle brille la Toison. La jument du pape vient de passer sous le balcon du palais Mancini. Marie aura-t-elle remarqué le grand garçon qui marchait raide et sérieux auprès du connétable ? A peine seize ans, mais déjà un homme, robuste, éclatant de force. Un regard ombrageux, où passe quelque chose d'un cheval fou ; une tête qui porte au vent, au milieu de laquelle un naseau de jouisseur proclame déjà que toutes les sensations, toutes les chairs lui seront bonnes. On le pressent carré dans sa virilité. Violent aussi. Bien carné, d'une viande trop fastueuse, on l'imagine prêt à des brutalités héritées d'une lignée de condottieri qui, jadis, au Moyen Age, souffletaient les papes d'un gantelet de fer.

La procession est passée. Aucune tête, aucun regard ne s'est détourné, comme autrefois, vers le balcon des Mancini. A Rome plus personne ne se soucie de cette tribu demi-mazarine depuis que le Cardinal court les chemins de l'exil. Il est vrai que les nouvelles sont contradictoires. C'est dire qu'on est mal informé, ici, des affaires de France. Déjà Mazarin n'est plus qu'un nom à ajouter à la longue liste des aventuriers italiens tel Concini, que la France importe occasionnellement et dont elle se débarrasse ensuite. Chaque jour, on s'attend à la nouvelle de sa mort au détour d'un chemin creux, victime d'un spadassin ou de quelques reîtres.

Marie a bien vu passer la haquenée du pape et le connétable et son fils aîné Lorenzo. Cependant, pas un instant elle n'a soupçonné qu'elle venait d'entrapercevoir son mauvais destin.

# 5

# Vacances romaines, suite et fin

*Le « rione¹ » de Trevi, berceau de la fortune
mazarine*

L'été s'est abattu sur Rome, rauque, africain. La nuit généralement porteuse d'une brise marine n'amène aucune trêve.
Dans les venelles du Borgo rôde la malaria. Au Corso, sur le
Quirinal, les palais se sont vidés. Chacun a fui la ville pour les
collines; gagnant Frascati, Tivoli, ces lieux emplis d'ombre et
d'eaux vives. C'est là que généralement les Romains se retirent
en villégiature. Pour les petites Mancini il n'est pas question de
quitter la ville. Afin de se donner l'illusion de prendre l'air, on
s'en va, à la fraîche, visiter dans son palais le grand-père, Pietro
Mazarini, et Porcia, sa nouvelle femme. On s'y rend à pied par
l'étroite rue des Santi Apostoli qui longe le flanc du Quirinal
par-derrière le palais Colonna. Des petits ponts l'enjambent,
qui relient le palais à l'immense jardin, tout grimpé en terrasses. C'est là, au fond de ce jardin, dans l'une des « casine »
que Pietro Mazarini a longtemps habitées lorsqu'il était intendant chez les Colonna. Et c'est aussi de l'une de ces venelles
qui poussent leur chemin tortueux entre les palais que,
naguère, la tribu Mazarin a pris son extraordinaire envol,
entraînant à sa suite les Mancini et les Martinozzi qui lièrent
leur fortune à la sienne.

Le « *rione* » de Trevi fut témoin des balbutiements de cette
élévation. C'est en effet dans la via dell'Olmo à côté de l'église

---

1. Quartier.

Saints-Anastase-et-Vincent dont Mazarin embellira, plus tard, la façade, que la famille s'était installée. La princière demeure des Barberini et le palais Colonna, d'où les membres de la famille ne délogeaient guère, délimitent ce territoire que le palais Mazarin, nouvellement acquis, domine du sommet de Monte Cavallo. C'est dire qu'à Rome la fortune mazarine s'est jouée dans un mouchoir de poche. Une fortune qui aurait ici pignon sur rue si, en France, elle ne balançait toujours.

*Le Cardinal est à tous les vents et*
*Mme Mancini se fait un sang d'encre...*

C'est bien ce qui désespère Mme Mancini en ce début d'été. La voilà comme chaque soir, dans ses voiles de veuve, se faisant transporter en chaise vers le Quirinal. Autour d'elle trottine sa progéniture. Et c'est ainsi que la bonne dame houspillant ses porteurs, telle une mère poule entourée de ses petits, progresse dans l'ombre étroite que jettent sur la chaussée les hauts murs des jardins Colonna. Elle ne peut dissimuler son inquiétude. C'est que depuis des semaines elle est sans nouvelles de France. Dans Rome, cependant, les bruits les plus contradictoires courent sur son frère Giulio. Et en bonne Italienne, elle se fait du souci pour les trois petits qu'elle a été forcée d'envoyer en France et qui se trouvent aujourd'hui attelés à la fortune chancelante de son frère le Cardinal.

*Candale est-il un libertin ou un étalon*
*de dentelle?*

N'avait-on pas en vue pour eux de grands établissements? Ne lui avait-on pas écrit que son aînée Laure-Victoire était fiancée au duc de Candale? Elle avait pris ses renseignements sur ce M. de Candale; car elle se méfiait, le connaissant, de son frère ainsi que de son sens très particulier de la famille. Elle se doutait bien que ce n'était pas uniquement par tendresse qu'il s'était fait envoyer à Paris ses neveu et nièces ; mais bien pour qu'ils lui servissent de monnaie d'échange. Des pions, voilà, de simples pions qu'à son gré il déplace sur l'échiquier politique afin de compliquer un peu plus encore la partie.

Elle avait appris que ce Candale, riche à millions, héritier du duché d'Epernon, n'était qu'un libertin. Petit-fils d'un mignon d'Henri III, il était par sa mère, légitimée de France, également petit-fils d'Henri IV. Chez lui la galanterie est affaire de famille. Les dames de cour comme les bourgeoises de la ville en sont folles. Beau mais sans tête, ce n'est qu'un colifichet élégant que les femmes se repassent de saison en saison.

Le Cardinal s'en était toqué comme il l'eût fait d'une toile ou d'une sculpture. C'est qu'il est beau à peindre. Blond, l'œil bleu et langoureux, bien découplé, il annonce clairement dans ses chausses de satin des arguments imparables. Il possède les insolences d'une jeunesse menée à grandes guides. Il va au vent ainsi qu'un prince chimérique de romans. Malgré sa vogue et une réputation d'amant bien établie, court cependant le bruit qu'il n'est pas en son particulier aussi magnifique que les dames l'eussent souhaité. C'est, murmure-t-on, un étalon de dentelle, galamment vérolé, qui se gausse quelque peu de sa vigueur. De surcroît sous une apparence veloutée se tapit un reître. D'un père brutal et probablement criminel, il a hérité la violence.

Mme Mancini se préparait à s'opposer à ce mariage quand le vent tourna. Une lettre de son frère l'avait informée d'un changement soudain. Mazarin avait fini par se lasser de cet enfant gâté et ne jurait plus à présent que par le duc de Mercœur, fils aîné du duc de Vendôme. Quoique de la main gauche c'est un Bourbon. Son père n'est autre que César de Vendôme, ce bâtard qu'Henri IV eut de Gabrielle d'Estrées. Mercœur est d'un tout autre crayon que Candale. Si ce dernier affiche son libertin, Mercœur, homme timide et effacé, se drape de religion. En tout également le contraire de son frère, le duc de Beaufort, cet important qu'on nomme « le roi des halles », celui-là même que Mazarin a coffré au donjon de Vincennes d'où il s'est évadé aussitôt.

Mazarin ne s'est, au fond, servi de Candale que comme d'un leurre afin d'appâter un plus haut vol. Il a jeté son dévolu sur ce Bourbon-Vendôme, ainsi rendu à sa main.

### M. le Prince le héros

Cette alliance d'une nièce de Mazarin avec un prince qui touche de si près à la maison de France a aussitôt déchaîné la fureur du prince de Condé. Il a eu des ironies sanglantes, ridiculisant l'obstination du Cardinal à vouloir se glisser ainsi en douce dans la maison de Bourbon. S'acoquiner avec ce « faquin écarlate », vous n'y pensez pas ! Cette mésalliance est devenue, chez ce prince, une obsession. C'est qu'à un orgueil excessif, il faut ajouter aussi un grain. La démence est de notoriété chez les Condé. Son père se prenait souvent pour un oiseau et il chantait ; parfois pour un sanglier et il donnait des coups de boutoir. Son fils, M. le Prince, celui de Saint-Simon, préférera, lui, se muer en légume. Ainsi le verra-t-on à Chantilly converser avec les salades de son potager. Ce ne sont que des folies intermittentes qui, pour la plupart d'entre eux, ne masquent que du génie. De son père, M. le Prince a hérité une certaine bougrerie. Madame Palatine toujours au fait de la crème du ragot n'écrit-elle pas : « Monsieur le Prince alla à l'armée et s'habitua à de jeunes cavaliers ; quand il en revint, il ne pouvait souffrir les dames. » Après la victoire de Rocroi, il est devenu le sauveur du royaume ; aussi exige-t-il que tout lui soit soumis. Il se voit déjà connétable. Or depuis la trahison du connétable de Bourbon, les rois ont toujours évité de conférer cette charge à un prince du sang. Mazarin fait la sourde oreille ; feint de ne pas comprendre ; l'endort de belles paroles. Cependant l'insistance que Condé met à l'insulter finit par l'agacer ; alors, tel le chat, il étend sa patte et sort ses griffes : Condé, son frère Conti et son beau-frère le duc de Longueville se retrouvent à l'ombre dans la citadelle du Havre. Le Parlement, les bourgeois de Paris, et en renfort la populace galvanisée par le futur cardinal de Retz, obligent Mazarin, après un si beau coup, à prendre le large. C'est de nuit, habillé en cavalier, le manteau sur le nez que le Cardinal sort de Paris. Il a raflé ce qu'il a trouvé d'argent et de bijoux ; certains appartenant à la Couronne. Il court au Havre, et, devançant l'ordre du Parlement, élargit les princes. Et comme il veut se ménager leur bienveillance il leur donne à souper comme si de rien n'était. Ignorant encore ce qui s'est passé à Paris, M. le Prince lui fait bonne figure. Il s'est fait raser et friser, ce qui lui arrive rarement, car ce grand capitaine est généralement fort négligé. Le repas se passe ; on boit ; on plaisante. C'est un de ces dîners dont chaque convive sort enchanté. En se quittant, ils s'embrassent. Condé sourit. Il dissimule. En lui-même il se jure bien de faire pendre, dès qu'il en aura l'occasion, cette canaille italienne. Le Cardinal n'y a vu que du feu. Rassuré, il gagne Sedan. La garnison est sous les ordres du fidèle Faber. En cours de route il y récupère les nièces et le neveu. L'humeur charmante de M. le Prince lui a laissé espérer un exil de courte durée. Une partie de campagne, rien de plus. Cependant les jours passent. Bientôt il doit déchanter. Condé, à peine de retour à Paris, a fait confirmer par le Parlement l'arrêt de bannissement. Sa tête est mise à prix. Et c'est bien à contrecœur que le Cardinal se résout à sortir du royaume.

*Sœur Anne, sœur Anne, où en est-on de la Fronde ?*

Ici se place un épisode de la vie de Mazarin qui en dit long sur ses sentiments pour la France.

Don Antonio Pimentel l'apercevant de Bruxelles où il se trouve, errant par les chemins, le fait approcher par l'un de ses agents qui lui propose d'entrer au service du roi d'Espagne. Le Cardinal décline l'offre. Son cœur est au roi de France dont il est le parrain. Cependant ce refus n'altère aucunement les bonnes relations qu'il entretient avec Pimentel, bien au contraire. Sans plus s'attarder, Mazarin passe la frontière et va se poser avec armes et bagages, nièces et neveu, à Brühl chez l'archevêque-électeur de Cologne. De ce perchoir il scrute l'horizon. Qu'aperçoit-il? la confusion. La Fronde se satellise. Les partis s'entredévorent. Sait-on même où se trouve la Fronde, tant elles sont nombreuses? Il y a celle du cardinal de Retz qui guette à l'ombre des tours de Notre-Dame le moment propice; celle de Monsieur Gaston, toujours plus vague et chimérique; celle aussi des loyalistes qui veulent le Roi mais le Roi sans Mazarin; celle encore de Condé qui, lui, veut tout et rien à la fois; enfin la fronde des frondeurs qui ne frondent que pour le beau geste et le goût de l'aventure; pour suivre l'air du temps, un bouquet de plumes incarnates au chapeau et en croupe des amazones qui ont nom : Longueville, Chevreuse, Châtillon, Montbazon...

Mazarin aperçoit là, dans cette anarchie, pour la première fois, comme une lueur d'espoir. Car cette jeunesse insolente, dont le courage ne le cède qu'aux vices, se paie de bravade; c'est que la débauche aussi a ses ostentations. On se prend comme on se quitte, rapidement. On aime de bricole, à la sauvette, dans l'instant; demain, qui sait, peut-être sera-t-on mort? C'est un feu de paille. Le Cardinal se frotte les mains. Ses espions n'ont jamais tant travaillé que lors de ce séjour à Brühl. Car le Cardinal veut être au courant de tout. Il lit chaque rapport; celui de la moindre des « mouches ». Il correspond avec la Reine secrètement par « pigeons privés ». Le cher Zongo Ondedei ainsi que d'autres volent à tire-d'aile de Brühl jusqu'à la cour qui, au même moment, se trouve aussi courir la campagne. Ainsi, même chassé du royaume, jamais plus despotiquement et sans partage, le Cardinal gouverne l'esprit de la Reine.

Mazarin en est à peu près là dans ses pensées quand survient à Brühl le duc de Mercœur. Il a fui Paris et, malgré Condé, vient retrouver Laure-Victoire, la fiancée qu'on lui a promise. Dans l'impatience on les marie. La cérémonie sera renouvelée trois ans plus tard, le 29 mai 1654, au Louvre par-devant notaire et en présence du Roi, de la Reine mère, du Cardinal et des familles Martinozzi et Mancini enfin réunies.

De retour à Paris, le duc de Mercœur doit affronter les foudres de Condé. Accusé d'avoir enfreint les arrêts du Parlement il lui faut se justifier devant cette assemblée. Acculé, il soutient que son mariage a eu lieu secrètement au Louvre avant la fuite du Cardinal et que s'il a fait le voyage de Brühl ce n'était que pour voir sa femme et non, comme Condé le prétend, afin de comploter avec Mazarin.

### Mme Mancini en Niobé du Bernin

Mme Mancini connaît tous ces détails. Le mariage à la sauvette de sa fille Laure-Victoire comme le retour de son frère, rappelé par le Roi à sa majorité.

Le Cardinal s'est fait prier; c'est qu'on a ses coquetteries. Finalement, ayant reçu toutes les garanties, il gagne Poitiers où la cour s'est réfugiée auprès de Turenne qui commande l'armée royale. Depuis lors, Mme Mancini n'a plus reçu ni nouvelle ni argent. Aussi pense-t-elle en trouver en se rendant au palais Mazarin. Car c'est généralement par le canal de son père que le Cardinal l'informe de ses désirs.

Chacun, à Rome, va et vient dans ces grandes demeures patriciennes. Une foule de parasites s'y presse journellement. Y afflue toute une clientèle bigarrée du matin au soir. L'entremetteur y côtoie le monsignor. Les carrosses déversent dans la cour à toute heure des créatures de sexe indéterminé que l'on traite comme des courtisanes et qui le temps d'un concert de leur voix égosillée calment les nerfs mis à vif par le sirocco. La signora Mancini s'est avancée jusqu'à l'entrée. Aux mines endeuillées qui l'accueillent, elle soupçonne le pire, en cette saison de malaria la mort a tôt fait de frapper. Elle grimpe au second étage suivie de sa marmaille. On l'introduit dans le cabinet de travail de son père. Le petit homme se tient debout, une lettre à la main. Sans un mot il lui tend le pli. A la première ligne, Mme Mancini s'effondre dans ses voiles de veuve. Sous les stucs et les fresques du Guide, cet écroulement de taffetas noirs, de crêpes, de guimpe, de dentelles et les enfants tout autour, et les serviteurs qui s'empressent avec les sels, forme un tableau vivant, tel le reflet projeté sur le sol du grand plafond baroque ; une Niobé qui aurait inspiré les ciseaux du Bernin. Le message de mort a roulé sur le parquet et y aurait-on ajouté pour la décoration, aux pieds de cette mère douloureuse, quelques trophées, une épée, un casque, une couronne de laurier, on eût été encore dans le vrai.

# 6

# 1652, l'année terrible

## *Charité, peste et anthropophagie*

1652 fut une année terrible. On y est mort de faim. Cependant après la disette apparurent les épidémies.

La famine est partout. Les paysans courent les bois à la recherche de racines. A Paris, les rues sont encombrées d'animaux crevés, de cadavres en décomposition. On n'enterre plus les morts, les cimetières sont trop petits; on les entasse directement dans des fosses; de nuit, les loups attirés par cette viande, s'en viennent rôder alentour et souvent jusque dans les villes. De grands bûchers s'allument, ici et là, au bord des routes. La peste menace et on brûle les corps.

Les moissons qui s'annonçaient bonnes, en tout cas meilleures que celles de l'année précédente, sont perdues. Les armées ont tout ravagé sur leur passage; comme brossé la campagne. Les blés ont été pris pour fourrage.

« Dans les huit ou dix lieues où nous avons séjourné depuis deux mois, nous avons mangé le pays sans rien laisser », écrit le comte d'Harcourt qui commande les troupes royales en Guyenne. On relève un peu partout des cas d'anthropophagie. Cependant cette barbarie n'empêche pas une vague de grande charité. Monsieur Vincent mais aussi de pieux laïques proches du jansénisme comme les ducs de Luynes et de Liancourt. De grandes dames également comme la présidente de Lamoignon ou la reine de Pologne se signalent par une piété, une compassion d'âme bien à l'opposé des brutalités du temps.

## M. le Cardinal rentre en France

C'est dans ce paysage d'incendie, de fureur, où la licence le dispute à la guerre que le Cardinal rentre en France. Il a pris soin de lever deux régiments auprès de l'électeur de Brandebourg. Des reîtres au cuir couturé, mercenaires sans états d'âme dont les plus vieux se souviennent encore de Wallenstein et de la Montagne Blanche. Mazarin traverse au grand galop par la Champagne à la tête de ses sept mille cavaliers, écharpe verte, à l'allemande jetée sur le buffle. Auparavant il est passé à Sedan, prendre les nièces encore à la garde de Faber. Ce retour en force ranime la guerre civile dans Paris. Sa tête déjà mise à prix vaut à présent cinquante mille écus. Mazarin n'en a cure. Il contourne Paris et arrive le 28 janvier 1652 à Poitiers d'où il tergiverse, tente de gagner du temps. Comme à son habitude il joue un parti contre l'autre ; il caresse M. le Coadjuteur ; lui fait miroiter un chapeau de cardinal pour lequel il lui a, déjà, extorqué deux cent mille livres ; dans le même temps qu'il écrit au bailli de Valençay, l'ambassadeur près le Saint-Siège, de ne rien presser à ce propos. Il amuse M. le Prince ; lui fait entrevoir l'éventualité d'une paix ; ce qui ne l'empêche pas d'envoyer six mille livres à l'abbé Fouquet, resté à Paris, pour organiser une campagne de presse contre Condé et s'assurer secrètement les services du Coadjuteur pour la diriger. Il ravaude, laisse entendre, fait espérer ; il jette des lueurs ici, pour aussitôt les éteindre là. Il donne de tout côté pour mieux tout brouiller. Le Coadjuteur, aussi fourbe et italien, le perce à jour : « Voilà un génie tout propre à servir des illusions... » écrira-t-il dans ses Mémoires. En dépit de Mazarin, il attrape son chapeau au vol.

## Poudres et encens ou comment
## M. le Coadjuteur de Gondi
### devient le cardinal de Retz

M. le Coadjuteur de Gondi, il est vrai, a pour le seul plaisir de changer son nom en celui de cardinal de Retz, déployé beaucoup d'énergie et dépensé beaucoup d'argent. « Cet homme si redoutable à l'Etat, ce ferme génie, pour s'attirer cette dignité remua tout par de secrets et puissants ressorts », dira plus tard Bossuet. De fait il doit sa nomination à un simple contretemps. Le pape Innocent X, indécis et obstiné, acquis entièrement à l'Espagne qui déteste Mazarin, s'était retiré en un silence impénétrable. Probablement se serait-il évité de porter Retz à la pourpre s'il n'avait craint de faire le jeu de Mazarin. Comme un courrier s'approchait de Rome avec des lettres du ministre qui, disait-on, révoquait la désignation par la France de Gondi au cardinalat, le pape prévint le coup et sans attendre les dépêches nomma Gondi.

Le nouveau cardinal, surpris de cette bonne fortune, aussitôt se pavane à travers Paris, drapé d'un ample manteau cramoisi. Mazarin qui sait, point par point, tout ce qui se passe dans la capitale, se promet de lui faire payer cher cette promotion. Il affecte cependant le détachement, comme si cette nomination ne le touchait guère. Il connaît trop bien Retz pour imaginer un instant qu'il se satisfera de ce chapeau. Trop imprévisible, trop fou, trop ambitieux, pense-t-il. Cependant il feint de le croire comblé ; et cherche en secret à l'éliminer du jeu. Son plan est simple : il faut le compromettre aux yeux de M. le Prince en le poussant, avec la complicité du maréchal de L'Hospital, gouverneur de Paris, à lui refuser l'entrée dans la capitale. Retz trouve dans ce plan son intérêt ; ainsi évitera-t-il que Condé s'abouche avec le duc d'Orléans et la canaille de la rue. Quand Retz évente la ruse il est trop tard. Mazarin, pour l'impliquer, a donné des ordres à ses agents provocateurs et ceux-ci ont couvert les murs de la capitale de placards dénonçant la collusion de Retz avec la cour. Retz est aussitôt pris à partie par la populace. Il veut se montrer à la portière de son carrosse. Les cris redoublent. On lui jette des pierres. Sa voiture risque de verser ; la barrette rouge roule dans le ruisseau. Il est au désespoir. C'est qu'il avait pris goût au rôle d'ami du peuple. Il lui faut se remettre en selle. Il extrapole les plans les plus invraisemblables. Ce petit homme noir, presque difforme, maladroit de ses gestes, devient quand il s'agit d'ourdir une conspiration, la personne la plus déliée, la plus vive. Il va jusqu'à précéder ses ennemis dans leurs pensées les plus secrètes. Ainsi, alors qu'on s'applique à le brouiller avec le duc d'Orléans et que Mazarin tente un rapprochement avec Condé, il devine que des choses se passent en dehors de lui, sans lui, qui sait, contre lui. « Nous sommes foutus, l'accommodement se fait sans nous : ni Mme de Chevreuse, ni M. de Châteauneuf, ni moi n'y avons eu aucune part ! » s'écrie-t-il, et il court se barricader dans Notre-Dame. Déjà l'armée de M. le Prince est en vue. La cathédrale est transformée en arsenal. Le parfum de l'encens a fait place à l'odeur de la poudre.

### Deux grands capitaines : Condé et Turenne

L'armée royale ayant repris une à une les places de Guyenne où se maintenait la Fronde des grands, M. le Prince n'avait guère d'autre choix que d'aller se faire battre par Turenne à Bléneau. La veille il avait pourtant taillé en pièces une partie des régiments commandés par le maréchal d'Hocquincourt.

Turenne, campé près de Gien où se trouve alors la cour, et découvrant de loin, à la lueur des incendies, l'armée rebelle en ordre de bataille, murmure avec ce calme protestant qui ne l'abandonne jamais : « Tiens, M. le Prince est arrivé. Et c'est lui qui commande son armée. »

Le lendemain il coupe la route à Condé qui manœuvrait pour s'emparer du jeune Roi et de la cour, et le contraint à se replier.

Le Roi hors de portée, Condé décide alors de marcher sur Paris. Il négocie avec les Espagnols. Mazarin de se frotter les mains : de mieux en mieux ! voilà M. le Prince en croupe de la haute trahison ! Le roi d'Espagne lui envoie en renfort le duc de Lorraine et ses bandes allemandes. Ce maquignon de la mort est toujours prêt à la remonte. C'est un haut seigneur des marches sorti de l'Empire et qui, selon son avantage, négocie ses services. Comme l'électeur de Brandebourg ou le duc de Savoie, il est au plus offrant. Quand il commence une guerre, il ne sait jamais dans quel camp il la finira. La nouvelle de son arrivée plonge Paris dans l'effroi. Même Monsieur, pourtant son beau-frère, est saisi de peur. Il ne sort plus de son palais du Luxembourg. Il connaît bien cette soldatesque. Les écharpes vertes de Mazarin sont de la même farine. Le Parlement s'émeut à son tour et interdit l'entrée de la capitale à M. le Prince. Monsieur toujours tremblant, à contrepied, indécis, ne sachant plus quel camp trahir, les ayant tous trahis, hésite encore quant au parti à prendre. Retz fait le mort dans sa cathédrale. Le Parlement songe à se rapprocher de la cour alors que la populace acquise au désordre et manipulée par les agents provocateurs des princes s'adonne au pillage.

### Grands pieds, grand nez, une nymphe guerrière : Mademoiselle

C'est alors qu'au milieu de ce tumulte paraît Mademoiselle, fille de Monsieur. C'est une nymphe guerrière aux vingt-six printemps toute en pieds toute en nez; une sorte de laitue montée. Premier pair héréditaire du royaume, elle passe pour être la plus riche héritière d'Europe. Elle affiche volontiers une allure fracasse et des airs de soudard. C'est qu'elle ne craint ni la poudre ni la mousquetade. Quoiqu'elle ait des effarouchements de précieuse. Brouillonne comme son orthographe, elle s'enivre de beaux gestes. Elle s'imagine en héroïne de roman. Elle va d'un pas assuré comme un soldat montant à l'assaut. Elle ne se fraye pas un chemin, elle culbute, toujours flanquée des comtesses de Frontenac et de Fiesque que son père, Monsieur, poltron mais plein d'esprit, appelle : « Mesdames les comtesses, maréchales de camp de l'armée de ma fille contre le Mazarin. » Mademoiselle aime la gloire qu'elle confond avec la gloriole. C'est également une amoureuse, constamment contrariée dans ses amours. Elle craint l'homme autant qu'elle le recherche.

Aussitôt arrivée dans Paris, après avoir claqué les portes d'Orléans au nez de l'armée du Roi, la voilà qui se met à donner des fêtes pour les officiers allemands de l'armée du duc de Lorraine. Rapidement elle devient le boute-en-train de l'émeute, Retz s'étant retiré du jeu.

Condé campe sur les hauteurs de Saint-Cloud avec ses Allemands et des lances espagnoles; l'armée du Roi est à Saint-Denis; la cour se partage entre Saint-Germain et Compiègne; M. le Cardinal Mazarin est avec ses nièces à Melun où son joli neveu Paul Mancini l'a rejoint. On accorde les violons sur fond de canonnade et au sortir du bal on s'en va s'étriper. Les rabats en point de Malines sont d'un joli effet sur les cuirasses damasquinées. « Nous nous en allons contents tâcher de faire quelques choses ce reste de beau temps; puis quand nous aurons mis les troupes en quartiers d'hiver, nous reviendrons au bal et aux comédies. L'on a furieusement de la peine, il faut avoir ensuite du plaisir... » écrit M. le Prince à Mademoiselle.

### *Un joli museau d'Italien : Paul Mancini*

Le cardinal Mazarin n'est pas le dernier à mener cette contredanse où les salves de mousquets doublent les violons. Il a toujours eu du goût à la fête. Elle lui sert à charmer, à tromper et à mieux asservir. Durant son exil il a perçu chez la Reine de l'indécision; aussi croit-il de bonne politique de s'attacher plus fortement le Roi. Louis est majeur depuis peu et il le pressent sournois; qui sait, contraire. Louis est parvenu au seuil de cette adolescence trouble. Sous l'écorce d'une enfance encore mal dissipée, on entraperçoit déjà le jeune homme charnu qu'il va devenir. Pour son caractère, Mazarin n'en saisit pas encore bien le contour; pour un peu il le penserait dissimulé. Il se montre cependant franc, presque trop éveillé quand il s'agit des dames. Toujours fourré chez les filles de la Reine. S'il joue encore pour du beurre, il trouvera bientôt le chemin qui le conduira à Mme de Beauvais, cette Cateau la borgnesse, passée à la postérité comme la grande déniaiseuse.

Tout un mois, on a vu le Roi aux petits soins pour Mme de Frontenac, la maréchale de camp des armées de Mademoiselle. La Reine a éventé le manège de la belle et a renvoyé l'intrigante à d'autres champs de manœuvres. Qu'il s'amuse des nièces de M. le Cardinal. Mais Louis a peu de goût pour les petites filles.

Le Cardinal pense alors qu'il est temps de filouter les sentiments de son royal filleul. C'est qu'il ne faudrait pas qu'il lui échappât. S'il n'aime pas ses nièces, peut-être aura-t-il plus de penchant pour son neveu. Et d'imaginer aussitôt un favori. La bougrerie, qu'on nomme « vice italien » quand elle est pratiquée par les seigneurs, est chose courante à la cour de France depuis les derniers Valois. Plus personne ne s'en émeut. On en rit même et si l'on rit, la cause est entendue. Mazarin qui n'a pas perdu sa main d'entremetteur, pousse alors sur le devant du théâtre son neveu Paul. C'est un jeune homme bien fait, plein d'agrément et souple. Le roi le préfère vite à ses autres compagnons, les Vivonne, les Guiche, les Vardes, les Duplessis-Praslin. Ce beau museau d'Italien emporte ses faveurs.

Tandis donc que la cour se trouve à Compiègne et que la Reine a ses extases espagnoles au Carmel de Saint-Denis, que M. le Prince bivouaque à Saint-Cloud n'attendant que le moment propice pour fondre sur Paris et que M. de Turenne patrouille du côté de Charenton, le Cardinal, lui, retiré à Melun, donne à goûter au Roi. La fête se poursuit jusqu'à la nuit, illuminée par les feux de la Saint-Jean. Paul Mancini est de la partie. Le Cardinal caresse le neveu du regard. C'est de loin son préféré. Il forme à son sujet les plus hautes espérances. Il l'a fait élever au collège de Clermont avec les égards d'un prince du sang.

Toute l'affaire n'aurait été qu'une bêtise, un épanchement, un de ces émois de jeunesse qui vous vient quand tout dans la nature soupire ; on n'en aurait peut-être même jamais reparlé, si le valet La Porte ne s'était mis en tête de donner, ce soir-là, un bain au Roi. Et voilà aussitôt le bonhomme qui pousse de hauts cris. Qu'a-t-il aperçu dans les caleçons royaux ? Une carte, une simple carte qui lui semble plus être de Sodome que du Tendre. La Reine tirée de ses dévotions par ces cris, prie fermement La Porte de se taire et d'aller prendre ses quartiers d'hiver. Le domestique se sent trahi et pense se venger en écrivant des mémoires. Toute l'aventure sous sa plume est tortillée de telle sorte qu'on ne sait plus bien qui du Cardinal ou du neveu mena cette partie de main chaude. Voltaire minimisera l'incident dans *Le Siècle de Louis XIV* : « Il paraît que La Porte fut trop scrupuleux et trop mauvais physicien; il ne savait pas qu'il y a des tempéraments fort avancés. Il devait surtout se taire. Il se perdit pour avoir parlé, et pour avoir attribué à la débauche un accident fort naturel.»

Neuf jours plus tard, le 2 juillet 1652, Paul Mancini sera blessé mortellement au combat du faubourg Saint-Antoine.

### Mort d'un jeune chevau-léger

Le Roi et le Cardinal se tiennent sur les hauteurs de Charonne d'où ils suivent les combats à la lunette. Les tours de la Bastille s'empanachent soudain de fumée. C'est Mademoiselle qui fait tirer le canon sur les troupes du Roi. « La malheureuse, elle vient de tuer son mari », s'écrie le Cardinal l'œil toujours collé à la lunette. C'est que Mademoiselle s'était mis en tête d'épouser son cousin germain qu'elle n'appelait plus que « mon petit mari ».

Plus bas dans les jardins maraîchers, au milieu des carrés de choux, se déroule un sanglant corps à corps. Par-dessus une haie un bouquet de fumée signale qu'on s'y arquebuse. Quand il n'y a plus de poudre on s'achève à l'arme blanche. La journée, commencée aux sons des fifres et des tambours sous les bouches à feu de la Bastille, finit en un pataugement sanglant. La guerre en dentelle a oublié ses élégances.

C'est alors que M. le Prince pressé par Turenne décide de se porter vers Charenton. On l'aperçoit au loin à la tête de ses lances, miroitant dans sa cuirasse d'argent; il est vêtu d'un habit noir et gris et d'une écharpe bleue nouée à l'allemande; il est comme en deuil de cette triste journée. Passera-t-il? Le chemin est étroit et la mousquetade serrée. Il n'est point passé. Mais les portes de la ville se sont ouvertes et il s'y est engouffré. C'est encore un coup de Mademoiselle qui, en lui ouvrant la porte Saint-Antoine, lui a sauvé la mise.

Pour la troisième fois de la journée, Paul Mancini a ramené ses chevau-légers à l'assaut des barricades. Un coup de pertuisane claque et l'atteint au ventre. Son cheval se dérobe sous lui et le voilà dans l'instant étendu, là, anonyme parmi les morts de la journée tandis qu'une dernière fois, au loin, le canon tonne. C'est toujours Mademoiselle qui, du haut de la Bastille, tient à signaler que les princes sont dans Paris et le Roi à la porte de sa capitale. Cette vierge guerrière demeurera la plus absurde des héroïnes de cette Fronde ; plus absurde encore cette folle entreprise qui a conduit à s'égorger en ce combat fratricide une jeunesse rutilante, chamarrée, fière et fringante sur sa monture, bouffant ses dentelles et gonflant ses plumes ; comme absurde aussi la vision de ce jeune cornette blême, enveloppé dans son étendard, langé par la mort ; ce trompette fauché par les feux roulants de la mousqueterie, gisant à l'ombre bleue des vergers de Picpus ; toute une génération vendangée, là, au milieu des vignes, au flanc de Mesnilmontant.

La folie s'est emparée du monde. Dans Paris, M. le Prince court l'épée à la main, hagard, le visage noir de poudre, le collet de dentelle ensanglanté, la cuirasse cabossée ; partout il redemande ses amis. Pour un peu on le verrait descendre chez les morts clamer sa vengeance. Il est comme fou furieux. Hors de lui. En ce débraillé sinistre, il laisse libre cours à sa férocité.

Mademoiselle, redescendue des tours de la Bastille, se pavane aux bras des écharpes rouges espagnoles. On la voit au jardin Renard, sur la terrasse des Tuileries ; tandis qu'au même moment près de la porte Gaillon, le duc de Beaufort tue en duel d'un coup de pistolet son cousin le duc de Nemours.

Condé, l'épée à la main, retourne les charniers. Un jeune prince de la maison de Lorraine, le comte de Rieux, voudrait l'éloigner, le sauver de lui-même, Condé s'en débarrasse par une gifle. La réponse ne tarde pas, l'autre lui décoche un coup de poing. Paris est au pillage. L'Hôtel de Ville brûle. La bibliothèque du Cardinal est à tous vents.

Chaque camp compte ses morts.

Un bel alezan, à la crinière tressée de ruban feu, de la même couleur que le tapis de selle, broute les salades du potager. Non loin de là, tête renversée, pâle, déjà botté de marbre, le jeune Paul Mancini gît sous un cerisier dans sa casaque écarlate du régiment d'Olonne. Son feutre aux plumes dorées et incarnates a roulé entre les pieds du cheval.

Quand, au soir de cette journée, on apprend au Roi l'état dans lequel on a retrouvé son ami, lui, toujours si maître de ses émotions, éclate en sanglots. Il prend un cheval et galope jusqu'à Compiègne où le Cardinal a fait transporter en civière le mourant. La chaleur, la poussière du chemin ont eu raison des dernières forces du jeune homme. Louis arrive cependant à temps pour déposer sur son lit la patente de capitaine des chevau-légers. Il pleure.

Il pleure ce soir. Demain il n'y pensera plus. Les morts n'ont pas bonne réputation chez les princes.

De ce jour, jamais plus on ne reparla de favori à propos de Louis.

# 7

# Que m'importe la nièce,
# puisque c'est le Cardinal que je marie...

Alors que les arrêts du Parlement contre Mazarin et sa famille sont cassés ; que les ducs de Beaufort et de Rohan sont chassés ; que Condé et son frère Conti, en fuite, sont déclarés criminels d'Etat ; que Monsieur se morfond à Blois en exil, et Mademoiselle à Saint-Fargeau, le cardinal Mazarin brille par son absence. Il a pris ses distances avec la cour ; non sans avoir eu soin auparavant de faire entrer au Conseil Le Tellier et Servien, des hommes à lui. Il s'en est allé en direction des frontières du Nord, remâchant sa rancœur. Il ne poussera cependant pas plus loin que Bouillon. On l'imagine amer, déçu. Cette retraite est une manœuvre. Il veut se faire désirer et compte sur le Roi à présent majeur pour vider ce qui reste de l'abcès de Fronde.

*Belle fourberie du Roi à l'encontre de*
*M. le Cardinal de Retz*

Le 22 octobre le cardinal de Retz sort de son repaire de Notre-Dame pour se présenter au Louvre et y rendre ses devoirs au Roi. Louis l'y accueille avec mille grâces ; lui dispense du « mon cousin » ; lui parle de musique, du ballet qu'il prépare. Retz est comme transporté sur des nuages. Mazarin parti, hors du royaume, fuyant on ne sait où, il s'imagine déjà Premier ministre. « Surtout qu'il n'y ait personne sur le

théâtre », laisse tomber le Roi à la cantonade, avant de se retirer le sourire aux lèvres. « Adieu mon cousin ! » Pas un instant,
cette politesse extrême du jeune roi n'a éveillé chez Retz le
moindre soupçon. Après s'être félicité de cette visite qu'il
appréhendait auprès de quelques courtisans, il s'apprête à quitter les lieux, léger, heureux, empli d'espoir en l'avenir. C'est
alors qu'il se voit entouré de gardes. Les gentilshommes de sa
suite veulent aussitôt s'interposer mais devant l'attitude résolue
du marquis d'Aumont, capitaine des Gardes du Roi, ils battent
en retraite. Le cardinal de Retz est promptement saisi, mené
prisonnier à Vincennes et enfermé dans le donjon.

A des lieues de là, en apprenant ce qui s'est passé au Louvre,
Mazarin applaudit à grand fracas. Comment la chose fut-elle
ourlée ? Il veut tout savoir par le détail. Il applaudit d'autant
plus fort qu'il est inquiet. L'élève n'est-il pas en passe de sup-
planter le maître, en sournoiserie ? Aussi il se demande
combien de temps encore il pourra le tenir en lisière. Et si soudain il se mettait à vouloir gouverner ? Mazarin frémit à cette
idée. Ce « qu'il n'y ait personne sur le théâtre ! » est une trou-
vaille vraiment digne d'un maître fourbe.


*Le Cardinal construit une prodigieuse*
*machine à gouverner*


Se serait-il montré inattentif à d'aussi bonnes dispositions ?
Pourtant, en ingénieux mécanicien, Mazarin a initié Louis aux
affaires ; or maintenant cette belle machine qu'il a minutieusement mise au point est en passe de lui échapper. Une prodigieuse machine à gouverner les hommes, précise, organisée.

Le Cardinal ne se fait aucune illusion sur les hommes, encore
moins sur les rois. Il est d'un scepticisme absolu, ce qui l'absout
à ses yeux du cynisme qu'il professe. Cependant pour être sans
fierté, il n'éprouve aucune rancune. Les injures, les trahisons ne
sont que des contingences du pouvoir. Plutôt que de couper les
têtes comme naguère Richelieu, il préfère abaisser les âmes.
Les faiblesses de la nature humaine aussi bien que les vices lui

sont familiers; sympathiques même pour autant qu'ils servent ses desseins. Durant la fronde des princes, il a encouragé la vénalité de Mme de Chevreuse et par le truchement de l'abbé Basil Fouquet son amant, celle de la belle duchesse de Châtillon. Louis XIV en retiendra la leçon : on le verra à Versailles favoriser la paresse et la futilité de sa noblesse, en lui distribuant pensions et vains hochets de gloire. Cependant Louis amendera les leçons du cynique Mazarin par un sentiment très aigu de l'honneur auquel se doit le chef de la maison la plus ancienne d'Europe.

Déjà il sait évaluer ce qui est dû à son rang et ce qu'il doit lui-même à sa propre grandeur. Tout en admirant le Cardinal, en écoutant ses leçons, il a su débusquer chez lui ce qui y demeure de l'aventurier et du parvenu.

### M. le Cardinal s'enrichit; Louis apprend à faire le roi

Mazarin est de retour définitivement le 8 février 1653. Il fait son entrée dans Paris acclamé par la même foule qui, quelques mois auparavant, réclamait sa tête. Echaudé par ses différents exils, Mazarin veut parer au plus pressé et consolider sa fortune par des alliances. Par ailleurs, alors même qu'il s'apprête à exercer une véritable vice-royauté, il met un point d'honneur à s'enrichir. Nicolas Fouquet, qu'il a nommé Surintendant des finances, l'aidera à prendre ses avantages, sans vergogne. Le Roi le regardera faire sans rien dire; mais ne le supportera d'aucun autre après lui. Et Fouquet l'apprendra vite à ses dépens.

Louis le regarde tituber sous la fortune. Vaguer comme un homme ivre au milieu de ses collections, cet entassement de tableaux, de marbres, de miroirs, de cristaux, de tapisseries, de pierres précieuses. Il y prend une leçon de goût. Et en effet s'attardera toujours en Louis XIV quelque chose du grand décorateur que fut véritablement Mazarin. Sur la fin de son règne, malade, ne bougeant guère des appartements de la Maintenon, rien ne le distraira mieux que de se faire conter par les princesses de sa famille l'agencement de leurs hôtels parisiens, celui de leurs jardins; il se fera décrire minutieusement leurs dernières commandes de mobilier.

Mais pour l'heure le jeune Louis est loin du naufrage de sa fin de règne et de son étrange conjungo avec la « vieille ripopé », comme Madame la Palatine nommera dans ses lettres la veuve Scarron. L'air endormi qu'il affiche n'est qu'une ruse. En fait rien ne lui échappe. On pense qu'il somnole : il surveille. Il fait sa pelote de tout; et en silence apprend à faire le roi.

Ainsi étonne-t-il Mazarin qui ne laisse toujours pas de craindre qu'il ne lui échappe. Parfois même il lui arrive de douter de l'attachement du Roi. Au maréchal de Gramont qui le flatte d'un crédit éternel, fondé sur la faiblesse du Roi, le Cardinal répond : « Ah! Monsou le Maréchal, vous ne le connaissez pas; il y a en lui de l'étoffe de quoi faire quatre rois et un honnête homme... » L'air endormi du Roi peut tromper la cour et même sa mère Anne d'Autriche mais pas le vieux renard. « Il se mettra en chemin un peu tard mais ira plus loin qu'un autre... » confie-t-il à un de ses familiers. Sans doute un peu tard, et tant mieux d'ailleurs, puisque pour l'instant il occupe la place.

On peut se demander comment Louis eût, à la longue, supporté ce joug, si le Cardinal n'avait mis une certaine bonne volonté à mourir avant la soixantaine. Ce qui, à le considérer tout frisé et pommadé, alors qu'il entre dans Paris sous les vivats de la foule, est assez peu prévisible.

*Encore quelques nièces et neveux!*

Bordeaux et le château Trompette rendus au pouvoir royal, Condé défait aux frontières, la Fronde tourne court. Mazarin achète de sa poche, autant dire de celle du Roi, les dernières réticences parlementaires. Les grands en exil et les princes bannis s'emploient déjà secrètement à rentrer en grâce. Chacun veut faire sa paix avec Mazarin sur le dos de l'autre. Il y a même surenchère. Et chacun de se demander : comment peut-on

« épouser » M. le Cardinal ? C'est dans ce temps, en effet, que
le prince de Conti, avec ce cynisme particulier aux Condé,
s'exclame, mais lui tout haut, que peu lui importe la nièce
puisque c'est le Cardinal qu'il marie. Or de nièces et de neveux,
pour l'heure Mazarin n'en a guère sous la main, vu l'inflation de
la demande. C'est alors qu'il prend la décision de faire venir le
reste de sa famille encore à Rome. Au moins deux nièces et un
neveu auxquels se joindront ses deux sœurs Geronima et Margherita, l'une et l'autre veuves depuis peu ; car il ne désespère
pas, vu l'engouement que suscite sa famille, de les caser.

Fin avril 1653 – il n'est de retour que depuis deux mois – trois
lettres partent pour Rome ; l'une destinée à son père, et les
deux autres à ses sœurs.

# 8

# Tout est en l'air au palais Mancini...

*Hortense ou Marie?*

Tout est en l'air au palais Mancini. Un grand vent d'aventure s'est mis à souffler. Quand Marie comprend que sa mère a l'intention de la laisser à Rome dans un couvent, elle se révolte. L'oncle n'a-t-il pas écrit qu'il voulait l'aînée des filles restantes. Alors pourquoi faut-il que ce soit Hortense qui soit choisie et non elle. N'est-elle pas l'aînée? Hortense n'a que sept ans, alors qu'elle va sur ses quinze ans. C'est que donna Geronima s'en méfie de plus en plus. Elle ne déguise même plus ses sentiments. Elle ne l'aime pas. Elle ne l'a d'ailleurs jamais aimée. Olympe a été sa préférée. A présent qu'Olympe est à Paris, toute son affection s'est reportée sur Hortense. C'est sa « poupée ». Marie le sait. Elle n'en tient pas rigueur à sa petite sœur. Marie n'est pas jalouse de tempérament. Elle est fataliste. Elle connaît sa mère et la sait prête à tout pour favoriser Hortense; même à transgresser les ordres de « zio Giulio ». Mais un ordre est un ordre. D'autant plus qu'il est précis. Ecrit noir sur blanc. « La fille aînée... » Tout d'un coup, Marie a le sentiment de n'avoir jamais existé. Morte, escamotée. C'est un sentiment très fort qu'elle a toujours eu vis-à-vis de sa mère; de ne pas exister à ses yeux. Trop noire, trop osseuse, disait-elle en la regardant; et cela bien avant qu'elle n'ait pris connaissance de cet horoscope selon lequel elle devrait bouleverser le monde. Depuis longtemps Marie l'a percée à jour; mais elle ne se laissera pas enfermer, sans rien dire, au couvent de Santa Maria in Campo Marzo. D'ailleurs Marie s'est bien juré de ne jamais y retourner. Et sa tante abbesse, et les menaces de sa mère n'y feront rien. Toutefois, plutôt que de l'affronter, elle préfère, cette fois, ruser. Marie fait aussitôt valoir le mécontentement de cet oncle qu'elle pressent autoritaire et capricieux quand il apprendra qu'on lui a désobéi. « C'est un ministre tout-puissant. Il saura vous faire payer cette contrariété. » Et d'ajouter : « Il y a des couvents partout. De surcroît, quand je serais poussée par quelqu'un de ces mouvements célestes, il me serait aussi facile de les suivre à Rome qu'à Paris... » Marie sent qu'en cet instant se joue son destin. C'est du moins ce qu'elle écrira dans ses Mémoires. Mme Mancini réfléchit longuement. Pour une fois ce que lui dit Marie semble frappé au coin de la raison. Elle hésite encore puis finit par consentir à son départ. Pour faire bonne mesure, Hortense, sa chère « poupée », sera également du voyage ainsi que Philippe, le plus âgé des deux garçons qui lui restent. Elle confie la petite Marianne, qui n'a que quatre ans, et Alfonse le tout dernier, à sa sœur l'abbesse.

Et c'est ainsi qu'en rechignant sur le dureté des temps et les exigences de leur frère, Mmes Mancini et Martinozzi se mettent en branle pour un voyage qui bouleverse leurs petites habitudes.

### Deux matrones, quatre enfants, un perroquet et le petit chien

La carrossée progresse péniblement sur l'ancienne voie aurélienne. La campagne est harassée de soleil. De grands tombeaux ruinés bornent çà et là la route ; au loin un aqueduc dresse ses arches chancelantes au milieu d'un champ roussi. Pas un souffle d'air. L'ombre d'un gros pin gonflé du chant des cigales rompt par instant la monotonie de cette campagne désolée.

Dans la première voiture, les deux matrones, flanquées de la fine fleur de leur progéniture, prennent des sels et s'éventent avec ostentation pour bien marquer leur désagrément de s'être

laissé entraîner dans une pareille aventure. Les deux dames se
tiennent vis-à-vis à la portière affichant un désintérêt complet
du paysage. Elles maudissent en silence leur frère qui les a
obligées à abandonner une vie unie et réglée pour des lendemains incertains. A leur suite s'en viennent trois voitures bour-
rées jusqu'à la gueule de malles, de coffres et de servantes.
Les enfants sautent sur les banquettes; la perruche d'Hortense s'est envolée de la cage; les petits chiens aboient. Seule
Marie demeure rêveuse à l'autre portière. La roue du carrosse
émet soudain un grincement terrible. Elle vient de riper sur un
morceau de dalle, un reste de l'ancienne chaussée romaine que
les alluvions du temps ont recouverte. Les deux sœurs, dressées sur leur croupion, ferment dans un bel ensemble leur
éventail, pour se mettre à rouler de gros yeux furibonds, mau-
dissant, cette fois tout haut, leur illustrissime frère. Les petits
rient tout excités par cette nouvelle aventure. Marie demeure
songeuse. La perruche volette de plus belle. Et les petits chevaux ardents continuent à courir en direction de la mer où le
soleil vient de glisser. Bientôt on se trouve en vue de Palo,
petit port entre Ostie et Civitavecchia. Au milieu de la darse
une galère voiles à demi déferlées et battant pavillon de Gênes
les attend. A la poupe, encadrée par des chimères en bois
doré, se balancent deux grosses lanternes. Le grand pavois a
été hissé comme lorsque le doge se trouve à bord. Sur le pont
tout est d'une ordonnance somptueuse, comme pour signaler à
l'équipage la qualité des voyageurs qui embarquent. Un traitement peu ordinaire qui ne laisse pas d'étonner les deux sœurs
et de les rassurer sur le crédit d'un frère qu'elles avaient soupçonné un temps d'être inexistant.

Les enfants courent sur le pont. Grimpent dans les vergues,
à la misaine, à la hune. Les vieux loups de mer, des durs à
cuire peu émotifs, sont sous le charme. Les voilà nichés dans
les voilures, on les retrouve partout où il ne faut pas. Bientôt
le capitaine met à la voile, et les côtes de la Provence se
trouvent rapidement en vue.

Par bouffées sur les flots s'en viennent des odeurs épicées
d'herbes fortes. Le navire frôle les calanques bleues, contourne
des îlots et fait son entrée dans le port de Marseille. Les

canons de la tour Saint-Jean le saluent. On est le 3 juillet 1653. Le voyage a duré dix jours.

## On se fait la bise

La foule sur le quai est immense, chacun veut voir le grand navire rutilant d'or. Le lieutenant de l'amirauté Antoine de Valbelle, qui a maintenu la ville au Roi durant les troubles de la Fronde, les consuls de la ville, les magistrats, en simarres écarlates flanqués de leurs femmes caquetantes et endimanchées, se tiennent au pied de la coupée. Ils s'empressent déjà sur le pont, museau en avant, prêts à embrasser, à la mode de Provence, la famille de M. le Cardinal. Ce n'est pas tous les jours une pareille aubaine. La signora Martinozzi ne l'entend pas de la sorte. Elle n'embrassera pas, ni ne se fera baiser. Au diable Marseille et les Marseillais! Cela jette un léger froid. On veut penser qu'il s'agit d'une galéjade. Pas du tout, elle tient ferme, la contessa Martinozzi. Se rengorge même. Pousse des cris de pintade espagnole. Allègue les grandeurs de sa maison. Arcboutée contre le bastingage, pressée dans ses derniers retranchements, elle risque de passer par-dessus bord. On lui représente qu'ici c'est la coutume; alors elle tend chichement la joue. On a risqué l'incident diplomatique. Une collation est servie. Des fruits confits et de l'orangeade; les deux sœurs préfèrent deux doigts de muscat de Venise; et c'est un peu grises mais charmées qu'elles sont fourrées en carrosse. Le soir même elles se retrouvent à Aix, logées dans le palais du gouverneur. Elles y demeureront huit mois. Huit mois, est-ce suffisant pour attraper un peu du jargon de la cour et se familiariser avec ses coutumes? Le Cardinal le pense. Huit mois pour brosser la poussière du voyage et acclimater ce nouveau contingent de petits sauvages aux usages de France.

*M. le duc de Mercœur, ou bonjour*
*monsieur mon gendre!*

Le gouverneur de la province a eu ordre de faciliter ce séjour. C'est d'ailleurs un parent. Donna Geronima en a même plein la bouche. Monsieur mon gendre par-ci, mon cher fils par-là. Le duc de Mercœur qui vient de confirmer officiellement au Louvre son mariage célébré à la sauvette avec Laure-Victoire Mancini à Brühl est, en effet, gouverneur de la Provence. Il se montre plein d'égards pour les deux matrones. Cependant il est rapidement dépassé par l'exotisme de cette nouvelle famille qu'il découvre haute en couleur. C'est qu'on perçoit déjà au milieu des grâces enfantines des petits cette humeur capricante, ce charme si particulier dont ils feront preuve par la suite; et aussi peut-être déjà quelque chose de ce sens moral qui chez eux brillera toujours par son inexistence. Il y a chez ces enfants, pour l'œil aguerri, comme l'esquisse en filigrane de destins pittoresques, féconds en impromptus et en foucades, toujours menés au débotté.

Ces enfants ont reçu en partage quelque chose de cette étonnante faculté que possède leur oncle de se rendre, tel l'arlequin du théâtre, maître des situations les plus risquées; et c'est sans difficulté apparente, avec une aisance naturelle, qu'ils passent d'un état somme toute modeste, au faîte de la gloire et de la fortune. Quand on a vécu une enfance parmi les étoiles qu'un père faisait pleuvoir au bout de son télescope, rien ne peut vous étonner. Tout est décidé par avance et le mérite personnel n'est jamais nécessaire, jamais suffisant pour troubler l'ordre du destin. Auraient-ils été enclins aux choses de la religion, il est à parier qu'ils eussent été jansénistes. Il n'y a rien de tiède en eux. Que la volonté d'Allah soit faite! Et celle également de M. le Cardinal!

La famille est à peine depuis quelques semaines installée à Aix que la duchesse de Mercœur accourt de Paris. Embrassades, éclats de joie, larmes de retrouvailles. C'est que les larmes font partie des usages du temps. Mme Mancini n'en croit pas ses yeux. *Mia figlia! Non è vero! La figlia mia!* Et elle la tourne et retourne, afin que rien ne lui échappe de cette métamorphose. Une reine ! ma fille est devenue une reine ! Et c'est vrai que Laure-Victoire, qui a conquis le cœur des Provençaux, règne sur Aix. On la fête. Marie regarde sa grande sœur avec admiration mais sans envie. La jalousie ne sera jamais son fait. D'ailleurs pourquoi être jalouse ? Son horoscope ne lui promet-il pas la gloire ? La duchesse a apporté de Paris mille affichets de la dernière mode, des robes aussi, des manchons, des dentelles. Ainsi on s'accoutume, on change un bonnet, un chapeau. On se transforme peu à peu. Le soir le Tout-Aix se presse chez le gouverneur. Chacun veut connaître les dernières nouvelles de la cour. Comment se porte la Reine mère ? Et le Roi est-il aussi charmant qu'on le dit ? Mieux encore dites-vous ? Laure-Victoire tient la chronique. Cependant elle est dépourvue de cet esprit « vertigo » qui établira ses sœurs comme des femmes d'esprit ; ainsi que de cette liberté de ton qui acclimatée à leur vie privée en fera des aventurières. Elle brosse cependant un portrait du jeune roi.

*Dernières nouvelles de Paris : le Roi,*
*Champagne et la marquise de Rambouillet*

Le Roi est grand pour son âge. Il a les épaules larges, le buste étoffé et la jambe bien faite. Il danse à merveille et à cheval il est un parfait cavalier. Une chevelure brune, des yeux clairs fendus en amande, les sourcils bien dessinés, un nez un peu fort, une bouche charnue, on croirait entrapercevoir un demi-dieu. Il pourrait paraître irréel, presque trop beau, surtout lorsqu'il va à la parade ou au carrousel et qu'il a revêtu sa cuirasse qui accuse un peu plus son allure athlétique. On le dirait fait pour l'amour et la guerre. Retenu, il parle peu mais quand il parle c'est toujours avec une extrême politesse. Marie écoute, puis intarissable questionne. Elle veut tout savoir de ce pays étrange. La cour, la ville. Ce qui est du dernier bien et ce qui ne l'est pas. Champagne est-il toujours le coiffeur à la mode ? Les beaux esprits se rassemblent-ils encore chez la marquise de Rambouillet ?

Celle-ci est-elle toujours l'élue des gens de goût ? Laure-Victoire la rassure sur Champagne mais doit la détromper sur la marquise. La marquise et son salon ont bien perdu de leur éclat. Les temps ont changé, et si l'on est encore précieux on ne l'est qu'à demi et encore pour mieux être libertin. C'est chez Mlle de Lenclos qu'on se rend à présent. Marie est désolée pour la divine Arthénice qu'on ne visite plus guère dans sa Chambre bleue que comme une curiosité d'époque. Cela ne l'empêche pas de voir en elle une compatriote qui a réussi.

La marquise de Rambouillet, en effet, est romaine par sa mère. Le marquis de Pisani, son père, ayant, durant son ambassade à Rome, épousé la veuve d'un prince Orsini. Une Orsini tout comme le grand-père Pietro, s'était dit Marie en l'apprenant. Cette mère appartenait à la très antique maison des Savelli, qui tirait sa grandeur de trois papes dont le plus célèbre s'était illustré au viiie siècle dans sa lutte sans merci contre l'empereur de Byzance. Les Savelli à l'instar des Conti, des Orsini et des Colonna étaient barons romains depuis des temps immémoriaux. A l'ancienneté de cette maison il fallait ajouter de grandes alliances qui l'avaient maintenue au travers des siècles parmi les premières familles de Rome. Son époux Ludovico des Ursins (c'est ainsi qu'il fallait dire en France où l'usage, alors, était de franciser les noms étrangers) avait défrayé la chronique en poignardant Vittoria Accoramboni, veuve du duc de Bracciano, qu'elle avait de son côté un peu vite aidé à mourir. Le prince Ludovico fut arrêté à Padoue et, de nuit, dans la prison, étranglé au lacet de soie. Cette histoire avait rejoint le grand fonds des légendes d'infamie dont Rome recèle le secret. Marie connaît l'histoire de cette Vittoria Accoramboni, aussi déplorable et sanglante que celle de Béatrice Cenci. Cette cruauté des mœurs est toujours de saison à Rome. Cependant en quittant sa patrie pour toujours – du moins le croit-elle alors – Marie pense avoir échappé à un destin semblable.

En France, les femmes possèdent une liberté de mouvement dont elles sont, à la même époque, privées en Italie ; à Rome spécialement où depuis les Borgia règnent les violentes coutumes d'Espagne, héritage des Maures. Pas un jour ne se passe que l'on ne rapporte une affaire de spadassin. Un mari jaloux qui a tué sa femme. Une femme qui a fait poignarder son mari par un jeune amant. Ou encore quelques incestes qui se terminent en tueries au bord du Tibre. Rome rugit de tant de violences. Il s'y fait comme un suintement infini. Au soir, les ruines transpirent des vapeurs violettes; les grands pans de travertin, les éboulis d'arcs et de colonnes, les palais, la ville entière avec son passé magnifique et sordide s'engluent dans ce crépuscule de sang caillé. Rome immense, stratifiée sur elle-même, n'est qu'un hurlement calciné. Marie y avait perçu quelque chose de définitif, d'irrévocable. Elle pense pour un temps y avoir échappé. Elle s'efforce de le croire.

Sa sœur Laure-Victoire lui fait tenir, provenant de sa bibliothèque personnelle, un exemplaire des *Histoires tragiques* de François de Rosset. Un chapitre est consacré à la déplorable vie de cette Vittoria Accoramboni. L'ouvrage n'est qu'un florilège de beaux crimes. La vertu, la justice y triomphent cependant, mais si hypocritement que l'assassinat, l'empoisonnement, l'inceste et la sodomie s'en trouvent excusés.

Marie ne se lasse pas d'interroger sa sœur la duchesse sur cette cour dont le Roi est un cœur à prendre. C'est d'ailleurs vers celui-ci que ses pensées la ramènent chaque fois qu'il lui faut supporter quelque brusquerie de sa mère. C'est que Mme Mancini soupçonne toujours sa fille d'artifices. Marie de son côté n'a pas désarmé contre cette mère qui voulait l'engager malgré elle dans une vie capucine.

### Sera-t-on de la noce?

Cependant l'été s'avance. Lentement la campagne s'assoupit dans la chaleur. Le paysage s'étire dans les lumières du soir. Il y a là un bercement qui tranche sur la raucité des étés romains. Les jours glissent semblables à eux-mêmes; et presque sans s'en apercevoir, bientôt on se retrouve vers l'automne. De temps à autre, au loin dans la garrigue, le passage d'une bande de « Sabreurs » est signalée par des feux. C'est un hameau qui brûle par-delà Puyloubier, quelques fermes. Peut-être simplement des ronciers auxquels on a mis le feu. Le baron d'Oppède et ses « Sabreurs » jettent l'effroi dans la campagne et retiennent le duc de Mercœur sous les armes. Quand ce dernier passe par Aix c'est en coup de vent; on lui sert à souper au débotté; à peine a-t-il le temps de demeurer quelques heures auprès de sa jeune femme que le voilà déjà reparti à la tête de ses lances. A l'entrée de l'hiver la duchesse ressent les premiers symptômes d'une grossesse. Mme Mancini se voit grand-mère. Elle n'en a plus que pour Laure-Victoire. Marie, laissée la bride au cou, en profite. Tout l'intéresse. A peine s'habitue-t-elle à cette nouvelle liberté qu'arrive de Paris la nouvelle des fiançailles du prince de Conti, frère de M. le Prince avec Anne-Marie Martinozzi. C'est alors au tour de donna Margherita de se rengorger. Pensez, une fille princesse du sang. Altesse avec ce qu'il faut de révérences, et les entrées du Louvre en carrosse à six chevaux! Mais le fiancé n'est-il pas bossu, libertin bien au-delà de l'état de sa vérole, et méchant homme on ne saurait plus? C'est presque suave que donna Geronima interroge. Mme Martinozzi fait semblant de ne pas entendre. Cependant l'invitation aux noces tarde. Noël est là. Et toujours pas de faire-part. Donna Margherita s'inquiète quand survient un billet de Son Eminence qui prie ses dames sœurs de ne pas se mettre en train pour si peu; en un mot: il leur faut demeurer à Aix. Les deux sœurs fulminent. On veut les priver de noce. On a honte d'elles. On entend les cacher. Oh! le méchant parent! Et il y a bien du vrai en cela. En dépit de son sens de la famille, le Cardinal ne tient pas à voir débarquer ses deux sœurs, excessives, palpitantes, l'émotion facile, en ce royaume du suprême qu'est la cour où le moindre ridicule est soulevé, où le moindre sourire assassine. Et s'il n'y avait que la cour! Mais les salons sont pires encore. Quelques mots en fanfare de Mme Cornuel, cette bourgeoise à l'esprit sarcastique qui tient enseigne de bel esprit au Marais, si redoutée pour son don de faire une grande satire en quatre paroles, et on devient en moins de deux la risée de la capitale, de l'Europe entière. C'est qu'elle ne craint personne cette vieille. Même les ministres. Du cardinal de Richelieu sur sa fin, n'avait-elle pas dit en le voyant maquillé, pommadé, entouré de jeunes secrétaires d'Etat : « Je viens de voir l'amour au tombeau et les ministres au berceau... »

Ne s'est-on pas déjà par trop gaussé de lui et de sa famille, pour qu'il aille prêter, avec une arrivée intempestive des deux matrones, des verges pour le fouetter?

A Aix on ronge son frein, on s'arme de patience; chacun attend les nouvelles de la noce. Se fera-t-elle, se fera-t-elle pas? Avec un bossu libertin et méchant homme sait-on jamais?

# 9

# Son Altesse le prince de Conti
## épouse le Cardinal

*Il n'y a pas de mésalliance quand il s'agit*
*d'argent*

Celle que l'on voudra! Car peu m'importe la nièce! s'est écriée Son Altesse le prince de Conti. Evidemment, puisqu'il épouse le Cardinal! Ce n'est qu'une pirouette insolente, mais tout à fait dans le ton de ce prince méchant homme. S'il fut un temps chez les jésuites, ce fut pour mieux revenir au libertinage. Ici ne s'arrêteront pas ses métamorphoses : on le retrouvera bientôt janséniste, entièrement soumis à l'austère Nicolas Pavillon.

Pour l'heure il préfère par cette impertinence brocarder lui-même sa prochaine mésalliance. Il prend ses distances avec son frère Condé. Encore que celui-ci ait été naguère contraint, par leur père afin de faire sa cour à Richelieu, d'épouser une nièce du Cardinal-duc. Condé a conçu un tel dégoût de ce mariage qu'il n'épargne rien à son épouse qu'il finira par faire enfermer.

Et pourtant la princesse de Condé, cette nièce de Richelieu, est une Maillé-Brézé, autant dire de bonne et ancienne noblesse. En tout cas d'une ancienneté incomparable à l'obscure maison des Martinozzi de Bologne et des Mazarini de Sicile.

C'est donc dit, Armand de Bourbon, prince de Conti, épouse le Cardinal! C'est en fait sa bourse qu'il marie, avec la promesse autrefois faite à Condé de rétablir en sa faveur la charge de connétable. Conti n'est peut-être, comme l'affirme Retz, qu'un zéro qui ne multiplie que parce qu'il est prince du sang ; mais c'est un zéro qui sait naviguer avec à-propos et esprit. Bussy qui l'aime donne de lui un portrait sans doute quelque peu au-dessus du modèle. Le voici : « Il avait la tête fort belle tant pour le visage que pour les cheveux ; et c'était grand dommage qu'il eût la taille gâtée car à cela près, c'eût été un prince accompli. Il avait été destiné à l'Eglise mais les traverses de sa Maison l'ayant jeté dans les armes, il y avait trouvé tant de goût qu'il n'en était pas revenu ; cependant il avait étudié avec un progrès admirable. Il avait l'esprit vif, net, enclin à la raillerie ; il avait un courage invincible... Jamais homme n'a eu l'âme plus belle sur l'intérêt que lui : il comptait l'argent pour rien... » Où est passée la bosse ? C'est vrai que, lorsqu'on aime, ces choses-là ne comptent pour rien. Quant à l'esprit, c'est un fait, Conti en avait du meilleur.

*Comment la duchesse de Longueville couchant avec son frère Conti se fait faire un enfant par M. de La Rochefoucauld*

Aussitôt libéré de sa prison du Havre, Conti avait couru se jeter dans Bordeaux pour y soutenir l'Ormée, cette fronde populaire. Déclaré coupable de crime de lèse-majesté, on lui eût probablement réservé le même sort qu'à Condé, si le Cardinal, mis au courant d'une dissenssion entre les deux frères, n'y avait aperçu une occasion. En fait Condé gouvernait Bordeaux par l'intermédiaire du comte de Marsin. Il avait donné ordre d'obéir effectivement à ce dernier et seulement en apparence à son frère. « Il y a grande désunion entre le prince de Conti et Mme de Longueville d'un côté et Marsin et Lenet de l'autre (...) M. le Prince les soutient et leur donne toute autorité en effet, quoiqu'il donne tant qu'il peut les apparences aux autres », écrit le Cardinal dans une lettre datée du 2 juin 1652. L'affaire se complique. Car la duchesse de Longueville, cette sœur aimée par les deux frères, mène en franc-tireur un carrousel d'intrigues, moins politiques qu'amoureuses, il est vrai. Elle galantise avec le comte de Matta, le petit-neveu de Brantôme. C'est un libertin patenté. Conti prend ombrage de Matta. C'est qu'entre autres lubies il aime à faire croire qu'il couche avec sa sœur. Naguère il s'était irrité de la duplicité de son ami La Rochefoucauld. Confident de leurs amours incestueuses, ce dernier se poussa auprès d'elle, moins pour avancer les affaires de Conti que les siennes. Il fit si bien qu'il charma la duchesse et du même coup donna un héritier à M. de Longueville.

Armand de Conti, rapidement dépassé par les exigences libertaires de l'Ormée, sent qu'il lui faut coûte que coûte tirer sa carte du jeu. L'armée royale est déjà en vue quand dans Bordeaux paraît un certain Gourville. Conti le connaît par cœur ; il a été petit valet chez son rival M. de La Rochefoucauld lequel, fort content de ses services, l'a prêté à Condé. C'est un homme fait pour les menées secrètes. Il conserve toujours un pied dans le camp qu'il quitte, si bien qu'au final il se retrouve au mieux avec chacun des partis. Par la suite on le verra s'enrichir au jeu, chez le surintendant Fouquet. Entraîné dans la chute de ce dernier, il sera condamné à la pendaison. Condé le sauvera. Le temps passant, il le remettra en selle et le Roi lui-même finira par le traiter avec distinction.

Pour l'heure Gourville a un pied chez Mazarin. Il intrigue ici et là et finalement devient l'artisan de la paix de Bordeaux. Conti a le droit de se retirer en Languedoc.


## L'Illustre Théâtre chez le prince de Conti

Dans son domaine de la Grange-aux-Prés à une lieue de Pézenas, Conti mène grand train, professant ouvertement son libertinage. Il va se faire poivrer chez les catins de Montpellier et en revient la vérole au train. Le poète Sarrazin et son chapelain l'abbé de Cosnac sont le fond de sauce de cette petite société. Conti pleure misère ; c'est que son amour pour le théâtre l'a ruiné peu à peu. Cependant on ne manque jamais au soir d'illuminer pour des bohémiens, aventurés en ces lieux ; parfois ce sont des masques qui font leur entrée, avec Isabelle,

Matamore et l'Arlequin funambule. Et c'est ainsi qu'un soir d'orage émerge de la nuit comme le fantôme d'un théâtre, une poignée de comédiens hâves, entassés dans des chariots bringuebalants tirés par une vieille rosse. On les dirait, ainsi grimpés sur leur attelage, sortis du *Roman comique*. Les coffres, les malles à costumes, les gros paquets de toiles peintes font comme une pyramide au haut de laquelle ils se trouvent perchés, blêmes de misère. On croirait voir l'entrée de Destin et de L'Etoile dans la ville du Mans. Cependant, ici à Pézenas, ce délabrement est comme embué de génie. Conti, qui s'y connaît en théâtre, aussitôt leur accorde sa protection. D'ailleurs leur chef n'est-il pas un de ses anciens condisciples du collège de Clermont? Aussi le prince retient-il quelque temps la troupe à Pézenas. On allume les quinquets et dans l'odeur forte des herbes de garrigue, Gros-René débite son compliment de sa grosse voix que couvrent les cigales. Les toiles peintes montent et descendent, machinées dans les arbres par les comédiens invisibles. Ce soir-là on représente *Le Docteur amoureux*. Et c'est ainsi que l'Illustre Théâtre de Molière devient la troupe de S.A. le prince de Conti.

## *La vérole aux basques, le prince de Conti épouse Mlle Martinozzi*

Criblé de dettes, Conti un beau matin d'une fenêtre de son château voit passer le duc de Candale, jeune, blond et scintillant de pierreries. Il s'en va en Catalogne prendre la tête des armées du Roi. Le poète Sarrazin, son secrétaire, a beau jeu de lui faire remarquer : « Voyez le duc de Candale ! Il ne tiendrait qu'à vous de vous mettre en pareil équipage... Faites ce qu'il va faire : épousez une nièce... » — « Une nièce ? Mais laquelle ?... Enfin peu importe puisque ce sera le Cardinal que j'épouserai !... »
Le trait est lâché.
Sarrazin, garni de rubans de la tête aux pieds en toute saison, aime la toilette mais raffole d'intrigues; sans être entièrement au Cardinal, il en a reçu des promesses d'argent s'il gagne le

prince à l'idée du mariage. L'abbé de Cosnac son chapelain est en revanche peu favorable au projet. C'est que le prince porte sous sa cuirasse le petit collet. Il est destiné à l'Eglise ; aussi s'il se mariait, il devrait renoncer aux trois cent mille livres de revenus de ses abbayes. Et lui Cosnac a pas mal d'espérances. Conti ne veut rien entendre de ses raisons. Sa décision est prise : il épousera le Cardinal. Pour la donzelle il laisse carte blanche à Sarrazin.

Mazarin connaît son poète pour l'avoir naguère fait embastiller. Le motif en était léger à l'instar de sa prison : de méchants vers commis contre l'*Orfeo* de Luigi Rossi, cet opéra que le Cardinal patronnait. Une querelle d'amateurs en somme.

Mazarin le voit arriver de loin. Il fait aussitôt sa chattemite ; s'en amuse ; le laisse approcher, et quand il sent le prince par l'intermédiaire du poète bien ferré, il commence à chipoter sur la dot qu'il réduit à deux cent mille écus. Et puis Mlle Martinozzi n'est-elle pas déjà promise au duc de Candale ? Le duc de Candale ! Mais le duc, comme le prince de Conti, se soucie fort peu du choix de la fille. Car lui aussi n'épouse que le Cardinal. Pour faire sa cour aux Condé, Candale qui ne tient pas tellement à se marier, cède son tour. Conti est prévenu au fond de sa province, qui aussitôt se fait un devoir d'enterrer sa vie de garçon. Il court en masque les bals publics de Montpellier, toujours la vérole aux basques. On presse le mouvement. Les fiançailles ont enfin lieu à Compiègne le 21 février 1654. Le Cardinal a prêté ses plus beaux diamants à sa nièce. Cette débauche de pierreries est du plus bel effet sur la robe de velours noir d'Anne-Marie Martinozzi. Le soir devant toute la cour on joue *Le Cid* de Corneille. Le Cardinal se tient allongé sur un lit de parade, les yeux mi-clos comme un chat rêvant à la souris. Une souris qui se serait mise à sa portée. Il est content de son coup d'autant plus qu'il a l'intention d'oublier une grande partie de ses promesses : l'épée de connétable entre autres. Cependant, ce qui le contente infiniment plus, ce sont les dernières nouvelles de Paris : le Parlement, s'étant rendu à ses instances, s'apprête à condamner Condé. La perte de ses dignités, assortie à la peine capitale « en la manière qu'il plaira au Roi de l'ordonner ». C'est tout Mazarin que de faire ainsi deux poids deux mesures. Un frère à l'échafaud et l'autre qui monte à l'autel au bras d'une de ses nièces.

*Marie apprend les beaux sentiments*
*chez M. Pierre Corneille*

Cependant qu'à Compiègne on représente, devant la cour, *Le Cid*, au même moment, à Aix, Marie apprend par cœur les stances de Chimène. Elle dévore le théâtre de Corneille. Elle s'y fait le bec, et y apprend la jolie manière de dire ; le bienséant et l'exquis. Elle forme ainsi son cœur aux grands sentiments ; élève son âme qu'elle n'a, cependant, jamais eue médiocre. Tournerait-elle au bas-bleu ? C'est l'écueil des filles laides et il est vrai que chacun s'emploie à la trouver pruneau et maigre de surcroît. Le contraire de la mode qui espère d'une beauté qu'elle soit grasse, blonde et blanche. Eh bien non, elle est tout l'opposé. « ... Brune et jaune, ses yeux qui étaient grands et noirs, n'ayant pas encore de feu, paraissaient rudes ; sa bouche était grande et plate et, hormis les dents qu'elle avait très belles, on la pouvait dire alors toute laide. » C'est ainsi que Marie apparaît à Mme de Motteville qui en donne cet avenant portrait. Le crayon n'est pas flatteur. Rien ici de mignard, encore moins du pulpeux à la mode si on ajoute ses bras maigres et son long col décharné ; en revanche, on soupçonne quelque chose de ces beautés minces et éthérées dans le goût romantique. La beauté de Marie est toute moderne, comme ses rébellions. En avance de plusieurs siècles, Marie professe le non-conformisme de la femme affranchie.

Elle lit tout ce qui lui tombe sous la main et finit par attraper ce tour de préciosité, ce je ne sais quoi qui donne du sel à la conversation. Aussi est-ce le nez dans les livres que la surprend la nouvelle des noces de sa cousine, en même temps que l'ordre du Cardinal de se rendre à Paris.

*Paris nous voici !*

Les carrosses vont petit train afin de ménager la duchesse de Mercœur qui, bien qu'enceinte, a tenu à accompagner sa mère et sa tante à la cour.

Le printemps s'est posé sur le paysage telle une résille vaporeuse et verte. Les fossés le long des chemins regorgent d'iris et, sous un ciel balayé par le mistral, les jeunes herbes ont pris des teintes acides. Un parfum fort de terreau s'est répandu dans l'air et il y a, comme soudainement levée des profondeurs, une sève adolescente, soyeuse et légère. Rien de gras, ni d'indolent ou de mélancolique dans ce paysage renaissant qui chante la jeunesse à pleine voix. Les soldats de l'escorte font gonfler leurs plumes, les robes des chevaux frémissent sous le vent printanier. On les a si parfaitement étrillés que les aubépines s'y reflètent presque comme en un miroir. Cependant en remontant vers le nord, les chemins chaque jour s'alourdissent un peu plus. Les carrosses se crottent. Le vent se mue en bise. On retourne lentement à l'hiver. Parfois une roue se défait, un essieu se brise et il faut réparer. Les enfants s'échappent, alors, des voitures pour courir la campagne. Le petit chien, le chat, le perroquet d'Hortense à nouveau sont mis à contribution et concourent au désordre. Il ne reste plus, alors, aux deux sœurs, plantées là sur le remblai, au milieu des malles, qu'à en appeler à tous les saints patrons de la famille et principalement au plus important d'entre eux, à Son Eminence monsieur frère. La voiture réparée on s'y entasse à nouveau. Mme Martinozzi reprend son rosaire. Au soir on allume les torches pour courir encore quelques lieues. Les ombres des mousquetaires qui galopent aux portières se projettent tels des diables sur le ciel crépusculaire que le vent du nord a brossé. On passe les fleuves et finalement, un soir, on arrive devant un château illuminé. C'est Fontainebleau. Les carrosses longent les grilles sans s'y arrêter...

# 10

# La tristesse d'Olympio de M. le Cardinal

*Une « grosse Suissesse »*

Monsieur le Cardinal se tient près d'une fenêtre à l'autre bout de la galerie. Il est arrivé en litière de Paris au château de Villeroi, sans passer par Fontainebleau où se trouve la cour. Il tient à vérifier par lui-même l'état de sa famille avant de lui permettre son envol. Il déteste les surprises. L'enjeu, cette fois, est trop considérable. En effet, le mariage Conti expédié, il s'est mis en frais pour d'autres noces. Il caresse depuis quelque temps le secret projet d'un mariage italien par lequel il tisserait des liens encore plus étroits avec l'aristocratie romaine. C'est au cas où il lui viendrait en tête, un jour, qui sait, lassé du pouvoir, de briguer le trône pontifical.

Parfois il lui prend de ces dégoûts qui lui barbouillent l'âme; il se demande, alors, combien de temps encore il aura la patience de supporter Anne d'Autriche. Trop grasse, trop blanche, trop sotte. Elle lui a, naguère, servi de marchepied, il est vrai; en ce temps-là il lui trouvait encore du charme. A présent elle n'en possède guère plus; tout chez elle l'impatiente. Sotte et de surcroît incertaine. A différentes reprises, il l'a sentie flottante. Au plus fort de la Fronde, entre autres, quand il lui a fallu s'éloigner. Il la sait capable de trahison. C'est qu'il la connaît. N'est-ce point elle qui jadis fit parvenir à Richelieu tous les détails de la conjuration de Cinq-Mars dont elle était? Elle l'a toujours nié mais il le sait. A cette époque il avait été chargé par Richelieu d'interroger à Lyon dans sa prison le duc de Bouillon qui se trouvait également du complot.

Cette « grosse Suissesse » comme l'appelle le cardinal de Retz l'accable de tendresse jusqu'à l'écœurement. C'est véritablement une calamité que ces reines régentes en mal d'amour. Richelieu avait la sienne en la personne de Marie de Médicis. Il lui arrivait de lui calmer les nerfs en la tenant à distance, simplement avec sa guitare. Le grand Richelieu pinçait de la guitare ! Lui, pour faire tenir tranquille son Espagnole, il a trouvé une autre méthode : il la gave de sucreries. Il se ruine à faire venir les pâtes de fruits et du touron d'Espagne qu'elle aime à la folie.

Mazarin est las. Il a beau dire, son caractère avec l'âge a changé. Lui qui aimait tant plaisanter, toujours si enjoué, il est devenu cassant, nerveux, méfiant. Même les saillies du cher Zongo Ondedei lui tirent difficilement un sourire. Parfois il a l'impression qu'il ne fait que camper en France. Aussi il lui faut parer au plus pressé et consolider sa situation en prenant de solides assurances contre d'éventuelles ingratitudes. La meilleure manière est de caser sa famille.

*Un mariage en Italie qui vous pose un peu*

Il avait caressé le projet d'un mariage Barberini pour Laure Martinozzi, une des nièces du nouvel arrivage qu'il attend d'un instant à l'autre. Cependant la chose n'a pu se faire à cause du cardinal Francesco. Celui-ci commença par tergiverser, alléguant diverses raisons toutes plus vaines les unes que les autres pour finalement surseoir au mariage avec d'infinies précautions. Le discours était enrobé. Mais connaissant l'oiseau, il comprit que le cardinal Francesco ne tenait pas du tout à ce qu'un de ses neveux épousât une fille dont le grand-père Vincenzo Martinozzi avait été majordome chez son frère, le cardinal Antoine, et dont l'oncle, quoique présentement Premier ministre tout-puissant en France, avait servi d'intermédiaire chez ce même cardinal.

Mazarin perçut ce qu'il y avait de hauteur et de mépris dans ces inutiles atermoiements. Cela se fera à une saison plus fraîche, oui, « *alla rinfrescata* » ou cela ne se fera pas, s'était-il dit en tirant un trait sur le projet. Une pirouette et l'on passe à autre chose. C'est qu'il a toujours plusieurs fers au feu. Laure aura un époux italien, s'était-il juré. Aussi aurait-il bien voulu être petite souris au palais Barberini quand le cardinal Francesco apprendrait qui elle allait épouser. Pas moins qu'un prince régnant. Un Este ! Un duché à Modène vaut bien un coin de palais à Rome auprès d'un petit-neveu de pape défunt de surcroît.

### « Commediante, tragediante » : Richelieu face à Mazarin

Mazarin paraît absent. C'est qu'il songe. A son passé, à ce qu'il est devenu, à ce qui lui reste d'avenir. C'est un exercice qu'il n'aime guère. Quelle inanité de faire le bilan de sa vie. Ainsi mise à plat, elle lui semble si peu de chose. Et pourtant ! Fécond en expédients, infatigable au travail, dissimulé, secret, prévoyant, combien d'efforts ne lui a-t-il pas fallu pour se hisser au niveau de grandeurs que seul, en ce siècle, procurent les hasards de la naissance. Combien de qualités naturelles ne lui a-t-il pas fallu déployer pour surmonter le handicap d'une naissance obscure. Il s'est toujours senti un gagne-petit ; à plus forte raison auprès d'un Richelieu grand seigneur. Richelieu brisait l'obstacle, lui le contourne. Le Cardinal-duc faisait tomber les hautes têtes ; lui préfère se dérober, disparaître, s'exiler pour mieux revenir après avoir négocié en sous-main, dans l'ombre. L'ombre, voilà ! c'est son domaine. C'est dans cette lumière louche où abondent les basses rancunes et les convoitises effrénées des princes, les vanités déçues des anciens féodaux, qu'il a appris à connaître l'âme humaine. Richelieu grand prélat et homme de guerre foudroyait, lui temporise. Condé l'a giflé ! La belle affaire ! Une gifle de prince du sang, c'est une caresse. Ah, Monseigneur ! Comme vous entendez bien les choses ! Que ce soufflet a de l'esprit ! Serviteur Votre Altesse, serviteur !... Il ne goûte guère la violence crue : il sait que le vent qui souffle la bourrasque tourne court; pas plus ne lui conviennent les haines recuites, car il aime trop le bonheur pour se charger l'estomac d'acidité. A l'impétuosité dictée par la colère du moment, il incline pour une souplesse d'intelligence, une énergie patiente auxquelles il ajoute une absence totale de préjugés et ce je ne sais quoi d'insouciance et de gaieté sans lesquelles n'existe pas d'aventurier de haut vol. Eh oui ! C'est ce qu'il est, un aventurier ! Mais un aventurier qui sait faire rire. Un acteur comique prenant la succession d'un acteur tragique. Quelle dérision aussi !

### Un grand théâtre baroque

Cependant Richelieu, comme lui-même à sa suite, dans un registre différent, s'était toujours appliqué à accommoder l'art de la scène à celui du gouvernement. Ainsi petit à petit avaient-ils, l'un et l'autre, borné le terrain propice à l'élévation d'un Etat moderne. Un Etat entièrement machiné et montant des dessous de l'Histoire enfin délivré de sa gangue féodale; et qui, tel un théâtre aux rouages compliqués, renverrait en un miroir dans un rutilement d'or et de pourpre les excès d'une génération avec son cortège de rires et de larmes le disputant, en ces temps de misère, aux violons des ballets de cour et aux chants des sopranistes; un grand cérémonial, magnifique et cruel, réglé par une machinerie complexe ne laissant que peu de liberté aux acteurs, pour soumettre aux impondérables défaillances de l'Histoire le destin hasardé.

A cet instant, Mazarin est saisi d'un doute. Un mot lui manque. Il le sent proche, il l'a presque sur la langue. Mais chaque fois qu'il pense s'en saisir, le mot se dérobe. Un mot qui définirait parfaitement le style de son gouvernement par le théâtre. Cependant alors qu'il tourne autour, l'assaille, fragile et fugitif, un pressentiment; la vision d'un jardin magnifique déployant ses parterres de broderies à l'infini, un enlacement inextricable de buis taillé, de profonds labyrinthes, de grottes en rocailles, de quinconces reflétées par de grands miroirs et des canaux s'échappant à l'horizon. Toute une architecture de verdure et d'eaux vives servant de soubassement à l'émergence d'un palais de marbre rose lequel, comme surgi d'une trappe, se découvre finalement à ses yeux. L'illusion n'est que d'un instant; à peine éclose, le temps de s'iriser telle une bulle de savon, elle s'épuise aussitôt en ses reflets de ce que le mot manque pour la qualifier. Un seul mot eût suffi; celui de « baroque »; encore eût-il fallu aller le pêcher dans les limbes des néologismes.

Et alors même qu'il tente de retenir cette vision, le nom du Bernin lui vient spontanément à l'esprit. En effet, qui mieux que cet architecte romain pourrait donner forme à cette vision chimérique? A cette prodigieuse et fugitive efflorescence?

*Un grand roi en herbe*

Mazarin peut-il alors imaginer que, quinze ans plus tard, après avoir mandé le Bernin à Paris pour lui confier l'achèvement du Louvre, ce roi, pour lequel il s'use à maintenir à flot le royaume, adolescent taciturne et assoupi dont il ne peut démêler s'il dort vraiment ou s'il dissimule et qu'il tente cependant de dresser aux affaires, renverra le grand artiste, lui préférant le sage et peu imaginatif Perrault. Par ce geste, le jeune monarque s'affranchira de l'emprise posthume de son ministre; il rompra définitivement les liens que de son vivant Mazarin avait su tisser par des leçons quotidiennes. Il saura dès lors appliquer avec une politesse calculée ce mode de gouvernement où, naguère, la douceur veloutée et féline ne masquait qu'un cynisme brutal.

Par ses conseils réitérés, Mazarin lui a desséché le cœur; et il s'en est fallu de peu que cet adolescent mal dégrossi, encore épais, ne se transforme en monstre. Cependant Louis possède un vif sentiment de l'honneur, inné. Il porte au fond de lui en germe, déjà à cette époque, cette grandeur qui fera dire à Saint-Simon qui ne l'aimait guère pourtant : « Grand jusqu'au prodige dans la mort ». Il sait ce qu'il doit à ses sujets et également ce qu'il se doit à lui-même. S'il admire Mazarin, il ne l'aime pas. S'il ferme les yeux sur ses concussions et ses hautes rapines, c'est par reconnaissance du passé. Mort, il le pleurera d'un œil sec et s'empressera de tourner la page. Il fera arrêter Fouquet, créature par excellence du Cardinal, artisan de sa fortune autant que de la sienne. Aussi on peut se demander comment il eût supporté encore la tutelle du Cardinal si ce dernier n'avait eu le bon goût de disparaître. Le calme avec lequel il prendra sa place étourdira jusqu'à ses intimes. L'adolescent balourd s'est mué en un jeune homme à la mode, bâti pour les plaisirs voluptueux. Le regard morne et blasé qu'on lui voit dans son portrait par Mignard dévoile une sorte d'insensibilité qui établit tout de suite une barrière entre lui et les autres. Rien ni personne ne saurait avoir prise sur lui : parents, maîtresses, favoris et familiers ne gagneront que ce qu'il voudra bien leur abandonner. Très tôt, il a réfléchi au métier de roi. A regarder faire Mazarin il a appris la ruse. Il sait paraître aimable, charmant, délicieux, et pourtant il n'aime rien. Il excelle à observer et à se jouer des vanités dont il connaît les rouages. Il s'amuse à taquiner son frère. Demain il veillera à son avilissement, s'assurant par lui-même de ses mignons ; du chevalier de Lorraine aussi bien que des autres chevau-légers de Sodome qui formeront le gros de la cour de Saint-Cloud. Il regardera ce frère, sans aucun remords, s'enfoncer dans la crapule. C'est assez dans la manière de Mazarin de se prémunir d'un cadet qui sans cela, qui sait, eût attrapé un caprice de fronde, comme jadis Monsieur Gaston.

En limier de race, très vite il a débusqué ce qu'il y avait de parvenu et d'aventurier chez son ministre. Il se plaît à le désorienter par ses silences pour mieux apercevoir le valet toujours inquiet d'un possible renvoi ; il l'épie, le voit maquignonner avec cynisme et en ressent du dégoût.

Mazarin le sait mais il ne peut s'en empêcher. C'est sa nature. Sous la feinte apathie de son élève, il a décelé son mépris. Il connaît ses petitesses. Sa nature rancunière. Mais

pour lui la rancune, la haine, la vengeance sont des contingences de grand seigneur. A l'échafaud, ultime raison d'un
Richelieu en politique, il préfère abaisser les âmes ; aux cimes
sur lesquelles se mouvait le Cardinal-duc, il préfère la plaine
marécageuse propice aux faiblesse humaines.

## Le grand cérémonial

Louis retiendra la leçon. Il mettra des gants et appliquera
la recette avec en moins la gaieté, cette gaieté tout italienne,
la gaieté d'un Scapin ; cependant avec autant de cynisme, se
plaçant assez haut toutefois pour que les passions de ses
sujets n'aient prise sur lui. Voilà tracé l'essentiel du programme de Versailles, ce miroir aux vaines gloires. Ayant au
préalable dressé une barrière invisible entre lui et ses courtisans, c'est ainsi qu'en amusant le tapis par des pensions, des
honneurs, des fêtes, des bals, des loteries, dans une ostentation de chaque instant qui touche à la liturgie, Louis parvien-
dra à ce lent avilissement de sa noblesse. Qu'on se souvienne
du dernier Longueville qui, s'étant vu refuser l'entrée dans le
balustre du Roi, étouffa de rage tout un jour, se mit au lit et
au matin creva.

Le grand cérémonial qui présidera à cet asservissement des
cœurs sera d'un ordre classique ; bien compris, sans écarts, à
l'opposé du capricant et tumultueux baroque que Mazarin, à
cet instant précis, a en tête. Un Mazarin mélancolique et
inquiet qui pressent sa fin en ce soir de printemps, alors
qu'au loin se fait entendre l'hallali.

Mazarin déteste la chasse. Il n'aime pas le sang. Non, définitivement. Et ce grand tumulte cruel mené par les bois,
efface à ses yeux la beauté du parc qui s'étend à perte de
vue. Le goût que le jeune roi en a pris dernièrement a fini
par l'éclairer sur une partie encore secrète de son caractère.

*Les lourdeurs du sang*

Dans le lointain, confusément, Mazarin a perçu aux carrefours des hérédités, là par où s'achemine en de lentes stratifications la personnalité des monarques, les lourdeurs et les violences des consanguinités; il a entendu monter les clameurs des fatalités accompagnées du bruit des pas de tous ces infants crétins, ces princes minés par la neurasthénie; mais plus fort que ces atavismes qui déterminent l'Histoire, il a distingué la sourde devise qui court de génération en génération chez les princes au sang raréfié : « ingratitude ».

La chasse au loin est passée. Les chiens se sont tus. Avec le silence, les bois soudain se sont ensanglantés. Un instant encore un brame lointain; et puis rien. A ces jeux s'épuise la race des rois et c'est fort bien ainsi, pense Mazarin. Cependant sait-il, alors que déjà ses agents travaillent dans l'ombre aux épousailles de Louis et de l'infante Marie-Thérèse – mariage qui, s'il doit se concrétiser, est d'une parfaite consanguinité puisque tous deux sont par deux fois cousins germains – oui, peut-il à cet instant imaginer qu'une descendance en sortira qui régnera en Espagne? Ainsi verra-t-on le premier des rois Bourbons d'Espagne, après avoir mûri l'étrange prognathisme des Habsbourg, tourner à la neurasthénie et, pour en calmer les effets, courir les sierras rabotées par le vent et s'y adonner à d'âpres et farouches carnages sans y trouver aucun secours; et finir par tromper sa mélancolie avec le chant chaque nuit renouvelé d'un castrat. A-t-il prévu, lui, Mazarin, aussi habile soit-il à évaluer le poids des destinées, à débusquer aux limbes de l'Histoire les coïncidences, que cet ombrageux et singulier monarque, ce duc d'Anjou, petit-fils de Louis XIV, devenu Philippe V d'Espagne à cause de certaines clauses subtiles ménagées par lui-même dans le traité des Pyrénées, son œuvre ultime, qui aurait dû apporter les fondements solides d'une paix – oui, peut-il imaginer que ce roi pâle assistera à une bataille où deux de ses petits-neveux, à lui, commanderont en chef dans des camps opposés? Ainsi retrouvera-t-on le prince Eugène de Savoie-Carignan, fils cadet de sa nièce Olympe, à la tête des troupes impériales face à son cousin germain le duc de Vendôme fils de Laure-Victoire, commandant les armées espagnoles et françaises; le premier cherchant à chasser des possessions italiennes le petit-fils de Louis XIV et le second à l'y maintenir. Chacun d'eux animé par une étincelle du génie Mazarin.

*Du génie qui vient de loin*

Le roi d'Espagne Philippe V, au soir du combat, demandera au duc de Vendôme comment il se faisait qu'avec un père aussi faible, il possédât ce génie; Vendôme lui répondra que cela devait venir, probablement, de plus loin. Entend-il par là le sang d'Henri IV dont il est l'arrière-petit-fils; ou plutôt cette « italianité » héritée d'un atavisme « à demi mazarin » qui lui accorde, jusque dans la débauche la plus crapuleuse, un charme désinvolte?

Alors que le roi d'Espagne l'interroge, peut-il se douter que dans l'ombre de sa victoire se tient souriant et narquois Mazarin? Ce Mazarin qui sut gouverner avec des promesses et des sourires, répandre l'onction en public, alors que dans son particulier ses façons sont loin d'être tendres; ce fripon trichant au jeu sans vergogne, se servant dans les coffres de l'Etat, allant jusqu'à spéculer sur la nourriture des soldats auxquels il vend l'eau et le pain. Et avec cela possédant cette extraordinaire faculté d'adaptation qui le rend maître des situations les plus risquées.

Des sentiments contradictoires assaillent le Cardinal. C'est qu'il soupçonne depuis quelque temps que tout ce qu'il a entrepris n'est peut-être qu'une illusion.

Or c'est à cet instant de ces réflexions que Mazarin l'aperçoit tout au bout de la galerie, encadrée par les deux matrones. Les autres enfants se tiennent en retrait. Qui est cette fille maigre et laide? se demande-t-il. Une de ses nièces probablement. Mais laquelle? Un simple coup d'œil lui suffit pour la jauger. Mais c'est qu'elle soutient son regard, l'effrontée. Déjà il sait qu'il ne l'aime pas. Elle apparemment non plus. Ce sont de ces choses qui se sentent d'emblée.

Lui revient alors en mémoire cette lettre très ancienne de sa sœur Geronima où elle lui écrivait à propos d'un horoscope. L'horoscope! C'est cela! C'est la fille de l'horoscope. A en croire les astres, elle serait appelée à bouleverser le monde. La voilà à présent à sa hauteur. Il la caresse du regard avec cette douceur qui fait si peur à ceux qui le connaissent. Marie le dévisage sans crainte. Oh non! il ne lui fait pas peur, l'oncle.

# 11

# Un étrange pays que la cour

*Olympe la fine guêpe*

Trop franche, trop vive, trop violente, Marie ne plaît guère ; alors que les courtisans ne cessent de tarir d'éloges sur Hortense à qui il n'a fallu que paraître pour séduire la Reine, l'oncle et la cour tout entière. Dans l'instant où Mazarin l'a aperçue, elle est devenue la nièce favorite.

Marie s'avance au milieu d'un parterre de courtisans chapeau bas. La reine Anne, engoncée dans les dentelles, la joue grasse, les yeux bleus à fleur de tête dépose un regard interrogateur sur Marie. C'est que le Cardinal lui a touché un mot de l'horoscope ; et la Reine est superstitieuse. Auprès d'Anne se tient Louis déjà bien charnu presque épais. Comme engoncé dans cette apparence un peu lourde. Marie ne retrouve pas le jeune prince ailé qu'elle avait imaginé. C'est un être de terre, déjà installé dans la réalité. Bien éloigné des rêves chimériques propres à la jeunesse. Il respire son bel animal. Marie le pressent jouisseur. Et cela la trouble. Elle s'étonne de son émotion. Sa sœur Olympe s'est glissée auprès du Roi et cela a suffi à faire battre son cœur. Elle connaît ce sourire hypocrite. Elle la sait fine guêpe. Manœuvrière dans l'âme. Peut-être avec encore plus d'aplomb qu'autrefois maintenant qu'elle a acquis ce brillant au contact de la cour. Elle a pris le haut vol. Tout chez Olympe lui paraît suspect, même ses qualités qui sont pourtant grandes. Elle sait charmer. Elle a l'esprit doux, flatteur, plein de ressources. Mais au fond elle est peu sûre, intéressée et sans aucune amitié.

Louis s'est laissé entraîner par elle dans une embrasure. Mazarin à qui rien n'échappe, qui se méfie de tout et de tous, suit le manège. Doit-il y voir un début de galanterie ? Et de s'interroger. Si le Roi n'y songe, songeons-y à sa place, se dit-il. Les humeurs amoureuses de Louis ont leur importance dans le bon gouvernement du royaume. Les privautés que s'autorise sa nièce l'amusent, tout bien considéré. D'ailleurs il a percé à jour, depuis longtemps, ce beau masque : Olympe est une joueuse effrénée. Elle perdrait sa chemise à la bassette, à l'hombre, au reversi. Elle a toujours besoin d'argent ; aussi a-t-il, par ce biais, barre sur elle. Il maugrée mais finit toujours par payer ses dettes. Il la sait dénuée de scrupules, et cela l'arrange ; elle masque ce peu d'exigence morale par un excès de grâces et bien d'autres agréments il est vrai. Elle possède de l'esprit, et du plus vif et du plus délié ; mais par-dessus tout elle maîtrise l'intrigue avec le coup d'œil acéré de l'opportuniste de grande envergure. Très vite elle a rassemblé autour d'elle une petite coterie ; ce qui se fait de plus choisi, de plus brillant à la cour. Guiche, de Vardes, Vivonne, Lauzun, Villeroi tiennent à être dans ses petits papiers. Le meilleur ton ainsi qu'un air de libertinage circulent dans le petit groupe. Plus tard y soufflera le vent des affaires et de l'ambition. Le Roi en s'y frottant presque quotidiennement y acquerra ces façons inimitables, ce ton de politesse et de galanterie qu'il ne faudra jamais confondre chez lui avec son air de majesté qui lui est naturel. Il s'y débourrera, en s'y accoutumant également aux désordres de l'amour.

*Venin et dentelles*

La tête tourne à Marie. Ce carrousel d'aigrettes, de rubans, cet incessant friselis de dentelles et de moires ; tout le plumage et le ramage de ce monde de petits et de grands seigneurs, allant et venant comme à la parade, se haussant du col, perruqués, bottés, cravatés, perchés sur talons, rengorgés de vanité, se traitant avec gloire et souvent fort de haut en bas, avalant à tout propos leur chapeau, lui est un pays nouveau où les rires et les mines, les demi-sourires et les regards et jusqu'aux coups d'éventail lui semblent relever d'un langage secret. Marie aimerait se perdre seule en cette nouvelle contrée parmi cette galanterie de parfum, de poudre, d'or, de damas, de cristaux ; découvrir par elle-même le code mystérieux régissant les mœurs étranges de ces courtisans, harnachés, caparaçonnés comme de merveilleux insectes et comme eux stridulant de leurs élytres nervurés sous lesquels ils dissimulent cornes et dards, car la plupart possèdent par nature du venin.

Dans la chambre royale contre le balustre d'argent ou dans le cabinet de la Reine, ce fameux cabinet de douze pieds sur sept, plus difficile à conquérir pour un Premier ministre que trois places fortes espagnoles, comme se plaignait jadis Richelieu, se presse tout un insectorium en liberté qui réjouirait le plus blasé des entomologistes. Marie veut voir, connaître, éprouver. Mais Mme Mancini la tient court. « *Reverenza* », lui glisse-t-elle à chaque instant et la bonne dame est la première à plonger tant elle est impressionnée par les simagrées qu'on lui débite et qui n'impressionnent plus guère que des personnes comme elle qui ne sont pas d'ici.

### Le jardin Renard

Marie voit passer étincelante de diamants sa cousine Martinozzi, nouvellement princesse de Conti. Elle s'en va au bras d'un petit homme contrefait, à l'œil chassieux mais au cœur sec, dont l'immense perruque cache mal la bosse. C'est l'époux, Son Altesse le prince de Conti. Elle découvre la ville ; en compagnie d'Hortense on la mène un peu partout. Au jardin de Renard sur la terrasse des Tuileries. C'est l'endroit de rendez-vous à la mode. On y cause d'amour aussi bien que de mort, l'épée à la main. C'est dans ce jardin d'où l'on découvre une partie de Paris et en contrebas la Seine coulant en direction de Chaillot, que s'est déroulé le fameux duel qui opposa le duc de Beaufort à son beau-frère, le duc de Nemours. C'est, également, dans le même jardin que Marie dans un peu plus de deux ans croisera le regard du Roi qui, levant son chapeau sur l'oreille, lui débitera son premier compliment. Un endroit stratégique, indispensable à tout ce qui se fait en galanteries et intrigues, d'où l'on découvre le trafic du Cours-la-Reine et les élégantes qui y mènent carrosse. C'est à qui attellera au plus grand nombre de chevaux et d'amants. Les entremetteuses y tiennent également leur conclave. Marie, cependant, trouve peu d'agrément aux berges de la Seine. Les tanneries y dégagent une odeur pestilentielle. Après les Tuileries, voici la place Royale ; c'est là que le duc d'Epernon donna un écu d'or à un Albanais de son régiment de Cravates pour qu'il foute sa garce au milieu de la place. Toutes les belles dames étaient aux fenêtres, et la duchesse de Guémené la première à son balcon. Il n'est bon bec que de Paris !

### Mlle de Lenclos, libre-penseur

Olympe, qui accompagne ses sœurs, est intarissable en anecdotes galantes. Elle leur montre au coin d'une rue une maison avec tournelle. C'est la demeure de Ninon de Lenclos. Une manière de demi-castor en chemin entre la courtisane et l' « honnête homme ». La maison semble inhabitée. C'est que la propriétaire des lieux est aux « Cordeliers ». Tout Paris connaît la fameuse saillie de Ninon en réponse à un ordre de la Reine. En effet Anne d'Autriche lui avait enjoint de se retirer dans un couvent agacée par ses scandales réitérés et ses opinions libertines ; poussée également par la toute-puissante compagnie du Saint-Sacrement dont un des membres passant, en plein carême, sous ses fenêtres, avait reçu sur la tête un os de gigot. Comme la lettre de cachet ne portait aucun nom d'établissement religieux, Ninon chargea l'exempt de remercier la Reine de lui avoir laissé le choix de sa prison et cria au cocher de la conduire aux Cordeliers. Etre la seule femme parmi une soixantaine de nonnains n'était pas pour lui déplaire. L'aventure fit rapidement le tour de Paris et jusque dans le cabinet de la Reine on plaisanta. Anne d'Autriche se mordit les lèvres pour ne pas étouffer de rire ; mais Ninon ne s'en alla pas moins faire une retraite forcée aux Madelonettes du couvent des Filles repenties.

Hortense qui n'a que huit ans ne perd pas une miette de ce qui se dit. Cependant elle est loin de se douter que bien des années plus tard elle régnera sur le cœur d'un des amants de Mlle de Lenclos, Charles de Saint-Evremond. A travers lui, elle deviendra une amie de cette Ninon si scandaleuse, son aînée de trente ans. Elles échangeront une correspondance ; à son contact Hortense finira par attraper quelque chose du libre-penseur et peut-être même dépassera-t-elle son modèle.

Olympe connaît ainsi mille détails sur les galanteries du temps. Elle a acquis ce ton de libertinage à la mode chez les jeunes gens de la cour ; et aussi une connaissance parfaite de la géographie galante s'y affairant. C'est une rouée.

Sa liberté effarouche Mme de Venelle la gouvernante. Assez de galanterie, fait la duègne qui ordonne au cocher de les conduire au Val-de-Grâce, une visite obligée pour qui veut faire sa cour à la Reine ; de là elles s'en iront voir le couvent des Carmélites espagnoles du faubourg Saint-Jacques qui en est contigu. Une dizaine de nonnettes mandées exprès d'Espagne se relaient jour et nuit en prières devant un tableau représentant, à l'instar de la Vierge et de l'enfant Jésus, le Roi encore bambin dans les bras d'Anne d'Autriche. Il n'y manque que Mazarin en saint Joseph.

Les soirées se passent au cercle de la Reine. Hortense grimpée sur les genoux de l'oncle gazouille ses premières impressions. La Reine semble concernée autant que le Cardinal par l'établissement des nièces. Où, dans quel couvent, pourrait-on parfaire l'éducation de Marie et d'Hortense ? C'est la question à l'ordre du jour.

# 12

# Un couvent chic

*La mère de Lamoignon*

Anne d'Autriche est indolente; elle aime s'attarder au lit à grignoter des sucreries. L'âge l'a rendue grasse. Ce n'est que fort tard dans la matinée qu'elle quitte son grand lit doré à baldaquin garni de courtines bleues à ramages d'argent. C'est en paressant entre des draps de fine batiste qu'elle a soudain l'idée des Visitandines de Chaillot. Sans être mondain, ce couvent est à la mode. Le bruit du monde ne s'y trouve pas tout à fait étouffé; la règle de François de Sales, choisie naguère par Jeanne de Chantal, grand-mère de la marquise de Sévigné, y est douce. Les religieuses sont des filles de la noblesse, certaines de parlementaires. Henriette de France, veuve de Charles I<sup>er</sup> le roi d'Angleterre décapité, a fondé l'établissement. Elle a donné l'argent pour acheter cette ancienne maison de campagne de Catherine de Médicis. Elle paya également les travaux du cloître et de la chapelle que les religieuses ont fait par la suite élever. La mère de Lamoignon est la supérieure du couvent. C'est une âme forte et pieuse; mais réaliste. Pour s'être retirée chez les Visitandines, cette fille de robin, sœur d'un premier président du Parlement, n'a pas perdu de vue l'élévation de sa famille. Ici, mieux encore que dans le monde, elle peut y concourir, en s'attachant les consciences, sans pour autant tomber dans les extrémités du jansénisme comme les Arnauld, autre famille de parlementaires, et rivale de la sienne. Depuis deux ans déjà la mère de Lamoignon s'occupe personnellement de l'éducation d'une pensionnaire de marque dont la présence entre ces murs est une publicité pour le couvent. C'est une princesse. Petite-fille, par sa mère, d'Henri IV, elle a par son père pour bisaïeule la reine Marie Stuart. Elle est aussi fille de roi. D'un roi détrôné et décapité, ce qui n'enlève rien à sa condition mais au contraire la nimbe de l'aura du malheur.

## Une princesse d'Angleterre

La reine Henriette d'Angleterre qui a inauguré le couvent, pour preuve de confiance y a envoyé sa cadette, la toute jeune Henriette-Anne d'Angleterre. La future Madame, belle-sœur du Roi et peut-être, s'il faut en croire plus tard certains ragots de cour, un peu plus.

La reine d'Angleterre n'a jamais désiré ce dernier enfant. Quand la petite voit le jour, la tempête politique est à son comble en Angleterre. Aussi, la reine fait-elle tout pour l'oublier. Pas un instant l'idée d'emporter l'enfant avec elle ne l'effleure lorsque, fuyant, à bord d'une brigantine, déguisée en cavalier, elle s'en va lever en Flandres des fonds pour payer les régiments écossais de son époux. Le Parlement anglais qui veut s'assurer de l'enfant force lady Morton, sa gouvernante, à la cacher aux environs de Londres. De là toutes deux gagnent Douvres. Lady Morton s'y embarque en contrebande pour la France, déguisée en paysanne, avec la petite princesse qu'elle fait passer pour son jeune fils. De Calais, elles gagnent Paris. La reine Henriette, qui entre-temps, s'est réfugiée au Louvre, leur réserve un accueil assez froid. Il est vrai qu'elle-même n'est plus aussi souhaitée désormais en France. Les sentiments de sa belle-sœur Anne et du Cardinal ont évolué au fil des événements d'Angleterre. Plus personne, ici, ne croit au retour du roi Charles et on le lui fait sentir. A l'accueil chaleureux du début a fait place une sorte de lassitude. De plus l'aventure de Charles I$^{er}$ est devenue un mauvais exemple pour les parlementaires français qui pourraient en tirer de dangereux enseignements. Les premiers grondements de la Fronde se sont fait entendre. Bientôt Paris se couvre de barricades. Quand la cour décide de s'enfuir du Palais-Royal en cette nuit d'Epiphanie de 1649 pour gagner Saint-Germain, abandonnant la capitale à sa fièvre populaire, personne ne pense à prévenir au Louvre la reine d'Angleterre qui y demeurera des mois avec sa fille, seule, comme abandonnée ; sans bois pour se chauffer, sans vivres ni argent, à la merci de la populace.

C'est là que le 9 février de la même année elles reçoivent la nouvelle de l'exécution du roi Charles.

Toutes ces humiliations ajoutées au peu de tendresse d'une mère ont fait d'Henriette une petite révoltée. Dévorée par une soif de revanche autant que par un appétit de vivre, son caractère se trouve avoir bien des similitudes avec celui de Marie, également mal aimée de sa mère.

Les nouvelles pensionnaires affluent chez les Visitandines. Après une princesse d'Angleterre, l'arrivée d'une nièce du Cardinal est une vraie aubaine pour le couvent. Pour la mère supérieure davantage encore. Elle connaît son monde et sait qu'il n'y a pas de meilleur moyen pour approcher un ministre que de l'intéresser à l'éducation d'un de ses parents.

### Philippe Mancini

Marie donc, dépêchée à Chaillot, y est suivie promptement par Hortense. Il ne reste plus à Mazarin, à présent, qu'à s'occuper de Philippe. Il a beau le scruter, le sonder, le tourner, le retourner, il ne découvre en lui aucune des qualités qu'il apprécie. De la grâce à revendre, du charme, de la volupté, oui ! mais aucun fond. Du vent. Non décidément, Philippe ne ressemble guère à son cher Paul, dont la mort le hante toujours. Il l'expédie cependant chez les jésuites du collège de Clermont avec ordre de le tenir serré. Philippe s'y acoquine aussitôt avec les fortes têtes. De jeunes libertins qui lui enseignent le ton à la mode dont il ne se départira plus. Il y acquiert rapidement cet esprit facile et orné qui le fera rechercher par la meilleure société. Cependant, inappliqué et fantasque, il préférera toujours aux allées du pouvoir les chemins buissonniers. Le désinvolte, le par-dessus la jambe est sa manière ; aussi aime-t-il à butiner ici et là, avec cet air de distraction qu'il gardera jusque dans ses vieux jours. Original, inquiet de toute nouveauté, il saute le mur du collège et va courir les salons. Il hante les cercles des beaux esprits et des roués ; les mauvais lieux également. C'est par lui que Marie, très tôt, sera avertie de ce qui se fait ; de ce qui se dit ; de ce qui est à la mode. C'est aussi à son contact qu'elle acquerra du brillant et ce ton hardi qui ne sera pas le moindre des charmes de sa conversation laquelle, à en croire les chroniques du temps, séduisit le Roi tout autant que sa personne.

Philippe est sujet à de singuliers coups de tête. Sur le tard, devenu duc de Nevers et marié à une nièce de la Montespan, il lui arrivera de sortir de son hôtel de bon matin, de monter en carrosse avec sa femme et comme s'il s'agissait de s'en aller dîner en ville, de lancer simplement sans autre explication : « Touche là, cocher, à Rome ! »

Cependant que le frère en rupture de collège dans la nuit où tous les chats sont gris court l'aventure par la ville, la sœur, elle, lit les romans à la mode. Les nonnes, au lieu de les lui interdire, l'encouragent au contraire dans ses lectures. Marie apprend la musique ; touche de la guitare ; s'initie au chant. Les bruits du monde lui parviennent atténués. La cour est à Reims pour le sacre du Roi. Philippe a été tiré de son collège par un ordre exprès de Mazarin. C'est que l'oncle veut qu'un Mancini figure aux cérémonies. Et tandis que dans le ciel de Paris les cloches se mettent en branle, la mère de Lamoignon décrit à Marie le sacre du Roi.

### Reims

Le cérémonial est immuable ; de règne en règne il se répète sans qu'on puisse y changer un geste. Marie ne perd rien du récit de la mère supérieure. Les coups frappés à la porte du Roi par les deux pairs ecclésiastiques, l'évêque de Beauvais et l'évêque de Châlons. Qui demandez-vous ? répond sans ouvrir le grand chambellan. Nous demandons le Roi. Il dort, se doit-il alors de répondre. Nouveaux coups à la porte. Nous demandons le roi Louis le quatorzième du nom, fils de notre défunt seigneur le roi Louis XIII. Et la porte s'ouvre enfin. Mais qui est le grand chambellan ? interroge Marie qui veut tout savoir, tout connaître. Mais voyons petite, le grand chambellan c'est Louis de Lorraine, duc de Joyeuse. La mère de Lamoignon est imbattable sur les rangs, les titres, les préséances. Elle tient cette science de son frère, le premier président, témoin au Parlement des continuelles querelles qui opposent ducs et pairs à propos de leur ancienneté.

Et que fait le Roi, alors ? s'inquiète Marie. Le Roi est étendu sur son lit de parade, vêtu d'une tunique rouge et d'une longue robe en toile d'argent. Le maréchal d'Estrées conduit les pairs ecclésiastiques près du lit. Il remplace le connétable puisque depuis la mort du duc de Lesdiguières, le dernier à remplir cette fonction, ce grand office de la couronne n'a plus été pourvu. Chacun d'eux prononce une oraison puis on soulève le Roi. On l'éveille à son règne. Ensuite il est conduit à la cathédrale. Marie entend la volée des cloches. Celles de Paris, de Reims, de la France entière. Elles vibrent à l'unisson. Les suisses, la maison civile et militaire, les colombes par centaines lâchées sous la nef, les ambassadeurs dans leur tribune, les pairs laïques à genoux au moment où l'archevêque titulaire de Reims glisse au doigt de Louis l'anneau royal symbole de son union avec la France, tandis qu'il tient déjà le sceptre d'une main et de l'autre la main de justice. La mère supérieure est intarissable. Elle revient sur l'archevêque. Eh bien oui, l'archevêque ! C'est qu'avec les événements de la Fronde on a complètement oublié que, le titulaire de Reims, Henri de Savoie-Nemours, duc d'Aumale, ayant renoncé à sa carrière ecclésiastique pour épouser la fille que le vieux duc de Longueville a eue de son premier mariage avec une Bourbon-Soissons, le siège est vacant. Aussi a-t-on été obligé de trouver un remplaçant au dernier moment. Et c'est Simon Le Gras, évêque de Soissons, qui officie. En fait, Mazarin y avait pensé et voulait nommer à ce siège le cardinal Antoine Barberini, son ancien patron, déjà grand aumônier de France ; mais il avait été pris de court et cette nomination n'interviendra que l'année suivante.

Les oriflammes, les cloches, les becs-de-corbin en haies, de toutes parts des « vivat rex in aeternum »; et l'archevêque de baiser le Roi sur la joue et la foule aussitôt de se mettre à crier : Vive le Roi! L'assistance pleure d'émotion sauf Mazarin qui considère la cérémonie d'un œil froid. Au fond de lui, il se moque de ces mômeries. Il est peu enclin à la poésie du passé. L'héroïsme de l'Histoire n'est pas son fait. Il n'est guère touché par ce fatras de traditions qui ne l'intéressent que si l'on peut les utiliser politiquement. Mazarin est un anti-héros par excellence; c'est l'homme des réalités, et probablement le premier d'une nouvelle race : celle des grands politiques modernes. Richelieu gouvernait avec sur sa table son bréviaire et son Machiavel. Mazarin, lui, n'a gardé que Machiavel. Et encore il lui arrive de penser que le Florentin est bien au-dessous de ses propres inventions. Cependant il a veillé personnellement au bon déroulement de la cérémonie. C'est que par le sacre du Roi il veut impressionner les ennemis de l'intérieur et de l'extérieur. Condé en révolte ouverte, passé chez l'Espagnol; mais également les derniers frondeurs en qui subsiste l'esprit des grands féodaux. Les frondeurs en fuite mais aussi ceux qui officient au sacre, paraissant soumis, mais n'attendant que le moment propice pour relever la tête. Il connaît leurs noms et sait que, sous leur costume d'apparat de soie et de velours fleurdelisé aux retombées d'hermine, ils portent le poignard de la trahison. S'il a tenu à ce que son neveu Philippe figure aux cérémonies, c'est afin de mieux les braver, peut-être même de les faire sortir de l'ombre, eux qui attendent pour se découvrir les premiers succès de Condé; M. le Prince, de Bruxelles, ne menace-t-il pas de marcher sur Paris à la tête des armées espagnoles. Son neveu officiant au sacre, ce n'est point une vanité de sa part mais bien un geste politique par lequel il lie définitivement sa famille au Roi. Au mystère de la royauté. Par avance il jubile de la tête que fera Condé quand ses espions lui rendront compte de la cérémonie. N'est-ce point au premier prince du sang qu'il revient de porter la sainte ampoule ? Or c'est Philippe Mancini, qui n'existe que par sa seule volonté, qui, à ce moment précis, s'avance sous un dais d'argent l'ampoule à la main.

Le lendemain, la même jubilation s'emparera de Mazarin quand Philippe, tenant le manteau royal bleu, rebrodé des langues de feu de Pentecôte, progressera lentement dans la cathédrale où Louis s'en vient tenir son premier chapitre de l'Ordre du Saint-Esprit. Cet honneur insigne, il le partage avec Eugène-Maurice de Savoie-Carignan. Bientôt ils seront beaux-frères. En effet dans moins de trois ans, en février 1657, Olympe, la plus dangereuse mais non la moins jolie des nièces, épousera ce Savoie-Carignan pour lequel, à cette occasion, il sera permis de relever le titre de comte de Soissons. De ce mariage naîtra un être malingre, presque contrefait, voué par son état de cadet à l'Eglise : l'abbé Eugène de Savoie, qui aura tôt fait de jeter sa soutane aux orties pour endosser la cuirasse. Louis XIV lui ayant refusé avec hauteur un régiment, il passera au service de l'Empereur ; et à la tête des armées impériales, il infligera à la France ses plus cruelles défaites.

Investi d'une majesté quasi divine, Louis, paré comme une idole vivante, s'avance sans même se douter qu'en cet instant où son soleil se lève, il traîne à sa suite son destin.

Marie écoute la mère de Lamoignon. Elle ne peut se lasser. Elle lui fait répéter des détails. « Sept onctions, n'est-ce pas, ma mère, sept onctions ? » – « Oui sept. Une à la tête, une à la poitrine, une entre les épaules, sur l'épaule droite encore puis sur la gauche et enfin à la saignée des bras... » Marie imagine Louis dévêtu, le torse brillant d'huile. Un jeune dieu ainsi qu'elle en a vu au plafond des palais romains. Pour un peu, elle le verrait hissé sur le pavois des premiers rois capétiens recevant à moitié nu l'acclamation populaire. Mais depuis longtemps on se passe du consentement du peuple et des chevaliers. Les seigneurs n'ont le droit que d'acquiescer en silence. L'idée d'un Versailles, enclos doré pour la noblesse, est déjà en germe au fond des pensées les plus secrètes de Louis.

Les rumeurs de la cour sautent par-dessus les hauts murs du couvent et comme par bouffées, mêlées aux effluves des tilleuls, parviennent jusqu'aux cellules des moniales. Le parloir respire un air de mondanité ; ce même parloir que hanteront, dans peu de temps, d'autres royales amoureuses. Mlle de La Mothe-Argencourt, la duchesse de La Vallière aussi. Derrière le livre d'heures et le missel se cache *la Muse historique*, la gazette de

Loret, qui circule dans les dortoirs; quand le monde extérieur se montre chiche en potins alors on se récite du Corneille. Marie connaît son théâtre par cœur. Elle s'y est aguerri l'âme. Elle sait le chemin des beaux sentiments. Bientôt elle y entraînera Louis. Alors, probablement pour l'unique fois de sa vie, un sentiment vraiment humain habitera ce monarque.

# 13

# Mazarin médite, Louis danse,
# Retz saute le mur

Mais que fait le Roi? Il a touché les écrouelles et sans attendre qu'on eût crié : Miracle! il a quitté Reims. Il est au Louvre et danse. C'est qu'il danse bien et il le sait; et prend même plaisir à ce qu'on le sache. Toute occasion est bonne à « dancerie », à cavalcade. Et quand il n'est pas à trousser l'entrechat, c'est qu'il se trouve aux frontières à croquer de l'Espagnol olivâtre, en « godille » et rabats de dentelle.

En jeune carnassier, il se fait les dents. Les Flandres sont là à sa portée mais avant d'y goûter, il lui faut prendre Arras que son cousin Condé a investi.

Louis et le Cardinal se sont portés sur Stenay qui est tombé aussitôt. De là on fait mouvement vers Arras où Turenne tient Condé en respect.

Aux Filles de Chaillot, Marie se tient au courant des exploits de Louis par les gazettes. Dans une grange vraiment? elle se frotte les yeux en parcourant la chronique du rimailleur. Il n'y a pas de doute, Louis a bien dormi dans une grange à la date du 1er août 1654.

Les bivouacs ont bien des agréments. Si la guerre n'est pas tout à fait en dentelle, les dames cependant ne sont jamais loin. Les plus guerrières font s'avancer leurs carrosses jusqu'à portée de canon des lignes. La Reine mère n'est pas de cette équipée et le Cardinal s'en trouve soulagé d'autant.

C'est durant cette campagne que Mazarin apprend l'évasion du cardinal de Retz. S'il est au monde un homme qu'il hait, lui qui se vante d'être dépourvu de rancune, c'est bien Retz.

### Le cardinal de Retz filoute Mazarin

Retz se trouvait depuis quinze mois au bois de Vincennes quand on le transféra au château de Nantes. Il avait eu à subir, durant les mois passés dans le donjon, les pires chicanes de ses gardiens. Il s'en était consolé en composant une imitation de Boèce et en correspondant avec sa bonne amie Mme de Pommereux. Il y avait lu aussi *Le Traité des Passions* de Descartes. Pour le reste, il s'amusait des lapins qu'il élevait sur la terrasse du donjon. Sur ces entrefaites, survient la mort de l'archevêque de Paris, son oncle, dont il se trouve être le coadjuteur. Le bonhomme était passé à quatre heures du matin. A cinq heures Retz, qui avait prévu la chose de longue main, prend possession de son siège grâce à une procuration ; si bien que quand Michel Le Tellier, futur garde des Sceaux et père du marquis de Louvois, qui, selon l'ambassadeur vénitien Giustiniani, dépendait de Mazarin « *come dipende il giorno dal sole* », autant dire une âme damnée, s'avise de courir, dès l'aube, à Notre-Dame, pour mettre sous séquestre au nom du Roi le siège archiépiscopal, il tombe des nues. Déjà en chaire on fulmine les bulles du nouvel archevêque. A filou, filou et demi, Retz, plus italien encore que Mazarin dans la ruse, l'a pris de vitesse. Haut la main, dans les belles règles de la fourberie. Mazarin aussitôt subodore le complot. Il prend peur et comme toujours chez lui la peur l'incline à négocier. On donne aussitôt de l'air au Cardinal à qui on fait entrevoir le soleil et dans ses rayons les bénéfices de gros clochers, des gouvernements et bien d'autres choses encore comme des mignardises de la Reine, laquelle préférerait mourir que de le payer d'un sourire en lui donnant du « mon cousin ». Retz remercie mais demeure cependant évasif quant à sa démission. Car il se doute bien que « quand on viendrait fondre la cloche l'on ne trouverait rien de solide »...

Cependant une démission donnée sous bonne garde, signée dans un donjon au bois de Vincennes, que vaut-elle ? Rien. Bien évidemment ! Retz donc signe. On le transfère aussitôt à Nantes où, selon ce qui a été convenu, il doit attendre que le

pape ait reçu sa démission pour retrouver sa complète liberté.
On en était là.

*Retz se fait la malle*

Au château de Nantes, le cardinal de Retz est gardé par le
maréchal de La Meilleraie. On le traite plus en hôte qu'en prisonnier. Pour le temps au moins qu'on ait des nouvelles de
Rome. Quand on apprend que le pape Innocent X, ennemi
intime de Mazarin, se fait tirer l'oreille pour donner son agrément; oppose mille difficultés sur lesquelles Retz a misé, on
double aussitôt la garde. Adieu la comédie, les collations, et les
galanteries avec les demoiselles de Nantes. On parle même
d'un transfert au château de Brest. Retz pense qu'il est temps
d'agir. Il imagine une fuite rocambolesque. Met à concours son
cousin le duc de Brissac dont le château est proche. On est le
8 août (1654) et, comme à son habitude, il s'en va, accompagné
de ses geôliers, prendre l'air du soir sur les terrasses. Il attend
le moment propice, profite d'une distraction d'un des gardes,
saute dans une treille de verjus qui se trouve en contrebas du
promenoir. Il y trouve une corde comme par hasard; et c'est un
bâton entre les jambes qu'il se laisse glisser le long de la
muraille pour atteindre, sans encombre, le chemin du bord de
l'eau où l'attend un cheval. Il pique des deux. Chute malencontreusement au sortir de la ville. Une journée entière
demeure caché dans une meule de foin, tout perclus, l'épaule
démise. Enfin il court s'enfermer dans Machecoul de sinistre
mémoire, qui se trouve en pays de Retz autant dire chez lui; de
là il passe à Belle-Isle d'où, par mer, il gagne Saint-Sébastien.
Le tour a été joué rapidement; et bien joué.

Dès son arrivée Retz se fait reconnaître. On le fête. On le
réclame à Madrid. Philippe IV aime à engager par des démons-
trations publiques les étrangers, surtout quand ils appartiennent à un pays ennemi. Retz prévient ce faux pas.

A Paris, dès que la nouvelle de son évasion est connue, le
chapitre de Notre-Dame fait sonner le bourdon dans les tours.

Un Te Deum est chanté dans la cathédrale. Devant chaque église des feux de joie sont allumés. Mazarin prend peur. Cependant, ayant déjà refusé de rejoindre en Flandres le prince de Condé, Retz décline l'offre de Philippe IV. Le 1ᵉʳ octobre il quitte Saint-Sébastien. En justaucorps de velours noir, le bras toujours en écharpe, il se jette sur les routes d'Espagne. Tantôt on le prend pour un gentilhomme de Franche-Comté, tantôt pour le roi d'Angleterre voyageant incognito. Il accumule les mystères autour de lui. A peine prend-il le temps de saluer Notre-Dame del Pilar à Saragosse, tant il est pressé d'aller s'embarquer à Valence. A bord d'une frégate espagnole il rejoint Piombino, dans les Etats de Toscane. Et le voilà débarquant à Rome chez le pape.

### Mieux vaut être cocu que dupe à Rome

Aussitôt, Innocent X se fait le plaisir d'abuser les cardinaux de la faction de France en tenant un consistoire durant lequel il remet son chapeau à Retz. Il est ravi d'avoir joué ce tour au cardinal d'Este le protecteur de France qu'il appelle « *il vostro protettore di quattro baiòcchi* » (votre protecteur de quatre sous). Retz dans Rome, trafiquant, complotant, c'est pour Mazarin pire qu'un renard dans le poulailler. Rome demeure pour le Cardinal en effet une chasse réservée ; encore bien plus depuis qu'il taquine l'idée de s'y retirer. Pas dans son palais du Quirinal, non. Mais peut-être plus commodément au Vatican après avoir été élu pape. Retz ne manque aucune occasion de rappeler sa naissance obscure. Ainsi quand le vieux Pietro Mazarini meurt en novembre de cette même année, Retz fait publier dans les gazettes romaines l'entrefilet suivant : « De Paris nous apprenons la mort à Rome du signor Pietro Mazarini... », rappel indélicat au moment où Mazarin met une dernière main au mariage de sa nièce Laure Martinozzi avec Alphonse d'Este, fils du duc de Modène et neveu du Cardinal-protecteur. Les cardinaux de la faction française ont interdiction de le saluer. Retz n'en a cure. Il renouvelle ses insolences. Toujours parlant du père du Cardinal il jette à la cantonade : « C'est sans doute le seul homme dont Mazarin n'ait pas hérité. »

Il se pique au jeu. Rome étant par excellence le royaume de l'intrigue, il s'y adonne avec une sombre gaieté. Il invente chaque jour de nouvelles malices. C'est tout un répertoire qu'il sert à Mazarin. La grande panoplie. En France le Cardinal est au désespoir. Le vieux renard connaît le pays et sait l'effet de ces sortes de pièces. Et les faveurs qu'en tirent ceux qui les jouent bien. Lui-même en son temps en a donné de bien bonnes. Le comble c'est qu'à présent Retz le fait passer pour dupe. Et être dupé à Rome est bien pire que d'y être cocu. Chaque courrier qu'il reçoit est une nouvelle épine. Il imagine Retz se pavanant dans les palais, précédé des douze porte-flambeaux auxquels les princes de l'Eglise ont droit. Car à ses malices, Retz ajoute celle de mener grand train. Le pape meurt soudainement en début d'année 1655. Et voilà Retz en conclave.

### Retz faiseur de pape

Il y entre suivi de trois conclavistes alors que les cardinaux ne sont autorisés qu'à deux, à l'exception des cardinaux de maison princière. En s'attribuant ce troisième domestique, Retz tient à souligner son appartenance à une maison ducale française qui n'a rien à céder aux principautés italiennes et allemandes. Il est par ailleurs bien décidé à faire élire un pape qui donnera quelques chagrins au Mazarin. Bien que ce soit là son premier conclave, Retz connaît parfaitement le protocole aulique. Il en joue. S'entremet, frétille. Il fait si bien qu'il vient à bout des hauteurs de certains confrères. Il leur enjoint de former un parti qui ne serait ni celui de France, ni celui d'Espagne et encore moins celui de l'Empereur. Il veut regrouper autour de lui un « escadron volant », en souvenir probablement de celui de Catherine de Médicis à qui sa famille doit son élévation. Deux ou trois autres cardinaux sont débauchés et viennent en renfort. Retz manœuvre si bien que le Siennois Fabio Chigi est porté au trône de Saint-Pierre sans même y avoir songé. C'est un fin diplomate qui déteste Mazarin. Du temps où il était légat à Münster et le Cardinal en exil à Brühl, il lui avait tenu la dragée haute. Autant dire que cette exaltation porte un nouveau coup à Mazarin. Dans cette élection qu'il n'a pu prévenir, il devine la main de son ennemi, Jean-François-Paul de Gondi, cardinal de Retz et archevêque de Paris.

### Vent de fronde au couvent de Chaillot

« Habemus papam ! » crient les saintes filles de Chaillot ; et elles surenchérissent : « Habemus archi-episcopum ! » Marie, Hortense les autres pensionnaires font chorus à ces cris de joie. D'un même coup un pape et un archevêque. En effet le nouveau pape, qui prend le nom d'Alexandre VII, a tenu un consistoire quelques jours après son élection, durant lequel il a remis à Retz le pallium, cette étole que portent les archevêques. Tout cela a fait grand bruit dans les paroisses et les couvents parisiens. On a allumé des feux de joie à la nouvelle de l'évasion de l'archevêque et fait sonner les cloches de Notre-Dame ; on recommence pour le nouveau pape qui a confirmé Retz dans son siège. La mère de Lamoignon ne peut empêcher ce vent de fronde chez les nonnes et les jeunes pensionnaires. Marie qui n'aime pas son oncle en est ravie. Elle se fait raconter par le détail les aventures du cardinal de Retz. Peut-être alors a-t-elle pressenti en celles-ci un peu des siennes futures ; les prisons, les évasions, la vie errante. Elle a, en tout cas, deviné en lui quelque chose de cet esprit de rébellion qui la possède. Une impossibilité à se conformer à la règle. Un besoin vital de romanesque. La vie à grandes guides.

Un jour bien plus tard, dans quelques années, elle l'entrapercevra. Ce sera à Rome lors du conclave après la mort du pape Chigi. Alors le cardinal aura rejoint la faction française. Fin manœuvrier, rompu à l'intrigue, il fera élire le candidat de la

France. Marie devenue princesse Colonna le verra s'avancer en compagnie du cardinal de Vendôme son beau-frère lequel, veuf de sa sœur Laure, sera définitivement entré en religion. Retz passera devant elle, petit homme noir, contrefait, ruisselant de pourpre, n'y voyant guère, à tout dire assez laid, mais possédant cet air d'insoumission et dans le regard ce feu qui en fait un patrouilleur de l'absolu ; il passera comme le fantôme d'une époque, durable ennemi de Mazarin – son allié, donc, puisque même mort, lui demeurera pénible le souvenir de cet oncle qui s'était, avant de mourir, arrangé à si mal ourler son destin.

## 14

# Les noces de Modène

*Les entrechats ou une manière*
*de gouvernement*

Le Roi est aux armées, la Reine mère au Louvre et Mazarin court entre les deux. Mais où, donc, est Olympe? Que trafique-t-elle? Marie s'inquiète de cette sœur. Elle l'a vue manœuvrer avec le Roi, le flatter, le distraire de potins cruels. Elle sait jusqu'où peut aller son esprit malin, tout de plaisanteries, de pointes, de reparties fines. Toujours prompte à débusquer chez les autres le moindre ridicule et à le croquer à l'acide, d'une façon irréparable. Elle ne caresse pas, elle balafre. Marie a déjà eu à subir sa malveillance. Elle n'a pas encore seize ans et son audace est sans bornes. Adroite, insinuante, hardie, d'instinct elle devine les goûts de ses compagnons et du Roi en premier. Elle est de toutes les coteries et s'entend à merveille à seconder son oncle, qui l'utilise dans ses manœuvres pour circonvenir le Roi et le guider insensiblement vers des terrains de diversion. Les opéras montés à grands frais, auxquels s'ajoutent ballets, mascarades, carrousels, se trouvent être de parfaits dérivatifs. Le Cardinal ne lésine pas lorsqu'il faut y intéresser le Roi. Il fait venir d'Italie par cargaisons entières les Rossi, les Cavalli, les Melani, les Pasqualini, les Poncelli, compositeurs, guitaristes, chanteurs et petits castrats, « baladins » et décorateurs qui, s'ajoutant à ceux qui se trouvent déjà là comme Torelli et Lulli, forment une brigade de petits messieurs « ayant le i en croupe », comme l'on dit alors. Ceux-ci n'ont d'autres occupations que les menus plaisirs royaux. Alors même qu'il négocie le mariage de la dernière des Martinozzi avec Alphonse d'Este, héritier du duché de Modène, Mazarin fait mander de cette ville, afin de construire un théâtre aux Tuileries, l'architecte Gaspare Vigarani et ses fils Carlo et Ludovico, ingénieurs réputés pour leurs machines de théâtre.

Cependant les plus efficaces soutiens du Cardinal demeurent les nièces qui, à tour de rôle, figurent dans les différents spectacles. Olympe dépasse ses espérances en ce domaine. Elle ne néglige rien pour fortifier Louis dans cet agréable moyen de gouvernement. C'est que le Cardinal se méfie des impulsions du jeune homme. Il a eu bien du mal à effacer la mauvaise impression qu'il a laissée à ces messieurs du Parlement par son attitude cavalière. Coiffé d'un chapeau gris, vêtu d'un justaucorps rouge, botté, éperonné, le fouet à la main, comme s'il se fût agi d'une chasse, Louis leur a parlé haut. La légende voudrait que ce soit ce 13 avril 1655 lors du lit de justice que Louis ait prononcé les paroles fameuses : « L'Etat c'est moi ! » Des manières propres à hérisser le poil du frondeur qui sommeille en chaque parlementaire, lequel a appris de ses confrères anglais depuis peu la recette de déposer un roi et de lui trancher la tête. Charles Ier d'Angleterre ne s'était-il pas présenté jadis ainsi devant les chambres assemblées, un stick à la main ?

Ceci pour dire que Mazarin préfère de loin voir Louis pincer de la guitare avec le maestro Corbetta de Pavie et s'adonner à l'art de l'entrechat plutôt que mettre en péril l'Etat par ses rodomontades ; et détruire son lent travail d'araignée où chaque geste longtemps pesé, mûrement réfléchi, mesuré à l'aune de la carotte et du bâton, tient d'une délicate balance.

Pour le Roi il s'agit moins, présentement, de gouverner que de danser afin de laisser le champ libre au Cardinal. Mais à y regarder de plus près les « combinazioni » politiques de Mazarin ne procèdent-elles pas de l'entrechat et du rond de jambe ? Musique, danse, politique pour cet esprit baroquissime ne font en réalité qu'un. Ainsi le verra-t-on, au plus fort des négociations du traité des Pyrénées, alors que déjà la mort est peinte sur son visage, prendre le temps d'auditionner des chanteurs.

Il en faut peu pour pousser le Roi à la danse; depuis toujours il en a le goût. Il n'a que neuf ans quand il assiste plusieurs soirs de suite à l'*Orfeo* de Rossi. Cinq heures de musique d'affilée, sans un soupir ni un geste de lassitude. Il en gardera longtemps en mémoire le fameux lamento « *Lacrime dove siete?...* » qu'il aimera à fredonner en s'accompagnant à la guitare.

### Les « saute-marquis » et Cateau
### la grande déniaiseuse

La danse est, à cette époque, un passe-temps de gentilhomme; mieux : une pratique noble à l'instar de l'équitation et des armes. Voyez Richelieu, qui se fait représenter à une négociation parce qu'il est « engagé dans une entrée qu'il veut danser ».

Louis a fait des débuts remarqués de danseur dans le Ballet de Cassandre, et ensuite dans celui de la Nuit où il a figuré, une chouette sur la tête et des ailes de papillon dans le dos. Autant dire qu'Olympe arrive comme le pollen sur une fleur déjà bien éclose.

Il répète du matin au soir. C'est que bientôt il lui faudra paraître dans les entrées du Ballet des Plaisirs. L'année passée, Louis a eu une manière de triomphe dans *les Noces de Pélée et Thétis*, un opéra de Carlo Caproli, appelé aussi Carlo del Violino tant il est expert à donner du cœur par l'invention de trilles, aux violons de la Grande Bande. Et comme à tout seigneur tout honneur, Louis y fut Apollon, grimpé sur un rocher machiné par les soins de Torelli. Il était entouré des neuf muses parmi lesquelles se trouvaient Olympe et Henriette d'Angleterre. On le descendait de ce mont Parnasse afin d'exécuter plus librement une sorte de rigodon. Mais à présent il doit représenter le Génie de la Danse; et c'est une tout autre affaire. Il lui faudra se mesurer à Monsieur son frère, et également à de Guiche, à Vivonne, à de Vardes, à tous ces « saute-marquis » en rubans, aussi virtuoses en entrechats qu'en débauches; alors que lui, pour se dessaler n'a eu droit qu'à une borgnesse, cette vieille Cateau comme on nomme Mme de Beauvais, femme de chambre de sa mère et son âme damnée. Est-ce à l'instigation de sa mère ou bien du Cardinal que cette fée sur le retour s'est prêtée à ce rôle de déniaiseuse? Louis se le demande encore. Il sait qu'elle espionne pour le compte du Cardinal qui la paie pour cela. D'ailleurs elle est riche à millions. Bientôt elle se fera construire un hôtel dans le Marais, rue Saint-Antoine, dans lequel un siècle plus tard, de passage à Paris, Mozart séjournera. Aujourd'hui il est sis au n° 68 de la rue François-Miron. Anne d'Autriche prendra l'habitude de s'y rendre du Louvre en voisine presque quotidiennement. C'est d'ailleurs du balcon de cet hôtel qu'en compagnie du Cardinal elle assistera dans quelques années à l'entrée solennelle dans la capitale du Roi et de la reine Marie-Thérèse. Sur le tard, de loin en loin, Mme de Beauvais paraîtra à Saint-Germain puis à Versailles; rabougrie et délabrée, soutenue par une escouade de godelureaux vivant à ses crochets. Saint-Simon tout jeune l'y apercevra « vieille, chassieuse et borgnesse, à la toilette de Mme la Dauphine de Bavière, où toute la cour lui faisait merveille, (...) où elle causait avec le Roi en particulier, qui avait conservé beaucoup de considération pour elle ». Et alors ce ne sera plus un secret pour personne qu'elle avait eu, jadis, son royal pucelage.

### Fiançailles au Louvre, mariage à Compiègne

Louis a jeté sa gourme donc, et à présent il danse. Quant au Cardinal, il continue en secret ses grandes manœuvres de mariage. Il fiance sa dernière nièce Laure Martinozzi à Alphonse d'Este. C'est un moyen de consolider sa position personnelle en Italie. Rome le travaille à nouveau. Il songe plus que jamais à la papauté. Le pape Chigi a été élu le 7 avril de la même année. Le lendemain Hugues de Lionne, qu'il a envoyé comme ambassadeur près le Saint-Siège pour faire pièce aux menées de Retz, lui mande que l'un des premiers actes du Saint-Père a été de commander au Bernin un sarcophage de marbre qu'il a fait placer dans sa chambre « afin que, parmi les grandeurs, il songe continuellement de quelle façon elles doivent finir». Ce geste n'impressionne guère Mazarin. Il y perçoit même comme un parfum de mystification. D'ailleurs le « memento mori » n'appartient-il pas comme l'opéra à l'univers baroque. De surcroît il connaît le renard; et ces apparences d'humilité, de simplicité qu'affiche le pape ne sauraient l'abuser.

Alphonse de Modène épouse donc Laure Martinozzi par procuration à Compiègne. Les fiançailles ont eu lieu le 27 mai 1655 et le mariage est prévu trois jours plus tard. Le prince Eugène–Maurice de Savoie-Carignan est le procureur. Le Cardinal ne laissant jamais rien au hasard, si celui-ci se trouve à cette place, c'est à dessein. Pour Mazarin, il est temps de s'intéresser de plus près à ce gentilhomme.

Ce Savoie-Carignan est un long jeune homme de vingt ans sans grande consistance; assez flasque, soumis aux femmes, parfois jusqu'à la complaisance; cependant brave quand il faut laisser parler les armes. Il est de grande maison. Par son père il appartient à une branche cadette des Savoie. Par sa mère, c'est un Bourbon. Celle-ci est l'héritière des biens et des titres des Bourbon-Soissons.

Cependant alors que se déroulent les fiançailles du duc de Modène dans la chambre du Roi, ce jeune Savoie se doute-t-il que dans moins d'un an il sera lui aussi de la famille du Cardinal? Ce dernier s'est donné du temps; un an pour que la princesse de Carignan, sa mère, le persuade d' « épouser le Cardinal », en la personne d'Olympe.

Les fêtes dureront comme pour le mariage de Modène quatre jours. On y dansera. On ira courre le sanglier en forêt pour finir à la chapelle du château. On soupera ensuite chez Mme de Carignan puis on retournera danser. Mais n'anticipons pas et revenons aux noces de Modène.

A Compiègne on danse le Ballet des Bienvenues. Olympe est d'humeur âcre. Elle boude sa cousine Martinozzi, éblouissante dans une robe entièrement brodée de perles. Envieuse de nature elle pense que cette place lui revenait. Marie et Hortense, tirées du couvent pour l'occasion, paraissent sur le théâtre, elles sont assises en face de Monsieur qui a conduit la mariée. Et le Roi ? Le Roi ! quelle question ! Mais il danse. Empanaché, il figure la Renommée dans la première entrée. Hortense qui a tenu dans *Thétis et Pélée* le rôle de la Déesse Musique piaffe d'impatience. C'est qu'elle n'a pas été mise à contribution cette fois-ci. Pour Marie, elle s'en fiche, puisque de son fauteuil aucun geste de Louis ne lui échappe.

### Une reine d'Angleterre à l'horizon des années soixante-dix

Adieu, donc, à la Mazarinette qui s'en va régner à Modène. On l'apercevra encore une fois, lors d'un court séjour en France en 1673. Elle sera accompagnée de sa fille Marie-Béatrice qui, après avoir épousé à Modène la même année par procuration le duc d'York, futur roi Jacques II d'Angleterre, se rend en Angleterre. Le Roi promènera les deux princesses dans ses jardins de Versailles. Monsieur le Dauphin, grand abatteur de bois, interrompra pour venir les saluer, le carnage auquel le poussent quotidiennement ses obsessions cynégétiques. On leur servira un beau goûter. Puis elles repartiront dans les carrosses du Roi accompagnées par une escorte de cent pages porte-flambeaux à la livrée de France. La princesse de Modène retournera aussitôt après en Italie. Elle se retirera à Rome dans un couvent tandis que son fils François II régnera d'une main molle mais artiste, abandonnant le gouvernement de ses Etats à un bâtard de son père. Toutefois sa passion des livres, héritée de son grand-oncle Mazarin, l'entraînera à fonder la fameuse bibliothèque Estense.

Marie-Béatrice reviendra en France avec son mari comme reine d'Angleterre et d'Ecosse en exil. Louis alors les accueillera au château de Saint-Germain : « Voici votre maison, mon frère, quand j'y viendrai, vous m'en ferez les honneurs, et je vous les ferai quand vous viendrez à Versailles. » Elle survivra seize ans à son mari le roi Jacques II. A sa mort elle sera inhumée dans la chapelle des Visitandines de Chaillot. Peut-être à l'emplacement même, qui sait, où de retour de la noce de leur cousine de Modène, Hortense et Marie, pensionnaires dissipées, échangent à voix basse durant l'office leurs impressions de la fête. Mais ceci est déjà pousser un pied dans ce qui pourrait être le *Vingt Ans après* de cet ouvrage.

# Pour en finir avec les Martinozzi

Mme Martinozzi, qui ne goûte que moyennement le plaisir d'être en France, coupe soudain court aux assiduités d'un vieux beau qui faute d'une nièce, veut la marier à tout prix. Il s'agit du duc de Damville. Il tournait au capucin, quand se présenta la veuve Martinozzi. C'était, à ses yeux, un moyen de s'attacher encore plus certainement à la religion que d'« épouser le Cardinal ». Il se trouva des courtisans pour le servir et représenter sa demande au ministre. Mazarin rit de bon cœur sans désespérer pour autant le bonhomme qui depuis attendait en vain une parole, un regard de la cruelle. Aussi, quel plongeon quand il apprend que Mme Martinozzi repart pour l'Italie avec sa fille, la nouvelle princesse de Modène, sans intention de retour, abandonnant à son destin son autre fille la princesse de Conti. C'est qu'elle la connaît assez pour la savoir capable de prendre soin d'elle-même. Dernièrement, lors d'une fête, alors que le Roi se montrait un peu trop empressé auprès d'elle, elle lui assaisonna quelques paroles assez vives. L'algarade était dans l'air. Le Cardinal s'interposa aussitôt, obligeant sa nièce à des excuses. Le prince de Conti qui se trouvait absent de la cour, à s'échauffer en Catalogne avec son armée, eut vent de l'affaire et rappela aussitôt sa femme auprès de lui. La princesse quitta son hôtel du quai Malaquais que le Cardinal avait fait construire pour le jeune ménage et gagna les Etats de Languedoc.

*Syphilis et jansénisme*

La princesse de Conti, alors pas encore gagnée à la religion, règne sur la petite cour licencieuse de Pézenas où se côtoient comédiens et baladins de passage, petits roués et esprits forts comme Bussy-Rabutin dont les doigts se trouvent encore tachés de l'encre qui lui a servi à écrire sa *Carte du pays de Braquerie*, commandée par Conti. On prolonge Noël en carême ; on court Montpellier en masque. Puis un beau matin, peut-être un soir car ces idées viennent souvent aux heures crépusculaires, on est saisi soudain du vide de l'existence. Mme la princesse de Conti en apercevant tout le néant de ses grandeurs se trouve agitée des pensées de la mort. Se peut-il que ce soit dans le même instant qu'elle ait ressenti les premiers effets de cette syphilis, contractée près de son mari ? Elle se croit à l'agonie. Le prince, qui a déjà commencé un retour sur lui-même, lui parle religion ; elle l'écoute ; lui sourit mais demeure incrédule comme on l'est à un trop beau conte. Cependant, lentement au fond d'elle-même, elle se persuade et s'ouvre à Dieu. Sa belle-sœur, la turbulente et galante duchesse de Longueville, rôde depuis quelque temps autour de Port-Royal. Mme de Conti l'y suit et y trouve une communauté d'âmes à son goût ; et sans aller comme sa belle-sœur jusqu'à porter le cilice et se donner la discipline, elle réforme ses toilettes et vend ses bijoux dont elle distribue l'argent aux pauvres. Et la cour et la ville considèrent, éberluées, ces deux princesses s'en allant aux sermons comme d'autres vont aux eaux. On les appelle bientôt les « Mères de l'Eglise ». Le prince de Conti, qui ne veut pas être en reste, se jette à son tour dans la haute dévotion. Sa conversion prend un tour plus expansif. Il tient à en donner des marques extérieures comme cette pénitence publique à Bordeaux qui, jadis, avait vu ses désordres. Il restitue l'argent, fruit de ses exactions de la Fronde et pour rompre définitivement avec sa vie antérieure, il s'attelle à un pamphlet contre le théâtre, naguère si passionnément aimé de lui. Ce qui fera dire à Voltaire qu' « il eût mieux fait d'en faire un contre la guerre civile ». Ce prince meurt donc miné par la vérole mais confit en dévotion. La princesse lui survivra six ans. Elle mourra soudainement, victime d'une apoplexie.

## *Une sainte?*

Les médecins s'acharneront à la faire revenir. Ils lui brûleront la tête; lui briseront les dents, la mâchoire, au point de la rendre méconnaissable sur son lit de mort. Toute sa famille se trouvera autour d'elle et plus qu'il ne faut de la cour et de la ville. Cela fera une belle comédie dont Mme de Sévigné brossera le tableau en une lettre célèbre. La duchesse de Gèvres, « une espèce de fée grande et maigre, qui marche comme ces grands oiseaux qu'on appelle des demoiselles de Numidie » selon Saint-Simon, ne voulant pas être en reste dans ce grand théâtre de la mort en apparat, ajoute aux cris de l'assistance des évanouissements à répétition. Quant à la duchesse de Brissac qui passe, à chaque saison, pour atteler à deux nouveaux amants, ayant présentement à son équipage le comte de Guiche et le jeune duc de Longueville, elle renchérit sur les cris par des hurlements de douleur en se roulant par terre.

Morte, la princesse est embaumée. Son cœur, placé dans une boîte d'argent, est conduit aux Grandes Carmélites, ses entrailles à Port-Royal-des-Champs; pour le corps il est inhumé comme on l'a vu, dans son église paroissiale de Saint-André-des-Arts. Chacun est convaincu d'avoir porté en terre une sainte.

Les deux Martinozzi expédiées, l'une en poste pour le ciel et l'autre pour l'Italie avec madame sa mère, revenons à nos Mancini qui sont, vous l'avouerez, d'une tout autre farine.

# 16

# Premiers regards, premiers serments

Il y a comme une sourde tristesse à interroger ces tombeaux et ces reposoirs d'entrailles dont les noms et les épitaphes sont effacés par le temps, quand ils ne sont pas martelés par les révolutions; bien de la nostalgie à essayer de ranimer des cendres froides, en leur imaginant des destins, en leur prêtant on ne sait quelles amours...

L'historien procède du fossoyeur. Le cimetière est son domaine. Qu'il ouvre une chronique, des mémoires du temps qu'il s'applique à ressusciter, le voilà aussitôt saisi par l'odeur lourde d'une terre travaillée, d'où s'échappe, telle une fine musique, une rumeur de décomposition, un crissement infime d'os qui se rompent sous les pas. De cet ancien charnier on tente d'extraire de pâles souvenirs, de raviver la couleur d'un ruban, les bruits qui ont résonné sous ces voûtes, les pas qui ont fait sonner les dalles de ce cloître. On court après des choses aussi éphémères que le froissement d'une mante qui se dérobe dans un escalier. Cette ombre soyeuse qui s'échappe d'où vient-elle? Où glisse-t-elle? Serait-elle d'une amoureuse? A moins qu'elle ne soit d'une criminelle? On sonde. On imagine. On suppute. On pèse. On veut en savoir plus; faire parler les lieux. L'escalier, tiens! cet escalier, où mène-t-il? Mais chez la Reine pardi! où une main vient de glisser dans la courtepointe la célèbre « lettre espagnole » qui sera découverte, dans un instant, par la première femme de chambre, cette Molina arrivée, dans ses bagages, d'Espagne avec elle. Mais où avez-vous rêvé cela! Il ne peut y avoir de reine, le Roi n'étant pas encore marié. Mazarin ne le garde-t-il pas en réserve, à la main de ses nièces, dans son jeu comme dernier atout pour la coupe ultime, avant d'empocher les enchères. Cependant, il s'en faut de peu puisque déjà, obscurément, chemine la jalousie d'Olympe qui éclatera dans cette dénonciation à la Reine des amours du Roi et de La Vallière.

Oui, il y a un peu plus que de la tristesse à débusquer au détour d'une page de Bussy, de Mme de Motteville, des Mémoires de Mademoiselle, ces ombres rapides, semblables à ces fragiles phalènes traversant le crépuscule, à leur prêter l'étoffe d'une réalité, pour les reperdre aussitôt afin de les mieux retrouver au hasard d'une lecture, arrivant comme un écho fugace, dans un paragraphe du cardinal de Retz, au bas d'une lettre familière de Mme de Sévigné, pour, finalement, les voir s'enfoncer dans le néant, exécutées en une phrase bien lassée des Mémoires de Saint-Simon, lesquels ne sont que l'immense ossuaire d'une époque; une litanie de morts qui exalte moins les destins que le temps impitoyable et l'engloutissement du souvenir. « Plusieurs personnes marquées ou connues moururent en ce même temps, comme à la fois... »; mort, caractère et fortune, tout s'y trouve ramassé; l'oubli peut venir par la suite. On a rejoint le grand charnier de la mémoire. La messe est dite. A nous, à présent, de nous faire le bec sur les os épars.

*Le Cardinal aime le bijou et anglais*
*autant qu'il se peut*

Marie et Hortense sont à nouveau dans leur couvent. Elles s'y retrouvent en compagnie de la petite Henriette d'Angleterre. Henriette a un an de plus qu'Hortense et quatre ans de moins que Marie. Cependant déjà elle possède une expérience du monde et du malheur. Elle connaît l'envers des masques de cour. Au fil des années elle en a éprouvé la versatilité jusqu'à la rudesse. Elle sait la tristesse d'être pauvre. Du Cardinal, de la Reine et même du Roi qui lui a refusé une danse prétextant qu'il n'aime pas les petites filles, elle s'est fait son idée. Le Cardinal surtout lui répugne. N'a-t-il pas acquis, à la mort du roi Charles I<sup>er</sup>, son père, alors que le parlement d'Angleterre mettait en vente ses collections, par l'intermédiaire du banquier allemand Everhard Jabach et d'Antoine de Bordeaux, plénipotentiaire puis ambassadeur auprès de Cromwell, de nombreux tableaux et tapisseries ? Aussi, chaque fois, quand il lui arrive de se rendre chez le Cardinal soit au Louvre, soit au palais Mazarin ou encore à Vincennes, elle ne peut réprimer un mouvement à la fois de honte et de colère en apercevant aux murs *La Pêche miraculeuse*, une grande tapisserie de Mortlake aux armes de son père, et son beau portrait en cavalier par Van Dyck. Un amateur d'art ? Plutôt un grand charognard que ce Mazarin ! La reine Henriette, sa mère, l'a, il est vrai, prévenue contre lui ; elle ne lui a pas dissimulé ses difficultés d'argent et les pressions que le Cardinal exerce sur elle pour qu'elle lui vende le Sancy et le Miroir du Portugal, deux diamants de la couronne anglaise, qu'elle emporta naguère dans sa fuite. Toute l'âpreté de Mazarin se dévoilera lors des négociations. Ce que conte Henriette n'étonne guère Marie. Elle connaît son oncle mieux que personne.

Hortense, elle, est toute à ses impressions de la fête passée. Elle a hâte d'être rappelée à la cour. Cependant les jours passant ses souvenirs s'effacent. Peut-être n'est-elle jamais allée à Compiègne ; tout cela ne serait-il qu'un songe ? Marie, de son côté, demeure rêveuse. Elle songe à Louis. Parfois un grand carrosse s'arrête à la porte du couvent. Mme de Venelle, ce dragon en chef qu'on leur a donné pour gouvernante, en descend. « Vite ! vite ! que l'on s'habille. Monseigneur veut vous voir ! » Le dernier ruban noué, Marie et Hortense sont fourrées dans la voiture ; et fouette cocher ! au Louvre !

*Mlle Marianne, dernière des Mazarines*

L'oncle depuis son retour à Paris pour être plus proche du Roi s'est fait installer un appartement au palais, au dernier étage, juste au-dessus des appartements royaux. Il a également réquisitionné toute la longueur de l'attique pour y loger sa famille. Pour l'heure y habitent Mme Mancini, Olympe, Mme de Venelle la gouvernante, et depuis quelque temps, fraîchement arrivée de Rome avec son frère Alphonse, la dernière des Mazarines, Marianne. Six ans, un toupet d'enfer, qui pousse son effronterie jusqu'à faire des niches à l'oncle, à la plus grande joie de celui-ci. La Reine s'en est toquée aussitôt pour s'en faire une manière de joujou. Les courtisans regardent bientôt cette enfant gâtée comme une véritable puissance. Ils y perçoivent de la graine de favorite. Et c'est vrai qu'elle le devient rapidement. La rouée ne néglige rien pour enjôler l'oncle ; aucun jour ne se passe sans qu'il reçoive d'elle un poulet en vers auquel aussitôt il répond par des babioles. Elle a des reparties au-dessus de son âge qui enchantent. Pour répondre à un de ses tours, le Cardinal lui en joue un de sa façon. Il la persuade qu'elle est grosse. Comme elle ne veut pas le croire, on lui rétrécit ses robes. Elle en conçoit du soupçon. Elle se regarde de profil dans les miroirs. Finalement se persuade de son état. Un beau matin elle découvre un petit enfant dans son lit. Sans se démonter, elle s'écrie : « Il n'y a donc que Mme la Vierge et moi à qui cela soit arrivé... » La Reine rend visite à la jeune accouchée. On la presse de déclarer le père. Et elle de répondre d'un air mystérieux : « Ce ne saurait être que le Roi ou le comte de Guiche car il n'y a qu'eux deux qui m'aient embrassée... » Quinze ans après elle rira encore de ce tour de M. le Cardinal en compagnie de La Fontaine dont elle était devenue alors la bienfaitrice.

### Premiers rendez-vous de Marie et de Louis

Mme Mancini à son tour coupe aux assiduités du vieux duc de Damville qui, depuis le départ de Mme Martinozzi, a reporté sur elle son excès de tendresse, en prenant la poste pour le ciel. Elle met un certain tact à mourir rapidement sans s'éterniser dans la maladie.

Chaque jour un carrosse vient prendre Marie et Hortense au couvent pour les mener au Louvre au chevet de leur mère.

Celle-ci, impatiente de voir Hortense, la veut tout de suite auprès d'elle. Marie attendra dans le cabinet attenant à la chambre, qui sert de garde-robe. Mme Mancini se méfie toujours d'elle et ne tient pas à ce qu'elle rencontre à son chevet des personnes de la cour. Le Roi, qui sait, peut-être ? Or Louis qui pour honorer le Cardinal se rend de temps à autre chez la malade, emprunte généralement un escalier à vis datant du vieux Louvre de Philippe Auguste, dérobé dans le mur qui sépare le réduit où attend Marie et le cabinet de travail de Mazarin. Ainsi ce que veut éviter Mme Mancini se déroule à sa porte sans même qu'elle s'en doute. Louis croise Marie une première fois ; n'y prêtant que peu d'attention. Mais comme le jour suivant elle se trouve encore là assise au même endroit dans l'obscurité, il la salue. Et de même encore le lendemain. Mais cette fois il la considère attentivement et ne la trouve pas aussi laide qu'Olympe a bien voulu le lui dire. Il la dévisage et ne voit pas le pruneau qu'elle lui a décrit ; mais en revanche de grands et beaux yeux noirs et des dents parfaites. Et quelque chose d'un air de modestie qui tranche sur celui d'importance que se donnent volontiers les demoiselles de la cour qui s'empressent autour de lui. Il prend goût à ces rencontres furtives. Il y a là quelque chose de dérobé, de secret ; qu'il possède en propre, hors des regards du monde, du Cardinal, de sa mère. Quelques paroles sont murmurées, le feu aux joues. Peut-être même y a-t-il, dans l'affolement du départ, un frôlement de mains et ce dernier regard qu'on laisse traîner avant que la portière ne retombe et que les pas ne s'éloignent dans l'escalier.

### C'est la faute au Grand Turc

Un jour que Marie ne se trouve pas à son poste, assise comme à l'accoutumée sur la banquette, Louis, se montre chagrin. C'est en vain qu'il l'attendra. Un instant, il soupçonne une manœuvre du « Grand Turc » (c'est ainsi que lui et sa petite bande, Guiche, Vardes, Gramont, Manicamp, Vivonne... appellent le Cardinal au grand dam de la Reine) ; c'est que

Mazarin tient à tout savoir de ses faits et gestes. Probablement aura-t-il été renseigné sur leur rendez-vous par ses espions et en aura-t-il pris ombrage. Cependant il se peut que ce soit tout simplement un oubli de la nièce. Alors aussitôt le voilà lâchant le Grand Turc pour se mettre à pester contre l'oublieuse. Pour qui se prend-elle ! N'est-il pas le roi ? C'est que depuis quelque temps, il en a après Mazarin ; et cette mauvaise humeur forcément retombe sur la famille et les familiers du ministre. Mais aussi le Cardinal ne l'a pas ménagé l'autre soir, au cercle de la Reine où l'on jouait gros jeu. Ayant gagné sur le chevalier de Rohan une forte somme et celui-ci s'étant proposé de le payer avec des doublons d'Espagne, il a refusé cette monnaie. Alors Rohan reprenant ses pièces les a jetées par la fenêtre. « Qu'est-ce ? Mais vous êtes fou, chevalier ! » — « Pas le moins du monde, sire. Puisque mon or n'est pas assez bon pour Votre Majesté, il me faut m'en débarrasser ; peut-être que quelques manants au bas du Louvre le trouveront assez bon pour eux. » Humilié, Louis s'en fut se plaindre au Cardinal qui aussitôt vit par où pousser la pointe. « Sire, je dirai que ce soir le Roi a joué comme un chevalier de Rohan et que le chevalier de Rohan a joué comme un roi », lui répondit le Cardinal. La réponse était cinglante. Louis l'attrapa sans rien laisser paraître. C'est que Louis possède déjà l'art de dissimuler ; il s'y montrera par la suite, et jusqu'à sa mort, inégalable. Faut-il pour cela penser que dix ans plus tard il se souviendra de ce geste insolent quand il signera la condamnation à mort de ce même chevalier de Rohan, pour crime de lèse-majesté ? Il est vrai que l'un des traits les plus constants de sa personnalité est la rancune ; une rancune tenace souvent basse ; il l'exercera grâce à une mémoire sans faille et une application de termite.

Cependant revenons à la garde-robe de Mme Mancini où se tisse, dans l'obscurité d'un demi-jour favorable aux froissements des âmes, quelque chose comme le début d'un grand amour. Pour Louis ces rencontres fortuites, comme effleurées, se sont au fil des jours transformées en une habitude. Or Louis s'évertue à donner à tout ce qui l'environne et jusqu'à la plus simple des routines comme un goût de cérémonial ; aussi, ajoutant à cela son peu d'imagination, bientôt il en viendra à considérer comme un manquement toute dérogation à ce qu'il tient pour acquis. Marie est entrée à la dérobée comme un trait de lumière et de fantaisie dans cet esprit peu enclin au romanesque. Déjà elle a commencé à lui débrider l'âme; à éveiller sa sensibilité aux œuvres de l'esprit; bientôt elle tournera son orgueil aux grandes choses. Et cela lui suffira pour sa vie entière. Ces rencontres subreptices auront ainsi fait bien plus pour son éducation sentimentale que toutes les amours à venir et les favorites. Jamais Louis n'oubliera Marie. A l'instar de ces airs de ballets que très vieux il sifflotera encore alors que les musiques en seront perdues.

### Louis butine mais n'offense pas

Pour l'heure il butine; auprès des filles de la Reine, des demoiselles d'atour. Son choix se porte sur une Mlle de La Mothe-Argencourt qu'une mère intrigante pousse dans ses bras. Mazarin et la Reine s'en alertent. De concert ils décident d'éliminer l'intruse, en la déconsidérant aux yeux du Roi. La demoiselle a deux amoureux, et ne sait lequel choisir entre Chamarande qui est au Roi et le marquis de Richelieu qui n'est qu'à lui-même et si peu à sa femme. Mazarin qui lance ses mouches jusque dans les cercles où la jeunesse s'amuse en est averti. Autant dire que la belle est perdue. La Reine et le ministre représentent l'ingrate au Roi. Un billet à M. de Richelieu tombe à point, qu'on lui donne à lire. Le Roi qui déteste toute compétition se cabre à l'idée d'un rival. Il pleure, soupire, se confesse, communie, et finalement va se promener au bois de Vincennes. Le soir au Louvre, quand la belle d'Argencourt s'avance à sa rencontre, il lui tourne le dos. La marquise de Richelieu, qui a eu vent du billet, se vengera cruellement en obtenant le renvoi de la demoiselle, laquelle sera conduite malgré ses hauts cris et ses protestations d'innocence chez les Visitandines de Chaillot.

Elle y entre à peu près dans le temps où en sortent Hortense et Marie.

# 17

# Adieu signora Geronima!
# Bonjour Madame la Comtesse!

*Les bons offices d'une demi-vierge*

Mme Mancini mourut au Louvre le 29 décembre 1656. Marie n'en eut aucune peine. Elle n'aimait pas sa mère. On descendit le cercueil non point à la dérobée comme c'est la coutume dans une maison du Roi, mais par le Grand Degré au vu de toute la cour. Ce fut une sortie magnifique. Le service eut lieu en l'église du couvent des Augustins. Monseigneur de Montauban prononça l'oraison funèbre, loua les vertus de la défunte et évoqua son illustre naissance. Personne ne broncha dans l'assistance. On drapa jusqu'à l'Epiphanie. Par révérence pour le Cardinal, certains se crurent obligés de verser quelques larmes. Et puis les bals reprirent.

Olympe avec la dextérité des demi-vierges rend de petits services à Louis, mais ne se berce d'aucune illusion sur ses élans plus hygiéniques qu'amoureux. Elle n'espère rien du Roi et se doit de penser au sérieux d'un mariage de raison. Elle a découvert rapidement ce qu'il en était ; Marie ne le comprendra qu'à grand-peine et à ses dépens. Olympe, il est vrai, possède sur Marie le regard froid des aventurières de grand vol. Marie ne sera, elle, qu'une aventureuse de l'amour. Elle le demeurera au plus fort de ses malheurs.

Olympe a dû faire un grand retour sur elle-même, et rabattre infiniment de son orgueil, car un instant elle avait pensé sérieusement s'attacher le Roi ; peut-être même un peu plus quand la reine Christine de Suède, pensant faire sa cour au Cardinal et lui soutirer plus aisément de l'argent, s'était écriée en avisant Olympe et le Roi ensemble que ce serait malheureux de ne pas marier deux jeunes gens aussi bien faits l'un pour l'autre. Ce fut un rayon de soleil sans lendemain. En effet, cette amazone marieuse ayant fait égorger dans la galerie des Cerfs à Fontainebleau son grand écuyer et ancien amant le marquis Monaldeschi par son nouvel amant, un spadassin du nom de Sentinelli, fut contrainte de sortir du royaume et on ne parla plus de mariage ; ou plutôt on en reparla mais sans le Roi.

### Un cadet mais un prince

Après Conti, Mercœur et Modène, Mazarin se doit de frapper plus haut. Il croit aux horoscopes ; aussi fait-il établir celui d'Olympe, sait-on jamais. Peut-être même y avise-t-il un cadet des Carignan lesquels sont eux-mêmes cadets des Savoie. Mme de Carignan mère est princesse du sang. C'est une Bourbon-Soissons, rameau de la maison de Condé qui finira avec elle. Sœur du dernier comte de Soissons en révolte contre Louis XIII, qui s'était fait tuer à la bataille de la Marfée. Le Cardinal sent bien qu'il y a là ce qu'il faut pour servir de marchepied à sa nièce. C'est de la princesse mère du jeune homme qui n'est encore qu'Eugène-Maurice de Savoie-Carignan que dépend le consentement. Elle a des hauteurs. Le Cardinal lui a son quant-à-soi. Aussi ne bronche-t-il pas, préférant laisser venir le poisson de lui-même. C'est bien vu : la princesse revient à la charge. De part et d'autre on exécute un pas d'honneur. Puis on finit par s'accorder et Olympe peut entrer couverte de diamants, précédée par une dot royale, dans la maison de Savoie.

Le mariage doit avoir lieu malgré les deuils successifs. La mort de Mme Mancini a été, en effet, suivie par celle de l'aînée de ses filles, Laure-Victoire de Mercœur. Après avoir donné à son mari deux fils, la jeune duchesse avait accouché d'un troisième enfant ce qui lui fut fatal. L'enfant ne devait pas survivre. Le Cardinal, à qui l'on avait appris le difficile accouchement, ne se montra guère inquiet et se rendit au ballet que le Roi dansait ce soir-là. Au sortir de la fête on lui fit dire que le mal de la duchesse empirait. Il courut aussitôt à l'hôtel de Vendôme où il trouva sa nièce à l'article. Le Cardinal, qui avait la douleur excessive, poussait de petits cris. Il lui donna les sacrements et la belle mourante expira dans la nuit du 8 février 1657. Le mari, fou de douleur, qui avait pourchassé sa femme jusqu'en Allemagne afin de l'épouser malgré les avis du Parlement et les menaces de Condé, se fit sur le coup capucin. On le tira bientôt de son couvent pour le faire cardinal. Et lui, pourtant si amoureux du souvenir de sa femme, si réglé et sage dans ce siècle de folie, vécut en religion dans le luxe d'un prélat de son temps, construisant des « casino » comme ce Pavillon Vendôme à Aix, commandant des peintures pour la chambre de sa maîtresse la marquise du Canet, cette belle Lucrèce de Forbin-Soliers qu'il avait par ailleurs fait peindre par Daret.

Mazarin malgré ces deuils successifs ne crut pas devoir surseoir aux noces d'Olympe.

### Les noces d'Olympe

On a jeté le noir aux orties et on danse. On est le 21 février et le bal a lieu chez le Roi au Louvre. Ensuite on s'en va conduire les mariés chez eux à l'hôtel de Soissons où a été préparé un médianoche.

L'hôtel de Soissons date du temps de Catherine de Médicis qui en avait demandé les plans à Philibert Delorme et à Bullant. Au Louvre elle se trouvait trop près de Saint-Germain-l'Auxerrois, et aux Tuileries trop exposée à la vue du clocher de Saint-Germain-des-Prés. Son astrologue Ruggieri lui ayant prédit qu'elle mourrait près de Saint-Germain. En définitive elle mourut au château de Blois. Cependant au moment de recevoir les sacrements, se tournant vers le chapelain qui allait l'administrer, elle lui demanda son nom. Il se nommait Laurent de Saint-Germain, évêque in partibus de Nazareth.

La reine Catherine avait ajouté dans la cour de cet hôtel une colonne au sommet de laquelle ses astrologues scrutaient le ciel.

C'est la seule partie de l'édifice qui s'est conservée jusqu'à nous. On peut la voir aujourd'hui encore à côté de la Bourse du commerce.

La Reine avait veillé à donner au jardin un air italien avec ses fontaines, ses bassins et une enfilade de cabinets de verdure débouchant sur un marbre de Vénus par Jean Goujon. La demeure avait bel air. A la mort de Catherine de Médicis, l'hôtel fut vendu pour payer ses dettes. Catherine de Bourbon, sœur d'Henri IV, l'avait acquis pour le revendre presque aussitôt au premier comte de Soissons, de qui sa fille, la princesse de Carignan, le tenait.

Olympe allait réveiller cette vieille demeure, en y entraînant ce que la cour possédait de brillante jeunesse.

Le Cardinal qui apprécie chez cette nièce son réalisme, mais surtout ce sens inné de l'intrigue qu'il met à contribution pour servir ses affaires, accorde au futur mari la survivance du comté de Soissons. Les princeries des Carignan ne sont qu'étrangères ; aussi c'est Soissons en bandoulière qu'on se pousse du col dans la maison de Bourbon. Comme chacun veut être agréable au Cardinal on confond tout. On risque du « Monsieur le Comte » et du « Madame la Comtesse », de la même façon que l'on dit : Monsieur le Prince. Une fois, deux fois. L'oreille s'y fait. On s'y accoutume. L'habitude fait le reste. Le Roi ne le trouve pas mauvais ; le Cardinal excellent. Le Roi d'ailleurs n'a rien à refuser à Olympe. S'il avait, à cause de ses jalousies incessantes, pris un temps ses distances, il lui marque à nouveau sa faveur. De son côté, Olympe, depuis son mariage et peut-être même à cause de celui-ci, ne lui refuse rien, passant même du rudimentaire au très complet.

### Un joli train de maison

Le comte de Soissons est trop épris de sa femme pour vouloir troubler par un éclat un si grand crédit. De toute façon rien ne dépend de lui. Bientôt il trouve de l'agrément à sa complaisance. Rapidement il devient colonel général des Suisses et Gri-

sons. Le Roi ne déloge plus de l'hôtel de Soissons. La faveur de
Mme la Comtesse est éclatante. Elle peut tout oser, ce qu'elle
fait et jusqu'au plus noir, ce qu'on verra par la suite. Chaque
soir il y a jeu, danse et médianoche, redoute et, dans le temps
du carnaval, bal paré. Plus d'une fois Olympe, qui joue gros jeu,
se voit contrainte de gager ses diamants qu'au matin le Cardinal
dégage aussitôt. Lui-même jouant tous les soirs trois mille à
quatre mille pistoles, il favorise cette passion chez ses nièces ;
aussi laisse-t-il jouer à la comtesse de Soissons des sommes ahu-
rissantes. Le Roi, qui avait couché dans des draps troués toute
son enfance, attrape à l'hôtel de Soissons le goût de la splendeur et de la profusion dont par la suite il se fera une maxime
de gouvernement. Pour l'heure le Cardinal y pourvoit encore.
C'est ainsi qu'il le tient en tutelle dans les filets d'Olympe pour
mieux garder les mains libres.

Le cercle est joyeux et leste ; souvent même un peu plus que
galant, libertin. La fin de l'hiver se passe ainsi avec les violons.
Il sera toujours temps aux beaux jours de penser à la guerre.

## 18
# Ah, que la guerre est jolie!

La guerre! Une aubaine pour les finances de M. le Cardinal! Eh oui! On se refait rapidement avec une bonne guerre sur les bras! Sinon comment supporterait-on une si nombreuse famille; comment marierait-on les nièces? Le Cardinal a besoin d'argent, toujours plus d'argent. Il s'est bien promis de ne plus jamais en manquer. Un émigré qu'on peut forcer à plier bagage du jour au lendemain révère forcément l'argent. C'est par nécessité qu'il se trouve obligé d'être un gredin. Spéculateur certes mais en grand. Pour cela il faut du doigté et surtout savoir confondre ses intérêts avec ceux de l'Etat.

*Scherzando*

Les épreuves passées n'ont point aigri, ni rendu morose Mazarin. Amer peut-être un peu? Il n'en a aucune raison. Les injures? Sans doute y a-t-il eu injures et même pire, une gifle; celle de Condé. Mais pour s'en souvenir il faudrait qu'il ait de la fierté, de l'amour-propre. Un émigré n'a rien de cela. Ni haine, ni fierté, ni passion. Richelieu avait les préjugés de sa classe. Mazarin n'en a aucun. Il est humble. Et cette humilité qui procède de l'intelligence pure nécessite un grand mépris des autres autant que de soi-même. Cependant cette vue assez cynique du monde est tempérée par la gaieté et ce plaisir du jeu. Le « scherzando » propre aux gens du Sud que l'émigré, ayant jugulé ses peurs, devenu riche enfin, a pu reconquérir par simple maîtrise de soi. C'est à cette lente maturation que s'est évertué Mazarin. Une humilité qui pousse à se détacher, à se penser comme un simple pion qui va et vient sur un échiquier, en évitant autant qu'il se peut le sacrifice des grosses pièces de l'une et l'autre partie. Scherzando, c'est cela, en se jouant. D'ailleurs n'est-il pas un joueur né; et qui croit même à sa chance? Rien de raide, ni de forcé. Ainsi est-il fourbe avec légèreté; machiavélique avec naturel. Il touche sur tout évidemment. Et il touchera jusqu'à son dernier souffle puisque c'est sa nature. A l'article, il négociera encore les charges de la maison de la Reine et jusqu'à celle de la plus humble blanchisseuse.

### Comment on s'enrichit sur le dos du soldat

Aussi plus la guerre dure, plus il s'enrichit. On lui verse des pots-de-vin sur les charges militaires. Il trafique sur les fonds destinés à l'artillerie, à l'amirauté. Il se fait donner des millions de la caisse publique qu'il emploie à son gré, « gagnant sur les entreprises à forfait, car il ne paie pas tous les officiers, laissant dépérir les vaisseaux et les galères, tomber en ruine les fortifications (...), et liquidant tout par quelque ordonnance pour dépense secrète », écrit-on déjà de son vivant. Cependant, au fond de lui, il n'aime pas la guerre. Il essaie autant que cela lui est possible de la réduire à de petits combats. Quand il fait donner l'assaut à une place, il essaie auparavant d'acheter le gouverneur. Il a toujours sous la main, pour se renseigner sur les finances du général ennemi, un Zongo Ondedei, quelque Napolitain ou Vénitien un peu agent double, comme lui-même l'avait été quand il avait commencé un pied chez le pape et un autre chez Richelieu. Aurait-il d'aventure besoin d'argent? Sa femme ne voudrait-elle pas quelques diamants? N'étant pas Turenne et moins encore Condé, il maquignonne.

*Cocu, M. de Lionne?*

La guerre avec l'Espagne, seule puissance à n'avoir pas signé le traité de Westphalie, s'éternise aux frontières des Flandres. La trahison de Condé l'a même ravivée. L'année précédente, Mazarin a envoyé secrètement à Madrid Hugues de Lionne, le futur secrétaire d'Etat aux Affaires étrangères de Louis XIV, afin de sonder le ministre don Luis de Haro. Les pourparlers ont tourné court à l'instant où a été évoqué le sort de Condé. Le roi d'Espagne exigeait que le prince, condamné à mort et privé de ses biens, fût remis en possession non seulement de sa fortune et de ses dignités mais aussi de ses gouvernements, parmi lesquels plusieurs places fortes aux frontières. On s'est séparé, sans rompre toutefois. Alors Mazarin s'est tourné vers l'Angleterre de Cromwell malgré la méfiance qu'il lui inspire. « La conduite du Protecteur est si cachée et si pleine de replis... » soupire le prudent renard italien. C'est que son accord secret avec l'Angleterre s'avère, de jour en jour, plus difficile, compte tenu de l'appétit insatiable du Lord Protecteur. Aussi regarde-t-il à présent vers l'Allemagne où le trône impérial se trouve vacant depuis la mort de l'empereur Ferdinand de Habsbourg. Il y envoie des négociateurs secrets. D'Espagne, Lionne y accourt afin de soudoyer les princes protestants et de faire pièce à la maison d'Autriche. Ce nouveau voyage n'est pas pour déplaire à son épouse.

Déjà à Rome quand il tentait de s'opposer aux menées de Retz lors du conclave de 1655, sa réputation de cocu était bien établie. C'est d'ailleurs par un certain Croissy amant de Mme de Lionne, laquelle n'avait aucun secret pour lui, son mari n'en ayant guère pour elle, que Retz avait eu communication de la correspondance qu'entretenaient Lionne et Mazarin à son sujet. « Les dépêches du cocu », comme il écrit dans ses Mémoires.

La dame est une luronne qui ne se soucie que fort peu du front de son époux qu'elle aime à orner des bois de dix-cors jeunement ; « jeunement » est le terme approprié et convient particulièrement ici à ces trophées, car elle raffole, c'est de notoriété publique, du godelureau. Elle mène son carrousel sans se contraindre aucunement, pendant que le mari caresse les princes allemands. Elle se faufile même dans les bonnes grâces de son beau-fils le marquis de Cœuvres sans pour autant désobliger sa fille. Cette partie à trois, familiale cependant, Mme de Sévigné en parle dans une lettre à Bussy : « J'ai ouï parler quelquefois de parties carrées dans un lit, même d'un homme entre deux guenipes de rempart, mais non pas encore d'un galant entre la mère et la fille... » Notre marquise peu bégueule conte d'autres parties fines de cette dame qui non contente d'être chaude se découvre bigote. Alors même que ses jeunes amants la chevauchent, elle leur enjoint pour le salut de leur âme de se recommander à Notre-Dame. La Marquise lui donne le sobriquet de « la Souricière ». On imagine le vieux fromage dont ces freluquets de cour font leur festin. Le Roi qui pour lui-même excuse la galanterie jusqu'au scandale, ne la tolère guère aux autres ; il exilera sans retour Mme de Lionne, à la demande du mari que ses branchages auront fini à la longue par incommoder.

### La bataille des Dunes

L'armée royale progresse dans le plat pays. Louis et le Cardinal sont à sa tête. Par-derrière vient le train d'intendance et après encore, toute la ribauderie avec les filles à soldats et leurs maquereaux. Encore plus loin à une journée de marche s'avance la longue suite des carrosses. Un détachement de mousquetaires marche aux portières. C'est qu'il ne faudrait pas que les parties d'hombre et de reversi des messieurs et dames de la cour soient troublées par un raid de l'ennemi. La guerre qui n'est pas tout à fait en dentelle se veut cependant galante.

Passé la Somme l'armée s'avance au travers d'une plaine ravagée. Les fermes qui brûlent au loin signalent une razzia des Espagnols. Les gendarmes du Roi ont pour l'exemple pendu des réfractaires aux arbres bordant la route. Ici et là se fait entendre une mousquetade. Ce sont des francs-tireurs. L'armée se retrouve bientôt en vue de Dunkerque. Turenne assiège la

ville. S'est joint à son armée un détachement de six mille
« Côtes de fer », des puritains durs à cuire envoyés par Crom-
well en renfort. Condé et don Juan d'Autriche tentent de des-
serrer la ville de cet étau. En vain. Les troupes du Roi et du
Cardinal ont fait à présent leur jonction avec celle du Maréchal.
Le soir même Louis se porte aux avant-postes pour l'inspection.
Il se plaît à l'armée. C'est visible. Il en aime la discipline à
laquelle il se plie comme le plus simple des officiers. Mazarin en
est même surpris. Il écrit à la Reine demeurée à Compiègne.
« Il est toujours à cheval, s'informant de toutes choses et donnant lui-même des ordres pour avancer les travaux dans les
endroits par où les ennemis pourraient jeter quelques secours
dans la place ; et l'ambassadeur d'Angleterre qui le voit agir et
parler de bon sens, en demeure extrêmement édifié. »

La canicule s'est abattue sur le pays ; tout semble en attente
dans une lumière d'acier ; les deux armées et, autour, le plat
pays avec ses dunes et ses marais.

Le jour se lève en ce 14 juin 1658. Condé aux avant-postes se
montre inquiet. Il a soif, demande sa timbale et c'est don Juan
d'Autriche qui verse le vin. Un bâtard fût-il du roi d'Espagne se
doit de servir le premier prince du sang de la maison de France.
A Bruxelles qu'ils ont quitté il y a peu, chaque soir, l'Espagnol
lui présentait la serviette. Condé est possédé d'un sombre
orgueil, pour sa maison, pour la France qu'il a trahie, pour lui-
même. On le pressent nerveux comme ces chevaux de race dont
la robe frémit au plus infime mouvement, au bruissement d'une
mouche. Il a deviné dans l'armée de Turenne un imperceptible
mouvement. Il connaît son homme, pour un peu il le précéde-
rait dans ses ruses. Voudrait-il les entraîner sur un autre terrain ? Le soleil ayant dissipé ce qui restait de brumes de chaleur,
Condé se retrouve face à une armée en ordre de bataille. La
manœuvre s'est effectuée en silence. Sans perdre de temps
Condé a gagné le flanc gauche de son armée. Montmorency-
Bouteville aussi vaillant que bossu – c'est le futur maréchal de
Luxembourg, celui qu'on appellera le tapissier de Notre-Dame –
commande la cavalerie. Condé va à cheval de long en large sur
la crête des dunes. Il est sombre et mécontent du plan de
bataille, décidé par les généraux espagnols.

– Votre Altesse Royale a-t-elle jamais vu une bataille ?
demande-t-il au duc de Gloucester, qui se trouve à ses côtés. Ce
jeune Stuart, troisième des fils du roi Charles I$^{er}$, n'a trouvé
d'autre moyen pour échapper au zèle catholique de sa mère qui
veut lui faire abandonner l'anglicanisme que de s'enfuir du
Louvre et de rejoindre Condé.

– Non prince.

– Eh bien ! vous allez en voir bientôt une ; et aussi comment
on la perd.

A ces mots, Condé donne le signal de l'assaut et aussitôt
engage son aile gauche. Avec cette « fureur française » qui lui
est propre, il mène les Espagnols à la charge. Le vieux maréchal
d'Hocquincourt est de celle-ci. Depuis qu'il s'est toqué de Mme
de Châtillon, cette duchesse frondeuse mal repentie, sœur du
petit Montmorency-Bouteville, il louvoie entre la cour et ce
débris de Fronde. Le voilà, déjà grison, se jetant dans la mêlée,
l'épée haute, aux côtés du frère de sa dulcinée. C'est un reître
qui conduit sa vie aux allures d'un roman. Il se prend pour le
Grand Cyrus. Si l'on en croit Tallemant, un plumassier en
vogue de la rue Saint-Honoré à l'enseigne du héros de Scudéry
l'a fait représenter sur celle-ci.

Le maréchal pousse jusqu'aux avant-postes ennemis et se fait
tuer l'un des premiers. Au soir de la bataille, comme si cela
allait de soi, Mazarin, sans haine aucune, écrit la nouvelle de
cette mort à Anne d'Autriche. « Il est demeuré mort à l'instant
qu'il a tiré l'épée contre son Roi. » Mais, au fait, où est le Roi ?
Avec le Cardinal évidemment ; sur les lignes arrière, en retrait
vers Dunkerque, interdit de bataille. Il piaffe d'impatience
quand se fait entendre la première canonnade. Une odeur de
poudre est dans l'air. Mazarin l'aurait-il encore carotté ? Le
renard italien se sentirait-il menacé par un Roi victorieux à la
tête de ses troupes ? Victorieux, c'est vite dit. Condé suivi de
Bouteville à la tête de la cavalerie semble avoir bousculé les
troupes du marquis de Créqui quand, rassemblant son infante-
rie, Turenne fait donner la troupe. Et c'est aussitôt le carnage.
Condé, son cheval tué sous lui, est foulé par la cavalerie qui
reflue. Et il s'en faut de peu qu'il ne soit pris. Moins heureux,
Bouteville est capturé. Ce qui reste de troupes espagnoles bat

en retraite. Turenne vient de remporter la bataille des Dunes
dans les sablons entre Dunkerque et Nieuport.

*Mazarin aperçoit sur la bosse de Bouteville*
*le maréchal de Luxembourg*

Mazarin considère en souriant le jeune Montmorency-
Bouteville qu'on vient de lui amener sous sa tente. Il le fait
asseoir. Lui parle doucement. S'inquiète auprès de lui de la
santé de sa sœur Châtillon, de M. le Prince. Il pourrait lui faire
couper la tête pour haute trahison. Richelieu fit bien tomber
pour moins que cela celle de son père; simplement parce qu'il
avait contrevenu à l'édit sur les duels, en se battant place
Royale. Mais Mazarin n'est pas cruel, ni assoiffé de vengeance.
Il sait, art suprême en politique, ménager des sorties honorables
à ses ennemis. Un jour il faudra faire la paix, se dit-il, et les
ennemis d'aujourd'hui seront les amis de demain. Pourquoi
irait-il cabrer définitivement M. le Prince en exerçant contre
son favori une punition qui passerait certainement pour une
vengeance, alors qu'il est dénué de tout sentiment vindicatif?
Et pourtant Bouteville était au côté de Condé au combat du
faubourg Saint-Antoine où son cher Paolino fut tué; et pour
cela il aurait tout lieu de lui en vouloir. Mais peut-être n'a-t-il
fait qu'entrevoir grâce à cet instinct divinatoire des grands politiques, qu'on nomme aussi le génie du coup d'œil, dans l'ombre
de Bouteville, le grand capitaine indispensable au règne qu'il
prépare.

Le Roi regarde le Cardinal, étonné. S'il ne tenait qu'à lui il
ferait bien couper la tête de ce Bouteville, tout Montmorency
qu'il soit, pour crime de lèse-majesté.

Bouteville et ses deux bosses – « une médiocre par-devant,
mais très grosse et fort pointue par-derrière avec le reste de
l'accompagnement ordinaire des bossus » – fut échangé quelques jours après contre le maréchal d'Aumont que les Espagnols avaient fait prisonnier.

*Les grandes manœuvres du mariage espagnol*
*ont commencé*

Adieu Bouteville ! Déjà l'esprit de Mazarin est en campagne ailleurs. Il imagine, échafaude. Il aime les coups fourrés, à double détente : aussi, sans doute un de ses agents chevauche-t-il déjà vers l'Espagne, afin de glisser, comme un secret dérobé, à l'oreille de don Luis de Haro, ses intentions de brusquer les choses ; en deux mots : d'oublier l'Infante dont il est las de demander la main pour Louis XIV et de marier celui-ci à une princesse de Savoie.

C'est sa façon de presser le mouvement ; de forcer les Espagnols dans leur hautaine réserve et les obliger à reprendre les négociations de paix. Aussi ne faut-il pas que la victoire soit complète. Une déculottée totale risquerait de raidir un peu plus l'honneur espagnol. Il doit tenir les troupes alors que Turenne et le Roi sont prêts à marcher sur Bruxelles.

Dunkerque est tombée. Louis y fait son entrée pour en ressortir aussitôt. C'est que Mazarin a promis Dunkerque à Cromwell. Louis fait grise mine. Cet accord avec Cromwell lui paraît humiliant. Mazarin ne peut s'aliéner le Protecteur. Tant pis pour Dunkerque ! Un jour on la rachètera. Mazarin va plus loin : il oblige le Roi à donner à Cromwell, dans une lettre, du « monsieur mon frère » ainsi que le font les souverains entre eux. A ce parvenu régicide ! Mais son frère, c'est Charles II d'Angleterre en exil en France, à qui Mazarin vient de refuser la main de sa nièce, Hortense. Cela peut paraître fou d'orgueil. Un geste de dédain qui d'un Bourbon ou d'un Habsbourg, lancé en l'une de leurs parades de plumes, aurait même semblé déplacé. Que penser alors d'un Mazarin qui fait ainsi la fine bouche ? Quoi, le chef d'une si mince maison, un Stuart, épouserait une « Mazarine » ? Quelle audace ! semble-t-il vouloir dire. Cependant, secrètement, il est ébloui, tenté même par ce mariage. Alors pourquoi ce refus ? C'est qu'au fond de lui, malgré lui, s'est tapie une chimère qu'il traque ainsi qu'une impossible perfection de lui-même. Ce cynique qui ne semble désirer que les biens matériels est saisi d'une inextinguible soif d'absolu. Il s'est laissé prendre au grand jeu de la politique; et comme le joueur qui aspire inlassablement au succès d'une réussite improbable, Mazarin, bluffeur, truqueur de cartes, qui ne se soutient que par des faquinades, poursuit ainsi qu'une ombre rapide et insaisissable l'idée de l'homme d'Etat idéal. Pour un peu il croirait à la solidité d'un destin, à son progrès. C'est une illusion captieuse qui le pousse à la surenchère; qui le détourne, des choses tangibles, de son intérêt, de celui de sa famille, pour on ne sait quelle renommée illusoire. Et cela appartient encore au grand baroque! Pensez, une reine d'Angleterre dans la famille du vieux Pietro Mazarini, l'intendant sicilien des Colonna! Quelle revanche! Mais ce lien qui comblerait sa vanité ne mettrait-il pas en péril son alliance avec Cromwell, homme comme lui du destin. N'est-il pas dit dans le traité que le roi de France s'engage à ne plus donner asile à la famille d'Angleterre. Peut-être a-t-il imaginé Hortense, la préférée de ses nièces, en reine déchue errant à travers l'Europe. Car il ne peut concevoir le retour de la royauté en Angleterre. L'imaginerait-il qu'il serait comme le funambule saisi de vertige au milieu de son trajet aérien. Il doit croire en l'étoile de Cromwell de qui dépend le succès de sa réussite.

Hortense n'a été qu'une carte que l'on tire trop tôt en cours de jeu et qui n'appelle aucune combinaison satisfaisante. Hortense ne sera pas reine d'Angleterre ni Marie reine de France. Elles seront sacrifiées à la gloire perfectible de Son Eminence.

# 19

# Alerte générale ! Le Roi se meurt

Et pendant ce temps-là, Marie se trouve auprès de la reine Anne à Compiègne. Le gros de la cour y a pris également ses quartiers en cet été de 1658. Les courriers y arrivent continuellement du front. Il n'est pas de jour que le Cardinal n'écrive à la Reine. Mazarin n'omet jamais de s'étendre sur la jolie conduite du Roi à la tête de son armée. Le soir, au cercle de la Reine, il est de bon ton de revenir sur chaque geste, chaque parole de Louis. Ainsi disséqués, analysés, commentés, ils sont d'autant mieux ensuite exaltés, loués, magnifiés. La chute de Dunkerque puis la prise de Bergues ont fourni d'infinies louanges. Le Roi est à présent au camp de Mardyck. C'est là que Philippe Mancini, lors de la campagne précédente, avait fait des merveilles à la tête de sa compagnie de mousquetaires gris dont il est le colonel. Mazarin ne se soucie guère des exploits de ce neveu. Pour lui, c'est une tête brûlée doublée d'un jeune voluptueux. Il le met cependant à contribution. Récemment il l'a dépêché à Londres comme ambassadeur afin d'y saluer le Lord Protecteur. Il le pousse aussi à fréquenter Philippe d'Anjou, le frère du Roi, qu'on appelle encore « le petit Monsieur » pour le différencier de Gaston d'Orléans, Monsieur tout court.

*Fièvre tierce*

Avec l'été, sont parvenues des nouvelles alarmantes sur la santé du Roi. La canicule ajoute à l'atmosphère pestilentielle qui s'est répandue dans la campagne où l'on ne prend même plus le temps d'enterrer les cadavres tant on est pressé de courir sus à l'Espagnol. Aussi, d'immenses charniers près des champs de bataille couvent sous le soleil, pareils à des bubons prêts à éclater. Les vivres s'en trouvent avariés et l'eau pourrie. On commence à murmurer contre Mazarin qu'il s'est fait vivandier et munitionnaire.

Au soir du 30 juin, le Roi subit une première poussée de fièvre alors qu'il s'apprête à quitter le camp pour se porter avec une partie de l'armée devant Furnes. Le Cardinal, inquiet, prévient aussitôt Anne d'Autriche. La nouvelle va bon train. « Si le Roi est malade peut-être bien que le Mazarin sera bientôt mort... » On ne spécule pas encore sur la mort du Roi, mais pour le Cardinal la machine est en marche. Ramené de force à Calais, le Roi y est saigné. Valot son médecin le croit hors de danger. Il ordonne cependant une nouvelle saignée. Il prescrit également des purges et des vésicatoires. Un traitement effrayant qui pourrait tuer un cheval. Les médecins devant la recrudescence de la fièvre se disputent. Faut-il saigner encore ? ou simplement doubler les vésicatoires ? La faculté est partagée. On convoque un arbitre. Cependant la fièvre redouble. A des lieues de là, à Compiègne, dans Paris, l'intrigue va bon train. Déjà on s'empresse auprès du « petit Monsieur » ; on l'imagine sur le trône. C'est un être charmant, vif et plein d'intelligence. D'un esprit beaucoup plus éveillé que son frère. Il possède de la bravoure et un coup d'œil qui en auraient probablement fait un des grands capitaines du siècle si on l'y eût encouragé. Mais Mazarin s'est appliqué à ruiner ses qualités par un constant avilissement. Il le corrompt ; et va jusqu'à lui faciliter ses rencontres avec les jeunes garçons vers lesquels ses goûts le portent.

*La princesse Palatine s'en prend au pucelage*
*du petit Monsieur*

Philippe, qui aime son frère, se montre très affecté de ces nouvelles. Se tisse alors, autour de lui et à son insu, un réseau d'intrigues. Anne de Gonzague, la princesse Palatine, inspiratrice naguère de bien des cabales, pense se rendre utile en l'initiant aux dames. Chacun parle de faire rendre gorge à Mazarin. Mme de Fiennes qui espionne pour le Cardinal tourne casaque, sans pour autant oublier d'empocher ses émoluments. La Reine la soupçonne de faire dire des messes pour la mort du Roi.

Marie qui voit tout, entend tout, pleure. Elle pleure son grand amour qui n'a pu encore s'affirmer au grand jour. Anne d'Autriche trouve ces larmes déplacées. Elle se méfie, il est vrai, de cette fille depuis que le Roi a dit qu'il la trouvait charmante. Elle récite bien les vers de Corneille ; chante agréablement en s'accompagnant à la guitare ; mais tout cela ne la lui fait pas aimer. D'ailleurs tout ce qui tourne autour de son fils lui est, par avance, suspect. Et spécialement cette nièce avec ses airs de langueur et ses brusques foucades. Alors qu'elle a supporté Olympe l'intrigante, qu'elle raffole d'Hortense et surtout de Marianne la petite dernière qui, à huit ans, trousse des compliments en vers de mirliton, elle n'a jamais eu pour Marie qu'antipathie. C'est que Marie possède une folie, un romanesque qui échappe à la Reine. Elle la soupçonne d'être ambitieuse alors qu'elle n'est que rebelle ; un esprit libre et hardi. Une aventureuse.

*L'honneur espagnol*

La Reine en vieillissant a retrouvé de la religion et l'honneur espagnol. Elle ne pense et n'aspire pour son fils qu'à un mariage avec l'Infante, sa nièce. Sourcilleuse quant aux alliances, il y a, chez elle, de l'éleveur toujours en quête du meilleur pedigree. Un mariage entre Louis et l'infante Marie-Thérèse, fille d'un premier mariage de son frère le roi Philippe IV avec Isabelle de Bourbon, sœur de Louis XIII, la comblerait. Le mariage espagnol est devenu chez elle une idée fixe. Un moyen d'atteindre à cette *« limpieza del sangre »*. A cette exaltation, de sa race par la sélection du sang; quitte à ce qu'en ce cas précis la consanguinité ait des allures d'inceste; Marie-Thérèse et Louis ne sont-ils pas par deux fois cousins germains?

Aussi tient-elle pour ennemie toute personne qui pourrait nuire à son projet.

### Le Cardinal prépare sa sortie

Marie aimerait pouvoir suivre la Reine à Calais au chevet du Roi qu'on dit mourant. On lui fait savoir qu'il n'en est pas question.

Dans l'entourage du Roi, on croit la fin proche. Les médecins s'agitent autour du lit ne sachant quoi inventer. Chacun prend ses dispositions pour le nouveau règne qui s'annonce. Mazarin mande à Colbert, resté à Paris, de se tenir prêt à toute éventualité. Au palais Mazarin, au château de Vincennes, on commence à déménager les meubles, les tableaux, les objets précieux. On s'assure d'une sortie « honnête » du royaume. A Sedan le maréchal Fabert, qui veille comme le dragon sur l'or du Cardinal, est en alerte. Si Marie pleure en silence à Compiègne, l'oncle pousse des petits cris de douleur penché sur le lit du malade. Ce ministre au cœur sec, diplomate cynique et rompu au mensonge, se laisserait-il envahir par la pitié et la commisération devant ce beau jeune homme de vingt ans qui s'en va irrémédiablement? C'est qu'à sa suite il entrera dans le néant puisque tout ce qu'il a fait, comploté, échafaudé, toutes les peines qu'il a endurées, les insultes, les exils n'ont été supportés que dans l'espérance de son règne. Soudain tout vacille. Cette année qui devait voir son triomphe par la paix avec l'Espagne et, qui sait, le mariage du Roi avec l'Infante n'aura été qu'une année de deuils. C'est qu'elle a débuté par la mort du petit Alphonse Mancini. Un enfant délicieux dont il voulait faire son héritier. Deux ans au collège de Clermont avaient suffi à ses études. Déjà il pensait le prendre auprès de lui pour le débrouiller aux affaires. Quand il venait au Louvre il le faisait coucher dans sa chambre. Et puis la malchance. Cette mauvaise fortune qui semble poursuivre les garçons Mancini. La veille de Noël le gamin se fourra dans une couverture. Ses camarades le bernèrent. Et hop! saute jusqu'au plafond! Un jeu idiot dont on s'amuse dans tous les dortoirs du monde entre jeunes pensionnaires. Au plafond, il sauta si bien qu'il retomba hors de la couverture et se fracassa le crâne sur le sol. Le Cardinal le veilla jour et nuit. Il mourut la veille de l'Epiphanie. Et maintenant c'était au tour du Roi.

### Sauve qui peut!

Dans la chambre du malade les médecins continuent à s'agiter. Dans la nuit du 6 au 7 juillet on lui fait donner la communion. On ne veut rien précipiter et on murmure à peine le mot d'extrême-onction. Quelles que soient les pensées secrètes, les espérances, les craintes, les masques demeurent ostensiblement figés dans la douleur. Le Roi reprend un instant conscience et demande à son chevet le Cardinal : « Vous êtes le meilleur ami que j'aie, c'est pourquoi je vous prie de m'avertir lorsque je serai à l'extrémité; car la Reine n'osera pas le faire par la crainte que cela n'augmente mon mal... » Le Cardinal étouffe un cri de douleur. « Je vous avoue que cela me fit crever le cœur », écrira-t-il le lendemain à Colbert.

La panique s'est installée dans les pièces contiguës à la chambre du malade. Un mot, et ce sera le sauve-qui-peut général. Ni Anne ni Mazarin ne se font d'illusions. Ils ont vu jadis à la mort de Louis XIII comment les appartements du Roi s'étaient vidés des courtisans. Pas même passé, le Roi avait été abandonné. Quelqu'un s'était-il inquiété de lui fermer les yeux? Un roi ne meurt pas, il émigre en un autre. Sa dépouille

n'est d'aucune importance. Quant à son testament, il n'est que
lettre morte. Louis s'en souviendra soixante ans plus tard
quand ayant achevé son testament il dira à la reine d'Angleterre en regardant Mme de Maintenon. « J'ai fait mon testament. On m'a tourmenté pour le faire. J'ai acheté du repos.
J'en connais l'impuissance et l'inutilité ; nous pouvons tout ce
que nous voulons tant que nous sommes ; après nous, nous
pouvons moins que les particuliers ; il n'y a qu'à voir ce qu'est
devenu celui du Roi mon père, aussitôt après sa mort... »
Pour l'heure on s'attend à voir paraître dans l'antichambre
l'officier à plumet noir qui troquant aussitôt celui-ci pour un
blanc s'écriera : le Roi est mort vive le Roi ! signalant à tous la
continuité de la dynastie.


### Les claires urines du Roi

Mazarin rôde dans la chambre. C'est renard chez le mourant. Rien ne lui échappe ; rien n'est laissé au hasard. Il ins-
pecte le contenu des bassins. Ce que les médecins nomment les
« généreuses purgations ». Il fourre son nez dans les vomis.
Soudain le voilà qui s'exclame : « Mais ce sont là de belles
urines ! » A défaut de joie c'est un cri d'espoir. On est le 8 juillet. Cependant le soir même il note : « Le mal est si grand et il
y a des circonstances si fâcheuses que j'appréhende fort l'événement... » Au matin toutefois la fièvre semble céder. Le Roi
reprend connaissance. Le 10 juillet Mazarin écrit un billet à
Turenne : « Je suis transporté de joie de vous pouvoir dire que
le Roi est hors de danger. » La nouvelle se répand vite. Le
mouvement qui s'était fait autour du petit Monsieur cesse dans
l'instant. Mme de Fiennes et Madame de Choisy seront exilées.
Quant à la princesse Palatine, cette belle frondeuse qui avait
mis à son programme de déniaiser le petit Monsieur, Mazarin
qui la considère comme « une femme capable, plus que personne de faire du mal, ayant pour cela tout l'esprit et toute
l'ambition qu'il faut », lui conseille d'abandonner sa vie
d'amours ardentes et de cabales et de se retirer dans ses pro-

priétés d'Asnières. Le Cardinal dorénavant veillera personnellement sur le petit Monsieur afin qu'il ne manque ni de plumes,
ni de rubans, et encore moins de pages et de beaux et lestes
cavaliers.

Louis continuera cet avilissement tant que son frère vivra. Et
pourtant il l'aime. Lorsqu'il en vient au reproche du mouvement qui s'est formé autour de lui pendant sa maladie, Philippe
proteste de son amitié. « Je n'ai jamais souhaité votre mort,
sire... » — « Je le sais », lui répond le Roi. Ni l'un ni l'autre ne
reviendra sur l'événement.

### L'automne de Marie

La Reine ramène Louis à petites étapes vers Compiègne où
le gros de la cour est demeuré. La chaleur est épuisante. De
Compiègne, elle écrit au Cardinal resté à Calais. Elle s'inquiète
de sa santé. Il lui est apparu las et vieilli. Elle lui donne les dernières nouvelles de la cour. Les progrès du petit Monsieur chez
les dames qu'il s'amuse à parer avant de sauter lui-même dans
l'une de leurs robes. Le Roi aimerait se rendre à Fontainebleau
pour les premières chasses de l'automne. On s'y rendra donc.
Et tandis que la forêt qui cerne le château prend des couleurs
d'incendie, Louis encore convalescent se fait raconter la cour.
Qui fut triste de sa maladie ; qui ne le fut pas. Il est touché par
les pleurs de Marie. Certains souhaitaient sa mort presque
ouvertement et elle, elle pleurait en silence. Et ce chagrin
simple et honnête, pour la première fois, lui ouvre des perspectives sur une humanité du cœur. Il aborde un pays nouveau,
inconnu de lui, celui de la sincérité des sentiments. Etre aimé
sans fard, sans arrière-pensées de courtisans. Pour lui-même.
Ne l'a-t-elle pas aimé mourant ? Combien plus l'aimera-t-elle
vivant. Ses pensées s'attardent sur Marie. Il se souvient de
leurs rencontres furtives dans le clair-obscur du cabinet de
Mme Mancini. De leurs conversations à bas mots, chuchotées
comme dérobées au reste du monde. Un secret entre eux,
presque un pacte. Tout cela lui revient en mémoire. Et peu à

peu le charme opère. Il ne se pose même pas la question de savoir si elle est jolie. Laide ? dites-vous ma mère, réplique-t-il à Anne d'Autriche qui s'est glissée dans sa rêverie. Non pas laide, différente. Pour un peu la mère et le fils se querelleraient pour les beaux yeux de Marie. Et c'est vrai qu'elle possède un beau regard. Un soir qu'il la croise près du grand parterre, il lui adresse la parole. Marie répond à son compliment avec la hardiesse et la liberté qu'elle met en toutes ses actions. Il y a chez elle une franchise qui tranche sur le langage flatteur du courtisan. C'est même un choc pour Louis qui accède comme par l'enchantement de simples mots au monde des humains. Une renaissance. Il est aimé. Il aime en retour. Et cela, le croit-il du moins, sans que son rang y soit pour quelque chose. C'est que Marie est une véritable magicienne ; une Circé qui sait où elle va et où elle veut le conduire. Il y a une détermination chez cette fille, une volonté qui bouscule la barrière des convenances. Pour Louis c'est une révélation. Alors que l'amour possède une ordonnance, des règles strictes auxquelles il faut se conformer, une carte du Tendre avec un paysage dessiné, Marie bouscule ces conventions et y fait passer un souffle romantique. La nature si proche de cette école du sentiment joue ici son rôle. Adieu les toiles et les machines de Vigarani, les pompes, les ors du grand théâtre baroque ! On joue en décor naturel dans les mousses et les bruyères en fleur, les hautes fougères et les rochers de la forêt de Fontainebleau, au milieu des futaies incendiées de l'automne. Les violons de la petite bande accompagnent ces escapades. Olympe aimerait être de ces échappées. Comme eux elle voudrait bondir. Mais elle se traîne, lourde de sa future maternité. Elle crie. Demande qu'on l'attende. Ils s'en fichent, ils ne l'entendent pas. Pourquoi l'entendraient-ils ? ils sont seuls au monde. Agiles et rapides ainsi que de jeunes daims, bondissant dans les trouées claires, inondés de la lumière qui ruisselle des feuilles, on perd bientôt leurs voies. Dans les choux également Mme de Venelle, la gouvernante qui est chargée de surveiller Marie et de rapporter la moindre de ses paroles à Colbert lequel les transmet par pigeon au Cardinal demeuré aux armées. C'est qu'il est inquiet le ministre. Depuis toujours il se méfie de

Marie. Mais à présent, il a la certitude qu'elle veut sa perte. N'a-t-elle pas dit au Roi qu'il faudrait faire capot le Cardinal ? Même en riant, cela dénote bien l'état d'esprit d'une frondeuse. Il est trop fin joueur pour ne pas sentir là une menace. L'empêcher, lui, de faire une levée. L'impudente ! Et sotte de surcroît, pour découvrir ainsi son jeu. Pense-t-elle à l'Infante ? A la paix qu'il prépare de longue main avec l'Espagne et qui dépend du mariage du Roi et de la princesse ? Une pécore ! ni plus ni moins, avec son air renchéri. Pour le Roi quelle déception aussi ! Il pensait avoir dégrossi cet être lent et court sans imagination. Avec de bons ministres en a-t-on d'ailleurs besoin ? Il croyait l'avoir dressé. Eh bien non ! A en juger les rapports, ce gros niais gobe les simagrées de cette extravagante en se délectant du fatras de sentiments et de poésies qu'elle lui sert après les avoir glanés chez les auteurs à la mode. Corneille par-ci, Mlle de Scudéry par là. Pense-t-elle vraiment que l'on gouverne comme l'on mène une calèche par le pays du Tendre ? Si au moins il y avait trouvé ses sûretés, peut-être aurait-il poussé au train de cette fantaisie...

« Une reine dans la famille, il y a de quoi prendre quelques compensations... Mais non, elle me hait. Elle me ferait chasser — pis, enfermer à la Bastille... N'est-ce pas, Zongo, qu'elle me ferait jeter dans un cul-de-basse-fosse ? » s'écrie-t-il en parlant soudain tout haut. Ondedei qui lui a apporté cette lettre cause de ses amères réflexions se tient debout, le feutre galamment planté d'un bouquet de plumes, sans âge, cependant maquillé et frisé, aussi pimpant qu'un capitan de théâtre ; avec sa demi-soutane jetée sur un buffle on dirait un mauvais matamore qui s'est fait évêque. « Tiens, regarde ce que m'écrit Olympe... » La lettre est d'une orthographe ébouriffante. Mais elle est toute bruissante des premières querelles d'amoureux. Querelles d'amoureux veut dire réconciliation. Réconciliation entraîne à... Oh ! comme il a eu tort de ne pas suivre le conseil de sa chère sœur Geronima qui sur son lit de mort lui enjoignait encore de faire de Marie une religieuse. C'est qu'il pensait alors pouvoir la gouverner...

Adieu le Cardinal ! Adieu Olympe ! A tous vents la Venelle ! Les voilà tous les deux voguant à présent sur le grand canal.

Par-derrière vient une nacelle où tout en vrac se sont embar-
qués Henriette et Hortense qui sont devenues inséparables, la
petite Marianne, le petit Monsieur et son mignon de Guiche
ainsi que Vivonne le mignon de ce dernier avec Manicamp qui
est à qui le veut... Suit encore la barque des violons... Demain
on ira courre le cerf en forêt et Louis fera les honneurs du pied
à « sa reine ». Oui ! ce fut vraiment, cette année-là à Fontainebleau, l'automne de Marie.

# 20

# Le Roi lui a dit : « Ma reine »

Comment dites-vous ? « Sa reine » ! Il a dit : « Ma reine » ?
Anne d'Autriche et son ministre n'en peuvent croire leurs
oreilles. Pourtant Mme de Venelle est formelle. Sa Majesté a
bien dit : ma reine. « *Qué vergüenza ! qué deshonra !* » s'écrie la
Reine en castillan, langue qu'elle préfère au français lorsqu'il
lui faut exprimer les sentiments excessifs de la vieille infante qui
sommeille en elle. Quelle lâcheté ! Quelle lâcheté ! C'est manquer à son devoir de Roi que de s'abaisser ainsi au niveau d'une
fille du commun ; c'est commettre une lâcheté. Le Cardinal
comprend à cet instant le pas de clerc qu'il s'est évité : s'il avait
favorisé les ambitions de sa nièce, à coup sûr il aurait eu à
affronter la Reine. Cependant il n'a pu éviter les soupçons de sa
part. En effet, un instant, Anne a pensé que son ministre encou-
rageait sa nièce. Doit-elle lui apprendre que cette nièce se
moque de lui ; que dernièrement elle s'est permis de le critiquer
devant le Roi ; qu'elle le pousse à s'affranchir de son emprise ?
Anne se retient. Cependant elle ne peut s'empêcher de lui
lâcher : « Je ne crois pas, monsieur le cardinal, que le Roi soit
capable d'une pareille lâcheté ; mais s'il était possible qu'il en
eût la pensée, je vous avertis que toute la France se révolterait
contre vous et contre lui, que moi-même je me mettrais à la tête
des révoltés et que j'y engagerais mon second fils. » C'est haute-
ment dit et ce ton inhabituel ne surprend qu'à demi Mazarin. Il
connaît son Espagnole et les fiertés qui l'habitent quant aux
affaires de famille. Oh ! s'il s'était agi d'Olympe à la place de
Marie, peut-être eût-il tenté le coup, quitte à se mettre la Reine
à dos. Olympe est un peu son âme damnée ; ils se connaissent

bien ; il sait jusqu'où dans l'ombre vont se nicher ses secrets ; de surcroît elle possède plus de vanité que d'ambition ; tout le contraire de l'ardente, fière et imprévisible Marie. Il se rassure en se disant qu'elle finira bien par se brûler à ce jeu. Il connaît par expérience ces natures excessives, plus enclines aux rêves qu'à l'action et qui finissent par se consumer dans leur propre feu.

## La jeune cour contre la vieille cour

La fin des chasses de Fontainebleau ramène au Louvre les deux tourtereaux et la jeune cour qui s'est formée autour d'eux. Et ce n'est pas pour autant que cessent les assiduités, les langueurs, les regards entendus. Anne qui n'aimait déjà pas Marie l'a prise en grippe définitivement. Elle si égale en public laisse à plusieurs reprises éclater sa colère. Mais Marie ne s'en soucie guère ; elle règne sur le cœur du Roi, et elle a pour elle toutes les mauvaises têtes de la cour qui n'aspirent qu'à fronder et à faire enrager la vieille reine.

La passion du Roi, en effet, divise la cour. La vieille cour, celle des usages et des bienséances où le libertinage est couvert sous le voile des convenances, s'est attachée au parti de la Reine mère et du Cardinal ; le Roi et Marie ont pour eux toute la jeunesse qui s'en était allée à la guerre comme à un premier rendez-vous. Les propos impertinents ne manquent pas. On laisse entendre ouvertement que la Reine a mauvaise grâce de jouer les parangons de vertu, étant donné sa vie passée... Le trait est de Vivonne, le plus insolent des jeunes compagnons du Roi. Il sera rapporté à Anne qui arrêtera net l'officieuse « mouche ». « Personne ne se serait seulement permis de prononcer mon nom devant mon fils », laissera-t-elle tomber avec ce souverain dédain qu'on retrouvera plus tard dans la bouche de la reine Victoria quand elle écartera une idée importune de son célèbre « It can't exist ». Vivonne sera prié d'aller faire un tour dans ses terres de Charente. Il n'en sera pas moins, quelques années après, fait premier gentilhomme de la Chambre.

Par la suite, quand sa sœur Athénaïs de Tonnay-Charente sera devenue par mariage marquise de Montespan, et toute-puissante maîtresse du Roi, il attrapera un bâton lors d'une grande lessive de maréchaux de France et on l'entendra siffler entre ses dents : « Si les autres ont été promus par l'épée, moi c'est par le fourreau... » Ceci n'est qu'un petit exemple de l'esprit Mortemart si caustique que Saint-Simon monte en sauce dans ses Mémoires.

### Marie n'est-elle qu'une précieuse ?

Marie et le Roi folâtrent et Anne d'Autriche se ronge les sangs. Le Cardinal s'enrichit et attend le moment propice pour lever les collets qu'il a posés avec patience. Cependant comme il n'entend rien venir de par-delà les Pyrénées, il décide de brusquer l'affaire. Le Roi se marie ! Il lui suffit de laisser filtrer la nouvelle pour que le Louvre soit en ébullition. Et chacun de s'interroger. Le Roi épouse-t-il l'Infante ? Mais non, vous retardez d'une lune ! C'est la Savoie à présent avec de bonnes grosses places fortes que le Roi marie en épousant sa cousine, la princesse Marguerite, fille de la princesse Christine de France et du feu duc Victor-Amédée.

Elle est bossue, plaisante Marie que ces nouvelles n'inquiètent guère : elle connaît son oncle. Quant à l'amour du Roi, elle a pris ses sûretés.

Olympe est en fureur ; elle n'a de cesse de pester contre Marie qui bien entendu est du voyage de Lyon alors qu'elle s'en trouve écartée par sa grossesse. Pourtant, ne voulant rien céder, elle s'est fourrée de force dans un carrosse. Mais le Roi ne lui adresse plus la parole ; quant à Marie c'est à son tour de la prendre de haut. Aussi rebrousse-t-elle chemin avant Dijon. Olympe a la dent dure et Marie en fait les frais. Toutes les chantournures de sentiments que Marie déploie l'insupportent. Déjà enfant il fallait qu'elle raffinât tout. Son parler est à ce point sophistiqué qu'on aurait besoin d'un truchement pour l'entendre. Une précieuse voilà ! C'est une précieuse ! Et de la

pire espèce ! Somaize pourtant admirateur de Marie, un temps
son secrétaire, donnera raison à Olympe, en la consignant dans
son catalogue comme une rareté de l'espèce sous le nom de
Maximiliane.

### Horoscope et poisons, Mme la Comtesse lance la mode

Par leur liaison, le Roi et Marie ont détourné l'attention du
monde, précipitant Olympe dans une indifférence plus cruelle
qu'une disgrâce. On ne la regarde même plus. On la visite
encore moins. Il lui faut battre les buissons de la cour pour ras-
sembler chez elle, à son jeu à l'hôtel de Soissons, naguère le lieu
à la mode, trois vieilles gloires cacochymes et déployer mille
ruses pour trouver des convives pour ses soupers. La princesse
de Carignan, sa belle-mère, qui n'aime que la fête et son amusement, et croyait se remplumer par son crédit auprès du Roi,
dont elle pensait qu'il lui était définitivement acquis, lui sert
avec hauteur chaque jour de nouveaux dégoûts. Et comme elle
n'entrevoit aucun signe dans les horoscopes qu'elle établit ou
qu'elle demande, à l'occasion, à des nécromants, qui annonce-
rait une disgrâce de sa sœur, elle s'est mise à consulter des sorciers.

Depuis quelque temps, en effet, d'étranges personnages
s'introduisent à l'hôtel de Soissons quand, les lustres remontés
et les chandelles mouchées, le sommeil s'est emparé de la
demeure. A leur mine, on devine des gens de sac et de corde
qui font leur pelote des craintes et des superstitions que cachent
souvent les âmes les mieux trempées ou les plus affranchies. Il y
a là quelques sorcières en concubinage avec des prêtres défro-
qués, des devineresses qui promettent l'appui du diable. Tout
un sabbat auquel Mme la Comtesse se prête corps et âme. Les
modes sont ainsi faites qu'on ne saurait dire vraiment quand,
où, ni comment elles commencent. Et plus précisément qui en
est l'initiateur. Celle du poison en est une. Cependant, à cette
époque, la marquise de Brinvilliers n'en est plus à son coup

d'essai. Déjà dans l'ombre des barrières au-delà de La Chapelle, la Voisin prospère. Mme la Comtesse sans même s'en
douter vient de mettre un bout de son joli pied dans ce qui
deviendra, vingt ans plus tard, l'Affaire des poisons.
Du haut de la colonne d'où jadis Catherine scrutait en
compagnie de Ruggieri les comètes, toujours si néfastes à la
maison de Valois, Mme la Comtesse interroge le ciel et tâche
d'y lire les signes d'un retour en grâce.

Au même moment, entre Chalon et Mâcon, Marie se penche
à la portière du carrosse où Louis fait caracoler son cheval.
C'est en causant ainsi avec elle, en badinant sur tout et sur rien
qu'il compte gagner Lyon. La Reine et le Cardinal semblent
vouloir ignorer cette attitude. Il y a trop d'ostentation dans la
dévotion du soupirant, de nervosité dans ses marques de tendresse pour qu'à la longue sa passion ne s'émousse. A hanter
l'empyrée des sentiments, à galoper constamment sur les cimes,
on finit par s'épuiser.

Le Cardinal écoute à peine la Reine. Il rêve. On vient de lui
apprendre que son vieux complice don Antonio Pimentel a, sur
ordre du roi Philippe IV, secrètement quitté Madrid.

# 21

# Une fiancée bancale

*Donner du temps aux Espagnols*

La cour va petit train, musardant presque. Le Cardinal veut donner du temps aux Espagnols. Par-derrière la longue file de carrosses où se trouve entassée la fine fleur des courtisans, magnifiques et emplumés, lustrés comme le velours, croustillant comme la moire, suivent les voitures du garde-meuble, emplies à ras bords de coffres, de tapisseries et de vaisselles. Parfois on s'embourbe, on rompt un essieu mais c'est toujours galamment. On relaie, on répare. Chaque mésaventure est propos à amusement. Chaque étape est prétexte à se divertir. Ainsi va cette caravane cahotante et superbe.

A la mi-novembre elle est demeurée une semaine à Dijon. Le temps de se donner de l'air. Louis y a offert un bal, affichant une manière d'indépendance. Pour la première fois il s'est fait servir seul à une table séparée. Il vient ainsi d'instaurer le cérémonial du grand couvert. A Mâcon, un courrier d'Espagne apprend au Cardinal que son compère don Antonio a passé la frontière et se dirige vers Lyon. Le piège a fonctionné. Mazarin sent qu'il touche au but. Aussitôt il se fait friser et maquiller. Il lui faut se tenir prêt ne sachant ni l'heure ni le jour où Pimentel paraîtra devant lui comme le diable sortant de sa boîte. Personne n'est au courant de la manœuvre à l'exception du cher Zongo. Même la Reine qu'il a engagée dans cette comédie doit ignorer que ces épousailles savoyardes ne sont qu'un mariage de chiffon. Ainsi aura-t-elle encore plus de naturel, ayant moins à dissimuler.

Les premiers carrosses entrent à Lyon le 28 novembre. Le Roi, le petit Monsieur et la jeune cour s'installent dans l'hôtel du trésorier de France, place Bellecour. Le Cardinal occupe avec les nièces une maison de l'autre côté de la place. Quant à la Reine, elle prend ses quartiers chez les religieuses d'Ainay. Mme de Venelle s'affole en apercevant que les fenêtres du rez-de-chaussée, où elle est logée avec les nièces, sont dépourvues de grille. Le soir après la comédie, Louis raccompagne Marie. Le chemin jusqu'à l'autre bout de la place est court mais il tient à faire atteler un carrosse à six chevaux qu'il mène lui-même. Marie est de toutes les fêtes, de toutes les danseries. Certains soirs quand il n'y a ni violons, ni comédie, on joue chez la Reine aux romans. Chacun s'assied en rond et à tour de rôle invente une histoire auquel son voisin doit donner une suite. Marie s'y taille un franc succès. Elle tient l'audience en haleine jusque tard dans la nuit par son talent de conteuse. On dirait qu'elle expérimente sur ce public de courtisans le tour romanesque qu'elle donnera à sa vie par la suite.

### La princesse de Savoie est-elle bossue ?

La cour attend avec impatience que la princesse Marguerite fasse son entrée en scène. Cependant pour Marie et le Roi rien ne presse. Et encore moins pour le petit Monsieur et son favori Guiche, qui, à la nuit, masqués, patrouillent dans Bellecour et souvent plus loin sur les bords de la Saône, afin de lever du gibier « à poil et à plume ».

Enfin ces dames de Savoie sont annoncées. Quoique épris de Marie, Louis se montre impatient d'apercevoir la princesse qu'on lui promet pour épouse. Il galope à sa rencontre. « Une bossue, ni plus ni moins, lui avait annoncé Marie. Bossue et peut-être même bien un peu boiteuse... » Ils avaient ri. Car cette princesse n'était pour eux qu'un prétexte à voyager ensemble, à chevaucher botte contre botte, à se donner des collations. Mais le nez sur l'affaire, Louis s'est inquiété. Quitte à se marier il préférerait une promise moins bancale. Il court jusqu'au carrosse de la princesse, se penche à la portière, agite son chapeau. Et dans le remous des plumes aperçoit la demoiselle. Il revient satisfait vers la voiture de sa mère. « Eh bien mon fils ? » lui demande la Reine curieuse de sa première impression. « Elle est plus petite que la maréchale de Villeroi mais elle a la taille la plus jolie du monde, répond le Roi. Quant au teint... » Il marque un moment d'hésitation un instant. « ... il est olivâtre. Mais ces yeux sont beaux. Je la trouve fort à m fantaisie... »

*Première inclination d'Hortense*

Marie se fiche bien du teint de la princesse de Savoie. Depuis quelque temps elle soupçonne ce mariage de n'être qu'une ruse de son oncle. Anne d'Autriche, qui n'entend toujours rien à ce stratagème, se montre bien plus inquiète, car au fond d'elle-même elle ne veut rien d'autre que le mariage espagnol ; ce qui ne l'empêche pas de faire mille grâces à sa belle-sœur la duchesse de Savoie, mère de la princesse. La duchesse est de notoriété publique une franche luronne. Elle a hérité le tempérament de son père le roi Henri IV. Ces frasques amoureuses depuis longtemps ne laissent plus de surprendre. Elle s'extirpe lentement d'une litière qu'entourent des gardes en casaque noire galonnée d'or. Se précipite aux pieds de la Reine, lui baise les mains en lui glissant mille compliments. D'entrée de jeu, elle a compris comment prendre d'assaut cette coquette de soixante ans. C'est qu'elle tient à ce mariage et est prête à flagorner honteusement Anne d'Autriche. Quelques jours plus tard, c'est au tour du jeune duc Charles-Emmanuel, frère de la princesse Marguerite, de faire son entrée. Il s'est, dès le début, montré circonspect vis-à-vis de ce projet de mariage et plus encore du voyage à Lyon. Il redoute que sa sœur Marguerite n'y joue un mauvais rôle. C'est un jeune et beau cavalier dont les équipages éblouissent la foule massée sur la place Bellecour. Hortense à qui rien de sa fenêtre n'échappe lui trouve assez belle mine. Bien meilleure que celle du marquis de La Meilleraye qui depuis un an fait le siège de son oncle pour qu'il lui accorde sa main. Le Cardinal a eu beau lui proposer Olympe avant qu'elle ne soit mariée et ensuite Marie, rien n'y a fait ; il la veut elle ; et elle seule. L'animal est têtu : il est revenu à la charge. Mazarin, finalement, y a pris goût. Cependant Hortense préférerait épouser le diable plutôt que ce petit jeune homme noir, aussi neveu de Richelieu soit-il. Hortense vient d'avoir quinze ans et elle ne veut pas languir sur pied. Le soir au bal elle tourne d'une façon éhontée autour du jeune Savoie. La princesse Marguerite rit du manège et à la lumière des bougies paraît moins noiraude. Elle ne possède aucune affectation et s'amuse de bonne grâce. On lui trouve de l'esprit. Louis se rengorge. Enfin il a découvert quelqu'un qui se plaît à ses récits de batailles. Marie paraît songeuse. Elle n'a pas besoin de l'entendre elle sait qu'il lui parle de ses mousquetaires gris, et de sa compagnie de gendarmes. Autant dire qu'elle se fiche de ce qu'il peut bien lui raconter. En elle-même elle se dit : il a beau lui raconter l'uniforme de ses gendarmes, c'est moi, ce soir, qu'il raccompagnera en carrosse.

## 22

# Monsou Pimentel

Alors que le duc de Savoie se présentait devant Lyon en grand arroi, un personnage noir vêtu à l'espagnole, monté sur un genet, suivi par un train de mules emplumées pareilles à un troupeau d'infantes en deuil, faisait son entrée par une autre porte. Sec comme un croûton, le visage allongé et olivâtre, on eût dit un exempt de justice courant la campagne après un exploit; en dépit de l'austérité de la mise, l'homme fleure son grand seigneur. Il est Pimentel, en effet; de la famille des comtes de Monterey, et lui-même porte le titre de comte de Benavente. Proche parent du feu comte-duc d'Olivares, ministre tout-puissant écroulé quinze ans plus tôt, il a survécu à la chute du favori en s'attachant à la fortune du nouveau ministre don Luis de Haro, également son cousin. Sa réputation de négociateur de l'ombre n'est plus à faire. Il est le général en chef des « taupes » – ainsi appelle-t-on à Madrid ces diplomates que Philippe IV a pris l'habitude de répandre en Europe pour s'adonner à la brigue et au recrutement d'agents doubles. Mazarin lors de son passage à Liège durant son premier exil, on s'en souvient, a été approché par Pimentel dans l'éventualité d'un transfert en Espagne; ce même Pimentel a d'ailleurs peu auparavant proposé au cardinal de Retz des lettres de change sur des banques de Francfort et de Bâle afin de soutenir sa fronde. A l'éclat et aux gloires d'un ministère, il préfère l'oblique et les manœuvres souterraines.

*Sans obstacles, où serait le plaisir
de négocier?*

Aussitôt arrivé dans Bellecour, on le mène à Mazarin.
Celui-ci se trouve dans son cabinet de travail, devant la cheminée, les pieds posés sur un tabouret : il chauffe ses rhumatismes.
Sans prendre la peine de se lever il s'écrie : « Monsou Pimentel,
vous êtes chassé, ou vous nous apportez la paix et le mariage ? »
— Le mariage et la paix, Votre Eminence, à moins que vous ne
préfériez la paix puis le mariage... »
Mazarin connaît le renard. Et c'est pour lui un plaisir que de
s'y frotter. Bien mieux qu'une partie de cartes. Ses agents l'ont
renseigné sur l'état d'esprit du roi d'Espagne. *« Esto no puede
ser, y no sera »*, se serait-il écrié en apprenant le mariage
savoyard. Déjà il s'est fait à l'idée de rétrocessions et d'aban-
dons territoriaux pour empêcher le projet d'aboutir. Mazarin
n'a plus qu'à pousser ses pions; il joue sur du velours. Et
comme au lansquenet, il s'apprête à servir un « coupe-gorge » à
ce cher Monsou Pimentel, en l'obligeant à abattre son jeu sans
révéler le sien.

Depuis deux ans à Madrid, Hugues de Lionne tournait
autour du pot, et, sans doute aurait-il pu en s'y attachant un peu
plus, finir par conclure la paix; mais cela n'arrangeait pas Mazarin. Les choses, lui écrivait le Cardinal, n'étaient pas assez
mûres. Au vrai il n'y trouvait pas son compte. Déjà à cette
époque il caressait l'idée de se faire élire pape. Il lui fallait donc
une grande victoire militaire pour mieux forcer les Espagnols à
traiter; ainsi ne trouverait-il plus aucune résistance chez les cardinaux de la faction d'Espagne quand il briguerait leurs suffrages. Le Cardinal eut peur que le traité ne se fît sans lui et il
écrivit de nouveau à Lionne un billet assez à cheval où il le plai-
santait de vouloir revenir avec une couronne d'olivier. Lionne
comprit où le bât blessait. Il laissa la paix pendante et quitta
Madrid.

Ce soir-là le Cardinal reprend les fils mal noués pour terminer lui-même l'ouvrage et s'en attribuer la gloire.

Sur le fond, Pimentel et lui sont d'accord; dans le particulier
il reste quelques points litigieux comme la grâce du prince de

Condé ; celle-ci ayant soulevé tant de difficultés lors des négociations de Madrid que Lionne, certain que jamais le Roi de France ne consentirait à signer un traité où serait mentionné le nom du prince rebelle, avait finalement trouvé là un prétexte à son départ.

On n'en est plus là. Cependant il leur faut affronter quelques obstacles. Sinon où serait le plaisir de négocier ?

### Adieu Savoie, bonjour l'Espagne !

Anne d'Autriche est la première à être avertie. Ce mariage est son rêve le plus cher. Elle y a songé depuis si longtemps qu'à la fin, elle n'y croyait plus. Cette alliance occupe aussitôt toutes ses pensées. Elle en oublie la Savoie. Bientôt les rumeurs alertent la duchesse qui s'en trouve tout étourdie ; la princesse Marguerite se fait une raison. C'est que la princesse a eu à subir la veille au soir une véritable inspection. Louis, obsédé par la bosse dont Marie lui a rebattu les oreilles, a forcé sa porte afin de la surprendre dans son plus simple appareil. L'Histoire n'a pas voulu retenir cette bosse. En revanche s'il faut en croire la Grande Mademoiselle qui se trouve du voyage, le Roi en sortant de la chambre oublia tous ses empressements et ne témoigna plus à la princesse que des froideurs.

Aux premières rumeurs, le jeune duc de Savoie a fait atteler et tandis qu'il monte en carrosse on l'entend murmurer : « Adieu, France ! Je te quitte sans regret, et pour toujours. »

En privé Madame Christine pousse des cris de pintade offensée ; elle se répand en propos peu amènes sur le Cardinal, sur sa belle-sœur. Elle tempête, menace. Finalement elle bouscule le protocole, force la porte du Cardinal et lui dit raidement son fait. Elle parle fort. Elle fait feu de tout bois : l'honneur bafoué de la maison de Savoie, le sien, celui d'une fille de France ; elle en appelle même à son père Henri IV, à son panache blanc et quoi encore... Le Cardinal ne bouge pas. Elle se frappe alors la tête contre un fauteuil. Mazarin sourit, laisse passer la tempête ; puis il lui représente qu'avant d'être duchesse de Savoie elle est une princesse de France et qu'elle se doit de s'oublier devant l'intérêt de son pays de naissance. Il invoque à son tour Henri IV lequel par sa voix lui demande de sacrifier sa fille à l'Infante, qui comme la princesse Marguerite se trouve être également de son sang. Il n'est que sucre et miel ; enfin il se dirige vers un coffre dont il tire des bijoux qu'il dépose aux pieds de la duchesse. Le soir même, au bal, la Reine lui fera compliment de ses nouveaux pendants d'oreilles et on ne reparlera plus de l'affaire. C'est comme si le voyage n'avait jamais eu lieu. La princesse Marguerite épousera l'année suivante, malgré son petit corps dévié et cette bosse hypothétique qui alors aura fait le tour de l'Europe, le duc de Parme ; elle mourra aussitôt après.

*Une infante goitreuse, vous n'y pensez pas ?*

Marie continue à vivre au jour le jour, dans la claire lumière de son bel amour, loin de toute idée d'économie sentimentale ; elle savoure la déconfiture des dames de Savoie en regardant de sa fenêtre les carrosses les emporter. La cour demeure quelque temps encore à Lyon. Le Roi s'amuse à faire manœuvrer ses mousquetaires sur la place sous les fenêtres de Marie. Et quand il en a assez il vient auprès d'elle recevoir des leçons de beaux sentiments. Le soir c'est elle qui lui rend sa visite. Puis il la raccompagne au clair de lune. Pas un instant ne l'effleure l'idée qu'elle pourrait bien être la grande perdante de cette affaire. Anne d'Autriche veille et se fait rapporter le moindre de ses gestes. Mme de Venelle, toujours officieuse, vole pour un oui pour un non chez la Reine. La petite Marianne moucharde aussi, mais en vers de mirliton. La gouvernante se relève la nuit pour aller vérifier si Marie est bien dans son lit. Marie, une nuit, sent sa main qui à tâtons s'approche de l'oreiller, elle la prend et la mord au sang. Marie est tellement prise par ses amours qu'elle ne remarque même pas lorsqu'elle se rend chez la Reine la façon dont celle-ci lui sourit ; ni les rires étouffés des filles d'honneur quand Louis, le soir des rois, la choisit pour reine. La voilà reine ! Alors l'Infante, peu lui chaut ! A-t-on jamais parlé d'une infante ? Elle ne veut rien entendre, rien savoir. Rien ne doit jeter une ombre sur sa passion. Louis ne lui est-il pas entièrement revenu. L'Infante ? Au fait l'Infante, savez-vous bien Louis qu'elle est goitreuse. C'est connu. Toutes les infantes, d'ailleurs, le sont. Le mot est répété le soir même à Anne d'Autriche qui se mord les lèvres. Décidément cette fille est impossible. Marie n'a cure de ce que la Reine pense. Elle ne l'aime pas. Elle n'aime pas ceux qui l'aiment. L'amour du Roi lui suffit. Ils en sont à présent à se dire leurs songes. Mme de Venelle ne peut plus suivre, d'autant que ce M. de Pimentel comme elle dit s'est mis en tête de lui conter fleurette. A l'espagnole, il fait son siège. C'est un galant homme qui a décidé de mettre la duègne dans son camp. Voilà la gouvernante à tous vents. Seule Mademoiselle, à qui personne ne fait la cour, tient bon. Quand le Roi et Marie chevauchent dans la campagne, aussitôt elle s'empresse par-derrière à bride abattue. Cette amazone ne supporte pas Marie et veut considérer encore Louis comme un petit mari possible. A la fin elle s'essouffle. C'est qu'elle a quasiment doublé de volume. Envolée la nymphe guerrière qui s'amusait aux canons sur les tours de la Bastille. De grosses joues pendantes lui sont poussées de part et d'autre de son grand nez busqué, à la bergère.

### Paris nous revoilà !

Ce fut le Cardinal qui donna le signal du départ. Plutôt que d'affronter un voyage exténuant en carrosse et de soutenir la conversation insipide de la Reine, il préfère remonter par voie d'eau. Il se fait accompagner par Olympe qui finalement, après avoir accouché d'un fils, est venue le rejoindre à Lyon. L'idée de laisser le champ libre à sa sœur lui avait été insupportable. Son arrivée ne fut pas même remarquée par le Roi qui de tout son séjour ne lui a pas adressé la parole. La cour est donc repartie comme elle était venue, à petites étapes, inventant chaque jour, au gré de l'humeur joyeuse des deux amoureux, de nouvelles réjouissances.

Malgré le froid, Louis et Marie vont à cheval. Chacun s'étonne de trouver en cette frêle jeune fille une aussi bonne cavalière. Marie danse dans le vent de l'hiver. C'est son hiver. Comme ce fut son automne. Elle porte un justaucorps de page en velours, et, jeté par-dessus, un court mantelet doublé de fourrure. Elle est d'humeur cavalière. En voiture ? Vous n'y pensez pas ! En voiture avec la vieille Reine et la grosse Mademoiselle, l'insupportable Marianne et Hortense qui paresse au milieu de coussins en songeant au petit duc de Savoie qui lui a glissé entre les mains, quel ennui ! Alors que la campagne est là ouverte, endormie sous la neige, ne demandant qu'à s'éveiller sous le sabot des chevaux ; et qu'on peut, à l'unisson de deux cœurs aimants, galoper ainsi, botte à botte, crinières mêlées dans le vent.

# 23

# Vous êtes roi, vous pleurez et je pars...

Le printemps pointe du nez à peine sont-ils de retour à Paris. Un printemps frisquet; presque aussi sournois que la petite Marianne qui moucharde de plus belle. Ils arrivent à temps pour attraper le carnaval par la queue et le mener ainsi en Carême. Un ballet! un ballet en Carême! vous, le fils aîné de l'Eglise! La reine Anne s'est dressée sur ses ergots. Elle tonne. Qui cédera la première, de Marie qui tient à ce ballet, et qu'étouffent assez peu les scrupules religieux, ou de la Reine? Anne menace de se retirer au Val-de-Grâce. Louis accueille la nouvelle froidement. Eh bien! mais qu'elle y aille! aurait-il dit. Marie savoure sa victoire. Il y a chez elle quelque chose d'une bru indocile, déjà. Elle s'octroie même le plaisir d'un triomphe modeste, elle renonce au ballet mais ne quitte pas Louis pour autant. Elle le suit en tous lieux, lui parle à l'oreille en présence de la Reine, oubliant le respect qu'elle lui doit. Elle se comporte comme une petite maîtresse. A la voir agir, il semblerait qu'elle veuille brûler ses vaisseaux. Se compromettre définitivement. Les diplomates d'ailleurs s'interrogent. Les cours étrangères demeurent perplexes. Le pape Chigi s'enquiert de ce qu'il en est de la chasteté de Sa Majesté et, par ricochet, quelle est la nature de son affection pour la nièce de son plus intime ennemi, l'illustrissime cardinal Mazarin. La Reine, loin de savoir gré à Marie de sa soumission dans l'affaire du ballet, la poursuit d'une haine tenace; une haine d'Espagnole qui se sent menacée dans ce qu'elle considère son devoir et son honneur; ce fameux honneur dont aussitôt elle s'applique, comme on dit en Espagne, à être le médecin.

### Anne d'Autriche sur les grands chevaux

Pour commencer elle détourne sa colère sur Mazarin. Tout cela est de sa faute. Sans lui et sa famille italienne, on n'en serait pas là à soupeser les partis pour savoir, de l'Infante ou de sa nièce, qui le Roi doit épouser. C'est une scène en grand. Pour mieux déconsidérer Marie, elle s'attarde sur sa mince naissance, indirectement sur celle de son ministre. Le Cardinal, qui entretient à grands frais une équipe de généalogistes chargée d'établir les grandeurs passées de l'illustre maison Mazarini, ronge son frein. Cette femme est une oie. Où serait-elle si je n'avais été là ? pense-t-il. Cache-misère de parvenu que tout cela ! jette la Reine au même instant. Mazarin croit la tempête passée ; ça n'en était que le prélude. Elle ne mâche plus ses mots. Va jusqu'à parler de sang vil. Finalement elle menace de soulever le royaume si le Roi persévère à vouloir épouser Marie. Mazarin ne répond pas. Au soir il lui reparlera de la beauté de ses mains et tout rentrera dans l'ordre. Alors tant pis pour Marie qui a laissé passer sa chance. Il s'était fait à l'idée de voir une de ses nièces sur le trône de France. Il l'aurait probablement soutenue s'il avait pu s'y fier. Mais comment faire confiance à une folle pareille. Il avait attendu en vain un geste de sa part, un signe, quelque chose qui eût pu l'encourager. Mais non, au contraire elle menaçait de le faire chasser dès qu'elle serait reine. Si seulement Olympe avait pu être à sa place. Olympe ou même Hortense. Comme les choses, alors, eussent été plus faciles.

### Le scandale de Roissy

Sur ces entrefaites, le Cardinal se trouve devant un autre problème familial. Son neveu Philippe Mancini, tête brûlée en tout digne de sa sœur, son fidèle soutien d'ailleurs, se trouve mêlé à une débauche dont la compagnie du Saint Sacrement fait ses choux gras. Vivonne a mené sa bande habituelle ripailler pendant la semaine sainte à Roissy dans la maison de son beau-père le président de Mesmes. Outre Philippe Mancini, parmi les invités se trouvaient Bussy-Rabutin, de Guiche, le jeune Cavoye, Manicamp évidemment, l'aumônier du Roi l'abbé Le Camus, futur cardinal-évêque de Grenoble, tous de grands libertins. On courut la plume et le poil. On but. On baptisa carpe un cochon qu'on fit rôtir. On se répandit en horreurs sur le Cardinal et sa vieille putain ; sur le Roi qui n'était qu'un gros balourd ; on s'en alla courre ainsi qu'un lièvre un nommé Chantereau, procureur du Cardinal ; on débita une messe à l'envers et après la patenôtre on enfila les petits violons prêtés par Lully et chargés de donner du branle à toute l'affaire dont il fut aussitôt fait force publicité. Le bruit en fut si grand qu'on parla même de cannibalisme.

Philippe est arrêté et conduit à Brisach ; et l'abbé qui avait ondoyé le cochon, prié d'aller réciter son bréviaire à Meaux. Le reste s'étant égaillé dans la nature fut quitte pour changer de chapeau. Ce fut le bouquet final d'un carême qui aurait dû s'ouvrir par le ballet de Marie.

Pendant ce temps-là Louis couvre Marie de bijoux et prie l'oncle de régler la note.

Mazarin paie pour les bijoux et aussi les équipages, sans oublier les factures des dentelles. Il n'en finit plus de payer. Un soir entre deux paiements, il réfléchit et envoie à ce cher Monsou Pimentel un billet pour l'informer que don Juan d'Autriche serait le bienvenu au Louvre. Mazarin vient de faire passer le mariage espagnol à une vitesse supérieure.

### Don Juan d'Autriche ramène l'Infante sur le tapis

Louis et Marie courent les sous-bois à Saint-Germain, à Fontainebleau ou, plus près, à Saint-Cloud. Les bourgeons éclatent, pareils à leur amour. Marie en écoutant les nichées d'oiseaux dans les futaies songe que c'est son printemps. Elle ignore que son oncle au fond de son cabinet s'emploie au même moment de toutes ses forces à ce que ce soit le dernier. En France du moins.

Marie veut mettre pied à terre pour se promener. Par mégarde sa main heurte le pommeau de l'épée de Louis qui lui tient l'étrier. Louis jette aussitôt l'arme. Marie insiste pour qu'on la lui ramasse. « Une épée qui vous a blessée, il n'en est pas question ! » La scène est aussitôt rapportée au Cardinal.

Le soir même don Juan d'Autriche fait son entrée au Louvre. C'est un fils bâtard de Philippe IV qu'il a eu d'une comédienne. A la mort de l'infant Baltazar-Carlos, le roi a reporté toute sa tendresse sur don Juan, lequel petit à petit, a fini par usurper le rang d'infant. On a vu comment, en exil à Bruxelles, M. le Prince impatienté par ses prétentions l'obligea à le servir à table. Cependant, pour conforter ses prétentions d'altesse, il entretient une maison pléthorique. Il s'est fait précéder au Louvre par une compagnie de gentilshommes à collerette droit descendus d'un tableau de Vélasquez. Il est accompagné, en guise de bouffon, d'une « folle » ; une de ces « *locas* » semblable aux cavalières du théâtre espagnol, à qui l'on permet de dire toutes les folies qui lui passent par la tête. La Pittora — c'est ainsi qu'elle se nomme — divertit les courtisans ; aussi finit-elle par faire à la cour une sorte de personnage. La Reine lui donne des bijoux et chacun renchérit à son exemple. Le Roi s'en amuse. Marie, piquée par les railleries de la folle qui non contente de la prendre à partie pousse l'insolence jusqu'à vanter les mérites de l'Infante, demande son renvoi. Louis cède. La bouffonne est priée de sortir du Louvre. Les Espagnols sont outrés et à sa suite quittent le palais. Mais Pimentel demeure ; c'est un réel soutien pour le Cardinal qui a fini par douter de lui, ne sachant pas comment aborder le Roi à propos du mariage. Il a beau scruter son visage il n'y lit qu'entêtement et incertitude ; et aussi une sorte de crainte qu'on pourrait facilement tourner en lâcheté. N'a-t-il pas en effet laissé enfermer Philippe Mancini, son meilleur ami, sans soulever aucune objection. Comme tous les rois, il est né avec l'ingratitude chevillée au corps, pense Mazarin.

De son côté, Pimentel serre chaque jour d'un peu plus près la Venelle qui par ailleurs reçoit du Roi des boîtes de bonbons où se trouvent cachées des souris. La duègne s'effarouche des caresses de l'Espagnol ; la duègne pousse des cris d'effroi devant les souris du Roi.

### Le Roi veut à son tour « marier le Cardinal »

Début mai, une trêve est signée entre la France et l'Espagne. Le mois suivant on en est déjà aux préliminaires de paix. Louis brusque les choses et demande officiellement au Cardinal la main de Marie. Il veut épouser Marie non tant par amour pour elle que pour l'amitié qu'il lui porte. Quelle récompense plus éclatante peut-il réserver à son cher parrain, à son très fidèle ministre ? En voilà encore un qui veut m'épouser, pense Mazarin. Le petit sot ! il se cache derrière l'honneur qu'il me fait pour masquer sa faiblesse. Quel pauvre stratagème ! Cependant Mazarin sent bien que l'heure est décisive. Il analyse froidement toutes les données de l'affaire et en conclut que Louis est aussi pleutre qu'irrésolu. La gloire qu'il recherche auprès de Marie n'est qu'une gloire à l'économie. Au fond il se défie des excès. C'est un être terre à terre. Ses exaltations ne sont jamais que d'un moment. Mazarin perçoit soudain, derrière ce romanesque de théâtre, la triste réalité des lendemains. Il comprend que Marie n'est qu'une mauvaise fièvre chez ce jeune homme ; un rêve sans consistance.

Mazarin considère le jeune homme qui se tient devant lui. Quel piètre sire il fait là. Et il voudrait régner, gouverner à ma place ! Il est partagé entre le mépris et la pitié. Son esprit est traversé par des sentiments contraires. La haine lui vient par bouffées. A son âge, il se frayait déjà un chemin dans la vie. Il louvoyait entre les Colonna et les Barberini. Il chantait pour son souper. Louis ne chante pas, il se pavane. Il s'amuse de la vie. Prend des airs comme s'il jouait une pièce de Corneille. S'il pouvait au moins savoir ce que c'est que souffrir d'aimer. Un petit peu, rien qu'un petit peu. Juste pour connaître. Et voilà Mazarin qui imagine la souffrance qu'il va lui imposer. Oh non, il ne l'aime pas, ce jeune homme ! Il imagine une réponse à ce dadais qui est venu comme un bon chien de chasse rapporter sa proie à son maître ne sachant qu'en faire.

Mazarin devrait pourtant être ému, touché par leurs amours. Il ne l'est pas. Tous ces raffinements sentimentaux ne tiennent pas à ses yeux ; tout cela n'est qu'un paravent qui masque mal le vrai problème, l'éternel et insoluble conflit qui opposera toujours le locataire de génie, en l'occurrence lui, au médiocre propriétaire. Il lui faudra rendre les clefs. Quand ? Comment ? La mort peut-être résoudra tout. Celle-là il la devine certains soirs pressante, froide, là, le long de ses jambes, qui n'attend que le bon moment pour grimper plus haut et lui glacer le cœur. Pape ? Peut-être, un jour... Quelle jolie sortie cela ferait... mais pour y parvenir il lui faut acquérir les suffrages de la faction d'Espagne par le mariage de l'Infante.

Oh, comme il aimerait écraser la superbe de ce jeune homme pour l'unique raison qu'il est jeune, qu'il est roi, qu'il a la vie devant lui et que Marie au fond n'est qu'un prétexte pour lui redemander son héritage. Il abandonne ces réflexions amères pour l'une des saillies dont il a le secret. Et de siffler entre ses dents : « C'est qué s'il veut m'épouser, le zeune homme, zé vais lui faire payer cher ces noces-là » et dans le même temps de s'empresser en humbles révérences.

La proposition le comble véritablement. Jamais il n'aurait espéré être récompensé de la sorte pour ses pauvres mérites. Mais on devrait s'en tenir à cette offre et ne pas pousser plus loin. Bien qu'il n'y ait aucune loi qui le stipule, les rois de France ont toujours choisi leurs femmes parmi les princesses de maisons régnantes. Et de se rappeler les propos insultants de la Reine qu'il ressert au Roi, tout chauds, comme venant de lui. « Oui, sire, le sang des Mazarin n'est pas, même dans les rêves de gloire les plus fous, digne de se mélanger à celui des Bourbons... » Ces mots sont prononcés d'un ton égal avec suavité ; et c'est en vain qu'on y aurait cherché la trace de sa colère, celle même qui gronde à cet instant.

Des jésuites dont il a été l'élève, Mazarin a appris l'art suprême de l'onction qui étrangle un homme encore mieux qu'un garrot. Il a mené le Roi à travers un chemin ronceux ; il lui a fait goûter aux joies du renoncement; et ensuite, après l'avoir bien roulé dans la farine, il l'a renvoyé à sa chère amante.

## Adieu Marie

A l'air lamentable qu'affiche Louis, Marie a tout compris. Il n'a pas besoin de s'expliquer, elle a deviné. Elle imagine la scène et mesure le peu de caractère de son amant. Oh, le piètre personnage qu'il fait! Elle a pitié de lui. Et si l'ambition a jamais eu quelque part en cette aventure, c'est probablement à ce moment que ce sentiment se glisse en elle. Oui, elle sera reine. Et pas une reine à qui on accorde simplement une fève. Elle s'en prend à elle-même. Et se jure de le fouetter pour le faire sortir de sa torpeur. Elle l'avait aimé parce qu'il était malade; parce qu'il allait mourir; elle l'avait aimé follement, sans arrière-pensée d'ambition; à présent elle l'aime parce qu'il est roi.

Elle lui sert sans scrupule un plat de vieilles amours recuites, déjà plus ou moins réchauffé par Vivonne; l'adultère ménager d'une vieille reine s'émouvant aux caresses de son Premier ministre. Le procédé est méprisable, odieux même. Et pourtant Marie y recourt. Pourquoi ce qui fut bon pour la Reine serait-il mauvais pour vous? Marie l'interroge du regard. Sans un mot Louis s'enfuit chez sa mère et y vide son cœur. Anne invoque le ciel. Le Cardinal entre par surprise. D'un regard il comprend tout. Il prend la pose : « Je poignarderai ma nièce plutôt que de l'élever par une pareille trahison », tempête-t-il. Lui aussi, en grand comédien, connaît les ressorts du théâtre classique.

Le soir même, Mazarin monte chez Marie pour lui signifier qu'elle doit quitter la cour. Pour un temps, elle se retirera à La Rochelle, ville dont il est le gouverneur; Marianne et Hortense l'y suivront. Mme de Venelle sera également du voyage.

Les deux amants sont en pleurs et à ces pleurs font suite encore bien d'autres pleurs. On se fait des reproches. On se jure des fidélités qui d'évidence ne sont plus de saison, car même si

le nom n'a pas été prononcé, l'Infante, bardée de ses vertugadins, frisée au petit fer, enrubannée tel un cheval de cirque, se
tient déjà entre eux. Louis fait encore quelques tentatives
auprès du Cardinal, mais sans succès. Il obtient cependant que
Marie puisse lui écrire et qu'il puisse lui répondre; et aussi que
leurs lettres ne soient pas ouvertes. Louis monte chez sa mère;
tous deux sont en larmes; il va ensuite chez le Cardinal qu'il
supplie encore. Voyant qu'il n'y a plus rien à espérer, il donne à
Marie le beau fil de perles qu'il a fait acheter en secret à la reine
d'Angleterre et qu'il lui réservait pour cadeau de fiançailles. La
note a bien entendu été envoyée à Mazarin.

Le lendemain 22 juin 1659 Louis se tient à la portière du carrosse de Marie. Il pleure. Aussi ne peut-elle s'empêcher de lui
lancer dans un accès de rage mal contenu en déchirant sa man-
chette. « Vous êtes roi, vous pleurez et je pars! » Cette phrase
aux accents raciniens, dont le poète se souviendra quand il
écrira *Bérénice*, ne fut certainement pas modulée comme un
doux et triste lamento mais scandée avec cette violence, cette
passion furieuse qui habite Marie la rebelle. Ses yeux jettent des
éclairs. Les larmes seront pour plus tard.

# 24

# En chemin

*Le jeu des lettres*

Louis berce sa tristesse parmi les eaux immobiles de Chantilly. Quand il est las de contempler les carpes centenaires, il s'en va forcer le cerf en forêt. Mais aucun exercice ne peut le détourner de sa mélancolie et il s'en revient au Louvre plus lamentablement qu'il n'en est parti. Il s'enferme dans son cabinet et commence une lettre pour Marie; ce sera la première d'une longue série.

Au fond de son carrosse qui l'emporte vers Fontainebleau, la première étape du voyage, Marie s'écrie : « Ah! je suis abandonnée.» En fait pas tant que cela. Un mousquetaire vient de paraître, dans un nuage de poussière, à sa portière. « Par ordre du Roi!» crie-t-il et sans qu'il soit besoin d'arrêter le carrosse il lui tend un pli. Cinq courriers se relaieront ainsi avant Fontainebleau où elle doit attendre l'arrivée du Cardinal. C'est qu'il tient à accompagner ses nièces lui-même à La Rochelle.

A son arrivée à Fontainebleau, Mazarin trouve Marie au lit avec la fièvre. Il n'a pas de temps à perdre. Il lui faut reprendre la route sur-le-champ. Pour un peu il la rudoierait. Ce sont des langueurs hors de saison. Qu'on attelle et en route! C'est que Mazarin est inquiet, n'ayant aucune nouvelle des Espagnols et du projet de traité qu'il a ratifié à Paris avec Pimentel. Le ferait-on attendre à dessein? Il lui faut gagner la frontière au plus vite. Aussi n'a-t-il que faire des vapeurs de Marie. Désormais elle n'est plus un obstacle à sa politique et il ne prend plus même la peine de la ménager. Cependant il continue à la surveiller du coin de l'œil. Ces courriers qui font la navette entre elle et le Roi l'exaspèrent. La Reine contre son avis a autorisé cette correspondance. Enfantillages que tout cela! La Reine n'en fera jamais d'autres; une lettre alors qu'on négocie avec l'Espagne! N'a-t-elle pas songé au danger? Une lettre, cela se perd, se dérobe, peut tomber en des mains indiscrètes; d'ici qu'on la retrouve dans le maroquin de Pimentel... Ah! Monsou Pimentel, vous ne joueriez pas à ce jeu avec moi, n'est-ce pas? Et il glisse son regard vers ce cher Antonio qui se trouve justement assis en face de lui. Mazarin lui a fait quitter sa voiture pour le prendre dans la sienne et ainsi mieux le chauffer. « Qu'en est-il vraiment de don Luis de Haro, Monsou Pimentel? Ce neveu du comte-duc d'Olivares est-il vraiment un maître de la manipulation? » — « Un courtisan suave que don Luis; à peine l'entend-on dans les antichambres du roi. Il ne marche pas, il glisse... » Cette précision suffit à Mazarin pour se faire une idée du Premier ministre favori de Philippe IV. Et à nouveau de pester contre Marie : toutes ces écritures ne ressemblent à rien. Quand une chose est terminée, il n'est plus temps d'y revenir. Il s'en prend au Roi aussi; quelle idée a-t-il de lui répondre, pour raviver une flamme qui ne demande qu'à s'étouffer. Les exigences du cœur! Comme s'il en avait, lui! Mazarin a vu se développer le monstrueux orgueil du jeune homme. Il sait à quoi s'en tenir. Louis possède, à la perfection, toutes les vertus médiocres; et de toutes les grandes à peine le début. Oh, pour le connaître il le connaît bien! Même Olympe l'a percé à jour. Et Marie en a fait l'expérience à ses dépens; c'est pourquoi, d'ailleurs, elle enrage.

*Votre honneur, sire...*

Le soir même le convoi arrive à Poitiers. Le Cardinal selon son habitude écrit au Roi. Il l'entretient de son honneur, de sa gloire, de son royaume et du désespoir où il se trouve de le voir dans cet état de torpeur. Sa plume prenant de la hauteur, il lui fait la leçon : Dieu a établi les rois pour veiller au bien, au repos et à la sûreté de leurs sujets et non pas pour sacrifier ce bien-là à leurs passions particulières...

A peine la lettre scellée et remise au courrier pour Paris, un autre arrive d'Espagne qui lui rapporte signé le projet de traité ; et la nouvelle que don Luis de Haro s'est mis en route pour la frontière.

Les courriers se succèdent ; par l'un d'eux, il apprend l'évasion de son neveu. Philippe s'est sauvé de Brisach où il refusait d'apprendre l'allemand qu'un vieux précepteur voulait lui inculquer. Il compte rejoindre ses sœurs à La Rochelle. Il a envoyé des billets doux à la Venelle pour l'amadouer et préparer son arrivée ainsi que celle du Roi qu'il compte amener avec lui. Heureusement que ce beau plan entièrement imaginé par Vivonne a été dénoncé par sa belle-mère, la présidente de Mesmes, qui se venge ainsi des orgies du château de Roissy. On cueille Philippe Mancini au carrefour d'une route pour le ramener à Brisach dans sa forteresse entre deux gendarmes. Quant à Vivonne, il est prié de se retirer une nouvelle fois dans ses terres. L'alarme a été chaude. Le contrecoup nerveux ne se fait pas attendre. Le Cardinal est dans la nuit pris de coliques néphrétiques.

Les espions qui grouillent partout jusque dans son carrosse, Pimentel et son petit œil noir à qui rien n'échappe de l'incessant va-et-vient des courriers, rendent de plus en plus périlleuse la tâche de Mazarin. Un faux pas et ce serait la rupture. Malgré les efforts chaque jour renouvelés du maréchal de Gramont, ambassadeur à Madrid, qui en gascon dépeint à grand renfort de superlatifs l'état de ravissement de Louis à l'idée de son mariage avec l'Infante, plus personne, ici à la cour, n'ignore, désormais, sa liaison avec Marie. Le camouflet est manifeste. Mazarin sent qu'on court droit à la rupture. Il n'est plus temps pour lui de traînasser en chemin et de se rendre, comme il l'avait prévu, à La Rochelle. Il lui faut sauver la face ; montrer de l'empressement. En tout cas devancer don Luis de Haro en occupant le terrain. Les carrosses se séparent. Et tandis que Mazarin se dirige vers la frontière, c'est sans une larme que Marie voit s'éloigner l'oncle.

# 25

# Brouage

*Bains de mer et feux d'artifice*

La Rochelle est en fête. Salves, oriflammes, feux d'artifice, rien ne manque pour honorer le Cardinal en la personne de ses nièces. Nos trois Mazarines sont accueillies comme des reines. L'intendant du lieu Colbert du Terron, cousin du futur ministre, a vu les choses en grand. Cependant rien ne peut distraire Marie. Elle s'enfonce chaque jour un peu plus dans sa douleur. L'univers doit prendre part à sa tristesse. Et tandis que Marie affiche un air sombre en contemplant l'océan, Hortense découvre les plaisirs balnéaires en compagnie des pages du sieur Colbert, qui lui enseignent les rudiments de la natation. De son côté la petite Marianne, posée sur un rocher, espionne de loin et fait des vers. Marie promène le long de la grève ses tristes pensées et demande à l'océan, aux vagues, au vent du large de l'en délivrer en lui apportant la mort. Cette humeur sombre ne l'empêche pas, le soir venu, dans les salons de M. Colbert, de plumer au piquet les dames rochelaises de la bonne société. Hortense et Marie tiennent un jeu d'enfer. Marianne également s'y est mise. Chacun est sous le charme des nièces. Même Colbert du Terron se laisse entortiller par Marie qui se sert de lui pour faire passer en contrebande ses lettres. L'intendant les fait acheminer directement chez le Roi, sans en prendre de copie comme le Cardinal lui en a pourtant donné l'ordre. Si l'on ne trouve pas Marie sur la plage mêlant ses soupirs au bruit de l'océan, c'est qu'elle est dans son cabinet à noircir du papier. Parfois elle fait seller un cheval et va parcourir le

pays d'Aunis. C'est ainsi qu'elle découvre Brouage, un port for-
tifié. Richelieu en a renforcé la défense lors du siège de La
Rochelle. Au milieu d'un paysage de marais desséchés par le
sel, où ne s'échappent de la terre craquelée que de maigres bouquets de salicornes et d'herbes brûlées, cet ouvrage militaire,
planté comme une grosse dent dans les sables, avec à l'horizon
la mer très grise et infinie, semble à Marie un décor en harmo-
nie avec ses sentiments. Elle se promet de revenir en ce lieu
mélancolique. Cependant, elle ne renonce pas à ses illusions.
Louis s'est fait annoncer. La cour ayant quitté Paris pour Bordeaux afin de se rapprocher du lieu des négociations, la Reine a
permis au Roi de revoir Marie à l'étape d'Angoulême. Mme de
Venelle qui est entièrement à la main du Cardinal a été prise de
court. Elle voudrait l'avertir mais le temps lui manque. C'est
donc en rechignant qu'elle se met en route. Le Cardinal lui a
promis en guise de sinécure pour sa retraite les glacières de Provence. S'il allait, à présent, se dédire... Entre-temps l'ordre de
route a changé : l'étape ne se fera plus à Angoulême mais à
Saint-Jean-d'Angély.

*La putain du Roi*

Marie en amazone grise et plumet rouge au chapeau galope
en tête des carrosses. Bientôt se présente à l'horizon une troupe
de jeunes gens. Marie les reconnaît aussitôt : c'est le Roi et ses
fidèles. Louis rayonne. Il court se marier, mais il trouve le
moyen, dans le même temps, d'aller embrasser sa maîtresse,
voilà un homme pour qui le bonheur tient au difficile exercice
de ménager la chèvre et le chou, pense Marie. Arrivés à Saint-
Jean-d'Angély ils courent s'enfermer dans une chambre. Mme
de Venelle veut assister à l'entretien en tiers comme tout bon
chaperon. Il n'en est pas question. Elle est mise à la porte. Elle
a beau y tambouriner, celle-ci demeure close trois heures
durant. La Reine et le gros de la cour arrivent enfin. Anne fait
bonne figure à Marie. Olympe qui est du voyage embrasse sa
sœur du bout des lèvres. Le Roi ne lui parle toujours pas et elle

tient rigueur à Marie de sa disgrâce. Elle vient de surprendre un aparté entre sa sœur et le Roi. Il lui a promis de la retrouver dans son appartement dès qu'il en aura terminé avec sa mère. Pour y faire pièce, elle s'avance vers Marie et d'un ton radouci l'invite à dîner chez elle. Marie comprend la manœuvre et du même ton, avec cette même grâce sucrée, elle lui répond : « J'irai, ma sœur, chez vous bien volontiers si le Roi ne vient pas chez moi. »

Le Roi ! Seul ! Chez Mlle Mancini ! Voilà une demoiselle qui prend bien peu soin de sa réputation. Sera-t-elle une nouvelle « sultane » à la manière d'Agnès Sorel, de Diane de Poitiers, ou de Gabrielle d'Estrées ? Chacun s'interroge. Olympe, qui voudrait bien cette place plutôt que celle de surintendante de la maison de la future Reine que son oncle lui a promise, se mord les lèvres de dépit. C'est à dessein que Marie cherche le scandale. Elle ne veut plus s'encombrer de mots. C'est dit, puisque Louis le veut ainsi, elle sera sa putain. Elle le gouvernera par les sens. Elle s'avilira ; elle l'avilira ; elle veut se brûler à son amour, se consumer entièrement ; cette quête de bonheur a un parfum de suicide ; puisqu'elle n'a pu le trouver par la voie royale, elle s'emploiera à le conquérir par des chemins détournés et broussailleux, quitte à s'y déchirer l'âme. Mais elle ne sera pas la seule. Elle compte bien se venger ainsi de l'Infante. Elle déteste cette princesse depuis qu'on lui a raconté qu'elle a, également, pleuré quand elle a su le Roi en danger à Calais. Une rivale ! Et jusque dans les larmes, qui sont pourtant l'une des spécialités de Marie. Quoi ? Cette poupée mécanique qui peut à peine articuler deux mots, ce simulacre de princesse engoncée dans ses corsets, ses vertugadins et ses garde-infante, tout empêtrée de cérémonial, voudrait lui enlever, aussi, l'affection du Roi ! Oh, comme elle va prendre plaisir à la torturer ! Elle saura alors ce qu'est le vrai goût des larmes.

En attendant Louis, ce soir-là, Marie a pris sa décision. Soudain il est là. Près d'elle. Elle perçoit son odeur alors qu'elle le distingue à peine. Elle veut allumer un flambeau. Il l'en empêche. Ils ne parlent pas. Ils se guettent. Lequel fera le premier geste, celui qui entraîne les autres ? Il craint de l'irriter et d'être chassé à jamais s'il risque un mouvement ; elle ne saurait prendre les devants; un moment, elle pense qu'il va la prendre dans ses bras; elle s'apprête à s'évanouir en murmurant les mots qu'il faut pour lui faciliter la tâche; eh bien non, il a, finalement, pris le flambeau à sa place et après quelques mots tendres, il s'est dirigé vers la porte. Elle le regarde s'éloigner. Elle ne sera pas la putain du Roi.

### Fausse sortie du Cardinal

Qu'ont-ils bien pu se dire durant ce tête-à-tête? se demande Mazarin lorsqu'il en est informé à Saint-Jean-de-Luz. Lui a-t-elle cédé? Est-elle devenue sa maîtresse? Peu importe la réalité! Il suffit que le bruit en ait couru. N'en finira-t-il donc jamais avec cette nièce qui ne lui a jamais apporté que déplaisir?

Tout ce qui est arrivé est évidemment de la faute d'Anne. Si elle s'était opposée à cette rencontre on n'en serait pas là. Faible et sentimentale voilà ce qu'elle est. Incapable de se tenir à une ligne de conduite. Elle veut le mariage avec l'Infante et couvre les rendez-vous galants du Roi et de sa nièce dont, bien entendu, Monsou Pimentel à cette heure est déjà au courant. Dès demain il lui faudra subir de fines allusions du très incommode don Luis de Haro.

On est le 25 août. La première conférence pour la paix dans l'île des Faisans a eu lieu douze jours auparavant; le jour même de la rencontre de Saint-Jean-d'Angély. Mazarin écrit jusqu'à l'aube. Une lettre au Roi, une lettre à Anne et une autre encore à Marie. Il menace de se retirer. D'abandonner la conférence. Il a bien percé Marie. Aussi va-t-il droit au but avec le Roi : « Quel personnage prétend-elle faire après que vous serez marié? A-t-elle oublié son devoir à ce point de croire que, quand je serais assez malhonnête homme ou, pour mieux dire, infâme pour le trouver bon, elle pourra faire un métier qui la déshonore?... » Louis ronge son frein : le Cardinal veut abandonner les affaires et bien d'autres s'en chargeront à sa place! Cependant il réfléchit et se reprend. C'est qu'il n'aime pas le désordre ; et il perçoit bien tout le confus de sa vie, ces derniers mois, qui a été comme une mauvaise fièvre. Il lui faut, à tout prix, se reprendre. Si, un jour, il doit avoir une maîtresse, ce ne sera certainement pas Marie. Non, Marie devra à jamais demeurer son plus beau souvenir. Parce qu'il fut pur et désintéressé, il appartient déjà à sa légende. Louis se résigne donc. Et ses lettres se font plus rares. Bientôt elles cesseront tout à fait.

Marie, qui a pris le vent, s'empresse de tourner cette déception à son avantage et écrit à son oncle le 3 septembre qu'elle a décidé de cesser, dorénavant, toute correspondance avec le Roi, et qu'elle lui a demandé de son côté d'en faire autant.

### Françoise Scarron

Marie s'est transportée de La Rochelle à Brouage malgré les pleurs de Marianne et d'Hortense qui, finalement, se résignent à la suivre. Les nièces s'installent dans la maison du gouverneur. Marie aussitôt écrit à une amie demeurée à Paris. Elle voudrait que celle-ci vienne la rejoindre. Cette jeune femme qui a trois ans de plus qu'elle lui a été présentée par son frère Philippe. Il l'a connue en fréquentant le salon de son mari. Cette jeune femme, en effet, n'est autre que l'épouse du poète satirique Scarron. Orpheline, sans ressources, cette petite-fille d'Agrippa d'Aubigné, a épousé à seize ans l'auteur du *Roman comique*, qui en a vingt-cinq de plus qu'elle. Françoise Scarron a su, en demi-précieuse, avec esprit et tact, occuper cette position difficile. Elle s'est même acquis l'amitié des libertins qui fréquentent chez Scarron.

Elle lui répond ne pouvoir laisser son vieil époux malade et que les frais du voyage l'entraîneraient à des dépenses bien au-dessus de ses moyens. Décidément, tout s'emploie à contrarier Marie. Même la charmante Françoise Scarron. Cette amie, démunie, obligée de servir de garde-malade à un pauvre poète pour survivre, réussira pourtant là où elle a échoué. Françoise Scarron née d'Aubigné deviendra marquise de Maintenon pour convoler en justes noces avec Louis. Non plus, alors, le jeune et allègre cavalier bleu mais un vieux roi désenchanté, tourmenté par une fistule, guetté par la gangrène, que plus rien n'amuse ni ne distrait et dont la marquise finira par convenir qu'il n'a jamais aimé que lui-même. Ah! jeunesse, jeunesse...

La chambre de Marie donne sur le bastion de la mer. Par un escalier elle peut rejoindre directement la courtine d'où, entre les créneaux, elle découvre l'océan houleux et infini. Elle scrute le ciel bas d'équinoxe et n'y trouve aucune étoile pour la rassurer. Des soldats passent; c'est la ronde d'avant la nuit; le soir s'en vient; le petit épagneul que lui a envoyé Louis jappe après le tambour. Les embruns marins fouettent son visage et ses cheveux sont comme crispés par le sel. Jamais elle n'a été plus belle et cependant elle se sent lourde, abandonnée, déjà pleine de souvenirs comme si la vie était derrière elle.

# 26

# Lettres brûlées, amours en cendres

*Olympe plume le Roi à la bassette*

Le Roi, la Reine mère et la cour sont à Bordeaux, le Cardinal dans son île sur la Bidassoa et Marie au milieu des tempêtes d'équinoxe à Brouage.

Louis a repris ses vieilles habitudes auprès de Mme la Comtesse. Elle est joueuse ; il est joueur ; à eux deux ils perdraient leur chemise si le Cardinal n'était là pour les renflouer. Olympe lui fait valoir que ses appels de fonds ne sont que des frais de représentation puisque grâce à elle, au jeu de la bassette, à l'éclat de ses toilettes, le Roi chaque jour oublie un peu plus Marie, en s'attachant à elle. La Reine voit la reprise de cette liaison avec plaisir. Elle se souvient du désagrément que Marie lui a coûté et probablement se serait-elle fait une joie de lui apprendre le recollage du Roi et de sa sœur Olympe si cette dernière ne s'en était chargée elle-même. La lettre qu'adresse Olympe à Marie est un chef-d'œuvre d'allusions fines. Un coup de poignard avec des manières de tendresse. Marie hurle de douleur. Elle croyait avoir abandonné le Roi mais c'est lui qui la laisse ; pire, qui l'oublie. Un jour lui arrive l'avis que Louis a brûlé ses lettres et qu'il lui enjoint d'en faire autant avec les siennes. Et voilà leur grand amour réduit en cendres. Cendres et poussières. Toutes ces phrases ardentes, ces mots tendres, consumés, emportés en fumée dans le vent. Elle perçoit son néant ; et sa vie, désarticulée, pendante.

Elle se sent sale, trahie, disgracieuse, disgraciée. « Si vous me voyiez, quelquefois, je vous ferais pitié... » écrit-elle à son oncle.

## L'automne du Cardinal

Mazarin, à Saint-Jean-de-Luz où il réside quand il n'est pas dans l'île des Faisans sur la Bidassoa, sent avec l'automne qui approche l'humidité de la mort dans ses os. Des ulcères sont apparus sur ses jambes. Et la pierre qui le tourmente depuis le début de la conférence le fait tordre de douleur. Il a beau avaler des pastilles à la violette pour prévenir sa mauvaise haleine, l'odeur qu'il dégage est pestilentielle. Depuis longtemps il ne mange plus ; il grignote des fruits confits et des gâteaux secs. Et malgré son barbier qui le frise et le maquille chaque jour pour donner le change aux Espagnols, il sait la mort à sa porte. Il n'a pas d'illusions, en a-t-il jamais eu. Il lui faut aller vite. Pousser les Espagnols à conclure rapidement.

Quand il se retrouve devant la carte de l'Europe, l'appétit lui revient. Oh ! la belle et grasse Franche-Comté, large comme une tartine, comme il aimerait l'avaler avec ses lourds pâturages et ses collines qui s'en vont bleuissant jusqu'au pied du Jura. Mais il lui faut se contenter du Roussillon et de la Cerdagne. Il empoche également l'Artois sauf Aire et Saint-Omer. Il grignote encore quelques places fortes, Philippeville, Marienbourg, Gravelines. Un en-cas ! Il étend sa main sur les Flandres. En contrepartie, Condé, le traître Condé veut sa grâce ; c'est dit, on la lui accordera. Cependant pour calmer toutes les aigreurs qu'a provoquées sa trahison, il nous faut la place d'Avesnes. Légère compensation. Mais tout est bon. Mazarin penché sur la carte se tient au-dessus des frontières, des nations, de leurs rois et de leurs lois. C'est lui l'homme de génie, l'homme de la destinée, qui tient en balance dans sa main l'équilibre de l'Europe. Il se perçoit plus grand que Richelieu car il n'a aucune attache, aucune racine véritable. C'est un mercenaire mais plus que tout un artiste. Il fut au service de la France comme il aurait pu l'être de l'Espagne. C'est un pur géomètre d'une politique compliquée. Chaque problème lorsqu'il s'est posé a été résolu sans passion, avec un détachement scientifique. Le rabaissement de la maison d'Autriche ne le hante pas comme jadis Richelieu. Tout au contraire, il essaie de ne pas humilier ces Habsbourg si épuisés déjà. Il y a peu encore, l'armée de M. de Turenne ne demandait qu'à s'emparer de Bruxelles. Cet affront n'était pas nécessaire et eût reculé les négociations de plusieurs années. Il sait aussi que c'est généralement d'une paix honteuse que sortent les nouveaux conflits. Au fond de lui quelque chose s'inquiète. Une idée folle, encore en gestation, qui viendrait comme l'écho assourdi et lointain du rêve carolingien d'une Europe dont la France serait l'âme. Et tandis qu'il rêve, que son esprit se déploie sur la grande carte dont chaque place, chaque évêché conquis, arraché à l'Empire habsbourgeois devient sa propre chair, son corps à lui se corrompt. Il le sent se dissoudre en pourriture. Il est le corps souffrant de cette grande Europe.

*Où l'on parle pour la première fois*
*du connétable Colonna*

Il se retourne vers le fidèle Zongo qu'il vient de faire évêque de Fréjus et qui se tient dans l'ombre, galamment frisé : « Voyez ce que m'écrit le cardinal Colonna... » et il lui tend la lettre. « Pensez-vous qu'un mariage entre ma nièce Marie et le Connétable son jeune neveu puisse faire avancer nos affaires à Rome... S'il vous plaît de vous rendre à Brouage et de la sonder... »

A Brouage, Marie reçoit fraîchement l'admirable Zongo. « Quoi ! L'on m'exile. On voudrait me faire quitter la France. Ce n'était pourtant pas ce à quoi s'était engagé mon oncle si je renonçais à l'amour du Roi. »
Ondedei est pris de court. Il zézaie quelques excuses ; essaie de défendre le choix du connétable Colonna. Un grand d'Espagne, presque un roi, ayant châteaux et fiefs, avec des alliances considérables et, pour couronner le tout, une escouade de cardinaux entièrement à sa main... Excédée, Marie l'arrête, elle ne se mariera pas à Rome ; fût-ce avec le fils d'un pape..., elle veut demeurer à Paris.
Le soir même un pigeon est lâché. La réponse de Mazarin ne se fait pas attendre. Le mot d'ordre est de ne point la brusquer.

Si elle veut demeurer à Paris, elle y restera. Cependant dans l'ombre il travaille à ce mariage quoique les Espagnols n'y soient guère favorables. En effet, à peine Mazarin a-t-il évoqué l'éventualité d'une alliance avec le chef de la maison Colonna qu'il a vu comme une ombre sur le visage de don Luis de Haro. Le connétable Colonna, comme Grand de première classe et officier de la couronne d'Espagne, se doit d'avoir l'agrément de Madrid pour contracter un mariage ; à plus forte raison quand il s'agit d'épouser la nièce du Premier ministre d'un pays encore ennemi. Vu la grimace de don Luis, jamais l'Espagne n'accordera son agrément. Après le mariage de l'Infante, on pourra reconsidérer la question... qui sait ? Pour l'heure rien ne presse.

### « Moyennant »

La paix des Pyrénées est signée le 7 novembre 1659. Le mariage du Roi avec l'Infante est l'une des clauses du traité. L'infante Marie-Thérèse en épousant le Roi renonce à ses droits à la succession d'Espagne. Jusqu'au dernier moment cette disposition chagrine Mazarin ; les cinq cent mille écus d'or à la fois comme dot et compensation pour un renoncement lui paraissent insuffisants. C'est lors de l'ultime rédaction du traité que sur le conseil d'Hugues de Lionne il fait ajouter dans le texte une préposition. Une simple préposition : « moyennant ». L'Infante renonce à... « moyennant » une dot de cinq cent mille écus d'or. Ce « moyennant » l'amuse d'autant que les Espagnols n'y ont vu que du feu. C'est une de ces complications byzantines qui font le plaisir de la diplomatie. Mais à l'instant où il glisse ce « moyennant » dans le texte du traité, aperçoit-il dans l'Escurial la longue et lente théorie des infants chancelants, et le dernier d'entre eux ce Carlos qui, roi, aura du mal à tenir la tête droite tant sa mâchoire est lourde et pendante ; se doute-t-il de ce que ce simple mot, ajouté en contrebande presque, va entraîner de guerres et de morts ? Et la France ruinée, à genoux devant l'Europe coalisée, et les Bourbons à l'ombre de l'Escurial, plus hébétés encore que leurs prédécesseurs Habsbourg.

# 27

# Un mariage sur la Bidassoa

*Bordeaux, Toulouse, Aix et retour*

La cour a quitté Bordeaux pour Toulouse. Durant le voyage le Roi a abandonné son carrosse pour monter dans celui de Mme la Comtesse où ils ont joué à l'hombre. Olympe a plumé le Roi. Tout est redevenu entre eux comme avant. M. le Comte de Soissons affiche une mine de cocu épanoui. D'ailleurs ne s'était-il pas, il y a peu encore, plaint de ce que le Roi délaissât l'hôtel de Soissons pour les appartements de sa belle-sœur Marie ?

Le Cardinal a rejoint la cour à Toulouse. Malgré les fards, son visage est à faire peur. La Reine se montre préoccupée de sa santé. Le Roi, lui, se prend à espérer. « C'est qu'il est bien fatigué, notre Cardinal... » Et chacun de sourire à cet euphémisme méridional, annonciateur d'une mort prochaine. Les bords de la Garonne sont si humides en cette saison et Mazarin souffre tellement de ses rhumatismes. Une rébellion à Marseille tombe à pic et donne le prétexte de lever le camp.

Tandis que la cour ira faire un tour en Provence, Marie, Hortense et Marianne reçoivent à Brouage l'avis qu'elles peuvent revenir à Paris.

A Paris ! Que feront-elles à Paris, puisque le Roi s'en va passer l'hiver à Aix ? Mais les ordres du Cardinal sont formels. Paris, ou sinon il leur faudra demeurer à Brouage.

*On s'installe au Louvre*

Marie, Hortense et Marianne entrent dans une capitale désertée par la cour. Le Cardinal entend bien que ses nièces logent chez lui au palais Mazarin. « C'est un chantier ! Il n'en est pas question ! » s'écrie Marie après avoir parcouru à grandes enjambées, avec Mme de Venelle sur les talons, la maison de la rue des Petits-Champs encombrée par tous les corps de métiers. C'est dit, elle ira loger au Louvre avec ses sœurs. Elle s'installe d'autorité dans les appartements privés du Cardinal lequel, prévenu trop tard alors qu'il est déjà en chemin pour Aix, mis au pied du mur, n'a plus qu'à accepter le fait accompli.

Marie, aussitôt, renoue avec Françoise Scarron, fréquente les salons, alimente les commérages et la *Gazette*, se rend à la comédie... Bref, fait exactement tout ce qui lui a été défendu par le Cardinal. Parfois elle passe en coup de vent à l'hôtel de Vendôme embrasser ses neveux, les fils de la défunte duchesse de Mercœur. Elle regarde d'un œil indifférent les deux bambins, le futur général en chef de Louis XIV et son frère le futur Grand Prieur. En revanche, la petite Marianne qui va sur ses douze ans prend plaisir à les cajoler. Plaisir qui lui restera longtemps et tard. Non contente, en effet, de les élever chez elle dès qu'elle se sera établie, elle se verra gratifiée de l'un et de l'autre pour amants.

*M. le Prince fait sa paix*

Le prince de Condé arrive le 27 janvier 1660 à Aix. Il vient rendre ses devoirs au Roi et faire sa soumission. S'il est toujours d'une laideur magnifique, il a perdu quelque chose de la férocité des grands fauves. Son âme orageuse semble habitée d'un repentir sincère. Il macère dans sa gloire passée. Courtois, ironique, malpropre et fastueux, il étonne par son calme aussi surprenant que, naguère, ses violences et ses fureurs rebelles. Il paie une visite de courtoisie à Mazarin qui le conduit lui-même chez le Roi. Celui-ci l'accueille comme s'il l'avait quitté la veille.

Le 3 février, tandis qu'on chante un Te Deum pour la paix retrouvée, parvient la nouvelle que Monsieur est mort, et Mademoiselle aussitôt de draper. Un deuil en grand : des chevaux aux marmitons, toute la maison se pare de noir.

## Mademoiselle *est orpheline*

Monsieur Gaston, frère du roi Louis XIII, est mort; alors vive Monsieur, frère du Roi! Plus question d'appeler Philippe d'Anjou le petit Monsieur. Il est dorénavant Philippe, duc d'Orléans et l'unique Monsieur. Au physique, c'est toujours un petit bonhomme, une miniature de grâces, monté sur talons avec deux pouces de rouge aux joues et un manteau à traîne pour aller de concert avec la douleur de sa cousine. Un manteau dont il n'est, d'ailleurs, pas peu fier. « Vous verrez demain mon frère avec un manteau qui traîne. Je crois qu'il a été ravi de la mort de votre père pour cela », laisse tomber Louis.

La soumission de M. le Prince et la mort de Gaston d'Orléans marquent la fin d'une époque. Et pour signaler ce changement, le Roi s'en va donner du canon devant Marseille. Il entre dans la ville par la brèche, fait pendre une poignée de rebelles, puis s'en retourne au soir à Aix. Le lendemain c'est au tour des murailles d'Orange d'être rasées. La cour prend le chemin d'Avignon d'où elle gagne Montpellier. A Pézenas, le Roi est salué par le prince de Conti et sa femme Anne-Marie flanqués de leur chapelain janséniste, qu'ils ne quittent plus. Il est loin le temps où ce prince traînait après lui des comédiens. Aujourd'hui il les fait chasser de ses Etats. Le Roi ne lui a pas pardonné d'avoir été le généralissime de la Fronde et quand il mourra six ans plus tard, son fils se verra refuser la survivance du gouvernement du Languedoc. Cependant, comme on sait la politesse de cour, on s'embrasse. Bonjour mon cousin. Bonsoir ma cousine. Le prince et la princesse de Conti retournent à leur messe tandis que les carrosses s'ébranlent en direction de Narbonne. La cour se grossit chaque jour d'une jeunesse un peu plus turbulente. Les jeunes nobles, naguère, s'échappaient du collège pour courir aux armées du Roi. A présent s'ils sautent le mur c'est pour venir faire leur cour. Après Narbonne on s'en va à Perpignan et de là on regagne Toulouse.

## L'Infante est une gourde

Le Cardinal se montre de jour en jour plus grincheux. Il houspille la Reine mère. C'est qu'elle ne parle plus que de l'Infante. L'Infante ma belle-fille, l'Infante ma nièce, l'Infante par-ci, par-là... Exaspéré, le Cardinal siffle entre ses dents : « L'Infante est une gourde!... » Pour avoir bien lu entre les lignes les dépêches du maréchal de Gramont, ambassadeur à Madrid, il a pu se faire une idée de la poupée. Vingt ans, une coiffure en large, moutonnée et entrelacée de rubans comme la queue d'un percheron de concours, le teint blanc avec deux ronds de rouge, les dents gâtées, et avec ça, mutine jusqu'à l'enfantillage. Une dinde que déjà il méprise.

Cependant il veille à tout. L'entière organisation des noces passe par son canal. Le moindre détail de décoration fait l'objet d'une correspondance volubile. Il va jusqu'à déterminer la largeur des galons de la livrée des garçons bleus du Roi.

Le 4 juin 1660 Anne d'Autriche, pour la première fois depuis qu'elle a quitté l'Espagne plus de quarante ans auparavant, retrouve son frère dans l'île aux Faisans. Chacun se tient de part et d'autre d'une ligne imaginaire, figurant, au milieu de ce salon somptueusement dressé dans les marécages de la Bidassoa, la frontière des deux pays. Le roi Philippe IV de noir vêtu porte au retroussé de son chapeau la célèbre Pérégrine, perle légendaire qui aurait appartenu à Cléopâtre. L'Infante se trouve à ses côtés. Soudain, imprévu, paraît un jeune cavalier. Personne n'a l'air surpris. L'Infante rougit cependant. Philippe IV laisse tomber : « *El yerno esta un bel mozo* [1]. » C'est qu'il a reconnu comme tout le monde sous cet empanachement de plumes Louis qui incognito vient se rendre compte par lui-même de ce qu'il soupçonne être un désastre de la nature.

---

1. « Le gendre est beau garçon. »

Qu'aperçoit-il ? Une parfaite mécanique à révérences. Il confiera, le soir même, sa déception au maréchal de Turenne. Evidemment la coiffure, l'habit avec son vertugadin et son garde-infante sont surprenants. Il se laisse cependant rassurer. Certes la demoiselle est loin d'être une beauté, mais il lui sera facile de l'aimer. Aimer ici dans sa bouche veut bien entendu dire exécuter l'acte sexuel. Se coucher dans le même lit, non par plaisir mais pour avoir rapidement un héritier. Avec moins de cynisme affiché que Napoléon, il pense de même : l'Infante ne sera pour lui qu'un ventre. Un ventre royal de la meilleure origine qu'on saluera chapeau bas, qu'il couvrira de bijoux, qu'il honorera raisonnablement pour avoir rapidement une descendance. Et pour le reste, il ira chercher ailleurs ses compensations. La cour ne manque pas d'objets pour assouvir ses fantaisies érotiques.

Rapidement Marie-Thérèse le décevra. Dénuée d'esprit, sans conversation, en un mot sotte, elle passera son temps à geindre sur ses déboires conjugaux dans le giron de la Molina, sa femme de chambre venue d'Espagne avec elle. Dans quelques années, quand elle apercevra la Montespan au bras du Roi, elle ne saura que répéter : « Ma, cetté poute mé féra mourir ! »

### Le mariage espagnol

Le 3 juin, l'Infante a été mariée par procuration dans l'église de Fontarabie. Don Luis de Haro a eu l'agrément du Roi pour le représenter. Le 9 juin, ayant finalement passé la Bidassoa elle épouse, débarrassée du garde-infante et de ses nœuds et pendeloques, le Roi dans l'église de Saint-Jean-de-Luz. Au soir des noces elle montre des effarouchements de pouliche quand on veut la mener au Roi. Elle se jette en larmes dans les bras de la reine Anne. Quand elle apprend que le Roi déjà déshabillé l'attend, elle se met à sauter tel un cabri, en battant des mains : « Pronto ! pronto ! cé qué lé roi m'attend ! »

Fourrée perpétuellement dans les jupes de sa belle-mère quand ce n'est pas dans celles de son confesseur, rapidement elle est en butte aux plaisanteries de la jeune cour. Son étrange sabir devient aussi fameux que sa bêtise. Ses « cuirs » sont appréciés tels des bonbons. Alors que la cour s'en revient par petites étapes vers Paris, un peu avant Angoulême, Louis plante là le cortège et, sans prendre congé de Marie-Thérèse, galope jusqu'à Brouage. Il se fait ouvrir la chambre qui fut celle de Marie l'automne précédent. Il considère la petite table où elle s'asseyait pour lui écrire. Il caresse son lit. On est déjà en août et la lumière a tourné sur l'océan. Il règne dans l'air, sur les flots, dans cette pièce même, un sentiment mélodieux et mélancolique, profond, empreint de cette tristesse douce que traînent après eux les souvenirs d'un amour enfui. Louis comprend alors que quelque chose s'est brisé définitivement. A-t-il su bifurquer au bon moment, quand il le fallait, dans le bon chemin ? Un doute l'assaille. De retour, personne ne lui souffle mot de son escapade. Ni la Reine, ni la Reine mère et encore moins le Cardinal. Cette nuit passée seul à Brouage l'a changé. Il n'est plus que l'ombre de ce jeune homme fougueux, sensible aux passions humaines, capable même de gestes spontanés, qu'il était encore la veille. Quelques mois, et il accédera à l'inhumanité du pouvoir absolu, se muant bientôt en une idole insatiable de préséances compliquées et vaines.

# 28

# Marie s'éprend de la Lorraine

## Un jeune insoumis

Si le caractère de Louis s'est insensiblement modifié, celui de Marie également. En l'absence de la cour, elle s'est étourdie de fêtes, de rencontres. Elle a fréquenté les salons et s'y est aguerrie au bel art de la conversation. On l'a vue un peu partout en compagnie du jeune prince de Lorraine, neveu et héritier du duc régnant. Aussi beau que mal tenu, il attire Marie par son non-conformisme. Elle n'en peut plus des parterres de plumes aux chapeaux et des bouquets de rubans aux chausses. De plus, elle pressent chez ce prince une âme aventureuse et rebelle. Depuis Louis, c'est le seul homme dont la présence la trouble. Elle se montre à son bras sur les terrasses des Tuileries suivie d'Hortense et du perroquet que lui a envoyé son soupirant, le jeune marquis de La Meilleraye. Cette nouvelle fréquentation a mis la Venelle en alerte. Evidemment ce prince avec son air mousquetaire recherche une dot. Marie presse son oncle de lui accorder ce petit Lorrain. Mais c'est compter sans l'oncle du jeune homme, le duc Charles, qu'on a aperçu déjà avec ses reîtres aux portes de Paris durant les journées du faubourg Saint-Antoine. C'est que lui aussi aimerait croquer de cette dot. Si quelqu'un doit épouser Marie, c'est lui. Ce barbon! usé et déplumé! l'épouser! pas question! se récrie Marie. Cela crée de l'agitation; un début de tempête dont on a rapidement vent à Fontainebleau où la cour est installée depuis peu. Le Roi s'est rembruni à la nouvelle. Sa vanité est si grande qu'il ne supporte même pas que ceux qu'il a quittés ou congédiés le délaissent à leur tour. L'idée que Marie et le jeune Lorrain forment un joli couple lui est insupportable. Son honneur dynastique s'en trouve atteint. Les princes lorrains ont, il est vrai, toujours été contraires à la maison de France. Mazarin, pourtant, regarde cet établissement d'un œil favorable. Marie serait presque reine à Nancy et il n'en serait pas mécontent. Elle au moins aurait la Lorraine puisqu'il s'est trouvé obligé de refuser la main d'Hortense au duc de Savoie.

### Chacun veut épouser Hortense

Depuis leur rencontre à Lyon, Charles-Emmanuel est fou d'elle et veut l'épouser. Evidemment l'argent du Cardinal sera le bienvenu. L'argent et le retour de Genève à la Savoie. Genève il n'en est pas question. Ce serait se brouiller avec les princes protestants d'Allemagne ; rallumer le feu chez les calvinistes des Cévennes et de La Rochelle. Pas de Savoie, donc, pour Hortense. Peut-être, alors, sera-t-elle reine d'Angleterre ; et Mazarin de songer avec regret au temps encore proche où Charles II d'Angleterre, en exil en France, venait mendier à sa porte et lui demander la main d'Hortense. Mais Charles II, ayant recouvré son trône, à un mariage d'amour préfère à présent une union politique. De surcroît Charles II est un cynique ; il sait le Cardinal très malade, et se demande combien de temps après lui durerait le crédit de sa famille. Il connaît aussi le caractère dissimulé de son cousin Louis. Aussi ne réitère-t-il pas sa demande. Bientôt il épousera une princesse de Portugal.

Mazarin a toujours montré sa préférence pour Hortense et souhaite la voir rapidement mariée. Pour l'instant il garde en réserve le jeune La Meilleraye ; celui-là même qui avait refusé Olympe dans l'espoir d'épouser un jour Hortense. Mais il ne presse pas ce mariage. C'est qu'il a en tête un prince pour sa nièce. Et pas n'importe lequel. Dédoré, certes, crotté, sans doute, mais néanmoins parfaitement capétien. Directement rattaché au tronc de l'arbre comme les Bourbons ou les Valois.

Son ancêtre n'est autre que ce septième fils de Louis VI le Gros qui avait épousé une Courtenay, dont il avait pris le nom et les armes. On vit aux générations suivantes des Courtenay empereurs à Constantinople. Crotté mais avec de la grandeur. Connaissant l'esprit retors du Cardinal on peut imaginer qu'il n'aurait pas été mécontent de jeter avec ce mariage quelques pierres dans le jardin dynastique de Louis XIV.

Cependant, la bêtise n'étant pas son fort, le Cardinal ne peut se faire à la conversation de ce prince dont l'esprit est aussi troué que ses chausses. Bientôt il l'abandonne pour revenir au jeune marquis de La Meilleraye. Il le retrouve là où il l'avait laissé, dans une plate-bande. En effet, dans ses bons jours, le jeune homme se prend pour une tulipe et se fait arroser par ses domestiques, puis mettre au soleil. Il étend ses bras, se secoue, et s'écrie : « Je suis une tulipe jaune ! » La couleur va selon son humeur. On a bien conté la chose au Cardinal qui ne s'en est pas ému pour autant. Sa nièce épousera le petit-neveu du Cardinal-duc : il y a là comme une révérence à son ancien protecteur. Une fidélité de la vie.

Hortense ne se soucie guère des manœuvres de son oncle. Elle est indolente et facile. Elle parle à son perroquet comme elle parlerait à son mari. Pourtant elle eût bien aimé le petit duc de Savoie... qu'importe ! elle a encore la vie devant elle pour le rattraper ! Elle n'est pas de la même eau que sa sœur Marie qui, déjà, se sent vieille et pense que tout est fini pour elle, que rien ne lui arrivera plus.

### Révérences à Fontainebleau

Les deux sœurs ont reçu l'ordre de gagner Fontainebleau, où se trouve la cour dans l'attente des préparatifs de l'entrée du Roi et de la nouvelle Reine dans la capitale. Elles se commandent des toilettes. Hortense veut toujours plus de rubans dans les cheveux ; Marie souhaite se vêtir de noir. La Venelle a beau lui représenter que ce n'est pas une tenue de cour, ni de jeune fille, elle s'entête. Au dernier moment elle change d'avis et opte pour le blanc. N'est-ce point, à la cour de France, la couleur du deuil des reines. Et alors ? Ne lui a-t-il pas dit naguère qu'elle était sa reine ; et dans ce même palais justement : « Ma reine, je vous aime... » Et elle l'avait cru, sotte qu'elle était ! Les choses allaient de soi. Ils s'aimaient alors. Ils allaient vivre l'un près de l'autre, éternellement. C'était comme tracé par le destin. Il était le roi. Elle serait donc sa reine. Sa reine ! Oui, elle avait bien pensé l'être ; et aussi elle avait cru qu'il l'aimait.

Elle se figure la grande galerie du château, celle même où la reine Christine fit tuer son amant, et les yeux de la cour tournés vers elle. Tout au fond, sous un dais, il se tient, lui, le Roi. Elle espère une parole, un regard au moins. Un signe aussi imperceptible soit-il, qui lui dirait : Je vous aime, sachez-le. Demeurez près de moi. Soyez ma grande sultane...

Marie est arrivée au château de Fontainebleau juste un peu après le dîner. On l'a conduite dans son appartement. On l'a reléguée avec la vieille cour et la Reine mère, dans l'aile de gauche, passé l'escalier de la cour du Cheval blanc. Le Roi et la jeune cour, eux, sont allés se baigner près d'Avon. Naguère aux premiers temps de leurs amours, elle allait aussi se baigner volontiers ; elle était même la première à se jeter à l'eau. Elle imagine les embarras de la Reine espagnole pour finir par glisser un orteil dans la Seine et ses cris de perruche. La tourte ! Comment peut-elle espérer retenir un mari comme Louis ?

Les heures de la journée se sont effilées en souvenirs mélancoliques. Le soir est venu. Marie s'est laissé habiller par sa femme de chambre. Elle a écarté les pierreries dont celle-ci voulait la parer. Et jusqu'au rang de perles offert par Louis.

Depuis un instant elle se tient à l'entrée de la galerie. Tous les yeux sont fixés sur elle. Même si Hortense se trouve à ses côtés, elle est seule. Et c'est seule qu'elle va affronter la cour. Au loin, très loin comme dans un brouillard, elle aperçoit le Roi. Il est assis entre les deux reines sur une petite estrade dressée contre l'immense cheminée sous un dais de velours bleu garni aux quatre coins de bouquets de plumes. En contrebas sur un lit de repos, allongé parmi des coussins, l'œil cave, la bouche amère, se tient le Cardinal. Il a été pris de faiblesse à plusieurs reprises et, dorénavant, n'assiste plus que couché aux cérémonies de la cour. Il y a quelque chose de terrible dans l'expression de cet homme squelettique, frisé, maquillé, comme déjà momifié, en attente d'une éternité douteuse. Marie ne peut s'empêcher d'en avoir le cœur serré. Elle connaît le regard de ces hommes sans illusions qui ont frappé à la porte des morts, et attendent patiemment le néant. Pas même la cendre et la poussière. Marie s'avance lentement, comme elle l'a vu faire aux actrices de l'hôtel de Bourgogne. C'est que le temps de la parade, des plaisirs réglés et des respects minutieux a commencé et il lui faut s'y conformer; un plaisir de cour auquel elle se sent étrangère. En fervente lectrice de Corneille, elle n'apprécie que la bravoure, la recherche des émotions violentes et rares que procure un jeu serré avec l'amour et la mort. Louis a beau afficher une jeunesse ruisselante de gloire, elle l'a deviné prudent, méticuleux, tatillon. Tout chez lui est pesé, calculé, épargné. Elle a débusqué en lui le financier, le chef d'entreprise, pire le commerçant.

Courte et boulotte, avec une lèvre pendante et un gros air de sottise, la jeune Reine a répondu sèchement de la tête à sa révérence. Quant au Roi, il a promené sur elle un regard absent comme si elle n'avait été qu'un détail sans importance, une parenthèse dans sa vie. Et pourtant rien ne lui a échappé de sa toilette, de ce dépouillement volontaire de bijoux. La Reine mère l'a gratifiée d'un sourire condescendant, teinté de commisération. Marie a soutenu son regard. Elle n'aime pas cette grosse Espagnole confite en superstition dont la vie s'achève entre les rosaires et les pâtes d'amande. Le Cardinal, trop faible, n'a eu qu'un léger mouvement de la main, un geste sans illusion, comme s'il était trop tard pour soulever une question à laquelle il n'aurait su donner une réponse. Une pichenette du hasard dans ce grand théâtre baroque. Une autre fois peut-être, dans une autre vie, sur un autre théâtre...

*Marie-Thérèse*

Marie a glissé lentement le long des tabourets où les princesses du sang et les duchesses se tiennent en rang d'oignon, rengorgées dans la soie et les plumes, masquant leurs bouches noires et leurs sourires hypocrites derrière des éventails. Il y a là tout un monde d'intrigues et d'envies dont Marie s'est toujours gardée. Elle aperçoit Olympe assise près de sa cousine Conti ; sa nouvelle charge de surintendante de la maison de la Reine lui donne droit à un tabouret qu'elle n'aurait peut-être pas acquis par son seul rang de princesse étrangère. Pour la princesse de Conti, c'est auprès de la Reine mère qu'elle a été nommée surintendante. Ce sont des charges nouvelles, droit sorties de l'imagination du Cardinal pour doter un peu plus encore ses nièces. Car outre la pension qu'on y reçoit, on y touche également des pots-de-vin sur les fonctions qui en dépendent. Le Cardinal a toujours adoré les pots-de-vin. Un as de la « *combinazione* ». Il lui arrive souvent de toucher à trois reprises pour le même passe-droit. Auprès de la cousine Conti se tient son mari, encore plus contrefait et maigre et le teint toujours plus bilieux ; quant au regard, naguère brillant de cette fureur propre aux Condé, il se trouve à présent embué par les émois d'une âme de bigot. Depuis déjà plusieurs années, il est dans les mains de Nicolas Pavillon, évêque d'Alet et janséniste bon teint. Il porte le cilice, dit-on, et se montre prêt à toutes les extravagances que lui commande sa foi de catéchumène. Ainsi, passant par Toulouse, il n'a rien trouvé de mieux que d'aller sous le balcon d'un conseiller du parlement dont il avait autrefois séduit la femme, faire une confession publique, si bien que le conseiller a appris avec toute la ville l'étendue de son infortune ignorée jusqu'à cet instant. La princesse de Conti n'a pas encore rejoint son mari dans ce retour à la religion mais chaque jour elle y glisse insensiblement et son teint se flétrit. On dirait que sa gaieté s'en va à proportion de sa foi fortifiée.
Marie croise le feu d'un regard. Le personnage se tient campé au bas de l'estrade royale. Il porte un habit noir moucheté de diamants avec cette même et magnifique désinvolture

qu'il eût mise à endosser un buffle pour courir sus à l'ennemi. L'expression de son visage est un mélange de hauteur, de politesse exquise et de bestialité, accentuée par une laideur de grand rapace. Il transpire la gloire et quelque chose aussi de la rébellion des grands fauves. Un fauve à présent dompté et qui semble content de l'être. Marie, qui ne l'a jamais vu auparavant, car lorsqu'elle était arrivée d'Italie il était déjà brouillé avec la cour, l'a cependant reconnu. C'est Condé, M. le Prince, le héros.

Mais que pense véritablement Condé lorsque son regard s'attarde sur le Roi ? Il faudrait, pour le savoir, imaginer ce que se disent les lions quand le dompteur est sorti de la cage.

Marie, pour le peu de temps qu'elle demeurera encore en France, l'apercevra de loin en loin. Tels ces demi-dieux descendant des nuées, en coup de vent, il débarquera pour faire sa cour au Roi et, sans plus s'attarder au Louvre, il regagnera sa retraite de Chantilly. L'époque n'est plus au titan révolté, au grand capitaine, au mousquetaire, à l'odeur des carnages, à la vraie bravoure, à la recherche des émotions violentes, à l'amour, à la mort... Tout cela est hors d'usage, d'un autre temps. Marie est arrivée trop tard. Dommage ! elle eût été frondeuse avec panache.

### Coup fourré de la Reine mère

Maintenant que s'avance le règne du conformisme et des courtisans, il lui faut partir. Elle retournera en Italie. La France et l'Espagne ayant fait la paix, il n'y aura plus guère d'obstacle à son mariage avec le connétable Colonna. Cependant, Marie quitte Fontainebleau désespérée. Et Louis la regarde partir sans faire un geste pour la retenir. Il est blessé dans son orgueil d'homme. Il se sent trahi par Marie. Qu'a-t-elle eu à tomber amoureuse de ce Charles de Lorraine ? La Reine mère s'est fait un malin plaisir de lui conter l'idylle, dans le détail. Sa grandeur de souverain s'en est trouvée froissée autant que son amour-propre. Cependant, il ne veut pas s'en torturer. On l'épie, on l'observe; il ne doit donner prise à aucun sentiment. Il a appris à se masquer; à dissimuler ses tristesses, ses émotions. Marie de son regard qui juge l'a bien percé. Oui, c'est un conformiste. Un roi opportuniste et calculateur. Il n'a rien de l'aventurier héroïque d'un roman pour précieuses. Il prend son bien tranquillement où il le trouve.

Adieu, Marie! Je vous ai pourtant bien aimée!

La Reine mère en interceptant son regard, a compris ce qui se passe dans son cœur; ce grand retour qu'il a fait sur lui-même. Elle lui murmure en espagnol : « *Donde hay agravios no hay celos...* » Où il y a des offenses il n'y a pas de jalousies... La jeune Reine, elle, n'a rien saisi, n'a rien compris, décidément c'est une sotte et Louis n'est pas loin de le penser.

Bientôt il traquera ce bonheur qu'il a entraperçu auprès de Marie, dans les bras d'une beauté blonde. Ce sera la première des favorites de son long règne : Louise de La Vallière.

# 29

# Lever de rideau sur un nouveau règne

Marie a demandé de pouvoir amener avec elle son amie Mme Scarron. On le lui a accordé; alors c'est dit, elles iront ensemble voir l'entrée à Paris du Roi et de la nouvelle Reine, d'un des balcons de l'hôtel de Beauvais. L'élixir de la cour, ce qu'on fait de plus trié, y sera.

Le Roi et la Reine depuis quelques jours ont quitté Fontainebleau pour Vincennes. Leur entrée a été arrêtée au jeudi 26 août, lendemain de la fête de Saint-Louis.

A la pointe du jour les Parisiens sont dans la rue. On se presse aux carrefours, là où passera le cortège. Celui-ci s'est rassemblé entre la barrière et le château de Vincennes. Le Roi doit y recevoir l'hommage des différents corps avant d'entrer dans sa capitale. En souvenir de cette cérémonie, la foire qui se tiendra par la suite à cet endroit gardera le nom de foire du Trône.

Des arcs de triomphe, des colonnes, des fontaines de jouvence où coule le vin en abondance, ainsi que la multitude des architectures dressées le long des rues sont de bois peint qu'on brûlera dès le lendemain. Les plus grands artistes y ont travaillé. Le peintre Le Brun s'est chargé de la décoration de la place Dauphine. Chaque détail a été minutieusement discuté avec le Cardinal. Car autant que le Roi, c'est le triomphe de Mazarin qu'on célèbre.

C'est en effet la suite de Son Eminence qui donne le branle au cortège. Quarante mulets houssés de soie et d'or avec des harnais d'argent massif, le crin tressé et coiffés de bouquets de plumes incarnates. S'avancent ensuite onze carrosses attelés à six chevaux. Le dernier étant le plus somptueux. Les rideaux de velours cramoisi en sont tirés ; mais chacun devine bien que derrière se trouve le Cardinal. La foule, celle-là même qui avait demandé sa tête durant la Fronde, applaudit à tout rompre : « Vive le Cardinal ! Vive Mazarin ! »

## L'hôtel de Beauvais

Anne d'Autriche, du balcon de l'hôtel de Beauvais où elle se tient sous un dais frangé d'or, écoute monter les vivats. Elle a auprès d'elle sa belle-sœur, la reine d'Angleterre, et la jeune princesse Henriette. S'y trouve aussi milord Jermyn, qu'on dit avoir épousé secrètement sa souveraine. Anne se penche. Elle cherche des yeux quelqu'un sur le balcon voisin. Elle voudrait lui faire un signe. Mais comme elle est placée, elle ne découvre que la figure sévère de M. de Turenne, raide dans son habit de faille noire barré du cordon bleu. Il faudrait dire au maréchal de se pousser... Trop tard ! tant pis ! le carrosse du Cardinal est passé. Cependant celui que la reine Anne cherche désespérément du regard, derrière Turenne, n'a pas été le dernier à applaudir le passage du carrosse.

C'est que la fête baroque continue. Le cardinal Mazarin saluant le cardinal Mazarin, on est encore dans l'illusion et le jeu des miroirs. Alors qu'il se trouve incognito, chez Cateau la Borgnesse, rencogné dans l'ombre, maquillé, frisé comme un acteur de l'hôtel de Bourgogne, masquant comme il peut le travail de la mort sur son visage, il regarde passer en cavalcade la défroque du cardinal Mazarin. Il entend lui aussi les vivats de la foule. Soudain, se tournant vers Turenne : « Monsou le Maréchal, ne trouvez-vous pas que nos bons Parisiens sont un peu courts aujourd'hui. Naguère la canzonetta à mon endroit n'était-elle pas plus longue ?... Ne vous en souvient-il pas... Comment était-ce déjà... j'ai l'air en tête... Oui c'est cela... " Un vent de fronde s'est levé ce matin, je crois qu'il gronde contre le Mazarin. Je crois qu'il gronde contre ce faquin "... » Et le Cardinal tapote de sa main l'accoudoir du fauteuil, tout content du tour qu'il joue au maréchal lequel au premier temps de la Fronde n'avait pas été le dernier à fredonner la chanson.

Les carrosses du Cardinal sont passés, et voici maintenant le chancelier Séguier qui paraît sur une haquenée blanche tel que l'a représenté Le Brun. Il est coiffé d'un chapeau de velours noir à glands d'or et revêtu d'une soutane de drap rebrodé. Il est mené par quatre pages et six estafiers en habit de satin. L'un des pages l'abrite d'un grand parasol de tabis zinzolin aux franges d'or. Passent ensuite les mousquetaires et les chevau-légers, les cent suisses, et les tambours battant suivis des fifres ; et les hérauts d'armes et le grand maître de l'Artillerie, et le grand écuyer de France. Puis vient le Roi sur un cheval bai brun ; un Roi cousu de fils d'or, entraînant derrière lui le gros de ses seigneurs, tous éblouissants ; et les fils de France et les princes du sang et à leur suite tous les gentilshommes ordinaires des différentes maisons, du Roi, des deux Reines, de Monsieur, des princes de Condé et de Conti. Enfin paraît la Reine, dans un char à découvert. Elle est parée comme une châsse. On dirait une Vierge sévillane.

*Les favorites au balcon*

Marie la voit passer sans émotion. Le blanc qu'elle a mis et les deux pieds de rouge à ses joues, tous ses diamants et ses nœuds ne sauraient dissimuler la réalité. Elle est laide à frémir et sotte bien plus ; et de surcroît elle a pris la place qui lui reve-nait. Près de Marie, Françoise Scarron n'a vu elle que le Roi et ne peut s'empêcher de glisser à l'oreille de Marie : « La Reine se couchera ce soir certainement contente du mari qu'elle s'est choisi... »

Le Roi est passé sous le balcon de sa mère qu'il a saluée en levant son chapeau. S'est-il seulement douté que pour le voir passer, se trouvent à cet instant réunies en plein ciel toutes les femmes de sa vie. Marie qu'il a aimée ; qu'il aime peut-être encore ; sa mère Anne à la mort de laquelle il dira : « ce fut un grand roi » ; Françoise d'Aubigné, pas tout à fait encore veuve Scarron mais déjà en attente de son bon vouloir pour devenir la marquise de Maintenon, la gouvernante de ses bâtards puis son épouse non déclarée et sa veuve ; et puis, si on avise encore d'un peu plus près, on peut apercevoir derrière la jeune Henriette d'Angleterre qu'on vient de fiancer à Monsieur, parmi ses filles d'honneur, deux demoiselles destinées l'une après l'autre à devenir ses favorites : Mlles de La Vallière et de Tonnay-Charente. Cette dernière est d'ailleurs en passe d'épouser le marquis de Montespan. Toutes là en un seul bouquet. De jeunes amours, de vieilles amours et des amours recuites...

# 30

# Et dire qu'il va falloir quitter tout cela...

*Au feu ! Son Eminence rentre chez elle*

Quelqu'un a crié dans la nuit. Mais qui ? Oui, qui a crié :
« Au feu ! » ?
Réveillée en sursaut, Marie s'est jetée hors du lit. A-t-elle
rêvé ? La porte de sa chambre s'ouvre pour laisser passer Mme
de Venelle, la gouvernante. Elle aussi a été réveillée par les cris.
Marie va à la fenêtre. La porte sur la rue des Petits-Champs
vient de rouler sur ses gonds. Des piétinements de sabots se
font entendre. Une escouade de mousquetaires passe au galop
le porche du palais Mazarin, suivie de près par un carrosse. Il
gèle à pierre fendre et la nuit est sans lune. Des torches
brillent dans l'obscurité. Des valets et des porte-flambeaux
s'empressent autour du carrosse. Des voix résonnent dans le
grand escalier ; des pas précipités martèlent les dalles. Le Cardinal ! le Cardinal ! entend-on crier de toute part. Son Eminence
rentre chez elle ! Le Cardinal à cette heure de la nuit ? Que
peut-il venir faire dans son palais encore en travaux ? Depuis
plusieurs mois il réside au Louvre où il a trouvé ses commodités. Et il ne vient que de loin en loin inspecter son hôtel.
Quelqu'un crie une nouvelle fois : « Au feu ! C'est le Louvre qui
brûle ! » Marie ne peut s'empêcher de penser aussitôt à Louis.
Mme de Venelle qui est descendue s'informe, revient avec des
nouvelles. Ce n'est pas aux appartements du Roi que le feu s'est
déclaré mais dans la galerie des portraits qui jouxte ceux de Son
Eminence. Le feu a pris au décor pour un ballet dont le Cardinal voulait faire la surprise au Roi. Le plafond de Fréminet a

été détruit et les portraits des rois par Pourbus aussi. On a tiré
en hâte du lit le Cardinal alors que déjà les flammes le cer-
naient, pour l'amener jusqu'ici en carrosse. Son Eminence est
comme saisie. Elle devine en ce feu un mauvais présage. Marie
laisse tomber entre ses dents : « Ainsi aura-t-il eu un avant-goût
de son éternité ! » La gouvernante est outrée du peu de cœur de
son élève. Hortense, qui est venue les rejoindre, bat des mains.
Le respect ne l'étouffe guère, elle non plus. Au fond, si le Cardinal était mort dans l'incendie peut-être aurait-elle pu échapper à ce bigot de Charles de La Meilleraye. Peut-être aurait-elle
pu renouer avec son cher Charles-Emmanuel de Savoie, avec le
roi d'Angleterre, qui sait ?

*J'épouserai un vilain seigneur et je prendrai*
*des amoureux*

Le mariage d'Hortense est prévu dans moins d'un mois. Elle
sera riche, la belle affaire ! D'ailleurs au train où vont les
choses, il est probable qu'elle ne verra pas même l'ombre de ces
richesses. Marie partage avec Hortense les mêmes craintes de
l'avenir. L'oncle disparu, c'eût été pour elle un jeu de couper au
mariage romain dont on la menace depuis plusieurs mois. On
lui destine le jeune Lorenzo Colonna, grand connétable de
Naples. La chose est pratiquement faite, car l'Espagne dorénavant n'y met plus d'empêchement. De Rome, l'on n'attend plus
que l'agrément du prince pour procéder au mariage. Les choses
vont leur train selon un cérémonial auquel on ne saurait déroger ; chaque partie à tour de rôle se doit de faire la difficile pour
voir ce qu'elle peut gagner à tel ou tel accommodement. Zongo
Ondedei est passé maître à ce jeu.
« *Crepa ! crepa !* lance Marie en direction d'Hortense, tu seras
encore plus malheureuse que moi ! » Et Mme de Venelle a beau
faire pour les empêcher de crier, rien ne les arrête ; et c'est de
plus belle qu'elles continuent à s'envoyer leurs fiancés à la tête.
La petite Marianne qui s'est jointe aux deux sœurs bat des
mains. « Moi aussi je serai une princesse ! Moi aussi, comme

vous, j'épouserai un vilain seigneur! Mais, moi, je prendrai des amoureux!» A douze ans, le petit monstre ne laisse pas de tenir ses promesses. Le Cardinal à qui, sans plus de façon, elle tire la barbiche, l'a pratiquement promise au neveu du maréchal de Turenne, Maurice-Godefroy de La Tour d'Auvergne. Les Bouillon pensent grâce à ce mariage récupérer leur principauté de Sedan que leur a confisquée jadis Richelieu. Marianne, comme ses sœurs, est bien déterminée à être heureuse. A tout prix, sans scrupules. A l'instar d'Olympe, de Marie et d'Hortense, elle possède cet entêtement animal au bonheur sur lequel les traverses du destin n'auront guère de prise.

## Le spectre du Cardinal

La grande maison est retombée dans le silence. Les trois sœurs ont regagné leur lit. Marie qui ne peut trouver le sommeil se relève. Elle a cru entendre du bruit. Une porte qui a grincé. Un pas étouffé. Là-bas au loin, au cœur de la nuit, par-delà les appartements, de l'autre côté, tout au fond de la grande galerie, il s'est fait un gémissement, une plainte étouffée. Non Marie ne rêve pas. Lentement, à tâtons, dans le noir, elle se dirige vers la galerie. Elle entrouvre une porte sous laquelle filtre de la lumière. Elle a beau ne pas croire aux esprits, il lui faut bien convenir qu'un fantôme se trouve dans la galerie. Elle veut s'en assurer et risque encore un coup d'œil par l'entrebâillement. C'est son oncle ou plutôt le spectre du Cardinal qu'elle aperçoit alors. Un spectre qui ferait sa ronde de nuit, inspectant les murs, un flambeau à la main. Maigre, décharné, débarrassé de tous ses trucs de vieil acteur, gratté pour la nuit de ses fards et de ses onguents, il se promène parmi ses trésors, œil bistré et hagard, mince et frêle silhouette aussi vacillante que la flamme de sa bougie. Il n'est plus qu'un souffle animé par cette volonté d'aller coûte que coûte vers le bonheur; de se moquer de la mort et de la maladie. Ses lèvres remuent à peine, comme les vieux qui marmonnent. Chaque fois qu'il s'arrête devant un tableau ou une statue, il soulève le flambeau. Il est si près de

Marie à présent, qu'elle pourrait en écartant la portière le toucher. C'est alors qu'elle l'entend dans un soupir répéter à plusieurs reprises : « Et dire qu'il va falloir quitter tout cela... » Et se soutenant à grand-peine sur ses jambes, il vague encore dans la nuit au milieu des tableaux, des antiques, jeunes faunes et grands athlètes dont il caresse, en passant, de ses mains transparentes les muscles de marbre. « Et dire qu'il va falloir quitter... » et ses paroles se perdent dans la nuit qui l'enveloppe.

# 31

# Le Cardinal se meurt, le Cardinal est mort

*Au bois de Vincennes*

Le Cardinal est parti, la mort aux trousses, s'enfermer au bois de Vincennes. La nouvelle a fait rapidement le tour de Paris. Et chacun s'interroge. Le Cardinal est malade; le Cardinal est à l'article; peut-être même est-il déjà mort. Anne d'Autriche est au désespoir. Le Cardinal ne la veut à aucun prix à Vincennes. C'est que depuis longtemps elle l'impatiente; à présent il ne la supporte plus. Elle se console en faisant dire des messes à son intention au Val-de-Grâce.

« Cette femme me fera mourir, tant elle m'importune ! Ne peut-elle me laisser en repos ? » bougonne-t-il. De la jeune Reine non plus, il ne veut entendre parler. Sans cesse il faut lui donner de l'argent. Pour ses carmélites, pour ses couvents, pour ses œuvres..., c'est sans fin avec des bigotes de cette espèce. Et puis il déteste les niais et Marie-Thérèse est niaise. Il ne prend même plus la peine de dissimuler son mépris. La franchise est le privilège des mourants. Quand ses espions lui apprennent que le Roi a repris, comme avant son mariage, ses habitudes à l'hôtel de Soissons, il en éprouve une certaine satisfaction. Savoir que le Roi trompe la Reine avec une de ses nièces l'enchante à dire vrai. Par l'intermédiaire d'Olympe il rabat son caquet à cette gourde qui s'autorise avec lui de grands airs; lui fait faire antichambre; lui envoie la Molina, sa femme de chambre, pour lui soutirer de l'argent. Et si cette grosse oie savait que l'argent qu'elle gaspille sans compter est le sang du peuple. De ce sang, il n'en est prodigue que pour lui-même; aux autres, il le compte avec parcimonie. C'est qu'il est avare de ses rapines, M. le Cardinal. La reine Anne le sait, le Roi le sait, tout le monde le sait ; personne ne dit mot. Ils attendent. Sa mort évidemment ! Cela aussi tout le monde le sait ; lui-même le sait ; Guénault, son médecin, ne l'a pas trompé. « Combien croyez-vous que je doive vivre encore ? » — « Deux mois au moins », lui avait répondu Guénault — « Cela me suffit. Adieu Monsou Guénault. Je vous suis obligé. Profitez du peu de temps qui me reste pour avancer votre fortune, comme je tâcherai de mon côté de profiter de l'avis salutaire que vous venez de me donner. Adieu encore un coup ! Voyez ce que je puis faire pour votre service... » Depuis ce jour il n'a pas cessé de penser à la mort. L'idée ne l'a plus quitté. Il en est tout pénétré. Si un courtisan veut le distraire de cette pensée, il revient comme de lui-même à l'arrêt fatal et on l'entend murmurer : « Guénault l'a dit ; et Guénault sait bien son métier... »

Le Cardinal n'a plus d'illusions. Il sait bien comment les choses tourneront : il mandera à son chevet « ce bon faiseur de moribonds » qu'est M. Joly, curé de Saint-Nicolas-des-Champs, pour recueillir son dernier soupir ; et après ce sera la ruée et il n'y pourra plus rien.

### Fouquet ou Colbert ?

La grande curée. On ouvrira ses coffres, on fouillera dans ses papiers. Alors, il ne donne pas cher de la peau de ses commis, Fouquet d'abord ; ensuite Colbert... Cependant pour Colbert il ne se tracasse guère. Ce n'est pas un délicat comme Fouquet. Il sait se glisser, ondoyer. C'est une couleuvre. Mazarin soupèse, hésite. Qui des deux choisir ? S'il suivait son goût, sa sympathie irait à Fouquet. C'est un artiste en filoutage ; un seigneur de l'escamotage mais aussi un vrai mécène. Colbert ne possède pas cette sensibilité artiste. Il sent encore le suint ; c'est un besogneux dénué d'élégance. Un homme du ressentiment, au sang froid. Ses haines sont tenaces. Il n'a jamais fait l'apprentissage du bonheur. Ce sentiment n'est pas de sa compétence. D'ailleurs Mazarin s'est bien gardé de demander à son sujet, comme il le fait généralement de ceux qui briguent auprès de lui quelque emploi : « Est-il au moins heureux ? »

Un homme heureux dort bien et Colbert a le teint gris des insomniaques. S'il lui arrive de dormir c'est d'un œil, de peur qu'on empiète sur son territoire. Il est jaloux. Or un jaloux garde bien les trésors qu'on lui confie. Et lui, le Cardinal, a besoin de quelqu'un qui veille sur son héritage. Aussi Mazarin, sans même délibérer, élit Colbert et dans le même instant signe la disgrâce de Fouquet. D'ailleurs il faudra bien une victime. A l'aube de chaque nouvelle époque, les dieux ont soif ; et ceux qui président au destin du nouveau règne veulent s'abreuver du sang d'une victime. Il leur faut un bouc émissaire. Fouquet sera l'homme de l'expiation. Celui qui détournera l'orage sur sa tête. Ainsi ses millions seront sauvés ; et lui du même coup, lavé du sang du peuple. Et c'est toujours scherzando, à bas mots, alors que la mort le tient dans ses serres, qu'il met en garde le Roi sur les imprudences de Fouquet, et en même temps attire son attention sur les qualités de sérieux de Colbert. Louis silencieux écoute, sourit, caresse avec de bonnes paroles le Cardinal sans toutefois s'attarder. L'air de la chambre surchauffée est irrespirable. Il empeste la mort. Il abrège l'entretien et rapidement quitte Vincennes pour s'en aller courre le cerf à Saint-Germain, laissant le Cardinal incertain quant à ses intentions.

### Dernière entourloupette du Cardinal

Le Roi à peine sorti de chez le Cardinal, Colbert s'y glisse. Depuis des jours il ne bouge d'un petit passage obscur qui se trouve entre la garde-robe et la chambre. Telle une murène embusquée dans ce trou. Il note tout dans un petit carnet. Le nom de chaque courtisan qui entre et sort y est consigné. Déjà il tient les comptes.

Le Cardinal est assis dans son fauteuil, nu dans sa robe de chambre fourrée de petit-gris. Le bonnet de nuit sur la tête. « Approchez, Colbert... » Le Cardinal lui fait signe de se tenir plus près encore. « Vous savez toutes mes affaires, alors pour mon testament... » — « Il faut que Votre Eminence fasse une donation testamentaire de tous ses biens en faveur du Roi. Il ne manquera pas, vu l'amitié qu'il vous porte, de vous les restituer... » Mazarin trouve l'expédient ingénieux. Il signe aussitôt la donation. On est le 3 mars. Le Roi accepte la donation. Mazarin est soulagé à cette nouvelle. Mais ce n'est pas tout : à présent il faut que le Roi la lui restitue. Louis courre le cerf et quand il n'est pas à la chasse il répète le Ballet de l'Impatience. Il tarde à retourner la donation. Le Cardinal se sent trahi, il est au désespoir. « Ma pauvre famille ! s'écrie-t-il dans son lit, ah ! ma pauvre famille n'aura pas de pain... » Colbert le réconforte autant qu'il peut. Le Roi chasse, le roi danse. Mazarin comprend qu'il ne compte plus guère sur l'échiquier du pouvoir ; celui-ci est dorénavant ailleurs. L'ingratitude des rois il en fait à présent l'expérience. Enfin, le 6, la restitution du Roi arrive, portée par Colbert. Le Cardinal est de nouveau en possession de ses immenses richesses. Aussitôt il refait son testament. Après quoi, soulagé, il se fait raser, maquiller, friser au petit fer, relever la moustache à la cire et tout ragaillardi à l'idée de ses millions récupérés, s'en va se promener en chaise, au jardin. Les ambassadeurs qui font antichambre le voient passer étonnés de tant de gaillardise chez un mourant. Le comte de Fuensaldagne, ambassadeur d'Espagne, se tourne vers M. le Prince qui se trouve dans la galerie et lui dit avec un fin sourire : « *Este Señor representa muy bien el difundo cardenal Mazarin.* » Le visage du Cardinal passé au blanc de céruse avec deux gros ronds de rouge sur les pommettes ressemble au masque de Pantalon. Après avoir fourbé le monde, à présent il tente de fourber la mort. En remontant dans ses appartements il est pris d'une syncope. Il revient à lui. Il demande la communion. Il la reçoit avec l'extrême-onction. On lui apprend que le Roi et la reine Anne sont arrivés de Paris et qu'ils demeureront à Vincennes. Le Cardinal, qui a plus de philosophie que de religion, montre alors une constance d'âme admirable. Plaisante sur la queue d'une comète qu'on lui représente comme étant du meilleur présage. Dans la nuit du 8 au 9 mars, quelques heures avant l'aube, il rend l'âme. Quand Marie et son frère Philippe qu'on a fait venir d'urgence ainsi qu'Hortense apprennent la nouvelle, ils s'écrient dans un bel ensemble : « *Pure è crepato!* enfin il est crevé!»

Dans les antichambres, les courtisans se donnent une petite comédie de larmes bientôt séchées. Le Roi quitte Vincennes rapidement. Dix jours plus tard il redanse le Ballet de l'Impatience. Plus personne, alors, ne songe au Cardinal; son temps est passé et sa gloire avec. On remise sa dépouille dans la chapelle de Vincennes; elle y attendra vingt ans; le temps que son tombeau soit achevé. Quand enfin son cercueil sera transporté dans la chapelle du Collège des Nations, l'événement passera parfaitement inaperçu.

# 32

# Enfin il est crevé ! Gai ! gai ! marions-nous !

Il est crevé ! Alors gai ! gai ! marions-nous ! Après Hortense
voilà le tour de Marie, et dans un an ce sera celui de Marianne.
Avant de s'éclipser pour un monde meilleur, le Cardinal a tenu
à s'assurer de l'avenir de ses nièces. Hortense a pleuré un peu.
Elle est bien la seule. Elle s'est fait une raison. Tant pis ! elle ne
sera donc pas duchesse de Savoie et moins encore reine
d'Angleterre ; et cela par pure avarice. C'est que l'oncle y a
regardé à deux fois pour la dot. Que demandaient ces princes ?
Rien ou peu de chose. Chacun une malheureuse place forte.
Aux millions du Cardinal, l'un voulait qu'on ajoutât Casale et
Genève, l'autre Dunkerque. Une bagatelle ! Mais connaissant
l'humeur sourcilleuse des rois de France lorsqu'on touche à leur
territoire, Mazarin ne tenait pas du tout, aussi flatteuse que fût
l'idée de devenir parent du roi d'Angleterre, à finir écartelé
pour haute trahison en place de Grève.

*Hortense se marie*

Hortense a donc épousé le jeune Armand Charles de La
Porte, marquis de La Meilleraye, dans la chapelle du palais
Mazarin le 28 février, en l'absence du Cardinal ; la veille, cependant, le contrat avait été signé à Vincennes dans la chambre du
mourant. Ce n'était plus un secret pour personne : Hortense
serait la légataire universelle du Cardinal, à la seule condition
que le jeune marquis substituât à ses titres celui de duc de

Mazarin et à ses armes celles en plein du Cardinal. Un petit-neveu de Richelieu relevant le nom et les armes entièrement inventées d'un aventurier de Sicile, il y avait là une belle revanche pour Mazarin.

Hortense, malgré les millions qu'on lui faisait miroiter, était bradée à un triste sire, c'est ce qu'elle ressentit. Au soir même de ses noces, alors qu'elle s'apprête pour le souper, monsieur son époux lui ordonne d'enlever les mouches dont elle s'est orné le visage. Elle peste et tempête. Le duc de Mazarin demeure ferme. Point de mouches. Hortense obéit mais dans l'instant se jure d'avoir beaucoup d'amants ; cependant de n'en jouir que d'un seul à la fois, quitte à en changer souvent. Une formule que revendiquera plus tard Marianne mais que l'on peut appliquer en tout état de cause à Marie et à Olympe aussi.

Marie assiste aux noces d'Hortense. Elle paraît aux fêtes, insouciante, presque joyeuse. Elle donne le change d'autant que Louis comme à Fontainebleau lui bat toujours froid. Elle se demande qui a bien pu la desservir ? Aurait-elle, sans s'en douter, commis un impair ? Elle a beau chercher la cause de cette froideur, elle ne voit pas et se trouve à mille lieues de soupçonner que ses galanteries avec le prince de Lorraine sont la cause de ces dégoûts. Or c'est bien en cela que réside sa faute. Louis est jaloux. Il considère Marie comme sa chasse gardée. S'il s'en sépare, il la veut brisée, malheureuse, désespérée. Sa vanité ne peut l'imaginer autrement qu'inconsolable. Or en affichant du bonheur auprès du prince de Lorraine elle a commis une faute impardonnable, le crime de lèse-majesté. Marie, avec cette liberté qui la caractérise, aime pour l'amour ; non pour la représentation de celui-ci. Aussi est-elle bien loin d'imaginer cette fatuité royale.

### On discute le bout de gras

A présent qu'Hortense est mariée, Marie n'a plus qu'un désir : convoler à son tour, et le plus rapidement. Le mariage de Marianne avec le prince de La Tour d'Auvergne est déjà décidé pour l'an prochain alors qu'on négocie encore le sien. Cependant feu son oncle a personnellement veillé, avant sa mort, à la rédaction du contrat qui se trouve, présentement, entre les mains de son agent à Rome l'abbé Elpidio Benedetti. Ce retard n'est qu'une affaire de gros sous. On en est encore à discuter de la valeur des cadeaux au futur mari. Une pendule en or sur laquelle le Cardinal a fait main basse lors de la succession de Marie de Médicis et une épée constellée de diamants. A Rome, chez les Colonna, on laisse entendre que Marie est un parti au rabais. Les restes d'un roi de France ont, sans doute, des avantages à Paris; à Rome on s'en trouve moins gratifié. Il en découle une source intarissable de potins dont la tribu Colonna s'aigrit chaque jour davantage. L'évêque de Fréjus, ce cher Zongo Ondedei, est dépêché promptement à Rome pour brusquer les négociations. Anne d'Autriche qui considère toujours Marie comme un écueil au mariage espagnol de son fils, prie personnellement le nonce Piccolomini d'intervenir.

La Reine espagnole il est vrai, entre ses bonnes œuvres et ses chapelains, devient chaque jour un peu plus fantomatique. Elle n'a pas su retenir son mari. Aussi Louis essaie-t-il de se rapprocher de Marie. Il s'échappe du Louvre chaque soir pour courir à l'hôtel de Soissons. Il lui arrive de faire le détour par le palais Mazarin dont Philippe, devenu duc de Nevers, a reçu la moitié; l'autre revenant à Hortense et à son mari. Cependant quand il apparaît Marie se sauve aussitôt. Louis imagine qu'elle le fuit pour rejoindre Charles de Lorraine et il rage. C'est qu'il l'aime toujours. Il la désire avec cette avidité sensuelle du glouton qui s'est trop longtemps retenu. Il est comme fou à la pensée qu'un autre occupe sa place au festin. Il risque le premier pas. On imagine le soupir des lourdes tentures qui retombent sur ses pas, le grand cabinet solitaire, le rougeoiement des flambeaux et la scène qui s'ensuit.


« *Vous m'avez été infidèle* »

« Vous m'avez été infidèle, pourquoi ? » — « Moi, sire ! mais quelle folie ! qui vous a conté ces sornettes ? » — « Ce n'est un

secret pour personne. La cour en fait des gorges chaudes. »
— « La cour c'est tout le monde et personne à la fois, sire...
Qui ? dites-moi qui vous a ainsi prévenu contre moi ?... Ma sœur
Olympe ? elle me hait. La Reine votre mère ? elle n'a jamais
eu de cesse de me desservir auprès de Votre Majesté... »
— « Olympe, ma mère... mais votre oncle, le Cardinal surtout...
Il m'a montré de vos lettres... c'était suffisant... Vous l'y sup-
pliez de vous marier... Mais qu'importe tout cela ! c'est du
passé ! Songeons à l'avenir. Le Cardinal est mort et je suis le roi.
Vous êtes encore libre... » La réponse cingle : « Vous ne l'êtes
plus ! » Soudain il prend conscience de sa faiblesse passée. Une
pâte molle, malléable dans les mains du Cardinal et de sa mère,
voilà ce qu'il a été. Il a finaudé ; il croyait être le plus fort ; mais
ils ont gagné.

Si Marie n'a pu être sa reine, elle ne consentira jamais à être
sa favorite. Elle n'a pas de penchant pour cet avilissant bonheur. Un mari complaisant qu'on couvrirait d'honneurs ; et elle
en carrosse avec le Roi. Et le peuple la montrant du doigt :
« Voyez, voyez qui passe en carrosse ! C'est Marie Mancini, la
nièce du Cardinal, la catin du Roi ». Ce destin tracé d'avance,
elle le laisse à d'autres. Le rôle est sans surprise. De plus elle y
perdrait sa liberté n'y acquérant que du mépris. Elle préfère
disparaître, partir en laissant derrière elle un parfum de regret.

Aussi voilà Marie qui réclame le Colonna à grands cris. On le
dit coureur de jupons, violent, d'humeur sauvage, chasseur san-
guinaire. Rien ne la rebute. Est-il si grand chasseur que cela ?
Alors nous lui promettons une belle partie ! De quoi le faire
halener et rompre ses chiens.

### Les malheurs conjugaux d'Hortense

On a expédié à Rome et on attend les retours ; dans cette
attente, Marie se retrouve témoin des premiers malheurs
d'Hortense. Le duc de Mazarin voit le diable partout. De bigot
il est devenu superstitieux. Il tire ses valets du lit et, en pleine
nuit, bat son palais à la recherche de certaines visions qu'il

aurait eues dans son sommeil. Il force Hortense à se joindre à lui. Pour la remercier de ces battues nocturnes, le lendemain, il fait main basse sur ses bijoux qu'il met en vente. Un autre jour, sa pudeur s'étant effarouchée des nudités de marbre qui peuplent la galerie du palais, il avise des ciseaux et se met à marteler les seins d'une Vénus à son goût trop tétonnière. Il s'en prend à présent aux avantages d'un Hercule. Délaissant la sculpture pour la peinture, le voici qui caleçonne une nymphe du Corrège. Dans le même temps il fait interdire, de peur que ne leur viennent de coupables pensées, aux filles de ferme dans ses domaines de traire les vaches.

### Un marquis et un patriarche

Enfin paraissent les représentants des Colonna. L'un arrive de Bruxelles et l'autre de Rome. Le marquis Angelelli est bolonais, et, à l'âge où pointe le barbon, il a encore belle allure. Il apporte à Marie un gros diamant avec tout un assortiment de bijoux. Le marquis fleure bon la galanterie italienne. L'autre personnage, plus haut en couleur, est infiniment moins aimable. C'est un Colonna, propre oncle du marié. Il est aussi patriarche *in partibus* de Jérusalem. Il a endossé l'habit ecclésiastique avec la désinvolture du soudard. Sa figure couturée en dit long sur ses dévotions nocturnes, bien plus que la croix en or qu'il porte en sautoir. Son allure de reître sent à plein nez l'assassin à gages. A Rome il est craint comme la peste. Avec les « bravi » qu'il traîne à sa suite, il y fait régner la terreur. Le regard fureteur, toujours en quête d'un mauvais coup, il vit sur l'habitant en grand seigneur. Il se soûle chaque soir à la perfection. A Rome on ne compte plus les mauvaises affaires qu'il a sur les bras. A sa dignité de patriarche, il faut ajouter son titre d'archevêque toujours *in partibus* d'Amasie en Turquie. C'est ce personnage plus que suspect qui procède au mariage de Marie.

La cérémonie a lieu dans la chapelle du Louvre devant la cour réunie. Marie porte une robe rebrodée d'argent et, pour seul bijou, les perles du Roi. Le marquis Angelelli qui la conduit à l'autel est le procurant du Connétable. Louis, devant qui en passant elle a fait sa révérence, pense que rien n'est perdu. Olympe n'a-t-elle pas attendu d'être mariée pour lui céder. Il en taquine l'idée cependant sans cette impatience carnassière que suscite généralement chez lui le parfum de la femme. C'est qu'il a en tête déjà d'autres amours. Le voilà également épris d'Henriette d'Angleterre. La petite fille anémique, pâle et sans relief, est devenue une ravissante et spirituelle princesse. S'il n'y avait eu sa mère et Mazarin pour le pousser au mariage espagnol, c'est elle qu'il aurait choisie. Elevée en France, Henriette est une princesse française. Elle a acquis ce tour d'esprit et une conversation qu'on ne trouve guère que dans les salons parisiens. Elle est à présent sa belle-sœur, ayant épousé huit jours auparavant, dans la même chapelle, son frère Philippe d'Anjou. Qui verrait dans ce mariage un obstacle? Tout au contraire il y a là une commodité supplémentaire!

### Les nains de la Reine

Louis a été, dès sa tendre enfance, habitué au cercle brillant d'Anne d'Autriche; il goûte chez Henriette, comme autrefois chez Marie, cet art qu'elles possèdent en commun de la conversation. Toute sa vie il le recherchera; et ce ne sera pas le moindre des atouts qui serviront à la réussite de la Montespan que de posséder cet esprit léger, taquin et persifleur, chez elle, acquis de famille. Marie comprend tout de suite que Louis ne s'empresse auprès d'elle que par habitude; alors que le cœur n'y est plus. Ces nouvelles assiduités ne sont qu'une parodie de leurs amours d'autrefois. Chacun à la cour sait à quoi s'en tenir. Seule la Reine espagnole éprouve de la jalousie à ce manège. Elle fait mander le nonce Piccolomini afin de brusquer le départ de la nouvelle Connétable. Et aussitôt elle s'en retourne à ses nains qu'elle appelle « *corazones mios* ». Quand la Reine n'est pas avec ses bouffons, elle est alors à ses dévotions ou avec ses petits chiens que des « garçons bleus » mènent pisser en carrosse. S'il lui reste du temps elle joue à l'hombre où elle se fait

plumer car aussi simple que soit ce jeu elle n'a pas assez de tête
pour retenir les cartes qu'elle a en main. L'œil globuleux, sans
expression, la lèvre épaisse, les joues pendantes, baragouinant
un jargon informe, elle ne manque cependant pas de majesté.
Au matin, à la façon dont elle bat ses petites mains grasses en
poussant des gloussements de contentement, ses femmes
devinent si le Roi l'a honorée.

Marie sait ce que recouvre cette courtoisie théâtrale affichée
par Louis, toujours exact à rendre à chacun selon son rang.
C'est sa façon de se défendre : il accable par sa majesté.
Le voilà une fois encore à la portière du carrosse. Il est
engoncé et bien disant. Il s'adresse à elle comme un monarque
de Racine. C'est que Marie l'a bien dressé. En réponse à son
« Vous êtes roi, vous pleurez et je pars » il réplique avec deux
ans de retard : « Le destin qui est au-dessus des rois, a disposé
de nous contre nos penchants, Madame. Mais il ne m'empê-
chera pas de chercher en quelque pays du monde que vous
soyez à vous donner des preuves d'estime et d'attachement... »

### Le chevalier de Rohan prend ses aises
### chez Hortense

Aussi Marie n'a-t-elle plus aucun prétexte à s'attarder. C'est
dit et bien dit ; et c'est également tout à fait convenu. Et elle, la
sotte, espérant toujours, prête encore à se laisser prendre au
piège. Même les larmes qu'il essuie sont des larmes de théâtre.
Il faut quitter Paris, la cour, le Roi, tout ce qu'elle a aimé.
S'enfuir. Laisser à jamais le palais Mazarin où l'air est devenu
irrespirable. Car entre Hortense et son mari, ce ne sont plus
qu'incessantes querelles. Pour un rien. Si, toutefois, on peut
dire du chevalier de Rohan qu'il est rien. Au physique ce rien
est frais, rose, blond et de belle taille ; au moral on le dit
moqueur, léger, brave jusqu'à la présomption et assez étourdi
en amitié. Autant dire l'insolence et la désinvolture. Il monte au
combat comme il se rendrait au bal. Il a acquis de sa jeunesse
passée à l'hôtel de Guémené chez sa mère et en celui de Che-

vreuse chez sa tante, les deux meilleurs collèges de frondeurs du temps, ce débotté propre aux « importants » qu'il y croisa.

Quelques années encore et il portera, avec la même grâce négligente, sa tête à couper pour haute trahison. Mais chaque chose en son temps. Présentement il galantise Hortense sous le toit du mari cocu et jaloux.

Le duc de Mazarin écume de rage. Il vient de surprendre un poulet dont il fait les frais. On cherche à le raccommoder avec sa femme. Même Marie s'y est mise avant son départ. Hortense ne veut rien savoir. Elle crie, elle se démène, elle pleure, elle rit, elle ment effrontément pour tout avouer la seconde qui suit. Cela forme une jolie comédie dont la ville et la cour se régalent. Et quand Mme de Mazarin est à court d'arguments, elle se met à une fenêtre du palais pour reprendre l'un des cris de la Fronde : « Point de Mazarin ! point de Mazarin ! » ce qui met en joie le voisinage.

Adieu Hortense ! Adieu Marianne ! Et même adieu à toi, perfide Olympe ! Marie fait un signe de la main et le cortège s'ébranle.

# 33

# En route pour Rome

*La maison de Mme la Connétable*

Adieu la cour de France, voilà enfin Marie en poste pour l'Italie flanquée du marquis Angelelli et du Patriarche. La Morena, une petite Mauresque enlevée par les corsaires sur les côtes d'Afrique dont le Roi lui a fait cadeau, se trouve auprès d'elle; et sur ses genoux elle tient la petite épagneule donnée également par Louis. A la suite de son carrosse viennent différentes voitures pour les gens de sa maison. Le cuisinier, le tourneur de broche, les marmitons, le laveur de vaisselle, le palefrenier, l'écuyer et les valets de l'écuyer, les filles d'honneur, les pages, une cinquantaine de personnes au total qui forment un bouillon de caquetages et de petites intrigues que survole, grasse, épanouie et royale, la bonne Mme de Venelle que Marie a choisie pour l'accompagner jusqu'à Milan. Elle n'en est pas revenue, la brave dame. Elle pensait que Marie la détestait et elle découvre soudain son attachement. C'est qu'elles en ont fait du chemin ensemble. La place Bellecour sous la lune, les escapades dans les rochers de Fontainebleau, les bains de mer de La Rochelle, Brouage et ses lents crépuscules, les soirées au fond d'une loge à l'hôtel de Bourgogne, que de choses n'ont-elles pas partagées! Aussi vive qu'elle fût, Marie n'est pourtant jamais parvenue à semer sa gouvernante. Au milieu d'une chasse, au sommet d'un rocher de la forêt de Fontainebleau, au moment où on ne pensait plus à elle, apparaissait essoufflée mais rayonnante cette bonne Provençale. Tous les acteurs de ces années finiront avec le temps par oublier leurs amours et toutes leurs folies, dont il ne restera à la fin qu'une grisaille de souvenirs voilés de regrets. Mais Mme de Venelle, elle, jusqu'à son dernier souffle, se souviendra de cette jeunesse qu'en chaperon elle a vécu plus intensément que la sienne. Marie lui jette un regard rapide. Elle est là rencognée à l'autre portière, face au Patriarche qui sent le vin et hoquette à chaque chaos, les yeux mi-clos, le visage extatique. Elle sourit à de nouvelles aventures tandis que de chaque côté du carrosse caracolent les gardes que Louis a tenu à joindre au cortège.

### Une pensée pour M. Fouquet

Marie se redresse. Elle ne veut pas qu'on la voie pleurer. Elle a retenu ses larmes jusqu'ici. Maintenant, les faubourgs de la capitale passés, elle ne se contraint plus. Elle pleure non tant de tristesse que de rage. Une rage sourde. Celle qui prend aux joueurs quand, ayant quitté la table, ils voient leur combinaison réussir à un autre. Elle se sent flouée. Avoir été presque reine et être ainsi mariée au rabais. Car en dépit des six cent cinquante mille livres en bons écus d'or, entassés dans des coffres cachés sous les banquettes des voitures, de l'épée de diamants et de l'horloge en or ainsi que de toutes les pierreries, elle est beaucoup moins bien dotée que ses sœurs. On a lésiné sur tout. Ainsi la somme allouée pour le voyage n'a pas permis de louer un navire à Marseille pour la conduire jusqu'à Civitavecchia. Il lui a fallu prendre la route, avec la perspective de la traversée des Alpes par le Simplon encore enneigé en ce début de printemps. Elle a vu Colbert, cet ancien domestique du Cardinal, froncer ses sourcils noirs sur les livres de comptes pour essayer de lui grignoter quelques écus. Cet être renfrogné, lugubre d'aspect dans son costume de ratine, tout imprégné de son néant. L'avidité était peinte sur son visage. Fouquet auquel ensuite elle avait rendu visite était d'un tout autre aspect. Marie n'avait rien pu discerner en lui de médiocre. Au contraire elle avait trouvé un être raffiné et séduisant; d'une conversation légère avec des manières élégantes. Il lui avait plu. Quinze millions engloutis dans la construction de son château de Vaux et une liste de pensionnés plus longue que celle du Roi, c'était à n'en pas douter tout à fait un grand seigneur. De plus ami des lettres et des arts; cela avait suffi à Marie. Voleur, sans doute. Mais un voleur qui a volé le Cardinal faquin n'est pas vraiment un voleur; on peut même le nommer un bienfaiteur de l'humanité. Marie se doutait bien de tout ce que le Cardinal mourant avait pu dire au Roi pour le prévenir contre son Surintendant des finances. Et comment aussi il avait procuré à Colbert le moyen de l'abattre. Et d'imaginer son oncle glissant à l'oreille de son commis : « Un homme comme Fouquet aura toujours besoin d'un ou deux millions pour voir le bout du jour. C'est alors qu'il faudra le persuader de vendre sa charge de procureur général du Parlement. Vous le rassurerez par quelques hochets, un collier de l'Ordre dans une prochaine promotion, des abbayes pour son frère l'évêque d'Agde... Il est vaniteux, il mordra à l'appât...

« Cependant tant qu'il sera officier du Parlement vous ne pourrez rien contre lui. Car un procureur général ne peut être jugé que par ses pairs. Et le traduire au Parlement, ce serait inévitablement rallumer la guerre civile... » Le Cardinal était mort mais son conseil avait porté ses fruits : Fouquet était en passe de vendre sa charge à Achille de Harlay. Marie avait surpris Colbert tissant sa toile et se glissant auprès du Roi. « Tout va bien, il s'enferre de lui-même; il m'est venu dire qu'il vendait sa charge et qu'il porterait à l'Epargne tout l'argent de celle-ci. »

Ainsi Louis s'était décidé à perdre le Surintendant. Marie n'avait vu en Fouquet qu'une âme sœur, comme elle, vivant au jour le jour, sans souci de l'avenir. Un être qui croyait aux illusions de la fête, des musiques, de l'amour. Aussi Marie se promet-elle de lui écrire au premier relais pour le remercier d'avoir avancé les trois cent mille livres qui restaient encore impayées de sa dot.

*Philippe de Nevers en coup de vent*

Il pleut. Les routes sont détrempées et les carrosses s'embourbent. La campagne ruisselle sous les pluies de printemps, tièdes et abondantes. Philippe de Nevers sur un joli cheval bai vient surprendre Marie à la vitre du carrosse. Sur un coup de tête, il s'est décidé à l'accompagner jusqu'à Rome. Il chevauche deux jours, trois peut-être, en sa compagnie puis un matin, sur un autre coup de tête, il disparaît. C'est tout Philippe, pense Marie qui ne s'étonne plus des humeurs changeantes de son frère. Les pages, impertinents comme tous les pages, reprennent leurs espiègleries et Mme de Venelle ses rêveries. Elle s'imagine déjà dans une confortable retraite au fond de sa Provence. Le Patriarche continue à cuver son vin. Marie regarde à peine le paysage écrasé sous la pluie. Des vapeurs s'accumulent au creux des vallons. Les rivières débordées noient des villages entiers.

Décidément c'est un bien vilain printemps.

*Le Connétable? mais le plus galant*
*des vérolés*

Le marquis Angelelli parle d'abondance. Il explique à Marie la vie à Rome au palais Colonna, les mœurs douces du jeune Connétable, sa galanterie. Le Patriarche ouvre un œil et laisse tomber : « Le plus galant de tous les vérolés, oui ! Un débauché de la plus claire eau ! Et avec cela un assassin comme tous les Colonna ! Voyez, moi par exemple ! La Sainte Eglise m'a sauvé en me permettant d'entrer dans son sein. Mais avant qu'étais-je ? Un malheureux pêcheur, un spadassin sans foi ni loi... J'étais duc de Marsi il est vrai, frère cadet de feu le Connétable, père du vôtre, et après !... J'ai trouvé mon chemin de Damas un soir à un carrefour à Rome en tombant sur deux mouflets en carrosse. C'étaient des princes Caetani. La belle affaire ! J'envoyai faire dire qu'un Colonna, même cadet, ne le céderait pas à des lardons fussent-ils fils du duc de Sermonetta. Un oncle du duc vint me trouver. Nous nous rencontrâmes à la nuit près de l'arc de Porto-Gallo. Nous avions nos gens avec nous. On s'étripa avec entrain. A la fin j'étendis raide mort le Caetani et prenant la poudre d'escampette, je rejoignis les Flandres où j'entrai au service du roi d'Espagne. Et de là, en celui de Dieu...» Mme de Venelle frissonne. Le Patriarche prend un malin plaisir à l'affoler. Afin de parachever le tableau des mœurs intimes de sa famille, il s'étend sur d'autres détails. Les bandes armées qu'elle entretient, les cachots solides où ont été enfermées des princesses de la famille, disparues définitivement pour le monde. Le Patriarche voudrait impressionner Marie. Celle-ci, du fond de la voiture où elle s'est réfugiée, lui sourit aimablement comme s'il lui débitait un conte de fées. C'est que rien ne peut plus lui faire peur. Toutes ces folies romaines lui semblent des rugissements de fauves de pacotille à côté des horreurs de la Fronde.

### Les gardes français tombent comme des mouches

A présent la mort s'est jointe au cortège. Les jeunes gardes tombent les uns après les autres, frappés par la fièvre. A Lyon, quelqu'un murmure que ce serait peut-être la peste. La troupe a fondu telle la neige au soleil. Aux premiers contreforts des Alpes, on troque les carrosses pour des chaises. On charge les bagages à dos de mulets. La route est devenue dangereuse. Par moments entièrement éboulée, il faut pour passer chercher un sentier de fortune. A mi-montagne la neige se trouve au rendez-vous. L'un des carrosses vides qui viennent à la suite se renverse, entraînant avec lui six beaux alezans dans l'abîme. Le col passé, on s'arrête au premier relais rencontré. C'est une auberge de montagne. Une longue galerie extérieure permet de passer dans la salle commune. La vue est splendide ; c'est même une des attractions de l'endroit. On peut apercevoir les cimes enneigées sur lesquelles les aigles étendent leurs ombres, et vers le bas de la vallée découvrir un paysage tout velouté de collines et par instants, dans le repli d'un vallon bleu miroitant dans le soleil printanier, un lac lointain. La petite esclave mauresque ne peut détacher ses yeux du panorama. Elle devine des villes roses au loin. Elle est éblouie. Sans s'attarder sur la galerie Marie est entrée dans la salle suivie de Mme de Venelle. Elle voudrait bien que cette équipée finisse. Elle se sent fiévreuse. Par les fenêtres elle aperçoit les pages qui courent sur la galerie après la Morena. Elle entend le Patriarche qui tonitrue face aux montagnes. Il y a des carillons dans l'air. Les troupeaux dans les bas alpages s'apprêtent à la grande transhumance printanière. Les cris joyeux des pages, les rodomontades du Patriarche, le bruit des cloches ont cessé soudain comme engloutis par l'immense froid blanc. Marie court à la fenêtre. Le Patriarche se tient accroché à une poutre et se balance tel un gros jambon. La galerie de bois vermoulu a cédé sous le poids des nouveaux arrivants, précipitant pêle-mêle dans le vide ceux qui, à l'instant précédent, y contemplaient la vue. La neige étouffe les cris. On se précipite dehors. On compte les jambes cassées mais aussi les morts. Huit en tout. La petite Morena qui a roulé dans la neige est sauve. Le Patriarche qu'on a oublié dans l'empressement de porter secours aux blessés est toujours arrimé à sa poutre. Il hurle des injures aux gardes français. Il menace de leur couper les oreilles. Finalement on le décroche. Marie n'en peut plus. Elle demande son carrosse. Il lui faut en finir au plus vite. Gagner Milan où l'attend déjà depuis un mois ce mari dont elle porte le nom mais qu'elle n'a jamais vu. Si peu curieuse elle n'a pas même pris la peine de regarder les médaillons qu'il lui a fait parvenir. Allons ! en carrosse ! et fuyons au plus vite ces mauvais présages !

# 34

# Monsieur le Connétable

*Un rendez-vous au bord de l'eau*

De nouveau la pluie s'est mise à tomber. Et de nouveau les
carrosses s'embourbent dans les ornières. La grêle est de la
partie à présent. Au croisement d'une route, Marie découvre
un jeune abbé velouté et timide qui lui assure mille choses
charmantes de la part de son frère le Connétable. Une barque
en bois doré l'attend, lui dit-il, au bord du canal pour la mener
à Milan. C'est ainsi par eau que le Connétable, son frère, a
prévu d'entrer dans la ville où sont prévues de nombreuses
réjouissances. Marie n'écoute que d'une oreille distraite le
beau programme. La fièvre l'a prise. Elle voudrait que tout
cela soit terminé. Il lui semble qu'elle fait un rêve dont elle va
se réveiller et que, dès qu'elle ouvrira les yeux, elle se retrouvera dans sa chambre au palais Mazarin ou dans une grotte au
fond du parc à Fontainebleau.
La barque d'apparat glisse dans la brume. Le soleil s'est levé
puis a tourné. La journée s'est laissé entraîner au fil de l'eau.
Pour Marie le temps est demeuré immobile. Vers le soir elle
entraperçoit de l'agitation sur une rive. Il se fait en même
temps comme une symphonie sur l'eau où se reflètent les flam-
boiements des torches. En pente douce s'incline, dans l'indécis
crépuscule, une longue pelouse. On y devine dans le lointain
un « casino » de fantaisie. Une de ces architectures éphémères
que des quinquets illuminent comme au théâtre. La barque a
glissé jusqu'à un embarcadère. Marie a sauté à terre et
s'avance sur la prairie, entourée du marquis et du Patriarche.

Mme de Venelle et la Morena ont emboîté le pas. Des trompettes éclatent dans les bosquets auxquelles répondent sur la prairie des feux de Bengale. Deux hommes sont sortis du casino et s'avancent vers la rivière. L'un est long, maigre et chauve. Il porte sur un habit de velours noir à l'espagnole un collier de la Toison d'or. Marie lui trouve un air de hareng saur. L'autre, jeune et fort gaillard, bien découplé et de mine étonnamment haute pour un valet, se tient à ses côtés, bonnet à la main. Le seigneur à la Toison la salue, tandis que le valet sans bouger la dévore du regard. Une force insolente émane de ce domestique qui ne lui déplaît pas. Moins que le maître en tout cas qu'elle a pris en grippe au premier regard. Tout plutôt que ce mari plein de révérences et qui n'en finit pas de balayer le sol de son plumet, lui proposant son crâne dégarni et un cou ridé de vieil oiseau. Elle étouffe sa rage. Mais de qui se moque-t-on? Un mari pareil, vous n'y pensez pas. « Jamais! Jamais je n'accepterai un époux de la sorte. Il est trop laid! » glisse-t-elle à l'oreille de la Venelle, assez fort cependant pour être entendue. Déjà elle s'apprête à rebrousser chemin. Se sauver au plus vite; fuir; repasser les monts; pourquoi pas?... Le valet au bonnet lui sourit. Il a l'air de bien s'amuser de cette scène. L'insolent! Il rit de sa déconvenue, là au milieu de l'herbe, bien campé, sûr de sa force, violent et magnifique dans sa chair. Il avance vers elle. Il n'osera tout de même pas, pense Marie; et, en elle-même, elle se dit : « Mon Dieu, faites qu'il ose! » Elle est comme paralysée. A présent il est tout près. Elle sent l'odeur de sa peau de bel animal inquiétant. Il avance encore. A-t-il compris qu'il ne lui déplaît pas? Un désir sombre l'envahit. Elle frissonne. Il lui a pris la main. Elle ne peut la lui retirer. Il s'incline. Elle sent son souffle chaud. Ses lèvres brûlantes sur ses doigts. « Je suis votre mari Lorenzo. Pardonnez-moi cette triste mascarade », et se tournant vers l'homme chauve il le présente à son tour : « Madame, voici votre beau-frère le marquis de Los Balbasès, il a épousé ma sœur Anna et il est à votre service autant que je le suis moi-même... »

*Le marquis de Los Balbasès*

Le marquis fixe Marie de ses yeux narquois et méchants. Il préfère l'ironie froide à la colère. Marie comprend aussitôt qu'elle s'est fait là un ennemi mortel. Ce dégoût qu'elle lui a marqué n'est pas chose qu'on oublie facilement. C'est un homme puissant qui va chercher très loin dans l'ombre ses appuis. Un grand seigneur qui appartient à l'une des quatre premières maisons de Gênes. Il est Spinola, famille de tout temps acquise à l'Espagne. Il est non seulement grand d'Espagne, marquis de Los Balbasès ayant fief en Vieille Castille, mais également duc del Sesto. Il a été ambassadeur en France et appartient au Conseil de la Guerre; son oncle a été cardinal-archevêque de Séville. Aussi pour confondre ses ennemis n'hésite-t-il pas à s'appuyer sur l'Inquisition.

La pluie a recommencé avec la nuit. Chacun se confond un instant encore en cérémonies et Marie la première pour cacher son trouble. Laurent Colonna n'est pas homme à s'éterniser en une mascarade éventée. Allons! on nous attend à Milan; un bal et un festin nous y attendent. Aussitôt on réembarque. Les gardes français continuent à cheval en longeant le canal. La musique de la fête se perd déjà dans les brumes du soir. Marie fiévreuse s'interroge : aurait-elle aussi rêvé cette rencontre?

*Un pucelage de haut prix*

Elle veut se dégager mais lui la serre bien. Il la tient prisonnière sous lui. Malgré elle il l'a entraînée loin du bal. Dans sa chambre? Pas même. Elle est trop loin et il est trop pressé. La Venelle a bien essayé de s'interposer. « Monseigneur, Monseigneur, pas avant la messe. Il n'y a eu que mariage par procuration et ce n'est pas l'usage. Il faut attendre demain. Demain après la confirmation par l'archevêque... » Mais Laurent ne veut rien entendre. Il a écarté d'un mouvement impatient la gouvernante et entraîné Marie. Elle n'a pas résisté. Quelque chose de sa chair l'asservit à ce garçon musculeux. Elle se jure cependant de le dompter alors même qu'elle est prise sous lui. Elle lui refuse sa bouche. Elle veut voir ses yeux au moment de l'hallali. Elle veut voir son visage qui se décompose alors qu'elle le reçoit en elle. Elle aime cette brutalité qui délivre une part obscure d'elle-même, quelque chose de la bête endormie. Elle trouve le chemin des caresses. Elle demeure triomphante alors qu'il roule pour s'abattre dans les draps. Il reste ainsi un temps hébété puis pousse un cri. Le cri du soldat conquérant. Le cri du vainqueur. Il vient de découvrir l'amour ; jusqu'ici il n'avait connu que la chair à bon marché. Il vient de découvrir l'amour et il est le premier. Le premier alors que l'Europe entière, et lui-même jusqu'à cet instant, pensaient que Marie était la putain du roi de France. Pour un Colonna, la virginité n'est pas une bagatelle. Il y va de son honneur. Pour y trouver des compensations, il se serait accommodé des restes de Louis. Mais si en plus la mariée se révèle vierge, le voilà au comble de la félicité. Il est brisé et c'est Marie triomphante et repue qui, à présent, lui prodigue des caresses. Elle allait à l'amour comme à un suicide et la voilà ressuscitée.

Le lendemain, Laurent joyeux parade dans la ville, Marie à son bras. C'est un tout autre homme qu'on découvre. Il laisse à Marie la bride sur le cou. Ce qui ne va pas sans étonner le couple Balbasès. Jusqu'à ce moment il a eu, ainsi que bien des Italiens, assez mauvaise opinion de la liberté des femmes en France. Mais comme il a par lui-même éprouvé avec Marie ce que cette liberté a de bénéfique, il veut que dorénavant, celle-ci en use de même en Italie en dépit des avis de sa sœur donna Anna. A peine a-t-elle aperçu Marie que la marquise l'a prise en grippe. Tout chez elle l'irrite : son allure franche qu'elle juge désinvolte, ses habits à la mode de France et jusqu'à cette ostentation à ne porter de bijoux que les perles que l'Europe entière lui envie pour leur éclat et aussi pour leur galante histoire.

*La marquise de Los Balbasès*

La marquise fait placer dans la chambre de Marie des robes coupées à la mode d'Italie. Marie les dédaigne et le soir même paraît au souper dans une robe en fine brocatelle, un cadeau de sa sœur Hortense. La Morena qui la suit est vêtue d'une des robes collet monté de la marquise. L'offensive est ouverte. Marie tout sourire sait que la marquise ne s'en tiendra pas là. Elle en a un vague souvenir du temps de son enfance à Rome. C'est une Colonna enivrée de sa grandeur. Elle la voit s'approcher avec son air pointu. Elle se fait doucereuse. Lui prodigue des conseils pour sa vie à Rome. Elle lui décrit le palais Colonna de la place des Santi Apostoli : « Vous verrez, le palais est très agréable en été. On ouvre les fenêtres et l'on est de plain-pied dans le jardin. Au fond de celui-ci vous trouverez un petit casino. Pour vous ce sera sans doute très émouvant... En effet c'était là que votre grand-père logeait du temps qu'il était majordome du mien... » Marie prend sur elle et sourit. « Madame, réplique-t-elle avec la même feinte douceur, je ne sais ce qu'était mon grand-père, mais en revanche je sais fort bien que de toutes mes sœurs que j'ai en France, je suis la moins bien mariée... » Il y aura encore quelques escarmouches d'où Marie ressortira avec les honneurs. Cependant Laurent presse le mouvement. Il lui faut être à Rome pour la Saint-Pierre le 29 juin, où chaque année la grandeur des Colonna se trouve exaltée. C'est en effet en ce jour que le pape reçoit l'impôt du clergé de Naples. Quelque dix mille ducats d'or portés dans des coffres à dos d'une haquenée blanche, la « chinea ». L'honneur de mener la jument revient depuis des temps immémoriaux au chef de la maison Colonna. Or chaque année, d'autres grands seigneurs napolitains tels que les Gaetani ou encore les Pignatelli lui contestent cette prérogative.

*Les langueurs de Marie*

A peine Marie se trouve-t-elle en litière sur la route de Bologne qu'elle est prise de faiblesse. La fièvre a repris. Arrivée dans la ville elle ne peut quitter le palais Angelelli, et c'est d'un balcon qu'elle assiste au grand carrousel que le marquis a organisé en son honneur. Laurent voyant son état décide de lui éviter l'étape de Florence et préfère passer par la côte. L'air de l'Adriatique au lieu d'apporter un réconfort fait empirer son mal. A Pesaro, Marie interdit sa chambre à Laurent qui malgré sa fièvre veut lui rendre ses devoirs. Il a pris l'habitude de la posséder trois fois par jour ; le matin de bon matin, le rebonjour de midi, et le bonsoir avant de s'endormir. Ce n'est un secret pour personne. A Rome on est déjà au courant. On l'en félicite. Cela s'appelle bien labourer son terrain. C'est que de tout temps à Rome le phallus a fait l'objet d'un culte. Sur les tréteaux aux carrefours, on en plaisante et chacun s'esclaffe quand Pantalon entrouvre sa soutanelle et exhibe des arguments, certes en carton mais d'une dimension telle que Priape n'en eût rêvé de semblables. Marie, s'il n'y avait cette fièvre, est comblée, en dépit des insinuations venimeuses du Patriache qui n'a de cesse, en lui soufflant son haleine empestée au visage, de dénigrer la vaillance de son neveu, et de lui proposer ses talents de reproducteur. A Lorette, le Connétable est bien forcé d'en convenir : Marie est très atteinte. Des médecins sont appelés de Rome. Le Patriarche toujours entre deux vins en assomme un dont la tête ne lui revient pas, avec le pommeau d'une épée qu'il porte toujours sur lui en guise de chapelet. Au bout du douzième jour, la fièvre tombe. Laurent exulte. Il aime sa femme, le lui montre et Marie en est touchée. Ils quittent Lorette sans que Marie formule le désir d'aller remercier la Vierge pour sa guérison. Laurent ne s'en formalise pas : il a épousé une délicieuse païenne.

# 35

# Une clique élégante

*Madame*

Marie est à peine en chemin que Paris l'a déjà oubliée. L'Italie est un bien trop lointain pays pour qu'on s'y intéresse. Et depuis la mort du cardinal Mazarin, elle n'est plus très à la mode. La gazette, avec son lot de nouvelles vraies ou fausses et ces mille historiettes qui sont les chemins traversiers de la grande Histoire, suffit à la curiosité.

Que fait le Roi au Louvre? Il s'ennuie auprès de sa Reine. Et à l'hôtel de Soissons, Mme la Comtesse? Elle peste et se ronge les sangs. Mais pourquoi donc? A cause de Madame. Madame? Oui, Madame Henriette, princesse d'Angleterre. Madame, duchesse d'Orléans, belle-sœur du Roi. Celle-là même de qui Louis semblait faire peu de cas; au point de dire à Monsieur la veille de son mariage : « Mon frère, vous allez épouser tous les os des Saints Innocents... » Il est vrai que la mode est aux femmes grasses, bien en chair, ainsi que Mme la Comtesse; aussi Madame, à côté, pourrait-elle passer pour anguleuse. Mais anguleuse avec tant de grâce et d'esprit que bientôt Louis se prend à la regretter comme nous l'avons vu. Que ne l'a-t-il épousée à la place de Marie-Thérèse! Elles sont toutes deux ses cousines germaines, leurs deux mères étant les sœurs de son père; toutes deux sont filles de roi; et cependant quelle différence entre elles! L'une est lente, comme hébétée par la sottise; l'autre pétrie d'esprit. Aussi Louis a-t-il abandonné les salons de l'hôtel de Soissons au grand désespoir d'Olympe pour le Palais Royal où Madame a regroupé une clique brillante.

Louis prise d'autant mieux le bel esprit qu'il va de pair avec la beauté à la mode. Au contraire de Marie-Thérèse, qui s'effraie de la moindre jolie femme en qui elle voit une rivale et ne veut auprès d'elle que des vieux croûtons de l'ancienne cour, Madame s'entoure de filles d'honneur plus jeunes et plus jolies les unes que les autres.

### Mlle de La Vallière

Le Roi ne déloge plus de chez sa belle-sœur. Sous son apparence de majesté, Louis, qui est un timide surmonté, est bluffé par ces camarillas où le ton à la mode le dispute à l'insolente désinvolture. On le dit épris de sa belle-sœur et Olympe enrage. Après le départ de Marie, elle pensait pouvoir prendre un total ascendant sur le Roi. Elle n'avait pas prévu Madame. Elle en était restée aux os du cimetière des Saints Innocents; aussi la voilà tombée haut. Il lui faut composer car Madame est un personnage trop considérable pour être affrontée visière découverte. Olympe, devenue Surintendante de la maison de la Reine, imagine aussitôt des contre-feux. Elle persuade la Reine de tenir son cercle aux Tuileries, plus agréables que le vieux Louvre. Mais la pauvre Marie-Thérèse s'y montre si malhabile que le mouvement de curiosité suscité un instant par cette nouveauté se perd bientôt dans l'indifférence; chacun en tient pour le cercle de Madame où le ton à la mode n'est qu'un fragile paravent à un trafic d'élégantes débauches. Un lieu de braconnage pour une jeunesse libertine. Olympe de son coup d'œil infaillible devine rapidement ce qu'ont de feint les empressements du Roi auprès de Madame. Un écran de fumée pour dissimuler d'autres amours. Elle se penche un peu, scrute, et aussitôt entrevoit le manège qu'on poursuit parmi les éclats de rires, les propos libertins, le bruit de l'or amassé aux tables de jeu. A la lueur des flambeaux, dans le scintillement des pierreries, au milieu du bruit agaçant et craqué des soies d'éventail qui ponctue le mot d'esprit assassin, dans ce croulement d'ors et de moirures, d'étoffes précieuses, comme perdue dans le par-

fum musqué de la délicate pourriture qui émane du courtisan à
la mode, elle aperçoit d'abord deux yeux bleus d'une langueur
qui ne trompe pas. Deux yeux bleus et toute la blondeur dont
généralement ils s'accommodent. Mais surtout elle voit une
âme. Or rien n'est plus irritant qu'une âme lorsque rayonnante
elle éclaire les petites bassesses de la vôtre. Olympe y perçoit un
défi. Voudrait-on la braver ? Elle saura se venger. La voilà en
campagne. Elle se renseigne. On lui nomme la personne à qui
appartiennent ces beaux yeux. Il s'agit d'une certaine Louise de
La Baume Le Blanc, demoiselle de La Vallière. Son père était
gouverneur d'Amboise. C'est Mme de Choisy qui l'aurait poussée comme fille d'honneur chez Madame où le Roi, tout de
suite, l'a remarquée.


### Olympe aime enfin

Olympe au contraire de Louise de La Vallière n'a jamais
aimé, et le Roi moins que quiconque. Aimer d'ailleurs lui
importe peu. Qu'on l'aime, elle n'en a cure, du moment qu'on
simule. L'important pour Olympe c'est le paraître. Elle s'était
maintenue dans cet état qui la rendait insensible et légère
jusqu'à il y a peu. Or depuis quelque temps la voilà à son tour
amoureuse. Elle aime follement. Elle aime le plus aimable de
tous les courtisans. Celui dont chacun raffole à la cour et le Roi
le premier. Le plus beau, le plus spirituel, le plus élégant mais
aussi le moins sûr car François-René du Bec-Crespin, comte de
Vardes, est le plus cynique, le plus roué de tous les libertins.
Comme elle, il n'a jamais aimé personne. Aussi au plus proche
de lui, dans la grande nuit des amants, elle ne découvre
qu'abîme. Leurs amours ne sont que la pratique d'une solitude
à deux.
En découvrant les nouvelles et secrètes amours du Roi,
Olympe mesure la vanité des siennes.
De ce jour, elle devient une habituée de la coterie de
Madame. Fine mouche, cette dernière la voit venir. Un intérêt
commun les lie. Madame qui le temps d'un été à Fontainebleau

est apparue telle une favorite, déteste ce rôle de paravent que lui fait tenir son beau-frère; encore plus depuis qu'elle s'est éprise du comte de Guiche, qui tourbillonne autour d'elle sans vraiment l'offenser. Guiche, ce n'est un secret pour personne à la ville comme à la cour, chasse à poil et à plume. Sa liaison avec le marquis de Manicamp est de notoriété publique. Aussi chacun s'interroge sur ses empressements auprès de Madame et l'on finit par se demander s'il ne s'est pas poussé chez elle pour mieux séduire le mari. Certains soirs en effet il se travestit en femme et ouvre le bal au bras de Monsieur. Incertaine quant aux vrais sentiments de Guiche, trop ostentatoires à son goût, au point que Monsieur commence à en prendre ombrage, Henriette serait aise de retrouver les faveurs passées du Roi du temps où sa seule présence faisait pâlir de jalousie sa cousine la reine Marie-Thérèse. Elle déteste le plus cordialement du monde cette grosse petite infante toujours geignarde et pleurnichante, continuellement fourrée dans les jupes de la Reine mère au Val-de-Grâce, dans celles des carmélites de la rue du Bouloi à marmonner des patenôtres en espagnol ou à se gaver de chocolat. Si La Vallière n'avait pas été une de ses filles d'honneur, si elle ne l'avait choisie elle-même, pour donner le change à ses amours avec Louis, si le stratagème n'avait pas aussi bien fonctionné au point que Louis, oubliant la maîtresse, était tombé amoureux de la servante, rien que pour faire souffrir cette poupée espagnole elle aurait favorisé les amours de La Vallière. Mais l'affront est trop évident. Aussi va-t-elle suivre les conseils d'Olympe. Ainsi liés par l'intrigue, Henriette et Guiche, Olympe et Vardes, vont-ils désormais former un quatuor diabolique.

### Liaisons dangereuses

Comme surintendante de la maison de la Reine, Mme la Comtesse a la haute main sur les filles d'honneur. Les jeunes beautés sont rares chez la Reine; mais il en est cependant deux ou trois qui mériteraient d'être remarquées par le Roi. Olympe jette son dévolu sur une demoiselle de La Mothe-Houdancourt. Quatorze ans, blonde, mince et délurée, elle a déjà bien de l'intrigue et assez le diable au corps. Cependant aucun esprit. Peu importe, Olympe en a pour deux. Elle tournera les poulets. Le Roi aperçoit la demoiselle qu'Olympe fait parader comme une pouliche à la longe. Le soir même le voilà perché sur le toit du château de Saint-Germain, essayant par les gouttières de rejoindre les chambres des filles de la Reine. On se parle à travers une cloison. On se frotte le museau. On se jure de revenir le lendemain. Entre-temps, Vardes glisse dans la poche du Roi un billet doux fort joliment tourné. Louis est surpris. Il n'avait pas discerné dans la conversation de la demoiselle autant d'esprit. A la nuit, le revoilà sur les toits. Il veut emprunter le même chemin. Il se casse le nez sur une grille. Le passage a été bouché. C'est encore un coup de la duchesse de Navailles, la première dame d'honneur, grande protectrice de la vertu des filles sous ses ordres. Une guerre s'ensuit entre la Navailles et Olympe. Les choses en viennent au point que le comte de Soissons, dominé par sa femme, se fait un devoir de provoquer le duc de Navailles. L'affaire se serait terminée l'épée à la main si le Roi, de peur qu'un scandale n'alerte la Reine, toujours suspicieuse, n'avait trouvé un compromis entre les deux dames.

Le chemin des gouttières étant fermé définitivement, on imaginera bien un autre passage. Cependant la demoiselle, sous l'influence d'Olympe, fait monter les enchères. Elle cédera. Mais pour le prix de sa vertu, de son honneur, elle demande le renvoi de Mlle de La Vallière. Le Roi promet tout. Enlève la place peu résistante. Et finalement à l'arrivée ne tient rien. Dépitée, Olympe se contient mal. Voyant la favorite croiser Mlle de La Mothe-Houdancourt, elle ne peut s'empêcher de jeter à la cantonade : « Je la savais boiteuse mais pas aveugle... » Cette perfidie vole aux oreilles du Roi. La réponse à la bergère est immédiate. « Qu'on notifie à la comtesse de Soissons de ne plus se présenter au Louvre en carrosse... » Ceci n'est pas un simple conseil à Mme la Comtesse sur un moyen de locomotion mais bien un avis de disgrâce. Franchir les guichets du Louvre en carrosse attelé à six chevaux est un honneur réservé aux seuls princes du sang, aux ducs et à quelques princes étrangers.

Comme surintendante de la maison de la Reine et princesse étrangère, Olympe peut y prétendre. Cependant lui retirer si ouvertement les honneurs du Louvre, ne serait-ce pas encore alerter Marie-Thérèse qui pour l'instant ne se doute de rien ? Louis réfléchit et se rend à cet avis. Le boulet a frôlé Olympe sans qu'elle s'en doute. Louis sait dissimuler ses colères. Auprès de Marie il fut à l'école du cœur et de ses élans ; auprès d'Olympe et de la petite cour de Madame il progresse dans les voies de la perfidie dont Mazarin lui avait indiqué la direction. La Vallière cependant se trouve être dans le cœur de Louis comme une prolongation des clairs et beaux sentiments qu'y répandait naguère Marie. Il y a là comme une continuité d'abnégation dans l'amour. Cependant La Vallière respire la vie autant que l'amour. Elle chasse. Court la forêt avec Louis, l'éblouissant par son aisance d'amazone. Elle manie l'épieu. Tire au pistolet. Marie-Thérèse commence à s'inquiéter de cette donzelle auprès de qui le Roi semble tant se plaire. *Esta doncella ?* interroge-t-elle encore. Mais il ne se trouve personne pour se risquer à lui dire la vérité. Même Olympe.

### Mme de Monaco, une passade

Après Mlle de La Mothe-Houdancourt qui fut favorite une demi-minute, c'est au tour de Mme de Monaco de s'essayer sur le cœur du Roi. Elle a du bec et pas mal d'intrigue. Fille du maréchal de Gramont, donc sœur de Guiche, elle partage avec lui ce toupet des Gascons. Le prince de Monaco a la vue basse ; il n'y voit goutte des manèges galants de sa femme qui les mène rondement sous son nez. Ce sera l'affaire d'un coup fourré mais la belle en tirera la surintendance de la maison de Madame qui sera la première et la dernière des filles de France à en avoir. Abandonnée par le Roi, la Monaco se consolera avec Lauzun. Cet amant jaloux lui clouera froidement la main de son talon, un soir au cercle de Madame, alors qu'elle se tient assise sur un carreau, et il parachèvera ce geste désinvolte et cruel d'une pirouette dans un envol de poudre et de dentelles. Quelques années plus tard lors de son arrestation, on retrouvera dans une cassette le portrait de Mme de Monaco, nue et les yeux crevés. Il y avait d'autres grandes dames, cependant moins reconnaissables car M. de Lauzun dans ses rages intimes leur avait coupé la tête.

Guiche, avec cette insouciance diabolique qui anime le quatuor, trouve un moyen de faire connaître à La Vallière les infidélités du Roi. Celle-ci, déjà troublée par l'annonce d'une grossesse, s'enfuit au couvent. Louis, un manteau gris sur le nez, s'en va en pleine nuit, à cheval, la rechercher. Cris des religieuses, pleurs de La Vallière, serments de Louis. Et ce sera ainsi la même scène à différentes reprises ; jusqu'au jour où Louis se lassera d'aller frapper à la porte du couvent. Il aura trouvé une remplaçante à la favorite, et celle-là infiniment plus sultane : la Montespan.

### La lettre espagnole

L'amour que porte Vardes à Mme de Soissons est de dessein. Certains même prétendent que c'est le Roi qui, las d'Olympe et pour avoir les coudées franches, lui aurait suggéré cette passion. Vardes qui en amour a plus de métier que Guiche, a deviné que celui-ci butine bien plus qu'il n'offense. Aussi est-il déterminé à lui souffler Madame. Pour mieux se placer il devient le confident de leurs amours. C'est à cet instant qu'Olympe, n'ayant en tête que de faire congédier la favorite, aperçoit sur le tapis dans la chambre de la Reine, une enveloppe. C'est celle d'une lettre venant de Madrid adressée à Marie-Thérèse par son père. Olympe s'en empare. Le même soir Vardes compose un petit chef-d'œuvre d'épître. Un billet par lequel Philippe IV révèle à sa fille la liaison du Roi avec La Vallière. Il faut à présent le tourner en espagnol. Guiche qui se pique d'écrire le beau castillan, se propose de le traduire. On glisse la lettre dans l'enveloppe. Olympe se charge de la remettre à la Molina, femme de chambre de la Reine. Cependant au moment de la donner à sa maîtresse, lui vient un soupçon. Aussitôt la voilà

chez le Roi. Le Roi prend la lettre, l'ouvre et au premier mot
pâlit. « La Reine a-t-elle vu ce billet ? » demande-t-il. La
Molina, qui ignore tout du contenu mais qui pense que la lettre
renferme de mauvaises nouvelles sur la santé du roi d'Espagne,
lui assure que la Reine n'en connaît pas même l'existence.
Louis empoche la lettre et congédie la femme de chambre avec
pour consigne de ne rien répéter. Il suspecte si peu les vrais
coupables que le soir même il consulte Vardes à ce propos. Ce
dernier y voit une occasion de débarrasser Olympe de son ennemie la duchesse de Navailles. Il n'a pas grand-peine à persuader
le Roi que c'est un coup monté de la duchesse et de son mari.
Quelques jours plus tard les Navailles prennent le chemin de
leurs terres. Le Roi les exile.


*Le quatuor se débande*


Dans le petit cercle, la perfidie procède d'un goût artiste. On
n'y résiste pas. C'est un bel art qu'on pratique avec une apparente désinvolture mais une précision d'artilleur. Vardes y est
passé maître. Il y a chez lui du Valmont avant la lettre. Le bonheur des autres l'incommode. C'est dire que les amours de
Guiche et de Madame l'agacent. La vie est trop plate sans passion contrariée. Il manœuvre si bien que Guiche est envoyé en
Lorraine pour affaires par le Roi. Il part la mort dans l'âme en
confiant à son ami ses intérêts. Oh, pour cela Vardes n'a pas
perdu un instant, il est déjà aux pieds de Madame. On l'écoute.
Il plaît. Guiche butinait. Aimait pour la galerie. Vardes est
pourvu d'un plus solide appétit. A l'hôtel de Soissons, Olympe
n'aperçoit plus que de loin en loin son amant. Elle s'interroge.
Conçoit des soupçons. Bientôt la jalousie entre en piste. Elle n'a
jamais souffert Madame. Seul un intérêt commun l'avait poussée à composer. Elle garde la chambre. On la dit malade.
Madame lui rend une visite de courtoisie. La journée se passe
en reproches et en pleurs. A force de recoupements, de confidences en confidences, elles finissent par découvrir le traître.
Olympe jure que de sa vie elle ne reverra le perdide. Le soir

même, Vardes est chez elle. Il lui donne si bien la comédie que de nouveau le voilà sous son charme. Après avoir trahi son ami Guiche, Olympe sa maîtresse et Louis son maître, il lui fallait exécuter Madame. Il fit tenir au Roi des lettres que Madame dans son égarement lui avait confiées. C'étaient des lettres de son frère le roi Charles II d'Angleterre. Alertée, Madame veut récupérer une autre correspondance qu'elle lui a imprudemment confiée. Ce sont les lettres de Guiche. Vardes refuse. Dans le même temps on lui rapporte que Vardes parle d'elle avec insolence. Il aurait dit au chevalier de Lorraine qui, bien qu'amant de Monsieur, aimait à se dégourdir auprès des soubrettes de Madame, qu'il aurait meilleur marché de Madame que de ses suivantes. Henriette court au Louvre. Elle n'a qu'une idée : perdre Vardes. Louis écoute sa plainte. Le soir, Vardes couche à la Bastille. C'est alors au tour d'Olympe de faire atteler à grand fracas. Au Louvre ! et fouette cocher ! Elle est hors d'elle. Elle aime Vardes jusqu'à en perdre la raison, jusqu'à se perdre elle-même. C'est une furie italienne que Louis voit paraître dans son cabinet. Justice, sire ! Justice pour le comte de Vardes. Et aussitôt elle abat les cartes les plus secrètes. Il lui faut perdre Madame et son amant. Qu'à cela ne tienne, elle accuse Guiche d'avoir voulu livrer Dunkerque aux Anglais. Une preuve : elle produit une lettre de la main du comte à Madame. Le Roi peut y lire « Votre timide beau-frère (le Roi) n'est qu'un avare et un fanfaron. Lorsque nous serons dans Dunkerque nous lui ferons faire, le bâton haut, tout ce que nous voudrons. » Le style vous plaît-il, sire ? Eh bien il est encore meilleur en espagnol. C'est lui, oui, c'est lui, sire, qui a écrit la lettre à la Reine... Le lendemain c'est au tour de Madame de surenchérir. L'invention de la lettre est de Vardes ; le comte de Guiche n'a fait que la traduire. La cour retient son souffle devant le spectacle de ces deux grandes dames qui tirent au bâton pour mieux se perdre l'une l'autre. Louis écoute et apprend. Vardes, Guiche, Rohan, tous ses amis de jeunesse l'ont trahi ou le trahiront. Il a fait le tour de ce petit groupe qui, il y a peu encore, le fascinait ; et cela d'autant plus qu'il lui tenait la dragée haute. Derrière cette liberté d'allure, ce ton d'excentricité et d'audace, il perçoit les relents d'une pourriture fine, une décomposition du cœur et des sentiments. Ce n'est qu'un avant-goût de ce qu'il trouvera quinze ans plus tard en grattant les ors de Versailles quand éclatera l'affaire des poisons.

La fête est finie. A Vaux, Fouquet a mis la clef sous la porte. Il est pour le restant de ses jours enfermé à Pignerol. Les plaisirs de l'Ile enchantée se sont abîmés dans les gravats du chantier de Versailles. Les dévots ont empêché *Tartuffe. Dom Juan* est menacé. Le roi cesse de toucher sa guitare pour accompagner une chanson de Dassoucy. On a pendu Claude Le Petit, poète et libertin, et brûlé Chausson son jeune amant en place de Grève. Un trafic de pages a été mis au jour. Monsieur, des princes lorrains, de grands seigneurs, Lulli même y sont mêlés. On étouffe l'affaire. Le cœur n'est plus à la fête. Le Roi a mouché les chandelles avec des lettres de cachet. Vardes est conduit à la citadelle de Montpellier. Il y restera deux ans au secret. Il sera ensuite transféré dans son gouvernement d'Aigues-Mortes avec interdiction de s'en éloigner de plus de cinq lieues. Olympe et son mari Soissons, qui pourtant n'est pour rien dans cette affaire, sont exilés dans leur gouvernement de Champagne. Guiche également disgracié pour un temps. Louis a congédié sa jeunesse. Et Marie s'éloigne un peu plus dans son souvenir.

### Mme de Montespan

Le grand règne prend du large. Après deux ans en Champagne Olympe rentre en grâce. Elle reprend sa grande existence. Ses fréquentes grossesses l'éloignent des intrigues. L'étoile de La Vallière pâlit. Bientôt elle se retrouve à nouveau chez les carmélites où le Roi, cette fois, se gardera bien de l'y aller chercher. C'est qu'un autre astre a pointé à l'horizon. La Montespan règne en favorite hautaine et capricieuse, griffes dehors. Elle affiche un extérieur de reine et dispute au Roi ses quartiers de noblesse. Auprès des Mortemart les capétiens à l'entendre font pâle figure. Et avec cela un tour d'esprit unique auquel se mêle beaucoup de méchanceté. Passer sous ses fenêtres quand elle y est, c'est se risquer à feu découvert. Le Roi est ensorcelé. Bientôt se profile une ombre. La marquise est mariée. Et M. de Montespan est rien moins qu'un mari complaisant. Le Roi se trouve dans l'impossibilité de faire asseoir sa maîtresse en la faisant duchesse sans risquer un esclandre du mari. La Montespan n'est pas femme à faire le pied de grue, même chez la Reine. La charge de surintendante de la maison de la Reine ne donne-t-elle pas droit au tabouret à l'égal des duchesses? Alors que Mme la Comtesse s'en démette en faveur de la marquise. La Montespan attendra dix ans qu'Olympe veuille bien lui vendre sa charge.

Vardes au loin dans les marais du Languedoc à tirer l'outarde, Olympe se rabat sur le jeune Villeroi pour ses chasses nocturnes. On parle de lui comme du « Charmant »; et c'est vrai qu'il est délicieux. Léger, doux, soyeux à souhait, et avec cela rompu et corrompu à tous les manèges; Olympe n'a qu'à s'y faufiler pour y faire son nid d'intrigues. Encore quelques années et le comte de Soissons, toujours infiniment obligeant pour son épouse, se fera un devoir de prendre la poste pour un monde meilleur. On parlera alors de poison. A peine un murmure. La vogue n'en est pas encore ouvertement établie.

### M. de La Fontaine

Olympe aperçoit de loin en loin Hortense que le duc de Mazarin traîne à sa suite dans ses perpétuels déplacements en province où le requièrent de multiples procès. Procédurier dans l'âme, il en intentera plus de trois cents qu'il perdra. Cette manie est doublée, chez lui nous l'avons vu, de celle du « caleçon ». La moindre nudité est aussitôt culottée par ses soins. La *Vénus du Pardo* du Titien, une nymphe du Corrège se trouvent ainsi caleçonnées. Pour les statues on a vu, également, le traitement qu'il leur réserve.

Si Hortense est toujours en voyage, Marianne en revanche est bien présente. C'est en voisine qu'elle débarque claironnante et brouillonne de son hôtel de la rue des Petits-Champs. On l'a mariée à treize ans au duc de Bouillon, de dix son aîné. Olympe a organisé la noce. M. de Bouillon se croit grand capitaine. Il en a le courage ; et comme neveu de Turenne pourquoi n'aurait-il pas le coup d'œil ? Il est toujours à cheval. Quand ce n'est pas aux frontières, c'est au fin fond de la Hongrie où il guerroie contre le Turc. La petite duchesse se veut bel esprit. Elle taquine la muse. Tourne toujours le mirliton. Parfois elle se retire dans son fief de Château-Thierry, le temps d'une grossesse. Elle se met à la fenêtre et quelle n'est pas sa surprise de découvrir un de ses lieutenants des eaux et forêts qui s'en va, la perruque de travers et une pétoire sous le bras, au travers de la garenne avec pour tout compagnon Jeannot Lapin. Il va de franche allure parmi le thym et la rosée. Il ne mâche pas ses mots. Polissonne même en vers variés, quand il ne tente pas de persuader les hommes de la vertu des bêtes. Marianne qui l'a déjà entraperçu à Vaux chez Fouquet ne se doutait pas qu'il appartînt à son duché. Il se nomme Jean de La Fontaine. Elle va le promouvoir, l'appuyer, le pousser dans le monde tandis qu'il fera les délices de l'hôtel de Bouillon. Marianne y entretient une petite cour et aussi une ménagerie. Ce goût pour les animaux lui vient de l'oncle. C'est pour le poète un champ d'observation. Quand il quitte le salon des porcelaines où les miroirs renvoient un monde perruchant de seigneurs enrubannés, c'est pour s'en aller badiner dans une cage dorée avec la guenon favorite de la duchesse. Cette grande dame de seize ans est son aiguillon. La Fontaine aime ses jappements. La petite duchesse affiche le sans-gêne des bouffonneries italiennes. Elle n'est ni bas-bleu ni bégueule. Son frère Philippe ne se montre pas moins accueillant dans son hôtel de Nevers. Lui aussi protège les poètes et comme sa sœur goûte les plaisirs de l'esprit et de la jolie conversation. Ami de Guiche et de Manicamp, on le prétend « très italien » autant dire lui aussi à poil et à plume. Mais, comme on le dit, tantôt l'amant de sa sœur Hortense tantôt celui de Marianne... allez savoir ! Le duc de Bouillon est moins pointilleux sur la vertu de sa femme que le duc de Mazarin. Il se contente d'aller caracoler aux frontières avec ses régiments, alors que son beau-frère convoque les maçons pour murer tous les passages communiquant entre le palais Mazarin et l'hôtel de Nevers.

Aux petits chiens, aux singes, aux perroquets, il faut ajouter messieurs les neveux, déjà de la graine de roués. Ce sont les deux Vendôme, les fils de Laure de Mercœur que Marianne, dès qu'elle a été mariée, a accueillis chez elle. Ils sont à peine moins âgés qu'elle lorsqu'ils arrivent à l'hôtel de Bouillon. L'aîné a dix ans; c'est Louis Joseph, le futur grand capitaine dont Saint-Simon a laissé de terribles portraits. Philippe son cadet d'un an sera le Grand Prieur; aussi débauché que son aîné, il préfère cependant par grand vent les demoiselles aux jeunes pages. Marianne lui enseignera très tôt les chemins buissonniers de l'amour. Le pied aussi galamment mis à l'étrier, il ne s'arrêtera pas en si bon chemin. Les deux Vendôme sur le tard, quand les lumières de l'hôtel de Bouillon se seront définitivement éteintes, perpétueront chez eux à Anet, au Temple, ces joyeuses soirées de vin et de fines débauches, et cet irrespect que professait Marianne laquelle aimait l'esprit à tout risque.

Le Roi lui n'apprécie guère la duchesse de Bouillon. Il s'en méfie même. Trop jeune pour avoir été comme ses sœurs une camarade de jeu, elle lui rappelle seulement l'époque où le Cardinal le tenait serré, comme prisonnier de ses sollicitudes caressantes de chat et qu'il se désespérait de cet état, se demandant quand il finirait.

Louis a dit adieu à sa jeunesse. Jamais plus on ne le surprendra dans les gouttières du château de Saint-Germain. Comme jamais plus il ne s'en laissera imposer. C'est lui désormais qui donnera le bon ton. Un ton de politesse qu'il perfectionne jusqu'à en faire une arme politique, que relaie son égalité d'âme, une élégance morale et une majesté incomparables. La décence lui est si essentielle qu'il la conservera jusque dans ses adultères. Tout est réglé, mesuré, contrôlé. Il a trente ans, son soleil se lève.

*Adieu à Anne d'Autriche*

La dernière amarre qui l'attachait à sa jeunesse se défait : sa mère Anne d'Autriche se meurt. Depuis un an un cancer du sein la ronge. On lui a attaché un sachet de senteur sous le nez afin de ne pas être incommodée par la puanteur des chairs décomposées. On est le 19 janvier 1666 au soir. Anne est dans son lit. Elle entend y mourir en apparat. Elle attend paisiblement le saint sacrement que le Roi et la Reine, Monsieur et Madame, Mademoiselle, M. le Prince et M. le Duc son fils sont allés chercher à la chapelle. Soudain en apercevant ses mains gonflées, elle a une ultime réaction de coquette. Elle se tourne vers l'archevêque d'Auch : « Tiens ma main est enflée, oui-da ! Il est temps de partir », fait-elle.

# 36

# Rome, Venise, Milan

*Jours heureux aux Santi Apostoli*

Marie s'est fait un point d'honneur de vivre à la française dans son palais romain aux Santi Apostoli. C'est-à-dire en toute liberté, avec cette franchise de conversation, toujours teintée de ce qu'il faut de médisances spirituelles. Elle y a introduit le jeu, la comédie, la danse et une manière de badinage qui n'est pas fort éloignée de la coquetterie. C'est un défi qu'elle lance à la société romaine; celle-là même qui naguère avait traité sa famille en quantité négligeable. Cependant, c'est moins par revanche que par un souci d'originalité et de romanesque qu'elle affronte cette société où les femmes vivent à l'écart, loin des plaisirs bruyants des hommes. De son oncle le Cardinal, elle a acquis le goût opulent; et comme la fortune des Colonna, la splendeur de leurs palais de Rome, de leurs villas de Frascati et de Marino lui offrent des moyens et un cadre rêvés, rien ne bride son imagination. Elle trouve même dans l'humeur facile de son mari, toujours éperdument amoureux d'elle, des encouragements. Peu de femmes répondent à ses invitations. Elles préfèrent rester chez elles, à bigoter au fond d'un palais avec de petits monsignors qui, au demeurant, passent pour leur servir bien autre chose que des messes basses. Marie n'en a cure. Les riches et nobles étrangers de passage, les Français en premier, sont des hôtes toujours bienvenus au palais Colonna. On s'y presse par curiosité. Chacun veut voir Mme la Connétable dont les amours avec le roi de France ont défrayé la chronique galante de l'Europe. Le Connétable qui s'en est avisé a fait claironner par toute la ville le grand bonheur qu'il a eu de prendre sa femme vierge. Le mâle italien est assez regardant sur ce détail. On est loin du sifflement grivois émis jadis par Henri IV quand s'étant vu promettre un pucelage de choix par sa maîtresse, la marquise de Verneuil, il découvrit la voie déjà bien frayée. « Que faites-vous, sire ? » interrogea étonnée la marquise. « Je siffle ceux qui m'ont précédé. » Et aussitôt cingla la réplique : « Il n'est point besoin de vous arrêter à si peu de chose. Piquez plutôt, sire, piquez ! Vous les rattraperez peut-être... »

Marie n'est pas malheureuse. Elle laisse filer les jours. Elle s'agace seulement un peu de cette égalité du temps. Personne ne la gêne. Elle vit à sa guise. Même l'homme rouge de la famille, Girolamo Colonna, le cardinal, oncle du Connétable, est tombé sous son charme. Il a donné l'ordre qu'on lui remette les bijoux de la famille dont le fameux collier ciselé par Benvenuto Cellini. Marie remercie mais continue à ne porter que ses perles. Aux plaisirs du moment, elle mêle ceux du souvenir. Le cardinal Colonna la regarde, esquisse un fin sourire ; il sait à quoi s'en tenir. Marie aussi.

### Marie snobe le pape

De France lui sont arrivées des rumeurs sur les nouvelles amours de Louis ; elle n'envie pas Louise de La Vallière ; mais les pleurs de la sotte petite reine espagnole la réjouissent ; elle a appris comment Louis a répondu à ses couinements sans grâces : « De quoi vous plaignez-vous, Madame ? Est-ce que je n'honore pas votre couche chaque nuit ? Il serait temps que vous vous fassiez plus à votre raison qu'aux rumeurs de la cour... » Deux mois plus tard naît le Grand Dauphin. En regard, le ventre de Marie demeure, lui, irrémédiablement plat. Le cardinal Girolamo l'examine chaque jour à la dérobée. Il scrute un signe. Il sait qu'elle assure ses devoirs ; qu'elle y prend même plaisir ; il a ses sbires au palais où chacun est à ses ordres. Peu lui importe les états d'âme de sa nièce puisque finalement elle a su le séduire. Mais il souhaiterait qu'elle se montre plus rapidement féconde. A Rome, la puissance d'une famille s'établit à sa progéniture nombreuse ; ainsi se perpétue l'idée de la « gens » antique. Les Colonna ne descendent-ils pas des Scipions ? De toute façon, il y a chez eux de quelque côté qu'on se tourne un peu de la cuisse de Jupiter. Cela amuse follement Marie qui trouve là l'occasion de snober le pape, ses neveux et ses nièces. Surtout la nièce dont le palais se trouve à deux pas du sien.

Le pape Alexandre VII Chigi est un Siennois d'une famille de banquiers. Des parvenus d'assez fraîche date comparés aux Romains comme les Orsini, les Caetani, les Colonna, les Savelli... tous patriciens d'antique lignée. Le pape Alexandre de surcroît est détesté pour faire régner dans Rome une tyrannie de bigot. Il a interdit les théâtres, les pantomimes et l'opéra. Autant dire que cet édit a eu l'effet d'une déclaration de guerre dans une ville comme Rome où l'opéra a pris le tour d'une passion maladive. Ce n'est plus une mode, c'est une folie générale qu'entretiennent les cardinaux eux-mêmes avec leurs petits eunuques et des cantatrices à domicile, composant pour certains des livrets d'opéra comme le nonce à Madrid, Giulio Rospigliosi, le futur pape Clément IX. Le théâtre est un lieu de galanteries. Au théâtre de la Torre di Nona, restauré à grands frais par le comte Aliberti, un ancien majordome de Christine de Suède, les loges sont devenues de véritables boudoirs où les courtisanes comme les grandes dames se livrent un peu plus qu'à des manèges. La musique n'est que prétexte à trousseries. On écoute d'une oreille, une main faufilée sous la jupe. Et s'il n'y avait que la main. Pour mettre fin à ce scandale, le pape a ordonné d'abattre les cloisons et de faire communiquer les loges. Cela n'a contraint personne, si bien que le Saint-Père s'est vu obligé de faire remettre les grilles. Si on excepte le pape librettiste Clément IX Rospigliosi, cette ère de pudibonderie se poursuivra sous le règne d'Innocent XI Odeschalchi qui se donnera le ridicule, lui, de vouloir réformer jusqu'à l'habillement des femmes. Il enverra ses sbires aux lavoirs et aux blanchisseries pour rafler les chemises non conformes à la règle. La reine de Suède et ses suivantes s'empresseront de lui demander audience et c'est affublées d'extravagantes tenues collet monté qu'elles se présenteront au Quirinal. A ce spectacle, Rome ne sera qu'un énorme éclat de rire. Le ridicule aura fini par avoir raison de la réforme. Et la licence reprendra de plus belle, sur le théâtre, dans les loges, au carrefour des rues où Pantalon pourra de nouveau afficher son monstrueux braquemard.

« Me faut-il vraiment aller rendre visite au pape ? » interroge Marie ; et sans attendre la réponse du cardinal Colonna elle ajoute : « Pourquoi le Saint-Père ne se déplacerait-il pas, s'il a une si pressante envie de me voir ? Les hommes, même les souverains, m'ont toujours rendu la première visite à Paris. » Finalement elle se conforme au cérémonial et s'en va chez le pape baiser sa mule et recevoir sa bénédiction.

### La Chigi

Cependant elle ne cédera à personne d'autre. Que la princesse Chigi, une Borghèse qui, après avoir été fiancée au Connétable, a épousé un des neveux du pape, prétende prendre le pas sur elle, c'est alors une tout autre affaire. Marie se pique à ce jeu de l'étiquette ; et fait savoir qu'elle n'a aucune intention de lui laisser la préséance. Le palais Chigi œuvre de Giacomo Della Porta fait face à celui des Colonna ; de leurs balcons respectifs les deux dames peuvent se toiser. Quand elles font atteler pour se rendre à la même cérémonie, c'est à celle qui coupera le passage à l'autre. La hardiesse de Marie bientôt l'emporte et la Chigi n'a plus qu'à ravaler ses prétentions. Le triomphe de Marie est complet quand le cardinal Flavio Chigi se fait annoncer au palais. C'est un gros petit homme, fort galant, portant la moustache cavalière. Lui aussi tombe sous le charme de Marie. Près de Sienne à Cinitale en Toscane, il possède une grande villa entourée de bois. Il y invite Marie et Lorenzo pour les chasses d'automne. Marie accepte. Elle aime la chasse depuis l'époque de Fontainebleau. Lorenzo est ravi de partager cette passion avec sa femme. D'ailleurs il s'ingénie à lui plaire en tout. Quitte à déroger aux usages romains et braver le qu'en-dira-t-on. A chaque instant il dépense des fortunes pour l'éblouir ; met à contribution les meilleurs décorateurs, les plus grands artificiers comme ce soir d'août lorsqu'il fait inonder la place Navone pour l'y promener en gondole tandis qu'une lune en étoffe brodée monte par-dessus le toit de l'église Sant'Agnese. L'air est doux. On a répandu sur l'eau des effluves de jasmin. Des musiciens cachés donnent la sérénade. La voûte céleste crépite et soudain c'est comme si le ciel se détachait et tombait en mille parcelles scintillantes dans le bassin. Marie découvre ses initiales sur l'eau, reflet du feu d'artifice qui tiré au même moment embrase la nuit. Marie demeure rêveuse. Elle se souvient : les nuits d'été de Fontainebleau, l'eau, les cascades, la bande des violons embarquée, les mousses, les hautes fougères, la forêt qui embaume de toute part et dans l'ombre le regard ardent de Louis. Il n'est pas un instant que son bonheur présent ne soit entaché du souvenir de l'ancien. Et cependant chaque nuit elle se perd encore plus avant pour s'enfoncer dans la volupté, s'y laisser submerger. Lorenzo a des violences, des voracités, des emportements qui la roulent telles les vagues de l'océan pour la laisser au matin broyée, exsangue, anéantie ; mais repue de plaisirs. Voudrait-elle se soustraire à ce festin de la chair que quelque chose d'inassouvi en elle, de bestial, l'y rappelle aussitôt. Et cependant elle se déteste de cet assujettissement à ses sens.

### Un été romain

L'été vit Lorenzo et Marie dans les collines à Frascati, à Tivoli où les eaux vives cascadent jusqu'au fond des appartements. Le temps passe. A l'automne ce furent à nouveau de grandes chasses dans les monts sabins. Lorenzo revient de ces curées tout imprégné des senteurs de la forêt ; il exhale une odeur forte de venaison. Il ramène dans les draps en fine batiste du lit conjugal la chaude exaltation de ses carnages. Marie s'alanguit en ces chaleurs automnales. Elle se plaît aux derniers frémissements mélodieux de la nature. Elle suit Lorenzo par les chemins forestiers, et parfois le précède pour se laisser entraîner jusqu'au cœur de la forêt. Quelque chose a bougé en elle. L'idée de ce germe dans son corps l'attriste et la trouble. Elle a beau se dire que la chair n'est pas tout, qu'à la longue elle perd de son charme, de sa ressource ; que la maternité est un relais à l'amour, elle ne peut se faire à l'idée d'abandonner l'ivresse de se perdre. Elle courre les bois encore plus frénétiquement, comme par défi, jusqu'au moment où elle sent l'enfant se détacher. On lui dit que cela aurait dû être une fille. Laurent n'a pas de regret. Seule la santé de Marie l'inquiète. Le patriarche de Jérusalem, l'autre oncle rouge, toujours entre deux vins, plaisante sur la faiblesse de la semence de son neveu et se propose pour une prochaine fois comme étalon. Marie le fait jeter de ses appartements ; et la vie reprend peu à peu au palais Colonna.

Le temps du carnaval est déjà là. Il commence avant Noël pour se terminer à l'Ascension. Six mois de folie durant lesquels on va et vient sur le Corso. La ville entière est en masque.

Marie va également masquée en carrosse et en compagnie de cardinaux qui ont jeté un domino par-dessus leur pourpre. Elle collectionne les cardinaux comme la reine Christine. Se trouve également à ses côtés dans le carrosse, Morena qui ne la quitte jamais. Les armes princières des Colonna ont été masquées aux portières et les laquais ont revêtu une livrée d'arlequin à la place de la rouge galonnée d'or de la famille. Les cochers, les valets, les pages et les laquais à l'arrière, les cardinaux et la petite Mauresque, la princesse, enfin l'équipage au complet sont masqués et probablement les chevaux aussi. La foule déborde de partout. Elle arrive par les ruelles de l'ancienne Suburre, débouche des quais du Tibre en provenance du Borgo. C'est comme un fleuve continu et bigarré éclairé par des lampions. Entre deux pétarades, une tête s'est glissée dans le carrosse pour voler un baiser à Marie.

*Colonna et Nevers : les meilleurs amis*
*du monde*

Il ne lui en faut pas plus pour reconnaître son frère Philippe. Celui-ci aussitôt saute dans le carrosse, s'assoit sur les genoux d'un des cardinaux, et sans plus de façon entame son récit de voyage. Il arrive de Paris. Il a mille nouvelles. Il est du dernier cri; de la dernière mode. Il va selon son humeur et son inclination. Et M. Colbert a beau faire, beau dire et même beau écrire à Marie pour qu'elle rappelle son frère à l'ordre, Philippe n'en a cure. Il s'en bat l'œil et se dégourdit les jambes en voyageant. Depuis l'affaire du carême de Roissy, une réputation de libertin le poursuit. A Venise qui est le poste avancé de l'Europe galante, il réussit même à faire scandale. N'ayant guère de religion, il ne croit pas en Dieu; mais en revanche au diable avec lequel on lui prête un commerce intime. Si ce n'est avec lui personnellement du moins avec certains de ses petits suppôts. Il s'adonne, en effet, à la magie comme ses sœurs. On le dit bon alchimiste mais aussi bon poète. Il mène tout de front, vice, vertu, magie, poésie. C'est un esprit fort, avec la constance d'une girouette. Mais aimable au plus haut degré. S'il n'a hérité que de la moitié du palais Mazarin de Paris, il possède en revanche la totalité de celui de Rome sur le Monte Cavallo. Il faut y ajouter également le palais Mancini sur le Corso qu'il donnera par la suite à l'Institut de France. Il va comme le vent. Déboule un matin au palais Colonna. Franchit d'un pas leste les antichambres et sans se faire annoncer surprend Marie à moitié nue à sa toilette. Aussi frère et sœur qu'ils soient, Lorenzo ne peut retenir un mouvement de surprise. Le bonheur qu'il trouve auprès de Marie n'est qu'un frêle rempart à ses violences, à cette jalousie innée chez lui comme chez tous les Romains. La chronique de la ville est pleine d'amours tragiques et incestueuses. Aussi l'état de frère et de sœur ne peut excuser à ses yeux cette intimité. Déjà il a la main à l'épée. Mais avec la désinvolture du roué qui confine souvent à une sorte d'innocence, Philippe déjoue cette situation risquée. Il va jusqu'à la provocation et appelle son beau-frère à l'aide. Aurait-il l'obligeance de se saisir de sa femme. De la tenir, oui, afin qu'elle ne s'échappe pas. Et pour quoi faire? Mais pardi! pour lui donner un baiser auquel elle se refuse. Et Laurent dont le front s'était déjà rembruni, d'éclater de rire. Le baiser pris, hop! Philippe fait atteler; à Venise! crie-t-il au cocher.

*Enfin un héritier !*

Marie le regarde partir avec tristesse. Venise, ce sera pour une prochaine fois. Elle est de nouveau enceinte et Laurent a bien l'intention de lui éviter de faire une nouvelle fausse couche. Marie demeurera couchée du moins les premiers temps de sa grossesse. L'hiver passe et au début d'avril elle donne naissance à un garçon qui aussitôt est prénommé Filippo et reçoit le titre de prince de Palliano. Louis est averti par son ambassadeur de cette naissance et aussitôt adresse au Connétable ses félicitations.

Les relevailles de Mme la Connétable sont splendides. Elle reçoit dans un lit de repos en bois doré imitant une immense coquille que soutiennent quatre chevaux marins montés par des sirènes. Le ciel de lit est un envol de putti qui de leurs petites mains potelées retiennent de grands rideaux d'un brocart d'or tissé exprès à Florence. C'est un véritable tableau vivant, digne en tout point du grand opéra baroque, qu'offre Marie dans cette conque marine au milieu des dentelles. Le Tout-Rome, Sacré Collège compris, se presse dans les appartements de la Connétable comme à une représentation. Il ne manque que le pape, qui se fait représenter par son secrétaire d'Etat le cardinal Rospigliosi, le futur pape Clément IX. Il fut intime de Mazarin du temps où ils sacrifiaient tous deux à Rome à la même passion pour l'opéra. Une passion presque de professionnel chez cette Eminence qui, à ses temps perdus, taquine l'hexamètre. Il a en effet commis plusieurs livrets. Il est également répandu dans Rome qu'il ne caresse pas uniquement la rime mais aussi les petits castrats dont les antichambres de son palais sont encombrées. Il les fait venir par chargements entiers de Naples où se trouve la meilleure manufacture de ces chapons. Marie le regarde s'avancer, patelin et rose, avec son air de bon vivant. A sa suite, cambré et hautain, elle reconnaît le signor Atto Melani, l'un des plus célèbres sopranistes de l'époque. C'est une vieille connaissance que cet ancien castrat de Mazarin. Il fut même un temps son favori. La dernière fois qu'elle l'avait entendu, c'était dans le *Serse* de Cavalli que son oncle avait fait représenter pour les fêtes qui avaient suivi le mariage du Roi. Il y tenait le rôle principal. Une voix céleste mais un fourbe de la plus belle eau, auquel Marie avait eu beaucoup de mal à pardonner ses trahisons répétées. Entremetteur-né, en effet, Melani n'aime que l'intrigue ; plus encore que le chant où il excelle pourtant grâce au fatal coup de ciseaux. Le fait d'être châtré n'a rien rabattu de son arrogance. Il tenait tête à Mazarin qui s'amusait follement de ses perruchades. Sachant son goût pour l'intrigue et la diplomatie, le Cardinal s'en était servi comme « mouche ». Il l'avait chargé de plusieurs missions délicates dans les cours allemandes où il poussait ses grands airs ornés. C'est ainsi qu'il avait séduit l'électrice de Bavière entre deux ritournelles et l'avait persuadée d'engager l'électeur, son mari, à briguer l'Empire. Le Roi l'avait fait gentilhomme de la Chambre et un temps l'avait employé à ses amours avec Marie. Il bourdonnait de l'un à l'autre. Portait les billets doux. Il bourdonna d'ailleurs si bien que les copies des billets chaque soir se retrouvaient sur le bureau du Cardinal. Louis ne lui pardonna pas. Et comme il avait bourdonné aussi pour le compte de Fouquet, la chute de ce dernier entraîna la sienne.

Présentement, il intrigue à Rome dans l'ombre du secrétaire d'Etat et se fait payer un pont d'or chacune de ses apparitions sur le théâtre.

Philippe de Nevers, de retour de Venise, vient à son tour saluer Marie. Il regagne Paris où Colbert l'attend pour lui laver la tête. Etrangement c'est Laurent qui se montre le plus charmé de sa visite. Il a pris goût à ce beau-frère fantasque. Il l'aime. Aussitôt il organise une fête au palais avec mascarade. Il y figure Castor et Philippe bien entendu Pollux. Un grotesque petit castrat déguisé en cygne tire une Léda à moitié nue au milieu des feux de Bengale. Marie qu'on espérait demeure enfermée dans ses appartements. Elle est lasse. Comme épuisée d'avoir donné la vie. Dégoûtée même. Elle a beau faire pour s'émouvoir ; passer des heures à regarder le petit Pippo dans son berceau ; elle ne ressent rien. Elle est comme dépourvue de fibre maternelle. Douloureusement, il lui faut en convenir. Elle pensait pourtant trouver dans la maternité une raison à sa vie.

La nuit Laurent se glisse dans son lit. Elle l'attend refermée sur elle-même. Elle aimerait pouvoir le refuser, montrer du moins quelques réticences ; mais elle ne peut résister à cette chair ; elle cède à ce viol quotidien. Elle se déteste. Elle lui mord les lèvres. Il pense que c'est de l'amour. Mais l'amour s'est enfui pour faire place à un désir sombre, insatiable.

### Venise !

Venise, le mot magique, une fois encore est lâché. Marie rêve, imagine. Venise très rouge au loin posée sur une lagune grise. La lune, les barcarolles, les gondoliers cramoisis, et tout un peuple de masques. De l'Europe entière on y afflue à l'époque du carnaval. Il s'y est créé comme une république du plaisir qui prélude à l'Europe galante du siècle à venir. Tout y concourt. La facilité que donnent les masques, les allures de nuit, les rues étroites qui permettent licence d'à peu près tout ce qui est interdit ailleurs. Philippe est du voyage. Marie commence une grossesse qu'elle dissimule. La voilà en coche. Mais comme le coche ne va pas assez vite, elle demande un cheval et galope d'une traite jusqu'à Padoue en laissant au bord de la route ses espoirs d'une seconde maternité. Le coche d'eau ensuite pour remonter la Brenta n'est plus qu'une formalité.

Marie saisit rapidement l'esprit de cette fête vénitienne qui tourne tout à l'envers ; qui fait se conduire les grandes dames comme des catins et les courtisanes qui ont pignon sur le Grand Canal comme des princesses. La Fausta, la Catina, la Spina, l'Agatina, toutes des petites personnes en « a », mènent un train d'enfer dans des palais où elles entretiennent une cour. On s'y rend pour la conversation. Et si l'on plaît on y demeure pour le coup fourré. Marie travestie en page y accompagne Philippe. Elle se rend aussi au théâtre, au San Mosé, alle Zattere, au Novissimo, au Sant'Angelo. Elle considère avec intérêt la comédie qui s'y joue ; pas tant celle sur le théâtre où le castrat s'égosille, mais celle qu'on mène au parterre et surtout dans les loges. Les courtisanes y trônent comme des reines, flanquées au moins d'un abbé en perruque bardachine, d'un ambassadeur et d'un ou deux procurateurs de la Sérénissime, selon leurs grades d'avancement dans la galanterie. Rien de leurs manèges n'échappe à Marie. Elles mènent leur petit monde à coups d'éventail sur le nez et font leurs affaires ouvertement avec toute la liberté de n'être pas manchotes. C'est qu'à Venise l'amour comme l'espionnage se font par-dessous. Les théâtres sont bondés. On y reprend des vieilleries de Cavalli et de Rossi mais on y donne aussi des nouveautés. Ici comme à Naples ou à Rome l'utilisation du castrat, quoi qu'on en ait pu dire ou écrire, n'est pas uniquement pour l'oreille. De grandes dames en font un usage très personnel et certains hommes aussi. Mazarin en son temps passait, s'il faut en croire certaines mazarinades de la plume de Scarron, pour en croquer, aussi se demandait-on s'il était « bougre bougrant ou bougre bougré ».

Marie se trouve d'emblée au centre de la société la plus brillante de la ville. Elle y mène joli train et fort grand jeu. Elle a des excentricités qui lui donnent un style très personnel. Le négligé ; mais un négligé étudié : deux tresses renouées par le haut d'un ruban tantôt feu tantôt capucine, avec le reste des cheveux en désordre ; au cou toujours ses fameuses perles ; les épaules nues ; et avec cela un air agité qui lui sied à merveille. Elle attelle à plusieurs amants de pacotille, ces sigisbées qu'une femme élégante se doit d'arborer comme des mouches ou des dentelles et sans lesquels sa réputation d'esprit et de galanterie serait perdue. Elle s'est emparée aussitôt d'un gros Allemand qu'elle a mis à ses pieds.

## Un ménage d'Allemands

Il est prince-évêque, rien de moins ; mais protestant, ce qui n'en fait qu'un demi-évêque. Il est marié à un dragon des vertus teutoniques qui regarde Marie d'un mauvais œil. Campée sur ses quartiers de noblesse, forte aussi de ceux de son mari, Marie, toute Connétable qu'elle soit, n'est à ses yeux qu'« un petit tas de boue ». C'est l'une de ses expressions favorites. En effet pour elle le monde se divise en deux : ceux dont les quartiers remontent jusqu'à Charlemagne et puis le reste : la tourbe. C'est que la bonne dame est fille d'un électeur palatin naguère roi de Bohême le temps d'un hiver. Sa mère, une Stuart, est sœur de Charles I$^{er}$ le décapité. Quant à son mari, Ernst-August, le prince-évêque d'Osnabrück, il appartient à la maison de Brunswick-Lüneburg, l'une des plus anciennes princeries d'Allemagne. En ligne directe, il descend de Guelfe IV duc de Bavière, fils d'Ezzelino d'Este et de Kuniza, héritière de la première maison guelfe. Tout cela se perd dans la nuit des temps et Sophie d'Osnabrück le fait sentir à Marie qui se fiche bien des prétentions de cette rugueuse Allemande, fervente protestante au surplus ; aussi protestante que sa sœur élevée en France est bonne catholique. Cette dernière n'est autre que la célèbre abbesse de Maubuisson que la reine Marie-Thérèse et la Dauphine feront asseoir quand elles viendront la visiter dans son abbaye. Comme s'il fallait, dans une famille aussi partagée entre catholiques et protestants, trouver une juste mesure, une autre sœur, la Palatine Elisabeth, celle qui fut l'amie de Descartes et la dédicataire de ses *Principes de la philosophie*, vit retirée en Angleterre, après avoir refusé sa main au roi de Pologne. Elle y est devenue l'abbesse luthérienne d'Herford. Un père Wittelsbach et palatin, une mère Stuart, cela sent le bon pedigree dont Sophie d'Osnabrück n'est pas peu fière. Aux vieilles mythologies pour almanachs nobiliaires, Marie préfère celles qu'elle se construit selon son caprice ; déjà traîne à sa suite un parfum de légende. Son œil a beau s'attarder sur Sophie d'Osnabrück, il n'y décèle aucune trace des élégances si naturelles aux Stuarts ; rien en elle, pas un trait, une ressemblance, ne lui rappelle sa camarade de couvent Henriette d'Angleterre. Et pourtant toutes les deux sont cousines. Madame comme Sophie sont également petites-filles du roi Jacques I$^{er}$ Stuart.

Ernst-August, l'évêque, est d'une autre pâte. C'est un bon vivant qui aime le vin, la bonne chère et les petites frôleuses du Grand Canal auprès de qui il ne demande qu'à se dégourdir. Il s'est toqué de Marie. Il s'agite autour d'elle, fait la roue, coquette. Marie s'en amuse comme d'un gros toutou. Sophie en prend ombrage. « *Ja! ja! meine bonne amie! ich coquetiert mit Mme la Konnetable!* » avoue-t-il volontiers. Et le nez dans sa tabatière continue à caresser Marie de son bon gros regard de braque allemand. Sophie, furibonde, ronge son frein. Elle est d'une humeur massacrante depuis que son beau-frère Georges-Guillaume, le duc de Brunswick-Zell, leur a faussé compagnie pour aller retrouver en Hollande une beauté qui est demoiselle d'atour chez la princesse de Tarente. Elle se nomme Eléonore d'Olbreuse. Elle est la fille du marquis d'Olbreuse, gentilhomme protestant du Poitou réfugié à Breda. C'est la bête noire de Sophie depuis que son beau-frère en est tombé amoureux et qu'elle la soupçonne de vouloir se faire épouser malgré le pacte de famille. Georges-Guillaume, le frère aîné d'Ernst-August, s'est engagé, en effet, à ne jamais contracter de mariage afin de réunir plus sûrement les différents Etats du Hanovre sur la tête d'Ernst-August. Peu concerné par les choses de la politique, il a préféré laisser à celui-ci et à sa belle-sœur, l'ambitieuse Sophie, le soin de régner sur le Hanovre reconstitué. Il se trouve bien encore deux autres frères, Christian-Louis le duc de Hanovre et un cadet, Jean-Frédéric, qui s'emparera de ce duché à sa mort. Celui-ci marié sur le tard n'aura que des filles. Aussi Sophie peut-elle espérer devenir rapidement duchesse de Hanovre. Mais maintenant que s'est mise en travers de sa route cette d'Olbreuse, tout est à reconsidérer. Sophie a raison de s'en méfier. Dans moins d'un an Georges-Guillaume l'aura épousée. Ce même Georges-Guillaume à qui elle avait été promise et qui avait préféré l'abandonner à son frère Osnabrück ; certes, elle en avait ressenti de l'amertume. Mais le temps passant, la perspective du duché de Hanovre et, qui sait, peut être une dignité électorale, enfin la naissance de son fils Georges-Louis avaient fini par cicatriser cette blessure. Cependant quand Georges-Guillaume s'était amouraché de cette fille, la vieille blessure s'était réveillée. Malgré leurs fiançailles rompues, Georges-Guillaume n'était-il pas toujours comme sa chose ? Et maintenant cette même fille, sortant d'on ne sait où — du néant, d' « un tas de boue » — qui prétend épouser ce beau-frère auquel elle avait été promise ; qui vient se mettre en travers de ses projets, il y a de quoi être colère. Ne parle-t-on pas d'un mariage morganatique avec pour la belle un titre de comtesse accordé par l'Empereur. Elle se doute bien que dès que cette nouvelle comtesse aura donné un héritier au duc de Zell, elle n'en restera pas là. Une tache indélébile dans la famille, du mauvais sang, voilà tout ce qu'elle est. En effet Sophie peut s'inquiéter. Dans moins d'un an Eléonore d'Olbreuse sera devenue sa belle-sœur. Elle se sera unie morganatiquement au duc de Zell et portera le titre de comtesse de Harburg. Une fille lui naîtra qu'on appellera Sophie-Dorothée ; aussi belle que sa mère. Son père, Georges-Guillaume, la reconnaîtra pour son unique héritière. Finalement l'Empereur transformera le mariage morganatique en un mariage légitime et le « tas de boue » deviendra duchesse de Lüneburg et de Zell. Mais le pire reste à venir : et Sophie ne saurait l'imaginer en regardant, rageuse, s'enfuir de Venise son beau-frère vers Breda où l'attend son destin.

Quinze ans passeront et Sophie, alors, n'aura de cesse d'unir pour son malheur Sophie-Dorothée, qu'elle détestait avant même qu'elle fût née, à son fils Georges-Louis dit Groin de Cochon. Groin de Cochon, fort du sang Stuart de sa mère, sera appelé à régner sur l'Angleterre. Il sera le premier roi de la dynastie hanovrienne. Cependant Sophie-Dorothée ne le suivra pas sur le trône. C'est qu'entre-temps se sera déroulé un drame d'amour et de mort, à la suite duquel Sophie-Dorothée aura été enfermée dans la forteresse d'Ahlden où elle demeurera jusqu'à sa mort. Se pourrait-il que ses amours avec Königsmark, l'assassinat du comte, son corps jeté dans la chaux vive n'eussent été qu'un prétexte pour éliminer le mauvais sang ? Il sera, en effet, interdit de prononcer jusqu'à son nom. Son fils, cependant, succédera à Groin de Cochon ; quant à sa fille, elle deviendra reine de Prusse et sera la mère du grand Frédéric, l'ami de Voltaire, qui n'aura de cesse de laver l'offense faite à la mémoire de son aïeule.

On pourrait imaginer que Marie, qui de son père a hérité l'inquiétude des astres, ait découvert dans le ciel astrologique de Sophie d'Osnabrück les racines de cette tragédie. Une histoire sanglante et cruelle, presque romaine. Ne vient-on pas de lui apprendre l'assassinat sordide de son cher marquis Angelelli, qui l'avait épousée par procuration au Louvre ?

*Le chemin de l'infidélité*

Le carnaval s'éternise. A l'Ascension, comme chaque année, le Doge à bord du *Bucentaure* a épousé l'Adriatique. Philippe de Nevers est reparti pour la France, entièrement lessivé au jeu. Le couple Brunswick-Osnabrück lui aussi a regagné ses Etats de Hanovre. Marie s'attarde encore. Elle a commencé une nouvelle grossesse. A l'automne suivant elle donne un second fils au Connétable. On le prénomme aussitôt Marc-Antoine, comme son ancêtre qui commandait les douze galères pontificales à la bataille de Lépante.

Laurent a pris le chemin de l'infidélité. Et comme pour s'excuser, il devient jaloux. Ce mari attentionné se fait de jour en jour brutal ; et Marie une fois encore se retrouve enceinte. Elle se réfugie à présent dans son observatoire pour y interroger les astres. Elle est devenue savante en la matière. Elle compose même des traités. A la nuit il n'est pas rare que des ombres furtives s'en viennent frapper à l'une des portes basses par où elles se glissent dans le palais. Ce sont des sorciers, des alchimistes versés dans la magie blanche, même souvent noire, pour certains des empoisonneurs, des juifs aussi qui s'adonnent à la kabbale. Ombres inquiétantes, ils arrivent comme portés par les vapeurs nocturnes du Tibre ; ils sortent de ruelles crasseuses du ghetto, de tout là-bas derrière la via Merulana.

Aux yeux du monde Laurent paraît toujours aussi épris de Marie, mais ce n'est plus que d'un amour de parade.

Les saisons se passent en chasses, en bals, en redoutes également ; avec leurs intrigues de prêtres, leurs médisances de bigotes. Avec leurs morts aussi. La nouvelle de celle du cardinal Colonna parvient de Madrid où il avait été envoyé en mission. Marie perd un allié. Au retour de l'hiver, elle retrouve Venise. Le froissement des soies, les masques, les arlequins insolemment troussés, le frôlement des corps, les entremetteuses à la Zecca, les marchandes d'amour, la ronde des dominos passant sur les ponts un falot à la main, et jusqu'à l'eau qui s'en vient mollement battre les murs des palais sur le passage des gon-

doles, excitent son imagination. Elle retrouve son frère et avec
lui les habitudes d'une vie excentrique, inimitable. Elle revit. Et
puis c'est de nouveau le retour à Rome et la grande bonace ;
l'ennui avant la tempête.

De l'autre côté de la place des Santi Apostoli, la princesse
Chigi s'ennuie elle aussi. Son mariage avec Agostino Chigi ne
l'a pas comblée comme elle l'aurait espéré. Elle tourne en
rond. Pour tromper son ennui elle décide de renouer avec
Laurent. Marie feint d'ignorer la liaison. L'amour de son mari
lui est passé comme une fièvre. Sa présence dans le lit conjugal
lui répugne à présent. Elle est saturée de cette volupté brutale.
Elle tente de couper autant qu'elle le peut au petit bonjour du
matin, à la révérence de midi et surtout au bonsoir. Elle se
dérobe. La Chigi bientôt ne suffit plus à Laurent. C'est alors
que tombe à pic le couple Paleotti. Lui est gentilhomme bolonais, personnage suspect avec un passé assez ruffian. Elle est
une beauté ; le teint, la blondeur des Anglaises avec l'esprit de
galanterie des Françaises. Son père est en effet un Dudley
d'une branche bâtarde ayant relevé le titre de duc de Nor-
thumberland ; sa mère est Gouffier de Brazeux. Cristina
Paleotti est délicieuse. Le couple loge au palais Colonna.
Laurent se débarrasse rapidement du mari en le chargeant
d'une mission dont il a le bon goût de ne jamais revenir. Cristina pleure son départ pour la forme. Marie regarde le manège,
amusée. La jalousie qu'elle pourrait en ressentir est largement
compensée par le plaisir qu'elle prend à entendre les cris de la
Chigi qui lui parviennent de l'autre côté de la place. Ces pleurs,
ces menaces la mettent en joie. Elle y répond avec des chan-
sons joliment roucoulées par un jeune chanteur du nom de
Coresi. Marie cependant ignore que la petite marquise Paleotti
est enceinte. Elle l'ignore si bien que lorsqu'elle apprendra
dans quelques mois à Milan la naissance de l'enfant, une fille,
cette nouvelle consommera sa rupture avec Laurent. Elle
demandera une séparation de lit. Ce trio de femmes, pour
l'heure, devient bientôt quatuor avec l'entrée en scène de la
marquise Muti. De bonne maison, c'est néanmoins une aventurière ; elle a jeté son dévolu sur Laurent. Il lui faut un palais.
Mais avant tout un bailleur de fonds. Laurent n'est-il pas à la

tête d'une des plus grosses fortunes de Rome ? Laurent tran-
sige pour un terrain qui se trouve sur la place au bout du
palais. Les travaux seront aux frais d'un cardinal que la marquise tient au chaud dans sa manche. Ainsi pour honorer ses
dames, Laurent n'aura qu'à traverser la place des Saints-
Apôtres sans prendre même la peine de demander son carrosse. Marie se contente de faire chanter un peu plus fort
Coresi.


## Un chanteur d'opéra

Le chanteur roucoule pour Marie le jour mais fait l'amour la
nuit à sa cameriste à qui au matin il adresse des poulets
enflammés. Une des lettres tombe entre les mains de Laurent.
Fureur. Il veut faire tuer le chanteur. « Surtout n'allez pas me
l'abîmer ! s'écrie Marie. Si vous lui faites peur il risque de
perdre sa voix. » — « C'est autre chose qu'il va perdre... » —
« Alors c'est Maria ma femme de chambre qui sera fâchée... Eh
oui, Maria ! Je ne suis pas la seule dans le palais à me nommer
Marie. Etes-vous aussi certain à présent que ce billet m'était
adressé ? » Laurent voit bien que Marie se joue de lui en voulant lui faire endosser l'habit ridicule du mari jaloux. Déjà il
commence à la détester. C'est à ce moment précis qu'elle lui
annonce qu'elle est de nouveau enceinte. Ce début de grossesse la fatigue. Elle est exsangue. Elle voudrait changer d'air,
retourner à Venise pour avoir au moins la fin du carnaval.
Laurent refuse. C'est qu'au temps du carnaval tout est possible
à Venise. On y attrape facilement un mauvais coup; le Grand
Canal est si profond. Laurent a, soudain, peur. Il ne sort plus
dans Rome qu'entouré de *bravi* depuis qu'on lui a fait savoir
que le beau-père de la princesse Chigi, l'ombrageux préfet de
Rome, a donné ordre à ses sbires de l'assassiner afin de venger
l'honneur de sa famille. Après mûres réflexions Laurent quitte
Rome vers la fin du printemps. Il a finalement décidé de se
rendre à Venise. Pas question d'emmener la Muti, et encore
moins la Paleotti qu'il envoie cacher sa grossesse dans un

couvent. Marie sera seule du voyage. Ils logeront au *piano nobile* du palazzo Contarini mis à leur disposition. Marie supporte mal la chaleur. A la tombée du jour elle saute dans une gondole et vogue vers les îles au-delà de Murano chercher la fraîcheur du large. Elle se fait accompagner par la Morena et ses deux pages français La Tournelle et le jeune Lery. Il arrive aux garçons de piquer une tête dans la lagune suivis de la petite Mauresque. Marie se joint quelquefois à la baignade. Les pages, la Mauresque, Marie, les ombrelles, la torpeur du jour, le Lido au loin dépeuplé au crépuscule, les cris paresseux des oiseaux de mer forment un tableau très décoratif. Et ces jeunes gens allongés mollement et à moitié nus sur des coussins à l'arrière de la barque dans la lumière oblique du jour qui s'incline ne font que donner un peu plus de prise aux médisances qui courent sur la vie improbable menée à Venise par Mme la Connétable. La nuit venue, elle fréquente les casinos, y joue à la bassette et quand elle est lasse des cartes va attraper un acte du *Tito* de Cesti et Stradella que les musiciens lui ont dédié au théâtre S.S. Giovanni e Paolo. La canicule s'abat bientôt sur la lagune. Le long des canaux puants, rôde la malaria. Laurent et Marie décident de quitter Venise pour Milan où ils logeront chez leurs parents Balbasès. Vers la mi-septembre, Laurent est requis d'urgence à Madrid pour affaire. Il lui faut voir le roi Philippe IV pour lui demander d'intervenir auprès du pape car les Chigi méditent toujours son assassinat. Marie lui fait promettre d'être de retour avant son accouchement.

### Les Balbasès de nouveau

Laurent parti, les Balbasès se mettent à tourner autour de Marie comme des mouches; ils l'épient. Chacune de ses paroles, chacun de ses actes est noté. Marie s'en moque. Elle se réfugie auprès des astres. Les interroge, leur demande conseil. Une nuit, elle aperçoit dans le ciel un danger pour Laurent. Le lendemain on lui fait tenir un billet de la main du Connétable qui y conte son naufrage en mer, sa course à la nage jusqu'aux côtes d'Espagne et, à peine arrivé, sa surprise d'apprendre la mort du roi Philippe IV.

Laurent est bientôt de retour. Cependant quelques jours auparavant Marie a donné naissance à un troisième enfant. L'accouchement a été pénible. Marie a beaucoup souffert. L'enfant, pourtant, est en bonne santé; c'est un garçon. Il s'appellera Carlo et sera cardinal. Chez les Colonna ce sont choses réglées d'avance; si l'on entre dans les ordres c'est pour accéder à la pourpre. Il sera d'autant plus cardinal que la mort de l'oncle, le cardinal Girolamo, a plongé la maison dans le deuil. Si Marie le regrette, Laurent se sent délivré de sa tutelle qui commençait à lui peser. Marie est avertie par un billet anonyme que la marquise Paleotti a donné naissance dans un couvent romain à une fille, qu'on a prénommée aussitôt Marie et qui est sûrement la bâtarde de Laurent. Cette Maria demeurera toute sa vie cloîtrée, mais fort honorée et visitée. Elle vivra vieille et s'éteindra en 1750 à l'âge de quatre-vingt-quinze ans. Les deux Balbasès, de qui cet avertissement émane probablement, se tiennent aux aguets. C'est qu'ils n'ont de cesse d'envenimer les rapports du couple. Balbasès hait Marie et veut la perdre.

*Plus de ça, Lisette!*

Après quelques semaines, Laurent souhaite s'acquitter de ses devoirs conjugaux. Il ne désire plus Marie que par intermittence, pour ne pas dire par routine. Il s'apprête à entrer dans les appartements de sa femme quand il trouve porte close. Il frappe. Menace. Marie ne veut rien savoir et par sa camériste lui fait dire qu'elle est indisposée, encore faible. Le lendemain elle se fait annoncer chez Laurent et après lui avoir fait souvenir qu'elle a rempli son devoir en lui donnant trois héritiers, elle lui annonce que dorénavant il leur faudra faire lits séparés. Elle prétexte tout en vrac : les astres contraires, ses fausses couches, sa santé, une mort certaine si elle se retrouve une nouvelle fois grosse... « Voudriez-vous me faire mourir? » Elle est irrésistible de candeur. Et pour son malheur, les pleurs dont personne mieux qu'elle ne sait jouer ont raison des dernières réticences du Connétable.

Laurent s'imagine que Marie souffre de cette abstinence. Il en scrute les signes. Mais n'en aperçoit rien. Il s'agace de cette dérobade. Devient tatillon, jaloux. Plus par vanité que par amour. Car l'amour de Marie, qui l'a surpris comme une fièvre lui aussi, est depuis longtemps passé ; et il n'a pas su trouver le chemin qui conduit à la tendresse. Il va comme un taureau furieux. Aveuglé par les soupçons. Les Balbasès s'appliquent à l'aiguillonner dans cette voie. Rien de plus facile ; sous ses brocarts et ses soies c'est un être fruste et violent, fidèle à son sang, à cette race de gifleurs de pape. Il pourrait tuer froidement. Les *bravi* qui l'entourent ne sont que des assassins à gages. Il prend en grippe l'écuyer de Marie. On renvoie l'écuyer. Aussitôt le voilà qui fonce tête baissée sur les pages. Rien de plus insolent qu'un page. Aussi quand il y en a une paire, on peut tout imaginer. Et Laurent imagine. Marie alerte son frère Philippe à Paris quand elle apprend que Laurent a fait écrire aux parents des deux garçons afin qu'ils rappellent en France leur progéniture. Philippe de Nevers aussitôt se met en route. Tout prétexte est bon pour voyager. L'air qui se respire à la cour depuis quelque temps l'incommode ; il n'y trouve plus la gaieté d'autrefois et ce fin libertinage ; les dévots commencent à y pointer leur nez et Louis a définitivement pris la pose. Une pose qui sans doute épate l'Europe mais assez peu l'impertinent Philippe qui y subodore un fond de pudibonderie, nonobstant le train soutenu des maîtresses. Que peut-on lui offrir de mieux qu'une intrigue ! C'est l'aubaine ! Bride abattue, il accourt.

Mon Dieu ! Quelle histoire pour deux pages ! Philippe de surcroît a le goût des pages. Et ceux-ci sont, comme on l'a vu, fort décoratifs. « Le carnaval commence à Venise, alors dites-moi un peu monsieur mon beau-frère, que fait-on à s'ennuyer à Milan ? Roulez carrosses ! » Laurent se fait un peu tirer l'oreille mais finit par rejoindre Marie dans sa voiture. Les pages sont évidemment du voyage et la Morena aussi. Lèvres pincées, affichant un sourire de circonstance, du balcon de leur palais les deux Balbasès regardent s'éloigner la joyeuse équipée. Le marquis tient dans sa main la vengeance de Laurent. Une lettre de la main du Connétable qu'il doit faire parvenir à la marquise Paleotti à Rome : une invitation à le rejoindre à Venise pour le carnaval. C'est bien mal connaître la malicieuse Marie.

# 37

# Venise une nouvelle fois !

*La marquise Paleotti*

Venise encore une fois ! Une fois encore autour d'une table de pharaon, au Ridotto, des procuratesses en robe et en masque pontent et font sauter la banque ! et dans les « *casini* » des parties fines vous entraînent jusqu'à l'aube. Marie et Philippe sont insatiables. Laurent, mauvais joueur, rumine sa vengeance. Celle-ci débarque un beau matin par le coche d'eau, fraîche, blonde et rose. On dirait que la grossesse de la marquise Paleotti et son accouchement n'ont été qu'une formalité. Marie la considère de plus près qu'elle ne l'avait fait à Rome. Elle ne peut s'empêcher de la trouver charmante. Après quelques semaines de Venise, tout ce beau monde regagne Milan puisque Rome est toujours interdite à Laurent. Le règne du pape Chigi qu'on avait présagé bref semble se prolonger. Cristina Paleotti est du voyage de Milan. C'est Marie qui a insisté personnellement pour qu'elle se joigne à eux. Laurent pensait qu'elles se détesteraient. C'est le contraire. Les deux femmes se sont prises d'amitié. Elles sont devenues inséparables. Leur complicité est de chaque instant. A la nuit, elles se glissent hors du palais des Balbasès et vont courir les bals publics des faubourgs, par-delà le Canal, derrière le château Sforza. Laurent n'y voit que du feu. Il pense encore qu'elles se haïssent quand les Balbasès lui ouvrent les yeux. Aussitôt fureur. Il imagine leurs rires, leurs fredaines insolentes ; il imagine même pire. Il serait prêt à un éclat s'il n'avait peur de faire mauvaise figure en se donnant le rôle risible du cocu. Sa jalousie l'aveugle. Aussi comment pourrait-il comprendre que Marie est de ces femmes qui ont plus d'imagination que de sens, et de passion que de tempérament ? C'est sur ces entrefaites qu'on apprend la mort du pape Alexandre.

## Le cardinal Flavio

Adieu Milan et ses brumes déjà germaniques ! Adieu les fraises godronnées et les collets montés à l'espagnole ! Adieu rigides et spectraux Balbasès ! On s'en retourne à Rome chez soi. Laurent donnera la chasse aux Chigi et à leurs espions, et Marie des bals dans ses jardins en terrasses sur le Quirinal.

Marie donne des bals en effet ; mais pour les Chigi, ceux du moins dont Laurent eût aimé orner sa salle des trophées, il ne reste guère que le doux et aimable cardinal Flavio et don Agostino, le mari commode de la Chigi. Pas vraiment de quoi dégourdir les lames des spadassins. Laurent fait étriller cependant quelques sous-fifres qui avaient appartenu au préfet de Rome. Et à part quelques coups de couteau de nuit aux abords du Colisée, rien de bien notable qui puisse troubler ou influencer l'inspiration du Sacré Collège entré en conclave le 26 mai 1667.

## Le conclave ; Retz et Marie ont le même candidat

Le premier tour de scrutin attribue sept voix au cardinal de Retz. Retz sourit. Rien ne se passant au conclave qui aussitôt ne transpire à l'extérieur, il imagine les courriers dépêchés à bride abattue vers Paris et l'alarme qu'y jette la nouvelle de sa possible exaltation. Dans le cas où Dieu se mêle de l'élection, Rospigliosi sera élu, dans le cas où ce sont les hommes on verra l'élection de Barberini, dans le cas où c'est le diable... alors il faut parier sur Retz. Ce mot repris par Lefèvre d'Ormesson a dû faire tirer bien des mines à la cour. Retz veut Flavio Chigi, le Cardinal-neveu, qui se trouve être également le candidat de Marie. Car Marie veut un pape à sa dévotion. Elle veut un pape qui sache vivre, pour se sentir au Vatican chez elle. Qui sait, peut-être y organiser des fêtes, des opéras ? Avant l'entrée en conclave elle est allée rendre visite à son oncle le cardinal Mancini. Elle se donne des airs de grande électrice. Mène en laisse une dizaine de cardinaux qu'elle traite comme des toutous. Elle se veut l'âme du conclave tandis que Retz travaille en sous-main. Cependant toutes les subtiles et prudentes manœuvres de Retz n'arriveront pas à faire sortir de l'urne le nom du Cardinal-neveu. Alors, changeant de cheval, il persuade Chigi, Sforza, Barberini et d'Este de reporter leurs voix sur l'adorable Rospigliosi, qui est élu pour la plus grande gloire de Dieu et de l'opéra dont il est l'un des plus fidèles soutiens.

Aussitôt les théâtres rouvrent. Scaramouche et Pantalon réapparaissent aux coins des rues, au Campo dei Fiori, au Teatro dei Satirii et le carnaval à nouveau se traîne jusqu'au milieu du Carême.

# 38

# Hortense fait ses malles

*Point de Mazarin !*

Depuis bien longtemps, Hortense ne rit plus des bizarreries de monsieur son époux. Fini le temps où elle se mettait à sa fenêtre à la grande joie de la valetaille pour crier : « Point de Mazarin, point de Mazarin ! » Elle a recouru aux grands moyens en intentant une action en justice contre ce mari après sept ans de mariage durant lesquels elle a supporté toutes ses tracasseries mesquines. Après lui avoir confisqué ses bijoux, il s'en est pris à ses robes trop décolletées. Quand ce n'était pas à sa toilette, c'était à son maquillage qu'il en avait; l'empêchant de mettre du rouge, ou de porter des mouches. Les mouches sont devenues son obsession. Il en voit partout. Après avoir accouché de trois filles, Hortense a fini par mettre au monde un héritier mâle. Elle pense avoir enfin mérité quelque repos. Point. Il lui faut suivre l'époux dans sa province. C'est le voyage ou ce sera le couvent. Plutôt que le voyage, elle préfère le couvent.

L'hôtel Mazarin est devenu un lieu de grand théâtre qui dépasse tout ce qu'on peut admirer en comédie sur la scène de l'hôtel de Bourgogne. Du soir au matin ce ne sont que rebondissements, entrées, fausses sorties, départs impromptus, escapades nocturnes, cris, portes claquant à tout vent, huissiers, familles en alerte, et par-dessus le tout, Coco le perroquet perché sur le toit à répéter : « Point de Mazarin, point de Mazarin. »

Le Roi qui a de la sympathie pour Hortense s'en mêle et tâche d'arranger les choses. Il connaît les folies du mari pour l'avoir vu en une matinée dépenser à coups de marteau et de ciseaux pour plus de deux cent mille livres, mais il est son débiteur. Le duc lui prête de l'argent dont il a le bon goût de ne jamais réclamer la créance. Et dernièrement encore il lui a fait porter plusieurs millions pour les travaux de Versailles. Il tente cependant de replâtrer comme il peut le mariage. Mais aucun discours, aucune intervention ne semble pouvoir calmer M. de Mazarin tout à ses lubies. Aussi Hortense au gré de l'humeur de cet époux malcommode trouve-t-elle refuge tantôt à l'hôtel de Nevers, tantôt à l'hôtel de Soissons chez Olympe.

### Encore une histoire de mouches

Eh bien, puisque M. de Mazarin se prend pour une tulipe, qu'à cela ne tienne, on l'arrosera. Hortense n'est pas bien contrariante sur ces questions d'horticulture. M. de Mazarin s'est mis en tête de faire tirer les emplois de ses domestiques au sort : le valet d'écurie sera marmiton et le cuisinier, palefrenier. Tant mieux, cela fera du changement ! on ira dîner avec les chevaux. Du moment qu'on lui rend ses mouches, Hortense est prête à tous les accommodements : même à voir, sans un mot de reproche, brûler son hôtel comme l'a été son château de Rethel parce que son époux avait interdit qu'on y éteignît le feu ; car Rethel était selon lui une demeure malhonnêtement acquise par feu le Cardinal.

Cependant, de replâtrage en replâtrage, on finit par arriver à la séparation. M. de Mazarin s'y résout à condition qu'Hortense aille le temps du jugement à l'abbaye de Chelles, dont l'abbesse est une parente. Une bigote qu'Hortense a tôt fait de circonvenir. Un vent de folie souffle alors sur le couvent. Le duc de Mazarin est averti de la sarabande qui s'y mène et aussitôt il demande le transfert d'Hortense chez les Visitandines de la rue Saint-Antoine. Colbert surveille personnellement le déménagement. Aussitôt dans le nouveau couvent, Hortense embobeline les religieuses et la sarabande reprend de plus belle ; Hortense a retrouvé une ancienne connaissance comme elle cloîtrée de force. Il s'agit de la jeune marquise de Courcelles, qu'elle a connue naguère à l'hôtel de Soissons quand elle n'était encore que Marie Sidonia de Lenoncourt. Colbert avait pensé un instant faire épouser à son frère cette jeune orpheline. Il l'avait à cet effet placée chez la princesse de Carignan, la belle-mère d'Olympe. Il n'y avait pas de meilleure adresse pour y dégourdir une fille sous couvert de lui faire entrevoir le grand monde. Elle y fit ses classes et y acquit un joli tour d'intrigue et de galanterie qu'elle appliqua aussitôt avec entrain à sa carrière d'aventurière naissante. Elle n'avait que treize ans et déjà plusieurs amants. On lui fit vitement épouser le marquis de Courcelles, d'assez mince noblesse s'il faut en croire Saint-Simon. C'est alors que Louvois en eut la fantaisie. Il pensait être le seul à faire porter des cornes au mari quand il surprit la belle avec un galant de passage. Il se vengea en la faisant enfermer au couvent sous prétexte de défendre l'honneur du mari trompé. La manœuvre était d'un fourbe, tout à fait dans la manière du futur grand ministre qui, ici, portait un coup à la bonne réputation de l'hôtel de Soissons, et surtout d'Olympe qu'il détestait cordialement pour s'être un temps empressé auprès d'elle et s'en être vu éconduit.

Les deux pensionnaires ne savent quoi inventer. Il souffle comme un vent de révolte sur le dortoir des nonnettes. L'abbesse a tôt fait de les renvoyer à Chelles où le tapage reprend de plus belle. Quelque chose du sabbat transpire en ville et M. de Mazarin s'en vient frapper à la porte. Pan! pan! pan! De l'intérieur on tire le judas. «Qu'est-ce donc?» — «C'est le duc de Mazarin qui veut parler à l'abbesse..» — «A l'abbesse? Mais c'est moi l'abbesse...» Le duc incrédule, s'avance de plus près et par le judas avise une frimousse rose toute constellée de mouches. Il pousse un cri. Il vient de reconnaître Hortense. «Vous n'êtes point l'abbesse mais bien pour mon malheur ma femme...» — «Je suis l'abbesse et si pour mon malheur j'avais dû être la femme d'un pareil diable, il y a lurette que j'aurais fait rompre le contrat au Parlement et le mariage à Rome...» — «Vous n'êtes pas l'abbesse...» — «Je le suis...» Le duc quitte la place en se promettant d'y revenir. Marianne et Olympe sont averties des mauvaises intentions de leur beau-frère. Elles envoient aussitôt une petite troupe à Chelles pour contrecarrer les plans du mari. Il s'ensuit tout un quiproquo de capes, d'épées, de masques, d'enlèvements.

### Une séparation à l'amiable?

Le Parlement ayant rendu un jugement favorable, Hortense quitte son abbaye pour le palais Mazarin dont elle a l'entière jouissance. Elle emmène avec elle sa nouvelle grande amie Marie Sidonia de Courcelles. C'est une séparation à l'amiable dont M. de Mazarin fait appel. L'affaire est portée devant la Grand-Chambre. Bien que la porte du palais Mazarin lui soit interdite, le duc n'a de cesse d'y vouloir pénétrer. Un jour qu'il réussit à s'introduire dans les appartements de la duchesse, il avise qu'un théâtre a été élevé dans l'une des galeries. Des comédiens chez moi! Autant dire que Satan y est logé! Et le voilà qui fait démolir cette scène où le soir même Hortense devait donner la comédie à ses invitées. Cette tyrannie est odieuse. Hortense comprend que jamais elle n'aura la paix. D'ailleurs ne vient-on pas de l'avertir que son mari a gagné à sa cause une partie de la Grand-Chambre qui très certainement lui refusera la séparation de corps qu'elle demande? En effet on lui prête une liaison avec le jeune Cavoye qui aurait remplacé le chevalier de Rohan. Or si Cavoye a été son amant, désormais c'est Marie Sidonia de Courcelles qu'il vient visiter en cachette au palais Mazarin. Hortense mise au courant considère ces visites comme une trahison. La peur de retomber sous la coupe de son mari, cette déception d'amitié, son frère Nevers qui lui vante Venise, Rome, l'Italie entière, et par-dessus tout son humeur vagabonde la poussent à s'enfuir. Rohan est appelé à la rescousse. Philippe se charge des relais. Pour que le secret soit bien gardé, les sœurs sont tenues à l'écart. D'ailleurs Marianne est accaparée par sa ménagerie qui est devenue une dépendance de celle de son ami Jean de La Fontaine; et quand sa guenon lui laisse un peu de temps, elle est toute à ses neveux de Vendôme et à son beau-frère Emmanuel-Théodose, libertin et passablement bougre qui n'en sera pas moins fait, à vingt-six ans, cardinal l'année suivante.

Quant à Olympe, elle intrigue toujours et de nuit se rend de plus en plus souvent aux barrières chez les sorciers en vogue où elle se fait dire les Evangiles sur la tête par un prêtre défroqué pour s'assurer de la mort prochaine de La Vallière et du retour des faveurs du Roi ; elle n'est pas la seule : une messe à l'envers ne vient-elle pas d'être dite pour les mêmes motifs devant la jeune marquise de Montespan qui sort à l'instant voilée de chez eux ? Malgré les devineuses et les sorciers et leur attirail de poudres d'amour et de succession, Olympe n'a pas su voir où se trouvait la vraie rivale.

Quant au Roi, il est à Versailles pour surveiller les travaux de ses jardins où sera donné le Grand Divertissement. C'est qu'il faut bien célébrer la conquête de la Franche-Comté. Les préludes à la fête ont commencé, et c'est entre un ballet de Lully et une comédie de Molière qu'il donne son accord tacite à la fuite d'Hortense. Olympe attendra longtemps sa sœur à dîner ce 13 juin 1668.

Adieu Paris, adieu Mazarin, ton palais et ses richesses ! En passant la porte Saint-Antoine, Hortense se doute-t-elle qu'elle ne reverra jamais plus ni Paris, ni son beau palais ? Et que pour les richesses qui en faisaient naguère le plus enviable des partis, elle n'en aura jamais eu que l'ombre ?

# Rien ne va plus chez les Colonna

*Une sœur qui tombe à pic*

« Vite ! vite ! à Milan ! » s'écrie Marie dès qu'elle apprend la fuite d'Hortense ; et de représenter à Laurent que c'est le moins qu'elle puisse faire pour une sœur qui, jadis, la suivit dans son exil de Brouage, que de se porter à sa rencontre.

Hortense tombe à pic pour faire diversion dans le ménage Colonna qui va de mal en pis. Pour une peccadille on voit l'ombrageux Lorenzo tirer l'épée. La princesse Chigi le fait-elle prévenir qu'une échelle pend à l'extérieur au balcon de Marie, qu'aussitôt il surgit une dague à la main pour constater que s'il se trouve une autre personne dans le lit de sa femme, c'est la petite Morena, retenue par Marie auprès d'elle cette nuit-là.

*Rohan, Cavoye, Couberville et les autres...*

Cependant, la fuite d'Hortense entraîne les plus folles rumeurs. Le Roi lassé des plaintes incessantes du duc de Mazarin aurait, dit-on, protégé sa fuite. On la dit tantôt en croupe derrière son amant le chevalier de Rohan, tantôt galopant de concert avec l'écuyer de celui-ci, un certain Couberville, un assez joli garçon. Couberville, Rohan, Cavoye, Hortense ne lésine pas. Elle va bon train au gré de son humeur fantasque. En fait c'est au premier relais, la porte Saint-Antoine franchie, que Rohan l'a quittée. Adieu Rohan ! Bonjour Couberville ! Hortense ne conçoit pas le voyage sans un minimum de galanterie. Couberville remplacera donc son maître. Oh, comme Hortense aimerait musarder en ce petit printemps qui poudre la campagne, s'il n'y avait le duc de Mazarin qu'il faut prendre de vitesse... On brûle donc les relais et bientôt on se retrouve en Lorraine. Le duc et son neveu Charles qui fut le soupirant de Marie l'accueillent chaleureusement et lui offrent une escorte pour continuer le voyage. On la croit encore en Lorraine qu'elle est déjà en Suisse. Elle s'est blessée au genou. Elle poursuivra en litière. A Neuchâtel, fief des Longueville, on la prend pour la duchesse. « Je gagnais bien à la qualité ce que je perdais à l'âge », dira-t-elle, et toujours vêtue en cavalier, l'épée au côté et la plume au feutre, la voilà qui se lance à l'assaut des Alpes. On la dit encore en Suisse qu'elle est passée en Piémont.

## On couche avec ses sœurs

A Paris, M. de Mazarin a intercepté les lettres d'Hortense au chevalier de Rohan, qu'il exhibe sous le nez du Roi. Il est le dindon d'une farce qui fait les gorges chaudes de la cour ; et Louis a bien du mal à garder son sérieux. Cependant il ne peut l'empêcher de produire les documents au Parlement afin d'obtenir un arrêt contre sa femme. Il y montre également des lettres de Philippe de Nevers et l'accuse d'inceste. Philippe aussitôt met les rieurs de son côté : « Voyez comme mon beau-frère est malveillant : il m'accuse de faire l'amour à ma sœur Hortense alors que c'est avec ma sœur Marie que je couche. » Pirouetté avec ce qu'il faut de désinvolture, de manchettes et de dentelles, le trait est d'un libertin. Rapidement le mot fait carrière, passe les Alpes et à Rome, bientôt, chacun s'en fait l'écho. Le Connétable fulmine. L'atmosphère du palais Colonna s'en trouve encore un peu plus alourdie.

Pendant ce temps-là Hortense court le Piémont en galanterie. Elle respire enfin ; enfin elle revit.

Elle est hors d'atteinte d'un mari tyrannique et tatillon, à l'esprit dérangé de surcroît, qui ne savait plus quoi inventer pour la tracasser.

# 40

# Une diva en tournée

*Radieuse et enceinte*

Hortense radieuse tombe des Alpes dans Milan au début de l'été. Ni sa blessure au genou, ni les fatigues du voyage n'ont entamé sa belle humeur. Elle est amoureuse et n'en fait point secret. Un écuyer! Est-il même gentilhomme? se demandent les Balbasès, toujours lèvres pincées. A leur mine, Marie comprend aussitôt que cette sœur ne va lui apporter que des désagréments. Tout Milan attend de juger sur pièces cette duchesse de Mazarin que sa réputation de beauté et un parfum de scandale ont précédée. Milan est une ville espagnole, partant cérémonieuse. Hortense se fiche bien des cérémonies et envoie promener les plus simples convenances, affiche des airs de diva en tournée. Elle séduit et horripile tout à la fois. Marie voudrait taire sa liaison. Hortense n'en a cure. Elle l'affiche même. C'est alors que Philippe de Nevers se fait annoncer. Il arrive de Paris avec les dernières nouvelles. La Grand-Chambre a rendu l'arrêt que M. de Mazarin désirait. Une saisie de corps a été décrétée contre Hortense avec l'ordre de l'arrêter dès qu'elle mettra le pied sur un territoire français. Hortense applaudit comme au théâtre. La Grand-Chambre, c'est pour elle si loin à présent. C'est d'une autre vie. Elle applaudit à tout rompre ce baisser de rideau. Un seul regret : elle a oublié sur la table de sa chambre au palais Mazarin sa cassette de bijoux. Tant pis, elle trouvera bien un galant pour lui en offrir d'autres. M. de Savoie ne lui a-t-il pas fait dire tandis qu'elle passait les Alpes qu'elle serait toujours la bienvenue en son duché. Si M. de Savoie se ravise, n'y pensons plus, elle s'en ira visiter l'Angleterre où elle n'aura qu'un mot à dire pour mettre à ses pieds le roi Charles.

« Mais laissons ces robins besogneux qui sentent le vieil exploit et passons aux choses sérieuses ! Aux fêtes ! Oui les fêtes de Versailles, qu'en fut-il, mon frère ? » Et Philippe de conter par le menu le Grand Divertissement qui a eu lieu le 18 juillet avant son départ et où *Georges Dandin* de Molière a été représenté lardé d'une bergerie. Il lui donne également les dernières nouvelles de la cour. Un suprême de potins. Le déclin de La Vallière, les progrès de la Montespan, comme nouvelle favorite.

Marie écoute. Au jargon de son frère, à ses allures cavalières, aux toilettes de sa sœur, elle comprend ce que ces dix années d'Italie ont mis de distance entre elle et le monde parisien auquel elle appartenait naguère et qui aujourd'hui, à l'entendre évoqué, est comme une nouvelle planète. Elle tente d'imaginer Versailles et ses fêtes et n'entrevoit qu'un petit château de briques et pierres posé au milieu d'insalubres marais ; un rendez-vous de chasse et pas grand-chose de plus. Ne parle-t-on pas à présent d'un palais pour Armide ? Or justement il y a peu, lors du dernier carnaval c'est dans le costume de cette magicienne qu'elle avait figuré lors d'une fête. Aussi commence-t-elle à rêver de Versailles comme du palais de son apothéose quand sonnera le retour de ses anciennes amours. Rome, le Connétable, ses enfants ? Ce ne sont que des contingences de peu de poids en regard de cet appel à l'aventure, à la gloire. Tout paraît si simple, si clair, si évident. Pourrait-elle même se douter que cette absence de résistance est probablement le plus lourd des obstacles. Car comment soupçonnerait-elle que dans cette liberté qui tourne à vide, il y a une jeunesse mal guérie, un obscur désir de se perdre, à tout le moins de jouer avec le feu. Le ver est dans le fruit. Son imagination fera le reste.

*Couberville est du voyage*

Marie rêve à Louis, à Versailles, Hortense ne quitte pas sa chambre où elle s'est enfermée avec l'écuyer, Philippe boude, quant au couple Balbasès, plus velu et noiraud que jamais, il rôde, soupçonneux, alors que Laurent chasse au loin sur les rives du Pô.

Philippe est le premier à comprendre que si Hortense garde la chambre c'est peut-être pour d'autres raisons que sa blessure au genou. Il faut voyager. Echapper à cette torpeur de l'été. Où irons-nous ? A Venise évidemment, s'écrie Philippe. En août Venise est insupportable ! proclame Lorenzo. Visitons plutôt Bologne et puis, de là, nous passerons en Toscane pour les grandes chasses d'automne. Le sanglier y abonde. On en fera des hécatombes. Les voilà donc à Bologne chez la jolie marquise Paleotti. Couberville est bien entendu du voyage, et tout à fait aux petits soins pour le genou d'Hortense. Philippe caresse de mauvaises idées. Un jour, c'est par la fenêtre qu'il veut jeter l'écuyer. C'est à grand-peine qu'on l'en dissuade. Le lendemain il parle d'un bouillon d'onze heures. Finalement sa jalousie l'emporte vers Venise. Septembre est bientôt là et tout le monde se retrouve chez le cardinal Chigi près de Sienne, dans sa villa des Volte Alte. C'est une demeure édifiée vers la fin du « quattrocento » par Baltassare Peruzzi qui, déjà à cette époque, avait entrepris à Rome, pour le compte des Chigi, la construction de la Farnésine. Le cardinal Flavio s'y était installé cette année-là avec son architecte Carlo Fontana pour en lever les plans. Il a le dessein de faire construire non loin de là, à Cetinale au fond d'une combe ombreuse, une nouvelle villa. C'est là qu'il entraîne la petite troupe pour de sauvages battues. Hortense tire à l'arc de grands cervidés tandis que Marie s'adonne à des agaceries sur son cher Flavio. Le matin elle fait irruption dans sa chambre et avant même qu'il n'ait pu appeler ou tirer ses courtines, elle lui chipe ses vêtements, s'en revêt et se fait conduire ainsi à Sienne au palais des Chigi où elle apparaît au balcon devant la foule ébahie. Le cardinal Flavio est aux anges. Il roule de gros yeux ronds ce qui, chez lui, est le signe du plus extrême contentement. Il est de ces petits hommes laids, dodus et charmants. Il amuse Marie. Et sa belle-sœur la princesse Chigi amuse Laurent. Quant à Couberville, il occupe toujours les nuits d'Hortense laquelle s'arrondit lentement comme un beau fruit en cet automne mélodieux et doré. L'entente est parfaite. C'est presque le bonheur.

Cependant à la fin on se lasse à courir les bois, à relancer les cerfs, à épuiser le vautrait derrière un cochon sauvage ; aussi repart-on pour Rome. Les brumes de novembre qui couvrent la ville assourdissent le glas des morts. De retour de Venise, c'est en coup de vent que Philippe passe. Il séjourne au palais Mazarin sur le Quirinal. Depuis longtemps il soupçonne Hortense d'être enceinte des œuvres de Couberville. Il s'est fait une raison : ce n'est pas par la fenêtre qu'il le fera passer mais par la porte. Marie, qui s'est également aperçue de l'état de sa sœur, exige le renvoi de l'écuyer. Hortense pleure, crie, mais cède enfin à la raison pour autant qu'elle puisse entendre le sens de ce mot. Il n'est pas question, bien entendu, de mettre le Connétable dans la confidence pour faire quitter la place au suborneur. Aussi Marie le convoque-t-elle pour lui signifier son départ. « Moi ! partir ? Mais pas pour un empire... » — « Ah ! vous ne voulez pas lever le camp, je connais quelques sbires qui pour vos insolences sauront vous couper les oreilles avant de vous jeter dans le Tibre... » Couberville sent qu'on ne plaisante plus. Il saute sur un cheval et à bride abattue gagne Civitavecchia. La peur d'un instant c'est comme la maladie, cela s'oublie vite avec l'air du large, se dit Marie. Aussi pour l'empêcher de parler à tort et à travers, elle le fait rattraper et jeter dans une forteresse le temps d'apprendre à réfléchir sur les dangers qu'un simple écuyer encourt quand il a la prétention de laisser un souvenir vivant chez une duchesse de ses amies.

### Hortense s'arrondit...

Hortense qui s'arrondit de jour en jour se console rapidement de Couberville et ne pense qu'à danser. Cependant son aventure a dû transpirer car depuis quelque temps le duc de Mazarin menace de plus belle. Au couvent, au couvent, l'entend-on crier de Paris. Point de couvent ! point de Mazarin ! lui répond Hortense ; et elle redouble de violons et de pavanes.

Le scandale est prêt à éclater. Marie qui sent bien que tout cela ne peut que rejaillir sur elle et aigrir un peu plus encore l'ombrageux Connétable, prie Hortense de déménager du palais. Hortense se drape et finalement transporte ses pénates chez sa tante Martinozzi. Au bout de quelques semaines celle-ci n'en peut plus de ses extravagances. Hortense alors prend les devants et se réfugie de son plein gré au couvent du Campo Marzio chez sa tante Tita qui en est toujours l'abbesse. La règle y est douce. Cependant pas assez pour permettre à une novice, fût-elle pensionnaire de passage, d'accoucher entre matines et laudes. Marie en appelle à la reine Christine. Si elle pouvait accueillir pour un temps dans son palais la duchesse de Mazarin... Christine est enchantée. Les aventures d'Hortense la ravissent par leur romanesque. Cependant, éclairée sur l'état de Mme de Mazarin et sa délivrance proche, elle se récuse au dernier moment. C'est qu'elle veut bien assassiner un amant au grand jour dans une galerie de Fontainebleau mais un bâtard en contrebande, comme cela, chez elle, fût-il d'une duchesse, point de cela! Bien que prise de court, Marie décide de donner suite à son plan et d'enlever Hortense à son couvent. D'ailleurs il n'est plus temps de faire marche arrière. Nanon la camériste d'Hortense a caché sous ses jupes les effets nécessaires à la fuite de sa maîtresse. Marie a revêtu sa tenue de dévotion comme si elle se rendait chez le pape, et pour donner encore plus de crédibilité à cette visite de famille elle se fait accompagner de ses trois enfants. Au parloir on expédie les formalités. Les enfants détournent l'attention des sœurs. Hortense s'avance jusqu'à l'entrée comme pour dire un dernier adieu à Marie laquelle, l'abandonnant sur le seuil, s'en revient en arrière chercher ses enfants qui polissonnent dans le cloître avec les religieuses. Hortense met à profit le désordre des embrassades, les cris des enfants, les bonbons distribués par les nonnes pour sauter dans le carrosse. Le tour a été mené rapidement avec cette insolence de théâtre; et les religieuses sont encore à chercher Hortense parmi elles que celle-ci est hors d'atteinte. La tante abbesse en apprenant l'escapade s'alite et meurt deux jours plus tard. Marie dans ses Mémoires n'évoque pas cette mort; Hortense à peine.

*Hortense ne peut résister au rose
et au blond...*

Dans le carrosse, Hortense change de tenue et revêt la robe
que Nanon extirpe de ses jupes ; et c'est en grande peau que la
duchesse de Mazarin vient sonner à la porte du palais Mancini
via del Corso. C'est la maison de son enfance. On pourrait la
penser émue. C'est mal la connaître. Hortense est peu encline à
se pencher sur le passé : chaque jour, pour elle, est une nouvelle
aventure. Elle va de l'avant, et souvent en brûlant ses vaisseaux.
C'est son oncle le cardinal Mancini qui habite le palais. Ce n'est
pas sans peine que Marie a réussi à lui faire accepter Hortense.
En dépit de son état, Hortense ne change rien à ses habitudes.
Elle va au bal. Et prend un amant, un jeune Français. Vingt ans,
rose et blond. Irrésistible. Hortense ne résiste pas. Elle a bientôt trente ans et entend mettre les bouchées doubles. Jacques
de Belbœuf est le fils d'un conseiller au parlement de Rouen et
a assez d'esprit pour envisager la situation lestement. Jugez-en :
« Nous passons le temps très agréablement avec la connétable
Colonne et Mme de Mazarin qui paraît être extrêmement
contente, à une petite indisposition près qui est d'être grosse de
cinq à six mois. Mais elle est toujours la plus belle du monde et
ne laisse pas de sauter et de danser comme si de rien n'était. »
Le cardinal Mancini que sa présence exaspère profite d'une de
ses absences de Rome pour la faire déloger du palais. Hortense
en est réduite à gager ses bijoux et à prendre un appartement
meublé où elle continue à mener ses contredanses. Elle s'en va
en masque par la ville précédée de trois violons. A un bal paré
chez sa sœur elle paraît en esclave mauresque ayant pour tout
habillement des bracelets et quelques voiles transparents. Le
scandale est tel que le duc de Chaulnes, ambassadeur de
France, fait des prodiges pour éviter de se trouver seul en sa
compagnie. Philippe au premier signal de détresse est accouru
de Paris. Il a oublié Couberville. Il reprend avec Hortense son
commerce passé. On le dit un peu plus que frère, un peu moins
que mari. C'est probablement dans un lieu choisi par Philippe
et tenu secret qu'Hortense accouche. Toutefois, de l'enfant on
ne reparlera jamais.

Sur ses entrefaites, Clément IX meurt alors que le carnaval bat son plein. Si bien que c'est au son des violons que les cardinaux entrent en conclave. Marie a commencé ses grandes manœuvres; évidemment elle aimerait faire élire son cher Flavio, mais surtout elle voudrait contrecarrer les plans de Christine de Suède qui prétend porter au trône de saint Pierre le cardinal Decio Azzolini. Ce fringant cardinal, soupçonné plus tard de l'avoir assassinée, lui sert à ses heures perdues de chapelain et peut-être d'autre chose encore. Marie, qui lui en veut depuis qu'elle a fermé sa porte au nez d'Hortense, s'est mis en tête de faire échouer son plan. Le cardinal de Retz sans le savoir s'y emploiera. Quoiqu'il soit très lié avec le cardinal Azzolini, il s'abstiendra de voter pour lui et appuiera la candidature du cardinal Altieri qui a de bien meilleures chances de l'emporter sur le cardinal Albizzi, candidat de la faction française, dont Retz, évidemment, ne veut pas entendre parler. C'est une vieille rancune qu'il nourrit contre ce dernier. Albizzi a été jadis l'ami intime de Mazarin. Retz s'entremet, louvoie, multiplie les rencontres nocturnes dans les cellules comme à l'habitude, et finalement fait élire le cardinal Altieri. Une élection qui renvoie dos à dos Christine de Suède et Marie.

### Philippe de Nevers se case

Philippe de Nevers qui ne peut tenir en place décide de rentrer en France. Il a laissé à Paris des projets de mariage qu'il voudrait voir aboutir. C'est qu'il n'a pu compter jusqu'à ce jour sur aucun soutien solide à la cour; si le mariage se fait, il en aura dorénavant. Il devrait épouser Diane de Thianges de la maison de Damas. Cette demoiselle est, par sa mère, la nièce de la « sultane favorite ». La marquise de Montespan et la marquise de Thianges sont, en effet, sœurs. Et s'il faut en croire Saint-Simon, cette dernière possède avec encore plus de brio et de vitriol cet esprit Mortemart qu'on redoute tant chez la favorite. Jusqu'à sa mort, bien après la compromission de sa sœur dans l'affaire des poisons et sa chute, elle se soutiendra à Versailles, sur un pied de reine, un bavoir au cou, dans des appartements qui jouxtent ceux du Grand Dauphin, crainte de tous et respectée du Roi. Philippe s'est décidé à faire une fin sans pour autant rien changer à son train de paresse, de voluptés ambiguës parfumées d'inceste. Sur le tard s'y ajoutera une manière d'avarice qui le conduira aux halles à faire lui-même son marché, usant de sa chambre à coucher comme garde-manger. Diane s'accommodera fort bien de ce singulier époux et lui donnera quatre enfants.

Le voyage qui ramène le frère et la sœur en France dure plus que de coutume un trajet de Rome à Paris. Ils s'attardent, musardent en route, traînent; aussi ne manque-t-on pas de jaser: ce chemin des écoliers a bon dos. Hortense hésite avant de franchir la frontière du royaume. Les réactions du duc de Mazarin sont si imprévisibles: elle voudrait obtenir quelques garanties. On lui fait dire qu'elle n'a rien à craindre. Cependant, à peine est-elle arrivée à Nevers que Polastron, le capitaine des gardes du duc, y apparaît afin de prêter main-forte au commissaire de la Grand-Chambre qui doit l'arrêter. Philippe, prévenu, alerte la Montespan qui à son tour alerte le Roi. On présente un billet à décharge au duc de Mazarin qui le signe à contrecœur. Et voilà saine et sauve Hortense, à nouveau dans un couvent, aux Lys près de Melun. Elle y entre le jour même où est célébré le mariage de son frère chez la marquise de Montespan. Le Roi lui fait demander ce qu'elle souhaite. Point de Mazarin et retourner à Rome avec une pension. Elle aura sa pension. Assez maigre il est vrai. Vingt-quatre mille francs. Où peut-on aller avec cette misère? Mais qu'importe; elle préfère vivre de la charité que d'avoir à supporter son mari. Pour Rome: c'est comme si elle y était déjà. Vite un carrosse, une duègne en la personne de Mme Bellinzani, une amie de Mme Colbert, un exempt flanqué de deux gardes du corps, et revoilà Hortense en poste pour Rome courant après sa jeunesse qui s'enfuit et ses amants éparpillés aux quatre coins du chemin. En passant par la Savoie elle retrouve le charmant Charles-Emmanuel qui lui fait les honneurs de Turin. Revenez quand il vous plaira, lui glisse-t-il à l'oreille. Monseigneur je n'y manquerai pas, soupire Hortense. C'est qu'elle ne croit pas si bien dire.

# 41

# Bouillon d'onze heures au palais Colonna

### Le chevalier de Lorraine

Désormais on ne tire plus à fleurets mouchetés, au palais Colonna. C'est à présent la guerre ouverte entre Marie et Lorenzo. On se guette, on s'épie. Il y a du guet-apens dans l'air. Pour tout arranger, depuis quelque temps Marie s'affiche dans les salons, à la promenade, au bras de l'un des plus séduisants personnages du moment ; des plus scandaleux aussi : le chevalier de Lorraine, homme d'esprit, sans âme ni principes. Ce prince lorrain est un cadet d'une branche cadette des Guise, lesquels sont cadets des Lorraine. Cependant, des Lorraine il possède toute la panoplie atavique de bravoure, d'ambitions et d'intrigues. Et par-dessus ces belles qualités, Monsieur en croupe ; pour dire qu'il est, à sa guise et selon son intérêt, « à poil ou à plume ». Beau de surcroît, de cette insolente beauté à damner un ange, il mène Monsieur bâton haut ; il en tire pensions, abbayes et maisons de plaisance. Mais ceci est pour l'heure du passé ; puisqu'il est à Rome en exil. Renvoyé comme une favorite. C'est que depuis longtemps « Monsieur n'entend plus le français » mais seulement le langage du chevalier. Il s'est entièrement abandonné à ce dernier. Même Madame doit essuyer des dégoûts du favori, assuré de son empire. Le Roi prévenu contre le chevalier, que ses hardiesses, ses impertinences, son insatiable appétit d'honneurs et d'argent, ses indiscrétions aussi ont indisposé, le fait arrêter le 30 janvier 1670. Le chevalier est conduit à Marseille et enfermé au château d'If. Monsieur tempête, crie, pleure, fait mine de se retirer de la cour; en un mot fait sa « boudeuse ». Finalement le chevalier est élargi sur ordre du Roi mais avec interdiction de paraître à la cour. Il voyagera donc. En compagnie de son frère le comte de Marsan il débarque à Rome, ville d'intrigues, de masques, de spadassins et de poisons, parfaitement de sa façon. On pense que c'est sur son ordre qu'un certain Morelli dont il s'est fait accompagner à Rome, s'est procuré la potion qui, envoyée au marquis d'Effiat, grand écuyer de Monsieur, servit à empoisonner Madame.

Marie aussitôt l'accapare. L'impose dans tous les salons. L'entraîne à la baignade sur les bords du Tibre. On se déshabille dans des cabanes faites de roseaux. On en ressort vêtu d'une chemise légère de fil blanc. Autant dire rien. On batifole dans l'eau. On perd pied. On risque de se noyer. Le chevalier plonge. Nage. Vous sauve et l'on regagne la rive la chemise collée au corps, transparente, pour ainsi dire nue, dans les bras du Lorrain. On se prend au jeu de la belle noyée. Les violons dont on s'est muni pour cette escapade préludent déjà sur la berge en sourdine. On reprend vie lentement. Comme tout cela est amusant. Comment un homme qui vous sauve avec tant de galanterie aurait-il pu « *dare il boccone* » comme on dit ici à cette malheureuse Madame ? Non, ce ne peut être. Ce n'est pas. D'un geste Marie balaie tous les soupçons qu'elle aurait pu avoir, quand lui est rapportée au début de juillet (1670) la nouvelle de la mort soudaine d'Henriette d'Angleterre et tous les ragots afférents à celle-ci.

Au soir, les détails de cette galante noyade ont fait le tour de Rome. Le Connétable bride à grand-peine sa colère. Marie se soucie du Connétable comme de sa chemise. On dirait même qu'elle cherche à le braver. Peut-être même à en finir avec lui par un scandale. Elle est en attente de quelque chose ; un peu comme en été on espère la venue de l'orage pour rafraîchir l'atmosphère. Un amant, une passion, qui sait ? Mais à trente ans passés peut-on encore espérer le grand amour ? Elle est trop lucide pour l'imaginer. Aussi s'étourdit-elle en se donnant un peu de roulis sentimental. Un jour elle en tient pour le très laid et charmant Flavio Chigi ; le lendemain elle ne veut entendre de douceurs que de Philippe de Lorraine. Il y a aussi le duc Sforza, l'abbé Colonna, son beau-frère, qui ayant quitté les ordres est devenu prince de Sonnino, et le charmant Pipo Acciaïoli, amoureux comme elle d'opéras. Rome est torride ; lorsqu'on n'est pas aux bains à la cabane des roseaux derrière la piazza del Popolo, on s'enfuit vers les collines, rechercher le frais dans les nymphées de Frascati. A l'Ariccia chez les Chigi également où les fresques des appartements avec ces oiseaux voletant sont, à l'intérieur de la villa, comme le prolongement du paysage ombragé des jardins, d'eaux et de verdures entremêlé, tombant en cascade de la colline. Les frasques sentimentales de Marie ne sont dans ce décor qu'une chantournure supplémentaire à la grande fête baroque qui se poursuit. La villa d'Ariccia n'est-elle pas de l'imagination du Bernin ?

### Encore du rose, du blond et du charnu pour Hortense

Lorsque Hortense arrive à Rome après un voyage sentimentalement mouvementé, c'est pour ajouter encore à la confusion. Elle traîne à ses trousses un certain Crillon, amoureux transi, jaloux par force, dont à Nevers et à l'abbaye près de Melun elle avait déjà eu à subir les tracasseries alors qu'elle s'était amourachée d'un jeune page qui l'avait suivie aux Lys pour la servir. Il ne lui faut qu'un instant pour jauger et soupeser les avantages du jeune comte de Marsan, frère du chevalier de Lorraine. C'est une coquine qui ne sait résister aux chairs blondes et fraîches. Marsan est rose, blond et charnu. Ce serait le bonheur parfait sous le ciel de lit s'il n'y avait l'ombrageux Crillon pour s'interposer. Quoi un amant ! Sous mon nez ! Holà, mais qu'on déloge ! Le ton monte. Vous m'en rendrez compte, monsieur ! On se morgue. On dégaine et voilà Crillon et Marsan l'épée à la main. Le scandale est sur la place publique. Crillon est renvoyé. Marsan est conforté dans ses fonctions. Sur ce, Marie qui a dû goûter d'un fruit trop vert est prise de colique. Tout de suite elle pense au poison. La Morena, il y a peu, ne lui a-t-elle pas montré une lettre trouvée dans les appartements du

Connétable. Sa mort prochaine y était évoquée, comme les différents partis tous plus brillants les uns que les autres auxquels pouvait prétendre Lorenzo au cas où il se remarierait. Le poulet était évidemment anonyme. Le chevalier ne la détrompe pas. Oui, du poison, c'est certain. Il est vrai qu'il s'y connaît, le Lorrain. De plus il a tout intérêt à la conforter dans cette idée. Marie est terrorisée. Il exploite cette terreur. Il a tout de suite vu ce qu'il pourrait tirer de la situation : une possibilité de refaire surface à la cour. Madame morte, il n'y a plus d'obstacle à son retour auprès de Monsieur. Mais l'ordre se fait attendre. A présent il est bien décidé à le brusquer. « Il vous faut quitter Rome. Sinon ils finiront par vous empoisonner. Le vieux juif du Ghetto que vous faites monter dans vos appartements pour vous aider dans vos calculs d'astrologie, j'en ai la preuve, est à la solde du Connétable. Et il en a bien d'autres encore... Rentrez en France. Il faut faire écrire au Roi. De mon côté j'écrirai à Monsieur... Monsieur vous aime... Voyez comme chaque année il ne manque jamais de vous envoyer quelques chapeaux et colifichets à la dernière mode de Paris... » Marie a beau chercher, elle ne voit que le cardinal Chigi, son cher Flavio, pour écrire au Roi sans qu'un double tombe entre les mains de Louvois qui le porterait aussi sûrement à la nouvelle favorite. On n'ouvre pas un pli sous sceau de la chancellerie papale. Flavio s'exécute de bonne grâce. La missive est assez vague pour qu'on y puisse tout imaginer ; dans la manière, tenez, de : « un grave danger plane sur la tête de Madame la Connétable... » Malgré ses frasques que ne manque pas de lui rapporter le duc de Chaulnes ambassadeur à Rome, Louis a pour Marie un vieux reste de tendresse. Il s'inquiète. Monsieur peut-être sait-il quelque chose. Qu'on aille quérir Monsieur. Justement Monsieur est là dans l'antichambre, il vient de recevoir comme par un fait exprès une lettre de son cher chevalier. Même son de cloche. La Connétable court un affreux danger. Est-ce tout ? Sait-on rien de plus ? « Sire, seul le chevalier de vive voix pourrait certainement vous éclairer. » — « Eh bien qu'il vienne — Mais il est à Rome, sire. » — « Eh bien qu'il rentre ! »

Le tour a été bien joué.

Adieu Rome, adieu Marie ! Le chevalier de Lorraine ne se l'est pas fait dire deux fois. Déjà il est en selle et galope vers

Paris. Sa tête bouillonne. Il voit déjà Marie grande sultane et lui, dans l'ombre, gouvernant par le truchement de cette nouvelle favorite l'esprit du Roi. Il imagine aussitôt des grandeurs, un nouvel éclat pour sa princerie de cadet. C'est ventre à terre et crotté qu'il arrive à Saint-Germain. Le Roi interrompt ses révérences. « Où en est la Connétable, chevalier ? » — « Sire, elle risque le poison à chaque instant... » — « Que veut-elle de nous ? » — « Une lettre de Votre Majesté lui promettant protection et asile. »

### A Frascati !

La lettre du Roi, Marie la lit et la relit. Elle en a aussitôt reconnu l'écriture qui lui fait souvenir de tant de billets tendres. Dans celui-ci aucun épanchement mais le conseil de gagner au plus vite Marseille où on lui fournira une escorte. Marseille c'est bien loin, et jusque-là il faudra qu'elle se débrouille. Hortense, mise au courant de son plan, veut être de la partie à ceci près que dès qu'elles seront rendues à Marseille elle la quittera pour éviter que monsieur son mari ne la fasse arrêter. De Provence elle se rendra en Savoie où le duc l'attend. Comme Marie ne peut se fier à personne au palais, c'est Hortense qui se charge d'envoyer à Naples son valet Pelletier afin d'y louer une tartane. Pelletier va à Naples, en revient. Le bateau et l'équipage les attendront au mouillage dans une petite crique près de Civitavecchia. Hortense et Marie guettent l'occasion pour s'éclipser. Marie a fait promettre à sa sœur de ne rien dire de leur projet à leur frère qu'elle soupçonne d'être passé depuis son mariage dans le camp de la Montespan. Il est facile d'imaginer qu'une favorite aussi jalouse que la marquise n'appréciera guère l'arrivée de Marie ; y verra une pierre dans son jardin. Aussi, seule Morena qui déteste le Connétable est mise dans le secret. Sur ses entrefaites celui-ci, qui n'aime au fond que les grands chiens et les beaux chevaux, annonce son départ pour ses haras. C'est l'occasion rêvée. Marie passe un costume d'homme sur lequel elle enfile une robe tandis qu'elle dépêche

un page pour prévenir Hortense. Aussitôt celle-ci apparaît en
carrosse. « A Frascati ! » jette Marie au cocher en s'engouffrant
dans la voiture avec Morena à sa suite. Personne au palais ne
s'étonne des perles et des roses de diamants qu'elle arbore pour
se rendre à une partie de campagne dans les collines. L'humeur
de Mme la Connétable est toujours si fantasque.

# 42

# Sans tambour ni trompette

*Adieu monsieur le Connétable, et sans regret*

Pelletier, le valet d'Hortense, arrache brutalement les rênes des mains du cocher. « Je t'ai dit de tourner, drôle ! Comment faut-il que je te le dise ? » — « A Frascati m'avez-vous dit ; et par la voie Appienne on s'y rend directement. » — « Qui t'a parlé de Frascati ? Tu auras mal entendu. C'est à Civitavecchia qu'on se rend... » Et pour encore mieux se faire comprendre, Pelletier tire un pistolet qu'il applique sur la nuque de l'indocile cocher. « Allez, obéis ou bien je te fais sauter la cervelle... » Celui-ci aussitôt fait faire demi-tour à ses chevaux. Les essieux grincent. La voiture quittant la voie antique s'engage dans un chemin qui rejoint la route d'Ostie à travers champs. C'est une campagne désolée, brûlée par le soleil, semée de mausolées en ruine, d'aqueducs abattus qui se dressent sur trois pattes telles des carcasses d'animaux fantastiques. Avant Ostie l'équipage bifurque vers le nord en suivant la route par la côte. Le jour décline déjà. La lumière plus rasante allonge les ombres de la voiture et des six chevaux sur les champs dévorés de sauterelles. On est fin mai et l'air déjà s'est gonflé de fièvre. Hortense et Marie se sont débarrassées de leurs jupes. Il leur faut gagner à tout prix Civitavecchia avant la nuit à cause des bandits qui abondent dans la région. A cette heure le Connétable a dû déjà être averti et probablement a-t-il lancé à leur poursuite ses *bravi*. Le brusque trot d'un cavalier qui débouche sur la route et aussitôt elles imaginent des sbires et des spadassins à leurs trousses.

Bientôt le port est en vue. Mais aucune voile à l'horizon. Seule s'offre à leur regard la mer étale et lactescente sous la lune. Il leur faut vite trouver le bateau. Cependant, pas question de pénétrer dans Civitavecchia où on les reconnaîtrait. On y dépêche le petit valet. Il entre dans le premier estaminet et s'y soûle. Pelletier, de son côté, s'en va dans l'autre direction à la recherche de la barque.

Les chevaux fatigués bronchent au moindre caillou. On s'interroge sur la nécessité de garder un tel équipage. Congé est donné au postillon avec un bonne gratification pour s'assurer de son silence. Puis on repart à pied. On avise un bosquet de chênes rouvres ; on s'y couche et on s'endort, bercé par le chant des cigales. Hortense ne dort que d'un œil. Au premier bruit la voilà sur ses jambes, pistolet à la main ; prête à griller la cervelle du premier venu. Ce n'est que Pelletier qui revient bredouille. Et déjà le jour se lève. Que faire ? Marie est désespérée ; s'il n'y avait Hortense pour l'en empêcher, elle retournerait à Rome. La matinée se passe à attendre. Le soleil est à présent haut dans le ciel. On risque à tout instant l'insolation. A nouveau on entend des chevaux au loin. Cette fois ce sont les hommes du Connétable. Non, ce n'est que le postillon qui revient. Que veut-il ? Encore de l'argent ? Pas. Il sait où se trouve la barque et s'offre de les y conduire. Hortense marche à grandes enjambées ; Marie traîne derrière. C'est alors qu'elle avise un paysan dans un champ. Voulez-vous me porter jusqu'à ma barque ? Refus tout net du paysan. Devant quelques pièces d'or, il se ravise. Et c'est ainsi qu'à bras d'homme Marie gagne la crique où doit se trouver la tartane. Arrivée sur la grève, pas de bateau. Soudain paraissent deux barques. Celle louée par Pelletier à Naples et une autre qu'au désespoir il a fini par engager. Devant ce soudain afflux de bateaux, on ne sait lequel choisir. Les équipages en viennent déjà aux mains quand Pelletier calme le jeu avec de l'argent. Finalement on embarque avec les Napolitains. Le patron, une forte tête, leur extorque encore quelques pièces ; Marie et Hortense lui en promettent le double s'il les mène à bon port. A peine sont-elles au large qu'un brigantin cingle vers elles. Ce sont des frères de la côte, des pirates, des barbaresques. Tout un roman est inventé sur-le-champ. C'est qu'il faut se faire peur si l'on veut être de véritables aventurières ; à la hauteur de sa réputation. L'équipage pense qu'elles ont assassiné le pape. Mais le patron a bien vu qu'elles ne sont ni des « gueuses » ni des assassines et qu'il est important qu'elles rejoignent Marseille saines et sauves ; aussi par une manœuvre habile rejoint-il la côte qu'il ne cessera plus ensuite de longer. Finalement, après douze jours de navigation et quelques tempêtes, les voilà en vue de Monaco. Comme elles ne se sont pas munies d'un passeport sanitaire, on leur interdit de débarquer. Mais contre de l'argent on leur octroie un faux passeport.

### A cheval dans la garrigue

A présent c'est le patron qui ne veut plus les mener à Marseille. Il les débarquera à La Ciotat. Bien lui en prend ; cela leur évite de tomber sur les galères que le Connétable a envoyées à leur recherche et qui croisent devant Marseille. On accoste à La Ciotat. Adieu la marine à voiles ! Vive la cavalerie ! Et c'est à cheval et en chemise avec leurs diamants et leurs perles en sautoir qu'elles galopent de nuit par la garrigue embaumée, entraînant à leur suite Nanon et Morena bottées et vêtues comme elles en cavalier.

Aussitôt arrivées dans Marseille, elles s'enquièrent du logis de Monsieur l'Intendant des galères. « Pécaïre ! C'est qu'il est bien fatigué notre monsieur Arnous... » En Provence chacun sait que lorsqu'on dit que quelqu'un est fatigué, c'est que celui-ci est à l'article. Au fond c'est peut-être bien l'unique exemple de litote pour cette province plutôt encline à l'hyberbole. « Ah, il fait la sieste ! Eh bien nous le réveillerons... » Le logis est près de la darse. L'allure pour le moins étrange de ces quatre cavaliers suscite des quolibets sur leur passage. On leur défend d'entrer. Monsieur l'Intendant ne reçoit pas. Hortense se met en avant. « Je suis la duchesse de Mazarin et il vous en coûtera... » Mazarin comme cela à la cantonade, c'est mieux qu'un laissez-passer. On les introduit chez M. Arnous qu'elles

trouvent au fauteuil, la bouche de travers, l'œil fermé et bavo-
tant. L'intendant a eu un coup d'apoplexie. Il leur tend d'une
main tremblante un paquet. Marie y trouve un passeport, une
lettre du Roi et une autre du marquis de Pomponne, ministre
des Affaires étrangères, pour le comte de Grignan, lieutenant
général du gouverneur de Provence. Elles retournent à
l'auberge, font toilette pour revenir dîner chez l'intendant. Mais
avant tout, vite du papier et de l'encre. Une lettre pour le Roi,
une lettre pour le duc de Créqui, premier gentilhomme de la
chambre, que Marie a connu naguère ambassadeur à Rome.

### Il signor Manechini, assassin à gages

Où Sa Majesté veut-elle qu'elle s'établisse ? Pour elle, elle ne
peut imaginer d'autre lieu dans Paris que le palais Mazarin.
N'est-ce point la demeure de famille ? De surcroît la maison est
à sa sœur. Aussi toutes les deux réunies entre ses murs y
seraient parfaitement à leur place. Ce serait une demi-retraite ;
le Roi y viendrait en voisin du Louvre et Monsieur du Palais-
Royal... Pour un peu, Marie extrapolerait. Plus de Montespan,
encore moins de Reine. Louis dès qu'il l'aurait revue revien-
drait à elle. Elle perçoit le bonheur à sa portée. Vite Pelletier,
ces deux billets chez le Roi. Et voilà le brave Pelletier ventre à
terre courant de Marseille à Paris. Durant son absence, il faudra
toutefois ouvrir l'œil. Sur le chemin du retour, Nanon a cru
apercevoir quelques mines patibulaires. Capes sur le nez et
longues rapières. D'ailleurs Pelletier à peine sorti, un homme se
fait annoncer de la part du Connétable. C'est le capitaine
Manechini, le chef de ses spadassins, l'exécuteur de ses basses
œuvres. Regard froid, sourire féroce avec des manières suaves.
Il propose à Marie mille douceurs de la part de Lorenzo. On
l'attend à Rome. Elle manque déjà terriblement au palais de la
piazza Santi Apostoli. Marie ne veut rien entendre, rien savoir.
Elle ne retournera pas à Rome. Elle le congédie froidement.
Cependant elle le sait désormais dans l'ombre, aux aguets. Elle
demande une garde ; on la lui envoie. Le lendemain les deux
sœurs quitteront Marseille pour Aix.

*Deux aventurières en chemise*

Le comte de Grignan s'est porté à leur rencontre. La comtesse, sa femme, leur a fait la veille parvenir du linge et des habits en même temps qu'elle décrivait dans une lettre à sa mère Mme de Sévigné l'arrivée de ces aventurières en chemise. Au reçu de celle-ci la marquise, aussitôt, en fait toute une publicité dans les salons. A Aix, elles ne sauraient loger chez le gouverneur en son absence. Celui-ci, cependant, n'est autre que leur jeune neveu le duc de Vendôme. Le président du Castelet leur ouvre sa maison. On les y fête. Les violons sont de la partie. Elles vont de campagne en campagne. Elles sont la curiosité de la province. Paris bientôt bruit de leurs aventures. Grâce à la Sévigné, leur équipée est le dernier potin du jour. Peut-on imaginer plus folles héroïnes de romans ? Leurs extravagances ne forment-elles pas un feuilleton à rebondissements ? Tout cela fait un potage romanesque dont aussitôt la gazette d'Amsterdam s'est emparée. Olympe et Marianne pestent contre leurs sœurs. Ce débarquement intempestif pourrait mettre en péril leur position à la cour. Le Roi est aux armées et la Reine, comme la Montespan, n'a aucun intérêt au retour de Marie. Au contraire. Les feux d'anciennes amours, qu'on croit éteintes, sous la cendre laissent parfois des braises qui ne demandent qu'à se réanimer en la présence de l'objet aimé. C'est un risque à ne pas courir. Marie-Thérèse et la favorite en sont tombées d'accord sans même se consulter. D'ailleurs s'adressent-elles la parole ? Or voilà que soudain tout est changé : on se sourit, on fait front commun ; pour un peu on se dirait des tendresses. Le Roi parti en Flandres faire la guerre aux Pays-Bas, Marie-Thérèse a été nommée régente. Elle ne participe pas au gouvernement mais se tient au courant de petits détails et Marie en est un qui lui tient à cœur. Un de ces graviers qui, glissés dans la chaussure, agacent le pied. La Reine se fait ouvrir les lettres de l'ambassadeur à Rome. Celles également du prince Colonna. Il redemande Marie à cor et à cri et pour répondre à ses accusations de violence et d'empoisonnement, à son tour insinue que ce départ précipité n'est que l'effet d'une galanterie. En un mot

Mme la Connétable n'a quitté Rome que pour rejoindre son amant, le chevalier de Lorraine. Le pavé est dans la mare. Seule une affaire publique pouvait effaroucher le Roi. C'est chose faite.

### « *Surtout qu'elles n'approchent pas de Paris* »

Au lieu de gagner directement Paris afin d'y forcer son destin ; de courir aux armées, d'y voir le Roi par surprise, de l'émouvoir et emporter l'affaire, Marie préfère s'attarder à Aix. Elle attend le retour du fidèle Pelletier avec la réponse du Roi. Pour tromper son attente elle se rend à Montpellier ; visite de Vardes qui s'y trouve toujours exilé ; au retour s'arrête à Monfrein le temps d'une sérénade sur le Gardon. Toujours sans nouvelles, elle finit par quitter Aix avec Hortense pour le château du chevalier de Mirabeau. Elles s'y attardent ; enfin décidées elles prennent la route de Grenoble. Hortense qui a été avertie que Polastron, le capitaine des gardes de son mari, est arrivé à Aix pour l'arrêter, se sépare de Marie à Pont-Saint-Esprit. Elle gagne au plus vite la Savoie où son cher Charles-Emmanuel l'attend. Plus vite encore depuis qu'elle sait que le Roi vient de supprimer sa pension de misère qu'il donne désormais au duc de Mazarin afin que celui-ci la lui restitue à son gré. Marie de son côté gagne Grenoble. Elle y arrive début juillet ; elle s'installe à l'auberge avec la Morena. Le gouverneur de la province, le duc de Lesdiguières, est averti de sa présence. Il accourt. Lui fait les honneurs de la ville et la prie d'accepter son hospitalité. Marie ira donc loger à l'Arsenal. On ne saurait dire qu'elle s'y fasse oublier. Elle écrit à Rome, non pour prendre des nouvelles de ses enfants mais pour demander qu'on lui envoie son petit chien et aussi quelques huiles essentielles nécessaires à sa toilette. Hortense arrive bientôt de la Savoie proche. Elle presse Marie de s'y rendre avec elle. Charles-Emmanuel ne demande qu'à l'accueillir. Marie refuse. Elle veut Louis ou rien. Dans le même temps son escapade est devenue

une affaire d'Etat. Le pape s'en mêle; la reine régente
d'Espagne également. Marie continue à mener joyeuse vie, mul-
tipliant ses sorties nocturnes, sans songer un instant au désarroi
dans lequel elle jette les chancelleries. C'est un été de liberté
qui a commencé et personne, même la reine régente d'Espagne,
ne pourrait le lui gâcher.

### Un billet du Roi

Enfin Marie voit paraître Pelletier. Un chemin bourbeux, des
bandits qui probablement n'étaient que des sbires du Connétable, enfin tous les agréments d'un voyage impromptu, l'ont
retardé. Il a délivré néanmoins ses messages et en rapporte les
réponses. Dès les premières lignes de la lettre du duc de Créqui,
Marie perçoit que le temps s'est mis au beau froid. On veut bien
d'elle mais plus tout à fait comme avant. Quant au billet du Roi,
il est glacial. Il parle de couvent pour arrêter les médisances sus-
citées par son départ précipité de Rome. Un couvent! Elle n'a
pas affronté les éléments déchaînés sur une barcasse et bravé
les barbaresques pour demeurer en rase campagne à rêver d'un
couvent. Elle comprend soudain qu'on l'a desservie. La Reine
peut-être, la favorite à tout coup; ce qu'elle ignore c'est que la
gouvernante des bâtards du roi s'y est mise également; cette
Françoise Scarron qui fut son amie jadis, qu'elle protégea, à
présent joue contre elle, en avançant ses propres pions. Sans
tenir compte des avis de prudence, elle quitte Grenoble pour
Lyon. Hortense l'accompagne. Elles se séparent aux abords de
la ville. Hortense regagne Chambéry où l'attend son cher
Charles-Emmanuel. Nanon et Pelletier qui lui appartiennent la
suivent. Marie demeure donc seule avec la fidèle Morena. Pas
pour longtemps. A la première auberge elle se trouve un nouveau compagnon. Un certain Marguin, courrier de profession
qu'elle a jadis connu à Rome. Une Connétable de Naples ainsi
attablée à l'auberge, il y a de quoi troubler un homme; et ce
Marguin l'est si profondément qu'il lui propose de sub-
ventionner son voyage. Il prend à son compte chevaux, voiture,

postillon... Tout est réglé en deux temps trois mouvements et voilà Marie en calèche lancée sur les routes de ce bel été de liberté avec, galopant à sa suite, Morena et son bailleur de fonds. C'est charmant, on part en voyage comme s'il s'agissait d'une partie de campagne. On improvise. C'est tout Marie. Le train de sa calèche n'est pas assez rapide. Aussitôt elle avise un coche d'eau sur la Saône et y embarque avec calèche et chevaux. Mais le fleuve est bas et la barge n'avance pas. Manœuvre arrière, on reprend la route. Les chevaux sont fourbus ; aux relais on n'en trouve jamais de frais. Il semble que ce soit, là, une fatalité. Non, c'est par ordre du Roi. Le voyage de Marie est connu et on veut l'empêcher de gagner Paris. Un envoyé est chargé d'intercepter Mme la Connétable. Ah, qu'à cela ne tienne ! on prendra des chemins de traverse et on voyagera de nuit. On verse deux fois dans le fossé. On ne compte plus les bosses. Enfin on arrive à Montargis ; Marguin avec la peur au ventre et Morena la colique. Seule Marie semble avoir traversé cette équipée telle une fleur. On a peu de temps pour délibérer : Morena aura des cataplasmes et Marguin bridera sa peur en se rendant à Paris où il délivrera un billet au Roi et un autre au marquis de Louvois. La chose conclue, on repart. Marie attendra la réponse du Roi à Fontainebleau. A son arrivée dans cette ville, on imagine facilement les souvenirs qui l'assaillent ; la vue du château, de ces eaux dormantes, de ces bois et de ces fontaines ; de tous ces lieux où naguère elle avait été presque reine. Adieu les beaux appartements, les nymphées, les barcarolles sur le canal, les chasses de l'automne ! Son lot à présent ce sont de méchantes auberges, aux salles basses et enfumées, à la literie douteuse. A peine est-elle installée que débarque l'émissaire envoyé par le Roi. Un certain M. de La Gibertière. Mince et suffisant gentilhomme qui lui débite de fades compliments et tente de la persuader de la part du Roi de rebrousser chemin. « Moi repartir pour Rome ? Mais vous n'y pensez pas ? » — « Alors retournez à Grenoble. Un ordre a été donné pour vous accueillir à l'abbaye de Montfleury... » Et comme il laisse entendre par son discours qu'elle se serait vantée de recouvrer la faveur du Roi et en même temps tout son pouvoir sur son esprit, Marie balaie cet argument avec sa désinvolture habi-

tuelle : elle décroche sa guitare et en pince quelques accords
sous le nez de l'insipide gentilhomme. Sur ces entrefaites
paraît le duc de Créqui. Stupéfaction de ce magnifique seigneur, lorsqu'il aperçoit, en cet état de bohémienne, celle
qu'il connut naguère presque reine à Paris et, plus tard, tout
à fait à Rome. Il sait qu'il va lui briser le cœur. « Que veut le
Roi, Monsieur le duc? » — « Il veut que vous partiez,
Madame, comme ce gentilhomme a dû vous le dire; il veut
que vous retourniez à Rome chez le Connétable ou qu'à
défaut vous entriez à Montfleury près de Grenoble. Et cela
sans tarder... » — « Mais ne voyez-vous pas dans quel état de
fatigue je me trouve... Je ne saurais reprendre la route... N'y
a-t-il de couvent qu'à Grenoble? Tenez près d'ici aux Lys il
s'en trouve un que je connais; ma sœur Mazarin y fut. Qu'on
m'y envoie! » Créqui voyant qu'il n'en viendra pas à bout
décline sa grande révérence et sort. Le soir même un page à
sa livrée arrive à l'auberge. Il demande Marie et lui remet de
la part du duc un billet. Marie le cœur battant ouvre la lettre.
Elle sent bien que son destin se trouve dans ce pli. Elle
l'ouvre, le parcourt rapidement. Elle a gagné. Le Roi lui
accorde de demeurer aux Lys. Il lui fait dire, cependant, qu'il
ne la verra pas. Elle a juré, de son côté, de ne pas essayer de
le revoir. Mais ce ne sont que des mots. N'est-on pas fin
août; bientôt les feuilles jauniront, septembre sera là et l'on
entendra par les bois l'appel des chasseurs. Louis sera parmi
eux. Un cheval qui s'égare, c'est aisé en forêt. Combien de
fois ne s'était-elle pas elle-même en compagnie de Louis perdue à dessein pour se retrouver devant l'abbaye des Lys où
les religieuses leur donnaient à goûter du pain avec de bonnes
confitures... Marie est de nouveau en selle, elle imagine, se
berce d'espoir. Elle est prête à donner une suite à son grand
roman extravagant.


*Premier couvent*

Elle traverse la forêt en compagnie de M. de La Gibertière.
C'est le petit matin. Un maigre soleil danse au travers de la

feuillée. Les hampes des fougères frémissent comme des harpes à leur passage. Les allées sablonneuses et feutrées par la rosée alourdissent la cadence des chevaux qui se sont mis d'eux-mêmes à une allure de promenade. Les boqueteaux de pins et la lande de bruyères exhalent une odeur qui ravive à chaque instant en Marie de vieux souvenirs.

A son arrivée aux Lys l'abbesse accueille Marie avec les égards dus à son rang. Quelque peu étonnée cependant devant un si maigre bagage. Elle cherche les malles. Il n'y en a pas. Et ce négrillon, est-ce tout comme serviteur ? Oui ; mais c'est une négrillonne. Aussitôt Morena est extirpée de ses bottes et glissée dans une jupe. L'appartement dévolu à Marie donne sur un beau jardin touffu. Déjà elle s'y sent chez elle, prête à y recevoir la cour et la ville ; et aussi pourquoi pas le Roi ? Elle imagine, rêve... et finalement retombe de haut. Créqui est de retour. Il apporte deux bourses de cinq cents pistoles chacune. Somme que le Roi renouvellera tous les six mois, tant qu'elle sera sous sa protection et se conformera à ses ordres qui sont de ne pas essayer de le voir. Aussitôt la réponse fuse : « J'ai bien ouï dire qu'on donnât de l'argent aux dames pour les voir, mais jamais pour ne point les voir. » Merci. Grand salut. Révérence de retour et adieu monseigneur.

Le couvent est en proie à la fièvre depuis que Marie est dans ses murs. Au parloir se succèdent à toute heure des porteurs de messages. La mère abbesse ne sait plus comment y faire face. Elle écrit à Colbert pour savoir la conduite à tenir. On lui fait connaître que Mme Colonna ne peut recevoir en visite que sa famille. Or Olympe et Marianne, plutôt que de paraître trop empressées à retrouver une sœur si mal en cour, ont préféré lui envoyer des cadeaux. Olympe, toujours somptueuse, a fait présent à Marie de tapisseries et d'un grand lit incrusté de nacre. Marianne de quelques babioles. Enfin au bout de plusieurs jours elles paraissent en personne. Dans l'instant le couvent n'est que froissement de soie et rires de pages. Le parloir s'est transformé en un salon parisien. Mme la Comtesse et Mme la Duchesse de Bouillon y donnent à goûter à leur sœur Mme la Connétable Colonna. Cela a bonne allure quoique la chose se fasse à la sauvette. C'est qu'elles ont fait le voyage du

Lys un peu en contrebandières : elles craignent, en effet, d'encourir les foudres de la favorite.

## Trahison de Colbert

Déjà la Montespan se démène auprès des ministres. Elle mande tour à tour Colbert puis Louvois. « Les Lys ? Mais c'est trop près de Paris, il faut qu'elle en décampe ! » Comment faire ? Impossible d'importuner le Roi au sujet d'une vieille amie qui ne fut pas même sa maîtresse. Justement, voilà pourquoi elle est encore dangereuse. La favorite torture les ministres qui ne savent que faire. Colbert, qui connaît un peu l'imprévisible Marie, se doute bien qu'elle se chargera elle-même d'impatienter le Roi. Il n'a pas à attendre longtemps. Marie s'étonne de ne recevoir aucune visite à l'exception de ses sœurs et de ses beaux-frères. Elle voudrait se promener en forêt. On le lui interdit. Elle comprend enfin qu'elle est prisonnière. Par ailleurs elle a dépensé les mille pistoles données par le Roi. Elle a remboursé Marguin de l'argent qu'il lui avait avancé pour le voyage ; payé une lingère et un tailleur. Comme elle n'a aucune notion de l'argent, elle continue ses dépenses et envoie ses factures directement à Colbert, lui offrant du même coup le prétexte qu'il attend. Marie reçoit un billet du ministre lui enjoignant d'acquitter ses notes elle-même et de payer sa pension à l'abbesse. Marie se rebiffe et écrit à Colbert sa façon de penser : « Depuis quand le captif paie-t-il son geôlier ? » Marie une fois encore est victime de sa nature impulsive ; de son aveuglement, qui n'est pas le fait d'une nature crédule mais la conséquence d'une extraordinaire propension à refuser la réalité pour le monde chimérique qu'elle s'est forgé. Chaque personne, chaque chose, chaque lieu doivent se plier à sa vision du monde. Faut-il se résoudre à entrer dans une abbaye ? Pourquoi non ? D'ailleurs qu'est-ce donc qu'une abbaye si ce n'est un lieu commode et calme d'où l'on sort et rentre à son gré. Ce qui n'est évidemment pas l'idée que s'en est faite le Roi. Si peu son idée, qu'il lui fait dire qu'il faut quitter les Lys et se rendre sur-le-champ à l'abbaye d'Avenay, près de Reims. Colbert évidemment a fait tenir au Roi la lettre de Marie. Louis a aussitôt pris la mouche.

Par un de ces matins rutilants de l'automne, Marie voit arriver l'immanquable La Gibertière. Il est chargé de la mener à Reims. Elle voudrait voir le Roi. Une seule petite fois. Et puis après elle ira où il voudra. Mais il n'y a rien à faire, Louis ne veut pas la revoir. Elle grimpe en carrosse et, avec la Morena et trois autres servantes qu'on lui a envoyées de Rome, se fait conduire à Reims. L'abbaye est à trois lieues de la ville. On l'y reçoit. A peine y est-elle installée qu'elle a la visite de l'archevêque de Reims. C'est un homme connu pour ses brutalités et ses avarices. Il est le fils du chancelier Le Tellier et le frère cadet du ministre Louvois. Il presse Marie de lui donner les raisons qu'elle a eues de sortir si précipitamment de Rome. Sans doute voulait-elle renouveler le passé dans l'esprit du Roi; insinuant par « passé » le fait qu'elle souhaiterait y reprendre une manière d'influence. La réponse de Marie claque sèchement : elle n'a pas besoin de messager entre elle et le Roi, serait-il archevêque de Reims et pair ecclésiastique du royaume. L'archevêque quitte Marie tout rouge et fort en colère. Le soir même Louvois est informé de l'entretien.

## Trahison de Philippe de Nevers

L'automne tire à sa fin. Il semble que les choses se soient calmées du côté de Reims; qu'on soit entré dans un statu quo. Cela ne fait évidemment pas l'affaire de la favorite qui se doute bien qu'un jour la Connétable arrivera à ses fins. Qu'elle parte et qu'elle ne revienne plus. Qui mieux que son frère pourrait la persuader? Se méfie-t-on d'un frère? Philippe de Nevers comme neveu par alliance de la favorite a tout intérêt à entrer dans son jeu. Un jeu c'est cela, ni plus ni moins, pour ce libertin sans foi ni loi qui a autant de charme que d'esprit de malice.

Philippe se présente à l'abbaye d'Avenay. On est à la veille de Noël. Noël n'est-il pas une fête de famille? Aussi quand son frère lui propose de venir passer les fêtes à Nevers avec sa femme et lui, Marie, qui ne voit pas le piège, accepte. Pourquoi soupçonnerait-elle ce frère ? N'est-il pas avec Hortense celui qu'elle préfère de sa famille ? Les voilà donc en route. La ville de Nevers, se dit Marie en elle-même, n'est pas plus éloignée de Paris que Reims. Et de nouveau de se prendre à rêver. A Nevers elle découvre sa belle-sœur, qu'elle trouve charmante. Et c'est vrai que Diane est exquise. La plus belle femme de la cour, avec « des singularités qui charmaient », ajoute Saint-Simon au portrait qu'il donne d'elle. Marie et elle s'entendent à merveille. Il y a bal, musique, Marie mène le rigaudon. Mais après quelques jours, Philippe est subitement pris d'une irré-pressible envie de bouger. Marie connaît, pour le subir parfois, cet état que les Allemands nomment le « Wanderlust ». C'est comme une démangeaison climatique qui la prend soudain. Une impossibilité à se fixer. Un besoin irrépressible d'errance.

« Noël est passé depuis longtemps. On a tiré les rois. Nous sommes des deux pieds dans la nouvelle année 1673 et déjà le carnaval bat son plein à Venise. Que faisons-nous ici ? Vien-drez-vous avec nous, Marie ? » Marie ne voit pas le piège vers lequel veut l'entraîner Philippe qui souhaiterait l'attirer hors de France. « Alors il faudra vous en retourner au couvent à Reims » — « A Reims ! Mais pourquoi ? A Nevers il doit bien se trouver un cloître où je pourrais demeurer le temps de votre retour... »

Il ne s'en trouva point. Celui-ci était ceci. Celui-là n'était pas cela. Marie joue avec le feu. La voilà partie en carrosse avec son frère et sa belle-sœur pour Lyon. A Lyon on a des souvenirs. A Lyon ce serait bien le bout du monde si on ne trouvait pas une abbaye convenable. Philippe de se frotter les mains : en se ren-dant à Lyon, Marie allonge le pas un peu plus vers la frontière.


## « Le Charmant »

A quelques lieues de Lyon, Marie découvre celui qu'on nomme à la cour « le Charmant ». C'est Villeroi, l'amant d'Olympe ; celui-là même qui a succédé à Vardes. Philippe l'a prévenu de son arrivée. Il est accouru à leur rencontre. Pour avoir été élevé avec le Roi, il passe pour son favori, quoique depuis quelque temps il se trouve en disgrâce. Il est aussi magnifique que sans cervelle. Bien fait avec un beau visage, c'est un frivole qui ne déplace que du vent ; il pratique ce jargon de cour qui n'éblouit que les sots. Maréchal de France, dans quelques années, il se montrera un déplorable chef de guerre et sera battu par Marlborough à Ramillies. Entré sur le tard au conseil, Louis XIV aura souvent à rougir de son ignorance devant ses ministres.

Pour l'heure, aussi charmant qu'il soit, il n'en est pas moins rompu et corrompu. Souple et accommodant pour mieux dire. En somme parfaitement courtisan. « Glorieux à l'excès par nature », écrit de lui Saint-Simon et il ajoute : « bas aussi à l'excès pour peu qu'il en eût besoin. » Or, des besoins il en a, et en premier lieu, celui de revenir à la cour dont il a été éloigné. Pour rentrer en grâce, quel meilleur moyen que de complaire à une favorite qui peut tout et en premier lieu votre rappel. Il faut que la princesse Colonna saute la frontière ? Eh bien nous la lui ferons sauter ! Et si elle ne veut pas ? Nous lui ferons, alors, un croc-en-jambe et elle se retrouvera sans même y penser de l'autre côté où M. le Connétable son mari n'aura plus qu'à venir la cueillir. Et le tour sera joué.

Commence alors la farandole des couvents. Le Charmant accompagne Marie dans ses visites. Il trouve toujours le mot qu'il faut pour la dissuader de celui-ci, de celui-là. Finalement Marie en découvre un parfaitement à son goût sur la colline de Fourvières. Mais il faut de l'argent pour la pension et la bourse de Marie est vide. Dès qu'on se met à parler d'argent, Philippe prend l'air absent. Comme le Connétable a fait savoir que dès que sa femme aurait passé la frontière, il prendrait en charge toutes ses dépenses, Philippe a beau jeu de pousser sa sœur à quitter Lyon. « Que restez-vous ici ? Ne voyez-vous pas que vous êtes indésirable en France ! Passez les monts, de l'autre côté vous trouverez à coup sûr une retraite où vous serez heureuse de vous établir pour quelque temps... »

Marie se fait une raison. Faut-il écrire raison quand il s'agit bien évidemment de folie. Marie dira plus tard : « poussée par mon destin toujours ennemi de mon bonheur ». Elle partira avec Philippe. Cependant elle commence à subodorer le piège ; aussi se garde-t-elle de lui avouer son plan qui est de rester en Savoie.

Le 15 janvier 1673, une nouvelle fois, Marie se jette sur les routes. Elle pense que c'est la dernière fois. L'ultime voyage avant le calme retrouvé, qui sait, le bonheur ; sans imaginer un instant qu'il n'y a jamais de retraite pour les aventureuses.

# 43

# Le grand air savoyard

*Un honnête homme libertin*

A Chambéry dans la résidence des ducs de Savoie, Hortense ne se laisse pas déborder par son destin, elle. N'étant pas de nature inquiète comme sa sœur, elle a décidé de faire son bonheur par des voies plus quotidiennes et ordinaires. Il y a chez elle de l'« honnête homme » libertin. Mais un libertin ordonné qui, selon la belle formule de Mlle de Lenclos, sait que ce n'est pas assez d'être sage, qu'il faut plaire ; et quant à ses plaisirs, n'être pas trop scrupuleuse sur le nombre mais bien sur le choix. Chambéry devient une manière de couvent où elle apprend les règles du bonheur ; à savoir : comment dégager ses plaisirs et ses voluptés de l'inquiétude qui les précède et du dégoût qui les suit, pour reprendre Saint-Evremond. Elle n'est pas depuis cinq minutes en ville que la population est en effervescence. Avec elle c'est à chaque instant un galop déchaîné. Elle épouvante et fait rêver. Elle court à la chasse, au bal, à la comédie. Et parfois le tout en même temps. Comme un vent printanier le pollen, elle lève et entraîne la jeunesse du pays dans ses courses effrénées. Elle traque le chamois dans la montagne ; s'y laisse surprendre par la nuit ; et ajoute ainsi au plaisir de la chasse celui d'un étrange bivouac où elle se retrouve la seule de son sexe. Sur son passage on lui jette des baisers, elle rit ; on lui jette des pierres, elle rit encore. Elle ne craint pas le vin d'Asti et mène carrousse avec de jeunes seigneurs et leurs pages. Il lui arrive de vider cinq à six *fiasconi* de ce vin. Elle ne sera jamais une adepte de la tempérance. Après les vins d'Asti et le pétillant

Lambrusco, lorsqu'il lui faudra sauter le Channel pour s'établir à Londres, c'est avec la même vaillance qu'elle enfourchera la bouteille de gin. De tous les accidents d'une route mouvementée elle sait tirer son plaisir; et de la pénitence même. Elle se choisit un confesseur; le fait masquer pour le carnaval et comme le carnaval touche au carême et qu'il n'y a pas de contrition sincère sans un aveu scrupuleux de ses fautes, elle se fait un devoir de lui conter ses péchés les plus variés et dans leur détail jusqu'à en faire frétiller le froc du pauvre chapelain.

### Natation et gym

Aux beaux jours, elle affiche des nonchalances. Sa vie n'est plus qu'une longue méridienne qu'elle n'interrompt que pour se rendre au bord du lac d'Annecy en compagnie d'un jeune garçon arraché aux barbaresques, que le duc Charles-Emmanuel lui a offert. Il est aussitôt surnommé Pompée. Ensemble, ils se livrent à des jeux aquatiques; nagent très loin jusqu'aux premiers îlots, elle à demi-nue, lui complètement. Un enfant nu, voilà la belle affaire! Quelle inconvenance y a-t-il à cela? Toutefois à y regarder de plus près, à quinze ans, et plus probablement seize, ce joli moricaud a déjà de fichus avantages.

La séance de natation terminée, on passe à la gymnastique. Et tant pis alors pour le sexe des anges. C'est qu'Hortense possède plus de candeur que de rouerie. Cette fantaisie lacustre est, il va sans dire, menée en musique. Hortense ne se déplace qu'avec ses violons. Le soir, elle fait venir des comédiens et se fait représenter les derniers succès de Paris. On lui joue *Les Femmes savantes* et aussi *L'Ecole des femmes*.

### Marie veut respirer l'air des cimes

Marie s'étant fait annoncer, Hortense se met en frais pour l'accueillir. Elle n'est pas jalouse; si elle peut aider sa sœur auprès de Charles-Emmanuel qui, elle doit l'avouer, n'est pas un amant bien encombrant, c'est de bon cœur qu'elle le fera. Jouer les entremetteuses l'amuse à la folie. A peine arrivée au château de Chambéry, Marie prend Hortense en aparté. Elle lui raconte tout à trac les trahisons de Philippe; ses intrigues avec la Montespan; son intelligence avec le Connétable. « Il m'endort de belles paroles, mais je sais qu'il n'attend que le moment opportun quand nous serons hors des Etats de Savoie pour donner le signal au Connétable de m'enlever. Mon cher beau-frère Balbasès a probablement déjà donné ses ordres. On m'assassinera au pire, au mieux j'irai croupir dans un cachot de la forteresse de Palliano.» — «Préviens-les! Demande asile au duc de Savoie. Il nous aime. Est-ce se perdre que de demander l'aide de quelqu'un qui nous veut du bien. Et puis c'est un grand imaginatif : il ne caresse que l'idée qu'il se fait de nous et c'est facilement qu'on le tient à distance.» Hortense le soir même écrit à Turin. Un couvent, juste un couvent, pour ma sœur Marie. Marie n'est plus à un couvent près. Par le même courrier elle écrit aussi au duc. La réponse ne se fait pas attendre. On l'espère, on l'attend.

Dans le même temps, Louis XIV est prévenu des dernières tribulations de Marie et comme il ne veut aucun éclat et qu'il préfère le libre consentement à la violence, dans un billet fort laconique il suggère à son cousin Savoie de persuader Mme la Connétable de se remettre avec son mari et de s'acheminer le plus rapidement possible dans un lieu où elle pourra traiter cet accommodement en personne. Tout est dit : on fermera les yeux sur l'asile que vous lui donnez; faites seulement qu'il n'y ait pas d'esclandre et que le plus vite possible elle s'en retourne à Rome.

Or c'est mal connaître Marie qui, quelques semaines plus tôt, avait écrit au Connétable : « Je crois que la plus grande difficulté que je trouve en moi est de surmonter l'aversion que j'ai pour Rome. »

*Nevers le nez dans la farine*

Philippe ne se doute de rien. Tout semble se dérouler selon le plan prévu. D'ailleurs sa tante Montespan, contente du tour qu'a pris cette affaire, vient de faire rappeler le « Charmant » à la cour. Marie passe le col du Cenis en plein mois de janvier, vêtue d'une jupe de ratine rouge, garnie de guipures défraîchies. Elle n'a pas voulu emprunter de robe à sa sœur. Pour se protéger du froid, elle s'est drapée dans une couverture de laine. On croirait voir une romanichelle. Elle a pour toute suite la Morena et Bonniel, son chapelain, homme à tout faire et fort peu pointilleux sur les détails de la religion. Pour dire assez peu sermonneur. La petite troupe a passé les monts quand Philippe aperçoit au loin en contrebas sur le chemin de la vallée une suite de carrosses. « Qu'est-ce que toutes ces voitures ? » Marie affiche un air étonné. Elle prend plaisir à se jouer de ce frère qui l'a si outrageusement trompée. « Ah oui ! Je l'avais presque oublié ! C'est le duc de Savoie ! Ne vous l'ai-je pas dit, mon frère, mais je vous quitte ici. Je vais pour quelque temps demeurer chez lui à Turin... Nous irons à Venise une autre saison. Si vous passez par Milan, saluez monsieur mon beau-frère le marquis de Los Balbasès... Adieu mon frère et compliments ! » Philippe qui aime le théâtre autant que Marie, ne peut qu'applaudir à un coup aussi joliment joué. Il n'a d'autre ressource que de monter dans sa chaise et de lever au plus vite le camp. Il vient de faire buisson creux et de surcroît avec une sœur dont on dit qu'il couche avec.

*Bonjour M. de Savoie !*

Marie monte en carrosse. Le lendemain au détour du chemin de montagne, au milieu d'une suite très nombreuse, elle aperçoit à travers la vitre de sa voiture Charles-Emmanuel, son ancien amoureux, celui de sa sœur Hortense également et peut-être un peu aussi de Mme la Comtesse ; comme si lorsqu'on aime une des sœurs, l'on se doit de les aimer toutes, en bouquet. M. de Savoie est assez surpris de l'accoutrement de la dame de ses pensées qu'un mariage de raison et de nombreuses liaisons n'ont pu lui faire oublier. Une vraie bohémienne. Marie a saisi son regard. D'un brusque geste de la tête elle secoue ses cheveux, la couverture glisse et Charles-Emmanuel peut enfin apercevoir ses épaules, le beau grain de sa peau mate, et sous le corsage de maigre ratine ses seins. Il remarque aussi à son cou le fil de perles. Ces fameuses perles dont toute l'Europe a parlé en leur temps. Marie comprend qu'elle ne fera qu'une bouchée de ce petit duc. C'est un vieil enfant épuisé de plaisir, je saurai le mener par où je voudrai. Comme le regard du duc s'attarde sur ses perles, elle se sent obligée de lui avouer que c'est sa seule fortune. « Tant mieux ! Ainsi serai-je votre trésorier... » Peut-on faire plus galant ?

### Encore un couvent !

Moins galant est le couvent turinois devant lequel le carrosse la dépose. Charles-Emmanuel l'avait pourtant avertie dans la conversation, comme en passant, de ne pas se formaliser s'il ne pouvait la recevoir au palais ducal ; et qu'elle serait beaucoup mieux au couvent chez les visitandines. Elle avait eu beau rétorquer que les couvents c'était son affaire, mais que tout de même elle n'était pas sortie d'un cloître pour se rendre en Savoie et se trouver une nouvelle fois enfermée... « Turin est une petite ville pleine de prêtres et d'espions ; votre mari sans doute y a-t-il déjà les siens ; il faut ménager sa susceptibilité. Et puis la duchesse est jalouse... »

Elle avait imaginé un couvent de fantaisie. C'est une prison ou à peu près ; avec des nonnes assez rogues qui d'emblée refusent à Morena l'entrée de la clôture. « Je ne me séparerai jamais de ma fidèle servante... C'est un cadeau du roi de France... » Il lui faut s'en séparer pourtant. Marie voit aussitôt dans cette rigueur la main du Connétable. Celui-ci, en effet, dès qu'il a été mis au courant des intentions de Marie de se rendre en Savoie, a alerté les autorités ecclésiastiques et dénoncé la Mauresque comme une mécréante qui sent le fagot. Marie cherche du regard le duc. Il a disparu. A sa place elle aperçoit l'archevêque de Turin, grave et sentencieux, qui l'adjure de faire sa paix avec le Connétable. Elle n'a que faire du Connétable, elle veut le petit duc afin qu'il lui explique ce que signifie le traquenard dans lequel il l'a fait tomber; ces barreaux aux fenêtres, ce lugubre parloir, cette minuscule cellule sommairement meublée qu'on lui a dévolue pour appartement. « Le duc, tout duc qu'il soit, ne saurait entrer à l'intérieur du cloître, vous le trouverez au jardin. » Elle s'y rend.

Marie l'aborde sans précaution et lui demande des explications. « Vous me dites de venir. J'accours. Et quoi? Je me retrouve derrière les barreaux... » — « Vous exagérez ma chère... Le temps amènera des assouplissements... Laissez-moi faire... » Il la paie encore d'autres belles paroles.


### Boules de neige et traîneaux

Le lendemain il revient. Et le surlendemain aussi. Mais toujours au jardin. Cependant comme l'hiver se fait chaque jour un peu plus rigoureux, les nonnes ouvrent le parloir au duc. Et avec lui s'y engouffrent le nonce du pape, divers diplomates, l'ambassadeur de France... Tous lui conseillent la paix avec son mari. « Retournez à Rome! » C'est comme une ritournelle; et à chacun Marie répond : « Vous ne le connaissez pas, il me tuera! »

C'est en vain que Marie attend la visite d'Hortense. Toutes les excuses lui sont bonnes pour différer sa venue. Les cols sont enneigés. Les routes impraticables. La vraie raison est que, déjà dans une position précaire, la duchesse de Mazarin ne tient pas à se trouver mêlée à une affaire qui prend le chemin d'un scandale international depuis que le duc a organisé à son intention une course de traîneaux avec de jeunes seigneurs et que Marie y a assisté de la fenêtre de sa cellule.

Marie a, cependant, laissé entendre dans une de ses lettres à son mari qu'elle est prête à se rendre à Milan; à y résider définitivement si on lui envoie Carlo son dernier fils, son préféré.

Laurent se contente de lui faire parvenir quelques pierreries. C'est une fin de non-recevoir. Il la veut à Rome, en chemise et pénitente. Quand il pense à elle, la rage le saisit. Du moins est-ce ainsi que le décrit à Marie la jolie marquise Paleotti, de passage à Turin. « Si vous revenez à Rome il est capable de vous tuer ! » ajoute-t-elle. Aussi, Marie refuse une nouvelle fois de retourner à Rome quand Philippe de Nevers, fraîchement arrivé de Venise, vient lui rendre visite. Elle a une autre idée en tête.

En passant par Turin l'ambassadeur d'Angleterre s'est fait annoncer au parloir de la Visitation. Il se rend à Modène pour conclure le mariage du duc d'York, frère de Charles II, avec Marie-Béatrice d'Este, la fille de Laure Martinozzi, propre cousine germaine de Marie. Marie l'a reçu. C'est bien naturel, s'agissant d'un mariage de famille, que l'envoyé de Charles II d'Angleterre s'en vienne présenter ses respects à la tante de l'épousée. Or ce que lui débite ce milord est d'un ordre bien différent de celui du respect. Il a été chargé par son maître de lui offrir l'hospitalité en Angleterre. Les espions du Connétable sont avertis. Don Maurizio Bologna qui a été, naguère, à Rome le secrétaire de Marie, dépêché à Turin par Lorenzo pour la surveiller, est aussitôt alerté. Aussi quand au début d'avril Marie disparaît du couvent, il se crée dans les chancelleries un mouvement de panique. On la donne comme partie pour Londres ; déjà on l'imagine remplaçant à la cour de Saint James la favorite en titre, la duchesse de Portsmouth, Louise de Kéroualle. Si Marie a claqué la porte du couvent, c'est en fait pour se rendre à Chambéry. Hortense lui manque, son rire, ses facéties, ses folies. Il lui faut la voir à tout prix ; elle se jette à travers la montagne. Sur ses gardes, don Maurizio averti de la route empruntée se lance à sa poursuite. Quelle n'est pas sa surprise de se voir arrêté à peine sorti de Turin par les gendarmes du duc de Savoie. « Où courez-vous ainsi ? » — « A la suite de Mme la Connétable... » — « Justement, par ordre du duc, il est interdit à quiconque de suivre la princesse... » Don Maurizio vient de comprendre : Charles-Emmanuel était dans le secret de la fuite ; contre les avis du pape, du Roi, du Connétable il a facilité cette nouvelle errance ; c'est que Mme la Connétable a dû lui donner quelques gages; et comme il connaît le duc, ceux-ci ne peuvent être que des gages d'amour. Don Maurizio tient enfin la preuve de la liaison du duc avec Marie. Il en est assuré. Et avec lui la moitié de l'Europe. Les cornes de M. le Connétable sont, à présent, de notoriété internationale.

A Chambéry, Marie tombe sur un bec. A l'annonce de son arrivée, sa sœur Hortense s'est envolée. Elle a donné à sa vie un certain équilibre qu'elle ne veut plus compromettre. Il n'y a personne au château; Marie se voit obligée de demander l'hospitalité à un gentilhomme du cru. Le lendemain elle repart pour Turin aussi vite qu'elle est venue. Elle verse deux fois, à Saint-Jean-de-Maurienne; réquisitionne la chaise de l'évêque et finalement arrive à Turin pour aller se fourrer au palais Carignan. Elle ne veut plus séjourner dans un couvent.

### Un sourd et muet

Le prince de Savoie-Carignan n'est-il pas un parent par alliance, le frère aîné du comte de Soissons, le propre beau-frère d'Olympe, il ne saurait mal l'accueillir. Le prince est absent. Eh bien nous ferons sans lui. Et Marie s'installe avec sa petite suite dans le meilleur appartement avec la ferme intention de ne pas s'y ennuyer. Au palais résident également deux des fils d'Olympe. Le premier est ce Philippe de Soissons-Carignan dont Madame la Palatine écrira : « C'était un grand fou qui est mort de la petite vérole à Paris; il était tout blond, laid de visage; il avait mauvaise grâce et toujours un air égaré... »; l'autre, le chevalier de Soissons, on le retrouvera plus tard à Londres chez sa tante Hortense.

Lorsque le prince de Carignan réapparaît, il est à peine surpris de la présence de Marie dans sa maison. C'est un homme intelligent. Un seul défaut : il est sourd et muet; ce qui réduit quelque peu les échanges. Encore qu'il ait été dressé dans sa jeunesse à lire sur les lèvres. Il parle par sons rauques en s'aidant de ses mains. On dit même qu'il pratique ainsi plusieurs langues étrangères.

Le palais Carignan n'est qu'un pied-à-terre pour Marie qui passe la plupart de son temps à la Vénerie, une des maisons de chasse du duc de Savoie dans les collines turinoises. Elle y chasse en compagnie de Charles-Emmanuel. La duchesse, une Savoie-Nemours, fille de ce duc de Nemours tué en duel par son beau-frère le duc de Beaufort au soir du combat de la porte Saint-Antoine, qu'on appelle aussi Madame Royale, ne semble rien vouloir remarquer de cette nouvelle tocade de Charles-Emmanuel. Elle fait bonne figure à Marie. Un mois se passe ainsi. Le prince de Carignan finit par recevoir de Louis XIV l'ordre de renvoyer Marie de son palais. Il hésite. Tergiverse. Les courriers se succèdent. Par l'un d'eux il apprend la mort de son frère le comte de Soissons. On parle de poison. Voilà Olympe veuve et Marie de nouveau à la rue. Elle ne perd pas un instant et se précipite à la Vénerie y demander asile. Charles-Emmanuel réfléchit ; et c'est finalement poussé par sa femme qu'il accepte.

*Un ménage à trois : le bonheur !*

Marie est tout à fait chez elle ; elle donne a dîner ; assiste aux bals. Rien ne semblerait devoir troubler la quiétude de ce ménage à trois, n'était cette étrange prédisposition du caractère de Marie à vouloir toujours provoquer son destin ; comme une insatisfaction latente de son état de femme ; peut-être même une incapacité fondamentale à envisager un trop vulgaire bonheur, encore qu'obscurément elle en ait l'aspiration ; en tout cas un besoin de se fouetter, de faire table rase, de brûler et de se brûler.

On a fini par lui accorder l'autorisation de vivre librement à Turin durant quatre mois ; ensuite elle devra choisir un couvent, si elle refuse de revenir à Rome. Pour quelqu'un qui vit au jour le jour, qui se veut dans l'instant, quatre mois c'est l'éternité. Et peut-être aussi comme le début de l'ennui. Et la voilà aussitôt cherchant pouille au malheureux Charles-Emmanuel. « Vous voulez m'aimer me dites-vous ? Eh bien gagnez votre bonheur ! » Et de lui donner des gages comme à un jeu d'enfants. Elle lui interdit de sortir ce jour-là du château ; et cet autre de parler à des gens. Elle prétend au fond le réduire en tutelle. En échange elle ne donne rien ou si peu, un bout de doigt, un baiser sur le nez. De la monnaie de singe. Elle fait, en somme, sa grande enquiquineuse. C'est sa façon à elle de mettre à la voile. Encore plus que le duc, la duchesse n'en revient pas qui se voit obligée de la reconduire au couvent. Car Marie, non contente de souffler le froid et le chaud pour punir le terne Charles-Emmanuel qui l'exaspère, entend le priver de sa présence. Au couvent donc !

# 44

# Où en sont Marianne et Olympe ?

*Marie à Turin, Hortense à Chambéry...*

Marie est de retour au couvent; mais où en sont les autres sœurs?

Hortense mène toujours sa sarabande à Chambéry. Elle s'en va au bal en robe de dentelle précédée par Mustapha-Pompée, son Maure à qui elle met des coiffes en point de Venise; comme il n'y a pas de fond à sa robe, on voit parfaitement sa jambe qu'elle a la plus jolie du monde et qui fait l'agrément de la soirée. Elle chasse, elle boit du « spumante », va à confesse pour s'entendre dire par ce vieux libertin de Le Camus, alors évêque de Grenoble (celui-là même qui fut de la débauche de Roissy avec son frère Philippe), qu'il faut laisser tomber la comédie. Elle sort du confessionnal pour se rendre au bal et le lendemain va voir jouer *Bajazet* de Racine. Par instants elle a la nostalgie du temps qui passe et souffre des premières atteintes de l'âge sur sa beauté. Aussi un petit vent de mélancolie s'est-il levé du côté de Chambéry.

*Mme la Comtesse douairière*

A Paris en son hôtel de Soissons, Olympe fait à présent figure de comtesse douairière. M. de Soissons a-t-il avalé un bouillon d'onze heures? Nul ne saurait l'assurer. On chuchote cependant dans le sillage de Mme la Comtesse. La favorite et le ministre

Louvois pensent y trouver leurs intérêts. De surcroît les
« poudres à succession » sont depuis quelque temps devenues de
ces bagatelles à la mode dont on ne se donne même plus la peine
de parler à mots couverts. La mort de M. le Comte n'a guère
produit au sein de la famille de bouleversements et encore
moins de regrets. Seul son plus jeune fils, François-Eugène, qui
pour l'heure n'a que dix ans, s'en montrera touché par la suite.
Destiné à l'église, on le connaîtra en France assez rapidement
sous le nom d'abbé de Savoie. Il ajoutera rapidement à sa soutane une épée. Il demandera alors qu'on lui accorde plutôt
qu'une abbaye un régiment. Louvois le lui refusera. Aussi s'en
ira-t-il le chercher auprès de l'empereur d'Allemagne. Apprenant la nouvelle, le Roi ironisera : « Ne trouvez-vous pas que j'ai
fait là une grande perte ? » En perdant cet abbé dont il raille la
mine chétive, Louis XIV ne se doute guère qu'il vient de perdre,
avec lui, également plusieurs provinces. L'Empereur lui accordera un régiment, et ensuite une armée ; et voilà l'abbé feld-
maréchal. L'abbé de Savoie deviendra rapidement le prince
Eugène. Au soir d'Oudenaarde parlant de l'affaire du jour avec
Biron, le futur maréchal de France, son prisonnier, il témoignera
d'une grande estime pour les régiments suisses qui se sont distin-
gués. « Mon père avait le bonheur d'en avoir la charge de colonel général. Nous espérions que mon frère à sa mort la pourrait
obtenir. Mais le Roi préféra la donner à un de ses bâtards que de
nous faire cet honneur-là. Il est le maître, il n'y a rien à dire... » Il
prendra l'air rêveur pour ajouter aussitôt : « Aussi n'est-on pas
fâché, quelquefois, de se trouver en état de faire repentir des
mépris. » Ce sera le 11 juillet 1708, au soir de la victoire
d'Eugène de Savoie sur les armées françaises commandées par
Vendôme son cousin germain, et il pensera encore à cette charge
de colonel général des suisses dont Louis XIV a spolié sa
famille.


*Marianne encouventée*

Marianne, trompettante duchesse de Bouillon, se retrouve
elle aussi au couvent comme Marie. Elle est tombée de haut, se

croyant intouchable et tout à fait au-dessus des règles. L'ordre est venu des membres mêmes de sa famille. Et en particulier du vieux et raide Turenne en qui sommeille toujours une rigoureuse vertu huguenote, laquelle passe facilement pour de la pudibonderie en ces temps de libertinage. Le cardinal de Bouillon a surenchéri et joué les beaux-frères jaloux. C'est qu'il y avait eu intrigues entre lui et sa belle-sœur naguère. Passe encore d'avoir pris pour amant un neveu comme le jeune Philippe de Vendôme, futur Grand Prieur et maître du Temple, oui ! passe encore ! Mais s'en aller prendre pour galant un Gramont, en la personne de Charles-Antoine de Louvigny, frère cadet du comte de Guiche, un de ces Gascons maudits toujours à l'affût d'honneurs et prêts à tailler des croupières à la maison de Bouillon, là c'en est trop !

Voilà donc Marianne encouventée à Montreuil. Elle y demeurera une année, le temps de faire enrager les nonnes, pour en ressortir encore plus hautaine, babillante et rimailleuse.

La nouvelle des déboires de cette sœur n'afflige guère Marie et encore bien moins Hortense ; elles savent depuis longtemps ce que c'est qu'un couvent, comment en sortir et comment y rentrer.

Cependant, quand Hortense apprend que Marie de sa propre initiative a repris le chemin du cloître, elle tombe des nues. Comment peut-on se fâcher avec le cher et tendre Charles-Emmanuel ? Quel mirage a-t-elle encore entrevu ? Quelle mouche l'a piquée à nouveau ?

### Un chic tout « mazarin »

Marie est courageuse, gaie, spirituelle, mais elle est aussi fière et cette fierté peut l'engager dans des excès dont elle a ensuite à se repentir. Elle semble prise parfois d'un vertige et croit courir vers le bonheur alors qu'elle se précipite vers sa perte. Se faisant ces réflexions sur sa sœur, Hortense aurait pu considérer son propre jardin et s'apercevoir qu'à mener ce train d'équipage auquel elle pense avoir habitué les habitants de Chambéry, elle indispose Madame Royale. Ses extravagances ainsi que les visites répétées de Charles-Emmanuel donnent de la jalousie à la duchesse, alors même que celle-ci semble vouloir ignorer les manèges de son mari auprès de Marie. Hortense, il est vrai, n'a qu'à paraître à la cour de Turin pour y faire merveille. Elle y lance les modes, excellant comme ses sœurs dans l'invention des parures. Il y a quelque chose d'unique dans l'élégance des « Mazarines » ; un je ne sais quoi qu'on ne trouve que chez elles ; autant dans le simple déshabillé que dans le grand ajustement. Une dégaine inimitable. Ces « Italiennes » ont un chic bien à elles.

Marie dans son couvent de la Visitation à Turin se retrouve de nouveau prise au piège. A la merci des espions du Connétable. Et bien plus dangereux que ces derniers, à la merci de ses nerfs trop fous, de ses passions trop contraires.

# 45

# Le piège

*Borgomainero*

A peine Marie est-elle de retour au couvent que déjà on la demande au parloir. C'est un envoyé du Connétable, le marquis de Borgomainero. Révérences de part et d'autre. C'est que ce marquis est un fort grand seigneur; un cadet de la maison d'Este. Il possède du jargon et des façons cauteleuses. En grattant un peu on découvre derrière ces élégances des mœurs moins heureuses; c'est un spadassin et de la pire espèce. Un de ces hommes de douleur et de nuit ayant la dague rapide. Conspirateur, assassin, tout à l'avenant, il se loue. On dit même qu'il fait commerce des femmes de sa famille. Il aurait vendu l'une de ses sœurs au Connétable. Laurent et son beau-frère Balbasès lui ont promis de le remettre en selle à la cour d'Espagne d'où il a été chassé; de lui procurer une charge. Il se voit déjà ambassadeur. Mais avant, il lui faut circonvenir Marie. Et la livrer.

Marie est d'emblée séduite par cet aventurier qui, la cinquantaine sonnée, porte encore beau. Il est vrai qu'elle n'a aucun discernement quand il lui faut juger d'un homme; pour peu que celui-ci sache s'entourer d'un parfum de théâtre, elle lui est acquise. Le marquis l'a bien compris. Et aussitôt de se glisser dans la peau d'un vieux séducteur du théâtre espagnol; de ceux qui s'ornent la botte de rubans amarante et débitent d'une voix caressante d'extravagants compliments. Il va au plus pressé; car la belle est versatile. Il pousse ses pions sans vergogne. Il lui dit qu'il l'aime. « Et depuis quand ? » — « Depuis toujours... depuis que le monde est monde... par fatalité de naissance... » — « Et comment cela ? » — « Comment, me demandez-vous ? Comment ? Mais avec mon cœur ! Un cœur immense, grand comme l'Espagne et la France réunies ; que dis-je grand comme l'univers... et que je dépose à vos pieds... »

Il y a du Don Quichotte en lui ; cela n'est pas pour déplaire à Marie. Elle aime les inventions folles, les situations décalées ; cependant quelque chose la retient de le trouver complètement sympathique : ce regard trouble, cette bouche d'ombre, une expression sinistre par instants... Le marquis a perçu cette réticence, aussi veut-il parer au plus pressé. Plus question de finauder. Il abat ses cartes ; joue son va-tout. Il lui avoue avec cette ingénuité désarmante des grands criminels qu'il a été chargé par le Connétable de la faire tomber dans un piège, de la livrer ; mais qu'il a succombé à son charme ; et qu'un seul regard d'elle l'a fait changer d'avis. Aussi à présent, qu'elle lui fasse la grâce de ne plus voir en lui un ennemi mais un allié. Il sera désormais tout à sa dévotion. « Partons, quittons Turin. » — « Pour quelle ville, pour quel pays ? Le Connétable m'a fait fermer toutes les portes. Je ne suis désirée nulle part... » — « Partez pour la France. Son Roi vous a aimée ; il vous aime toujours, c'est certain... Il vous aime en secret, tout au fond de lui-même. Comment pourrait-on se déprendre de vous ? Quand il vous reverra sa passion renaîtra de plus belle... » Il m'aime et il me conseille d'aller me jeter dans les bras de Louis. Il se sacrifie. Y a-t-il plus grande preuve d'amour ? Je peux désormais lui faire confiance. Marie est conquise. Il ne lui en faut pas plus. Et aussitôt de se mettre à la merci du marquis qui, dans le même moment, se promet bien d'abuser d'elle, de force s'il le faut, et quand il s'en sera dégoûté, de la livrer au Connétable.

Sans tarder Marie écrit une lettre à Louis XIV. Elle n'aspire qu'à la tranquillité. Vivre en France dans un couvent, y recevoir sa famille, ses intimes. Un couvent dans Paris serait le lieu idéal. Mais si on la préfère aux Lys, c'est avec joie qu'elle y retournera.

*Allons en Espagne*

La réponse tarde. Finalement le ministre Pomponne fait savoir par l'ambassadeur que Sa Majesté ne croit pas que Mme la Connétable doive se mettre en peine de revenir en France. Marie ne se démonte pas pour autant. Charles II d'Angleterre lui a fait des offres de services. Nous irons en Angleterre, annonce-t-elle à Borgomainero. En Angleterre, pourquoi pas ? Mais vous y serez traitée comme la catin du Roi. Est-ce convenable ? Qu'en sera-t-il de votre rang, de ce que vous vous devez à vous-même ? Touché ! Et Marie d'en convenir aussitôt. C'est que le marquis sait par où pousser sa pointe. Alors il faudra nous tourner vers l'Allemagne. Au Hanovre. Oui, c'est cela ! nous irons au Hanovre. Ernst-August est évêque protestant mais cela ne l'empêche pas d'être charmant. Rose et blond en domino, jadis, il était à croquer à l'aube en sortant du « Ridotto ». Le portrait souvenir est parfait, au détail près que Marie oublie dans cette bergamasque la femme, ce dragon des vertus matrimoniales qu'est Sophie d'Osnabrück qui la déteste. Cependant elle écrit tout de même. En réponse elle reçoit une lettre convenue, fort polie, mais cependant si vague qu'elle démobiliserait le plus enthousiaste des voyageurs.

Borgomainero s'est pris à son jeu et le voilà prisonnier des charmes de Marie. Et lui qui pensait jouer sur les deux tableaux : la sauver pour en jouir rapidement et la livrer ensuite, ne trahissant le Connétable qu'à demi, sans toutefois compromettre sa carrière. Le voilà amoureux. Il aime et comme un blanc-bec, comme si c'était pour la première fois. Il lui faut prendre du large. Gagner du temps. Il quitte Turin pour Rome où le Connétable s'impatiente. Marie pense qu'il saura défendre sa cause. A peine a-t-il tourné les talons que se présente au couvent un abbé. C'est un aumônier venu de Rome pour remplacer le brave Bonniel. L'abbé Oliva est une créature de Laurent envoyée pour l'espionner. Elle le retrouve partout. Il fouille, s'enquiert du moindre de ses gestes. Dès qu'elle s'apprête à lire un billet, elle sent son regard par-dessus son épaule.

Bientôt Borgomainero reparaît. « Le Connétable souhaite que vous vous retiriez à Modène chez votre cousine Martinozzi. » Marie est lasse d'attendre ; elle accepte. C'est alors que le marquis lui livre les intentions secrètes de Laurent. « C'est évidemment une ruse. Jamais vous ne gagnerez Modène. Vous serez arrêtée en chemin bien avant. A Milan, sans doute ; car il vous faut y passer pour rejoindre les Etats de votre cousine. A ce qu'on dit, votre beau-frère Balbasès vous y a déjà préparé une prison. » Marie comprend le danger qui l'attend ; elle se sent redevable au marquis de l'avoir détrompée. Le marquis la devine prête à écouter tous ses projets de voyage. Son plan est simple : la fatiguer par un long voyage ; abuser d'elle lors d'une étape et la livrer ensuite aux Espagnols, ce qui revient à la rendre à son mari. « C'est en Espagne que vous devez absolument vous rendre, la régente vous y recevra avec amitié ; femme, elle se sentira solidaire de votre malheur ; auprès d'elle vous trouverez la tranquillité et une vie facile. » — « Mais comment passer en Espagne quand le Connétable commande aux galères espagnoles de la Méditerranée ? » — « Par les Flandres ! A Anvers un navire vous attendra... Il n'y a plus à hésiter. Il faut partir avant que notre projet soit éventé... » Pour la quatrième fois en quelques mois Marie s'apprête, donc, à repasser les Alpes. « Nous irons par le Simplon, cela me fera voir un nouveau paysage... » — « Le Simplon ! Vous n'y pensez pas ! La route du Simplon dépend de Milan. Balbasès n'attend que ce faux pas... » — « Il n'oserait ?... » — « Prenons le pari. Tandis que nous nous engagerons sur la route du Saint-Bernard, envoyez dans un carrosse à votre place vos servantes Nanette et Constance par le Simplon. Nous tromperons ainsi leur vigilance et vous aurez la preuve de ma fidélité ainsi que des véritables desseins du Connétable... » Marie se laisse convaincre. Le marquis peut se frotter les mains, le piège est en place.

Le temps de tirer une révérence rapide à Charles-Emmanuel, lequel en vain essaie de la retenir dans son duché, voilà Marie une fois encore par-dessus monts ; traînant à sa suite le marquis de Borgomainero, l'abbé Oliva, un valet de chambre et bien entendu la chère Morena. L'hiver est précoce cette année-là, et déjà les cols sont encombrés de neige. La petite troupe risque à plusieurs reprises d'être emportée par des avalanches. Bientôt on signale Marie à Bâle. Elle ne fait qu'y passer. De même en Lorraine le temps de saluer la duchesse qu'elle retrouvera plus tard veuve du Lorrain, et remariée au comte de Mansfeld, ambassadeur de l'Empereur à la cour d'Espagne. A Paris, ses nouvelles aventures nourrissent quotidiennement la gazette. On la dit errant en bateau sur le Rhin en compagnie de paysannes, courant l'aventure, Dieu sait où, au fin fond de l'Allemagne. Mme de Sévigné en touche deux mots dans une lettre à sa fille. On dirait que Marie a chaussé les bottes de sept lieues. Elle va grand vent. C'est que la guerre fait rage en ce pays et qu'on lui a dit que le Roi s'y trouve à la tête de ses armées. Si d'aventure... et la voilà qui se met à rêver d'une de ces rencontres fortuites comme il ne s'en trouve que dans les romans. Marie aime le bruit des armes, l'atmosphère des camps, le bivouac. Cela nourrit son goût du romanesque et lui rappelle sa jeunesse, quand elle suivait son oncle aux armées. Mais le marquis veille. Chaque fois que se présente l'occasion de rencontrer des troupes françaises, il les évite. Cela ne laisse pas d'inquiéter Marie d'autant que l'humeur du marquis, les jours passant, s'aigrit; pour un peu on le prendrait pour un de ces maris grincheux, toujours le regard soupçonneux. A Mayence elle retrouve ses deux chambrières qu'elle avait envoyées par le Simplon. L'une a bien tenu son rôle : on l'a vraiment prise pour sa maîtresse. Balbasès et le duc d'Ossune, gouverneur du Milanais, ont donné l'ordre de l'enfermer avec tous les honneurs dus à son rang dans une forteresse sur le lac Majeur. Finalement le subterfuge a été éventé et les demoiselles renvoyées vers les Alpes. Le marquis a gagné son pari. Marie le paie d'un sourire.

*Un jeune colonel*

A Cologne, où Marie passe, se tient une conférence, certains des ambassadeurs présents qui connaissent de réputation le marquis, dissuadent Marie de suivre ses conseils et de se rendre en Espagne. Mais Borgomainero veille et déjoue leur plan par de nouveaux mensonges. Marie au fond d'elle pense que s'il est un traître, il sera toujours temps de rompre avec lui en Flandres. Des Flandres, la France est la porte à côté ! On court de Bruxelles à Lille à cheval en une promenade.

Or justement à cheval la voilà de nouveau. Et en croupe d'un jeune et beau cavalier flamand, le marquis de Morbec. Elle se cramponne à lui, le tient à pleins bras. Elle sent sa chaleur au travers de son buffle percer jusqu'à elle. Elle entend son cœur battre et le sien lui répondre. Ils vont comme à l'unisson, leurs cheveux emmêlés. Ils se sont rencontrés à Cologne où le régiment du jeune homme venait de convoyer de l'argent espagnol. C'était pour Borgomainero une occasion rêvée de faire quitter la ville à Marie. Il se méfiait de Barillon, l'un des envoyés de Louis XIV à la conférence de la paix, lequel tentait de la convaincre d'abandonner son voyage en Flandres.

« Ce jeune colonel de Morbec retourne avec son régiment à Bruxelles, nous en profiterons pour nous faire escorter par lui ! » avait proposé le marquis. Marie avait dévisagé le jeune homme à qui elle avait trouvé la mine galante sur son cheval rond et lustré. Comme sa sœur Hortense, elle a toujours aimé les jeunes gens charnus et blonds. Aussi ne fit-elle aucune difficulté pour monter en carrosse.

Morbec chevauche à la portière de la voiture, au grand dam du marquis qui s'en trouve de ce fait expulsé. Ils traversent des plaines grises et désertes balayées par des rafales de vent ; à leur suite marchent deux compagnies de trabans qui vont lourdement, hallebarde sur l'épaule, marquant le pas en chantant ; des refrains mélancoliques qui sentent la bière et les amours tristes et se perdent dans le vent. Marie aime cette atmosphère d'hommes, le piétinement des chevaux dans les labours, leurs robes qui fument, l'odeur du crottin mêlée à celle du cuir, le bruit des éperons, les drapeaux qui claquent au vent. Il y a là toute la violence d'une jeunesse. Parfois ils traversent un champ encore jonché des débris d'une bataille ; des carcasses de chevaux sur lesquelles est perchée une colonie de corbeaux, un charnier que le vent a dépouillé de son linceul de neige. A force de sauter sur les congères, le carrosse de Marie rompt un essieu. Une des roues s'enfonce dans l'ornière en même temps que la voiture verse sur le côté. Morbec pirouette sur son cheval et vient tirer Marie par la fenêtre du carrosse. Il la soulève par la taille et la pose en croupe de son cheval. Marie est heureuse. Elle rit aux éclats. Elle finissait par s'ennuyer dans cette voiture, aussi n'est-elle pas mécontente de se retrouver collée au jeune colonel, l'enserrant de ses bras. Borgomainero les regarde sans illusions partir sur la route au grand galop. Si ce n'est ce soir, ce sera demain, en tout cas elle finira bien par se donner au jeune officier. Il l'a tout de suite compris à leur regard. La rancœur le saisit; une bile amère lui vient à la bouche. C'est dit, puisqu'on l'y force, puisqu'on ne peut l'aimer, il sera l'homme du ressentiment. A cent lieues de ces pensées, Marie, au loin, galope dans l'insouciance; Marie qui cédera, la nuit venue, à l'officier flamand; Marie qui pense déjouer les plans de Borgomainero en lui faussant compagnie à Bruxelles pour courir d'une traite jusqu'à Lille demander asile au roi de France.

Un matin, le jeune colonel et son régiment prennent un chemin différent. Sans gravité se font les adieux. On s'était rencontré, on s'était aimé, on se quitte sans regrets.

### Trahison du marquis

Au soir, Marie qui a retrouvé son carrosse arrive devant Malines. Le piège du marquis est tout prêt. Le gouverneur de la place se présente pour lui faire savoir qu'elle ne peut poursuivre son chemin jusqu'à Bruxelles car le logis qui lui est destiné n'est pas terminé. Et d'ajouter que cet ordre émane du gouverneur des Flandres, le comte de Monterey. Marie n'a pas le temps de s'étonner de tant de prévenance car bientôt elle se retrouve enfermée avec ses servantes dans un appartement gardé par quatre sentinelles. Elle crie, tempête. Le marquis joue la confusion; s'étonne même. Il doit y avoir une erreur. Il propose de se rendre à Bruxelles pour y voir le gouverneur. Un simple aller-retour, Mme la Connétable peut lui faire confiance, la chose sera éclaircie... Il donne si bien le change qu'il détourne de lui les soupçons que Marie formait déjà.

Borgomainero court donc à Bruxelles en compagnie de l'abbé Oliva. Ensemble ils font une telle description de l'inconduite de Mme la Connétable que le comte de Monterey, déjà alerté par des lettres du marquis, ne trouve d'autre solution en attendant les ordres que de l'enfermer dans la citadelle d'Anvers. C'est un seigneur haut, méchant et dangereux, d'autant plus dangereux qu'il est d'une intelligence supérieure. Il est comte de Monterey par mariage ; son nom est Haro y Guzmán. Il est le second fils de don Luis de Haro, ce diplomate retors qui fut Premier ministre et l'interlocuteur de Mazarin lors des négociations du traité des Pyrénées. Sur le tard, sans enfants et veuf, Monterey se fera prêtre. Pour dire que ce seigneur est assez raide et que les caracolades de Marie avec un bel officier sont à ses yeux du plus mauvais effet. « Vous recevrez sans doute, peut-être même les avez-vous déjà reçues, des lettres du pape et du Connétable permettant à Mme la Connétable de résider au couvent de Berlaimont, n'en tenez pas compte. Mais plutôt de celles qui ne manqueront pas d'arriver ensuite en réponse aux miennes. » Le marquis de Borgomainero, à cet instant précis, vient d'exécuter de la plus vilaine façon une mauvaise vengeance. Marie s'est amusée de lui, l'a traité comme un vieux beau, tourné en ridicule devant tout un régiment, eh bien la dame ira quelques mois réfléchir dans la citadelle d'Anvers sur les inconvénients de se moquer d'un seigneur de sa sorte.

Don Carlo d'Este, marquis de Borgomainero, de retour à Malines donne une fois encore le change à Marie. Pour l'heure il lui faut se rendre à Anvers, mais dès que les lettres de son mari seront arrivées elle pourra rejoindre le couvent de Berlaimont où déjà on lui prépare des appartements dignes d'elle. Marie accepte de monter dans une barque. On voyage à travers champs par les canaux. On remonte la Dyle qui se jette dans l'Escaut. Bientôt Anvers est en vue. A son approche des coups de canon sont tirés des remparts. Honneurs insignes réservés aux grands d'Espagne. Enfin, on la reconnaît ! Elle doit bientôt déchanter quand elle se retrouve dans la citadelle au secret, sans ses femmes qui sont enfermées, elles aussi, mais dans une autre partie du château. Entre-temps le marquis s'est évaporé sans laisser de trace, ainsi que font, dit-on, les mauvais génies.

*La citadelle d'Anvers*

Marie demeurera deux mois d'hiver dans cette sinistre prison, de janvier à février 1674. Deux mois au secret. Elle écrit au duc de Savoie, à son mari. Elle sent bien qu'elle est tombée dans un piège, qu'elle a été la dupe du marquis dont elle tente de prévenir les noirceurs auprès du Connétable. Finalement le comte de Monterey lui permet de se rendre à Bruxelles. Là, nouvel esclandre. Le couvent qu'on lui propose certes serait assez charmant, n'étaient toutes ces grilles aux fenêtres; et principalement à celles de son appartement. Elle refuse de franchir la porte du cloître et se réfugie dans l'église. On veut l'en faire sortir. Elle refuse. On fait garder l'église. Finalement elle consent à rejoindre le couvent. Le comte de Monterey, après quelques jours, se présente et lui donne le conseil de regagner avec lui Anvers. Marie pour une fois l'écoute et se retrouve à nouveau dans la citadelle. Apparaît alors, dépêché par le Connétable, don Fernando Colonna. C'est un demi-frère bâtard. Marie l'a fréquenté à Rome. Elle le connaît bien. A sa demande, on relâche la surveillance autour de Marie. Bientôt on la voit se promener en ville. Elle y fait des emplettes. Achète ici de la batiste pour faire faire des chemises à son mari; là des jouets pour ses fils. Elle taquine en secret l'idée de passer en Espagne. Elle en parle. On ne se montre pas contraire au projet. Monterey le premier, que le charme troublant de Marie embarrasse chaque jour un peu plus. A tout dire il ne sait plus bien quel parti prendre, de la femme ou du mari, depuis qu'il a compris le vilain rôle joué par Borgomainero dans cette affaire. Une lettre du Connétable arrive finalement; il donne permission à Marie de s'embarquer pour l'Espagne.

*Lettre à M. l'Amirante de Castille*

Depuis longtemps Marie s'imagine des Espagnes de rêve. Le pays du grand cérémonial corseté est également celui des plus

folles aventures; plein de beaux cavaliers masqués, d'enlèvements; un pays fait pour une vie d'intrigues et d'amours. Aussi
pour se remettre le pied à l'étrier elle écrit à l'Amirante de Castille, l'un des premiers personnages de l'Etat, sans même le
connaître, afin de lui demander sa protection et une audience
auprès de la régente Marie-Anne d'Autriche seconde femme de
Philippe IV. Cette charge d'Amirante est dans la famille des
Henriquez et Cabrera depuis toujours. Alphonse XI eut des
jumeaux de sa maîtresse Eléonor de Guzmán. L'un fut le
célèbre comte de Trastamare qui tua le roi Pierre le Cruel et
monta sur le trône à sa place. L'autre frère fut le premier Amirante.

Jean Gaspard Henriquez et Cabrera, dixième Amirante de
Castille, cinquième duc de Medina de Rioseco, veuf d'une
Ponce de León, est un très haut seigneur. On l'a décrit à Marie
comme un homme d'infiniment d'esprit et de politesse, obligeant avec les femmes jusqu'aux caresses, les aimant à l'excès,
les entretenant somptueusement en ses différents palais de
Madrid à la façon mauresque ainsi que dans un harem, libre
donc de mœurs, ambitieux également et fort orgueilleux. Possédant aussi les plus beaux jardins d'Espagne et y donnant des
fêtes fastueuses.

Le courrier dépêché, Marie se rend à Ostende pour s'embarquer. Toujours suivie de son beau-frère don Fernando. Elle a
fini par lui trouver un certain charme. Elle a toujours eu du
goût pour les êtres louches. On est en juin, la mer est calme.
Mais le bateau qui devait la passer en Espagne manque au rendez-vous; aussi loue-t-elle un brick anglais qui se trouve à quai,
prêt à appareiller. Aussitôt à bord, don Fernando pense que
Marie avec ses jolis sourires l'a berné et qu'au lieu de faire
route vers Saint-Sébastien, le bateau va certainement virer de
bord et mettre cap sur l'embouchure de la Tamise. Charles II
n'a-t-il pas à diverses reprises proposé à Marie de l'accueillir à
Londres. Certains des billets ont été interceptés par don Fernando. Or quelle n'est pas sa surprise de voir le bateau passer
au large de Douvres et filer vers le sud.

Cap donc sur l'Espagne! Et les folies d'Espagne; les intrigues
du palais. Marie est espagnole, mais une Espagnole de Cor-

neille. Elle a chevauché à travers l'Aragon et la vieille Castille en croupe du Cid et de Don Sanche. Son imagination affectionne le danger. La perspective d'une belle catastrophe n'est pas pour lui déplaire. L'Espagne lui fournira cet impromptu du malheur. Pour un peu, elle oublierait que ce pays est également celui de l'Inquisition, des moines et des couvents auxquels la nature semble la prédisposer.

# 46

# Viva España !

*Monts de Castille*

La voiture avance tous rideaux fermés, tirée par six mules. Le soleil est si violent et si poussiéreuse la route. Marie roule vers Madrid la tête pleine de rêves. Elle s'en va braver le Connétable, au milieu de cette cour où il est tout-puissant.

Elle a attendu quelques jours à Saint-Sébastien les réponses de l'Amirante et de la régente à ses lettres ; comme aucun courrier n'arrivait, lassée d'attendre, elle s'est décidée finalement à monter en carrosse avec ses femmes et Morena. Don Fernando a insisté pour monter auprès d'elle contre tous les usages du pays, les femmes y étant séparées des hommes en voiture comme à l'Eglise. Elle a traversé la Navarre et visité Burgos ; en vain, elle y a attendu les lettres ; elle a voulu aussi voir Valladolid où elle n'a pas trouvé de réponses non plus à ses messages ; alors sans attendre plus longtemps elle a pris la route de Madrid.

Le carrosse avance sous une lumière implacable à travers un paysage presque lunaire. Parfois elle traverse un village aux maisons badigeonnées de blanc avec de larges toits aux tuiles rousses et de longs balcons d'où pendent des guenilles aux couleurs âpres ; par l'interstice des rideaux Marie voit défiler ces bourgs vidés d'âmes ; c'est l'heure de la méridienne. Le village passé, de nouveau la voiture chemine sur la maigre route crayeuse. Au loin se fait entendre l'escopette d'un chasseur solitaire que répercute l'immensité déserte de ce plateau de la Castille vieille. Soudain, au détour de la route se dessine sur le ciel incendié un gros château surplombant la rivière. Don Fernando, qui n'a dit mot depuis le départ, se sent un besoin de préciser : « Ce château que vous admirez, donna Maria, appartient au comte de Fuensalida ; l'Amirante de Castille, il y a peu, y fut tenu prisonnier avec le duc de Medina Sidonia. Le lieu s'appelle Coca... » Sous cette simple remarque d'ordre touristique, Marie a-t-elle senti un avertissement, une menace peut-être ? Elle pensait pourtant avoir acquis son beau-frère à sa cause.

*Enfin l'Amirante !*

Aux bois d'oliviers à perte de vue ont succédé des forêts de chênes verts. Bientôt la route se trouve encombrée ; des attelages à bœufs, des carrioles chargées de légumes, des charrettes de fourrage au sommet desquelles des paysans se désaltèrent, tête en arrière, en faisant gicler leurs gourdes. Des moines à dos d'ânes égrenant leur rosaire, se mêlent à la foule des paysans et avec eux tout un monde grouillant de mendiants, de voleurs à la tire, de picaros, pour la plupart des étudiants en rupture d'université. L'« *aguador* » crie : « *Aqua fria, aqua limpia que quiere bever !* » Et de proposer aussi de l'eau de mélisse aux équipages élégants qui se présentent au retour de la chasse. Déjà on sent la ville proche ; bientôt on se retrouve dans les faubourgs de Madrid. A un croisement on signale à Marie des voitures d'apparat aux armes des ducs de Rioseco qui semblent se diriger dans sa direction. L'Amirante, en effet, prévenu de son arrivée s'est porté à sa rencontre. Il a été averti par ses espions lesquels ont été renseignés par ceux que le Connétable entretient dans Madrid.

Révérence de part et d'autre. « *A los pies de usted, princesa.* » Et l'Amirante d'ajouter le geste à la parole. Marie à qui les valets ont avancé un marchepied tire une jambe de la voiture en découvrant une partie de sa cheville. Elle répond à cet hommage par la formule appropriée : « *Beso a usted las manos, duque.* »

L'Amirante est un homme de cinquante ans, le poil argenté, grand et sec. Il est vêtu de noir et porte sa Toison d'or en sautoir. L'austérité de cette mise relève encore son allure de grand seigneur. Il s'est fait accompagner de son fils et de sa bru qui est la sœur du duc de Medinaceli. Il prie Marie de lui faire l'honneur d'accepter son hospitalité ; Marie ne se fait pas prier. S'ensuit un aparté. Marie ne parle pas l'espagnol quoiqu'elle en sache quelques formules de politesse ; l'Amirante connaît l'italien et aussi un peu de français. C'est en cette langue qu'ils conversent. Marie a vu l'Amirante caresser du regard ses perles. Dans l'instant elle a deviné ses pensées. Il connaît l'histoire de ce collier et voudrait savoir comme chacun jusqu'où Louis a poussé ses privautés. En s'exprimant en français, Marie veut lui montrer que son crédit, ses protections tiennent plus à la France qu'à l'Italie. Les civilités expédiées, l'Amirante fait à Marie les honneurs du carrosse de sa bru, avant de monter dans le sien en compagnie de son fils et de don Fernando qu'il traite de haut ayant été informé de son méchant rôle auprès de la Connétable. L'Amirante n'a pas hésité, chevaleresque, il s'est placé d'emblée du côté de Marie.

### Madrid

Madrid à première vue ne produit qu'une impression médiocre sur Marie. La ville lui paraît sale et mal comprise. Le Manzanarès une rigole puante, au bord de laquelle quelques lavandières s'évertuent à battre leur linge. Un spectacle bien déplacé ; comme déplacé également le majestueux pont de Ségovie que le carrosse emprunte au même moment, si on le compare au ruisseau qu'il enjambe. Les maisons de brique le long des rues affichent un aspect assez sinistre malgré de belles grilles aux balcons ; rien de comparable, en tout cas, aux palais romains et aux hôtels du Marais. Les rues, bien que larges et pour la plupart pavées, sont encombrées d'immondices qui empuantissent l'air.

Cependant cette impression désagréable disparaît dès qu'elle passe le porche de la maison de l'Amirante. Elle est aussitôt sous le charme de cette demeure qui jouxte le parc royal du

Buen Retiro et qu'on ne connaît à Madrid que sous le nom de la Maison du Jardin. C'est un séjour délicieux quoique modeste ; cependant d'un luxe inouï avec ses murs encombrés de Titien, de Véronèse, de Rubens, du Tintoret... Les cours ombreuses autour desquelles se trouvent les appartements, d'où l'on entend monter le murmure des fontaines et des eaux vives et le léger bruissement des palmes, entretiennent l'impression d'une Arabie heureuse ; des jasmins en cascade, des lauriers, des orangers aux fruits d'or, les jets d'eau, les bassins de marbre marqueté, les carreaux de faïence forment un décor de volupté qui enchante Marie. Elle en oublie les duègnes noires et rêches qui s'empressent autour d'elle, et jusqu'à don Fernando le nécessaire espion de son mari. L'Amirante est galant homme. Il déploie en son honneur toute une panoplie de fêtes. Mais comme Marie n'a pas encore été présentée à la cour, seule sa nombreuse famille y assiste ; et du côté de Marie les inévitables Balbasès qui habitent à présent Madrid. Comme la plupart des seigneurs espagnols, l'Amirante professe la passion des taureaux à peu près autant que celle des femmes. Il en fait l'élevage et va à cheval les courir à la lance. C'est un exercice brillant et dangereux qui plaît aux dames et leur rend un hommage détourné. Aussi invite-t-il Marie à assister dans son arène privée à un de ces « *encierros* ». Entouré de quelques seigneurs amis, l'Amirante sert plusieurs piques au fauve qu'on a laissé échapper. Après qu'il l'a bien épuisé, il l'abandonne à des subalternes qui se chargent de l'achever ; à moins qu'un meute de mâtins dressés au sang ne s'en charge. Marie n'apprécie guère ce spectacle cruel, mais applaudit au courage du vieux beau. Et dans Madrid déjà se répand le bruit qu'elle en est la maîtresse.

Marie a beau vivre dans l'instant, elle s'avise que ce séjour ne saurait s'éterniser. Après avoir taillé elle recoud. Elle écrit au duc de Savoie pour se faire pardonner ses façons cavalières. En réponse, celui-ci lui envoie des rubans dont Marie raffole. Elle écrit aussi à sa belle-sœur la princesse de Sonnino pour lui demander des gants, des huiles, des parfums et surtout du blanc de baleine, sans oublier des cordes pour sa guitare.

### Révérences et baisemain chez la reine régente

La reine régente n'ayant toujours pas fixé de jour pour sa présentation, Marie relance le majordome-major et découvre que l'Amirante, pour la garder plus sûrement auprès de lui, n'a entrepris aucune démarche au palais. Comme aux légers et piquants commérages du début ont succédé, les jours passant, de pénibles ragots dont semble se délecter don Fernando, Marie se décide à brusquer le protocole. Et c'est vêtue à l'espagnole, munie de l'inévitable garde-infante qui la fait hésiter à passer les portes de front, qu'elle se fait conduire au palais.

Ainsi harnachée, elle traverse les mornes enfilades d'antichambres, auxquelles succèdent galeries et salons et encore d'autres antichambres dont les portes s'ouvrent devant elle pour finalement découvrir la reine régente au fond d'un cabinet si grand qu'on pourrait y donner un bal. Celle-ci est flanquée de sa Camarera Mayor et de ses dames du palais. S'y trouvent également quelques vieux seigneurs rassis venus au baisemain. Marie exécute les trois révérences d'usage. L'accueil est glacial. L'étiquette ne permet, il est vrai, que des gestes et des paroles de convenance. Ombrageuse et altière, la reine se veut un parangon de vertu en dépit d'un amant qui la sert bien la nuit et fort mal le jour dit-on à Madrid depuis qu'elle en a fait son Premier ministre. Andalou de mince noblesse, ce don Fernando Valenzuela a mis le royaume en coupe réglée. La reine régente lui est entièrement soumise. Il a su éveiller les sens de cette Autrichienne qui, guettée par le couvent, a été mariée en dernier recours à son oncle Philippe IV. Elle a passé sa nuit de noces à réchauffer un mourant ; à lui tirer ses quelques dernières forces pour éviter le naufrage d'une dynastie. Le roi Philippe était à l'agonie quand elle mit au monde l'héritier inespéré.

### Charles II d'Espagne

Au berceau, déjà, Charles II d'Espagne était un être difforme. Quinze ans ont passé et il n'est qu'une ombre monstrueuse. Il ne vit pas, il se traîne au tombeau avec autour de lui un grouillement de prêtres. Il ne parle que par monosyllabes et encore fort bredouillées. S'il sort du palais, c'est pour épuiser ses dernières forces à la chasse ou s'en aller en compagnie du Grand Inquisiteur juger du bel effet de l'autodafé sur la Plaza Mayor. Il prend autant plaisir à tuer les loups qu'à voir brûler ses sujets. Mais de loin ce qu'il aime le mieux, c'est demeurer le front collé à la fenêtre, à regarder des heures, l'œil vague, la mâchoire pendante, les ombres errantes dans le parc, quelque chose qu'il est seul à apercevoir rôdant autour des bassins de marbre noir, tout en écrasant des mouches sur la vitre. Par instants il est secoué d'un hennissement. C'est sa façon de rire. Sans doute le croirait-on profondément imbécile ; un de ces êtres aux bâillements sinistres, si une remarque crue et cynique ne venait, comme forlongée de très loin, nous détromper, rappelant qu'il est le dernier maillon d'une lignée de monarques qui gouvernèrent la moitié du monde. C'est sa façon à lui, l'ultime et dégénéré rejeton, de dire ironiquement : « Yo el Rey. »

La reine régente a promis un couvent convenable à Marie. Cette dernière suggère San Domingo al Real. La reine n'y voit pas d'inconvénient. Cependant on en reparlera. « Le Connétable est notre cousin, on ne saurait prendre une décision trop hâtive et aller le froisser pour ne pas l'avoir consulté... »

Depuis sa visite au palais, Marie est harcelée de visites. La maison de l'Amirante ne désemplit pas de curieux. Le Tout-Madrid y défile au « refresco » pour le chocolat qui est ici toute une cérémonie. Chaque jour également il y a « tertulia ». Chacun veut approcher Marie ; voir ce prodige. On dit que son esprit et ses reparties sont aussi fameux que sa réputation est douteuse. On veut aussi apercevoir le bout de son pied qu'on dit fin quand elle se lève de son carreau, car la coutume veut en Espagne que les femmes soient assises par terre sur des coussins.

Bientôt Marie se lasse de ce va-et-vient ; de ces duchesses au visage peint comme une charrette sicilienne, qui n'ont que de la peau sur les os ; elle n'en peut plus des « fron fron » des guitares sous ses fenêtres ; aussi décide-t-elle d'aller prendre l'air. Sans

consulter l'Amirante elle fait atteler un carrosse et, en compagnie de Morena, s'en va le long du Manzanares comme une fille
en goguette. Jamais aucune dame fût-elle des plus galantes n'a
été vue ainsi à la promenade. Ce sont des mœurs de « *majas* ».
Le lendemain Madrid entière est au courant de l'équipée. Le
nonce se sent obligé d'en référer à Rome où l'on minimise
l'affaire. C'est qu'on connaît depuis longtemps les libertés que
prend Mme la Connétable avec les usages afin de les acclimater
à ses humeurs.

### *Encore le couvent !*

Adieu, monsieur l'Amirante, je rentre au couvent. L'abbesse
de San Domingo al Real a finalement consenti à recevoir Marie
dans la petite maison adjacente au couvent ; don Fernando, qui
la suit comme son ombre, se trouve contraint de déménager
avec elle. Une porte sera ouverte sur le couvent et ainsi Marie
pourra profiter du jardin du cloître et assister aux offices. Ce
qui importe le plus à Marie évidemment, c'est la porte sur le
devant ; celle de la rue. Hélas, celle-ci ne s'ouvre que des appartements de don Fernando qui, eux, sont séparés de ceux de
Marie par un mur au travers duquel on ne communique que par
un guichet. Il est trop tard pour faire marche arrière. Une fois
de plus Marie se retrouve prisonnière.

Marie se plaint de cette nouvelle relégation ; elle écrit au
Connétable, au duc de Savoie, au Saint-Père. Le pape meurt et
Marie n'y gagne qu'un nouveau nonce, Mgr Mellini, qu'elle se
met en tête de séduire. Il est jeune et pas vilain garçon. Il promet de l'aider. Mais ce ne sont que des promesses. A Rome, on
plaisante de ses lettres : encore un à qui Mme la Connétable à
tourné la tête...

Don Fernando s'étant absenté pour quelques jours, Marie en
profite pour élargir le trou du guichet et comme le mur se
montre peu résistant plutôt que de se limiter à une brèche elle
l'abat entièrement avec l'aide de ses servantes. Don Fernando
de retour de voyage découvre son mur en miettes et Marie ins-

tallée dans ses meubles. Elle a eu le temps de se rendre en ville pour y faire des visites. Il trouve également l'abbesse en fureur. L'enceinte du couvent a été violée ; et celle-ci d'hululer tout un plain-chant. Mme la Connétable veut sortir ? eh bien qu'elle parte ! nous ne la retiendrons pas. Bon vent ! Mellini est appelé en renfort pour faire revenir la révérende sur sa décision. Il menace. Tonne. Invoque le Saint-Père. La religieuse reste ferme. Marie s'amuse de tout ce remue-ménage dont elle est l'auteur.

Finalement devant la menace d'une excommunication, l'abbesse cède. Dès le lendemain le mur est reconstruit. Et Marie retrouve sa prison.

### *Adieu à M. de Savoie*

Depuis quelque temps elle ne reçoit plus la visite de Solaro, l'ambassadeur du duc de Savoie. Elle s'en inquiète. Solaro ne viendra pas aujourd'hui. D'ailleurs il ne viendra plus. Le duc de Savoie, son maître, est mort et on l'a rappelé à Turin. Mort ! comment est-ce possible ? Oui. Soudainement. Et déjà on parle de poison.

Marie vient d'avoir trente-six ans ; pour la première fois, elle ressent le poids de l'âge. Un ami vient de la quitter. Décidément la terre commence à lui manquer sous les pieds.

# 47

# Merry England !

*Persona non grata*

Depuis le départ de Marie, on avait revu Hortense à Turin. Tous les prétextes lui étaient bons pour y débarquer : une chasse, une redoute, un bal. La jambe alerte, follement décolletée, elle excellait au menuet ; à l'aube, il lui arrivait de repasser les Alpes sans avoir pris la peine de saluer la duchesse de Savoie qui s'en pinçait les lèvres au sang.

Si l'on en croit Saint-Evremond, ce n'est pas uniquement au menuet qu'elle excelle mais également à la philosophie. En effet elle a pris goût à la lecture au contact de l'abbé de Saint-Réal à Chambéry. Et celui d'écrire aussi. Le galant abbé tient sa plume tandis qu'elle pense écrire ses mémoires.

De ce commerce, sans doute a-t-elle acquis assez de sagesse et de fatalisme pour faire face au coup du sort qui la frappe une nouvelle fois ce 12 juin 1675. Alors que, tout bien considéré, elle est décidée à s'établir en Savoie, Charles-Emmanuel meurt.

L'attaque a été soudaine. Cependant il a eu le temps de se faire transporter au palais de Turin ; et c'est sur un lit d'apparat, devant une foule populaire admise dans les salons, qu'il rend l'âme. Madame Royale devient régente. Elle fait, aussitôt, dire à Hortense de sortir de la Savoie ; que sa présence n'y est plus souhaitée ; qu'il faut quitter le pays ; s'en aller au plus vite. « On ne veut plus de nous au bal à la Vénerie ? Eh bien nous irons danser en Allemagne, et si les Allemands se montrent par trop balourds, nous passerons la Manche et irons chez les Anglais mener notre contredanse. »

### Violons et turban rose

Et voilà Hortense lancée à cheval à travers plaines et monts, suivie de Pompée en turban rose et d'une flopée de garçons joliment cavalcadours. C'est ainsi que Sidonie de Courcelles, de Genève où elle se trouve, la voit passer les Alpes : « à cheval, en plumes et en perruque, avec vingt hommes à sa suite, ne parlant que de violons et de parties de chasse, enfin de tout ce qui donne du plaisir ».

L'Allemagne est ravagée par la guerre ; le pays à feu et à sang. Qu'importe ! Hortense habillée en cavalier ne craint ni le soudard, ni le galant militaire. On évite cependant les troupes françaises ; sait-on jamais, s'il prenait à M. de Mazarin la lubie de s'y faire donner un régiment. On bâcle quelque peu la promenade sur le Rhin pour gagner rapidement Amsterdam. Hortense s'est mis en tête de battre le rappel de ses anciens soupirants. Charles-Emmanuel mort, c'est vers Charles II Stuart qu'elle se retourne. Ne l'a-t-il pas, naguère, lui aussi, demandée en mariage très officiellement à son oncle ? Chacun a beau lui représenter qu'il siérait mieux dans sa situation, vis-à-vis d'un mari ombrageux, d'un Parlement toujours prêt à brandir un arrêt contre elle, de trouver une meilleure raison à cette visite. « Eh bien ! qu'on dise que je me rends à Londres pour saluer ma nièce à la mode de Bretagne. » La fille de Laure de Modène, l'une des Martinozzi, est, nous l'avons vu, devenue la duchesse d'York. N'est-ce point là une raison suffisante. Une visite de famille, que peut-on invoquer de plus convenable ! Et bravant la tempête, toujours habillée en cavalier, faisant sonner haut ses éperons, elle débarque en Angleterre, suivie de Pompée le turban coquin, de Saint-Réal la soutanelle au vent et de quelques violons à la suite.

### La coqueluche de Londres

Hortense n'a qu'à paraître pour que Londres soit à ses pieds. Partout où elle passe elle provoque l'événement. A Whitehall les soirs de bal on se presse sur son passage ; les toilettes qu'elle s'invente font et défont la mode.

Londres émerge de l'ennui puritain qui, durant le gouvernement de Cromwell et de ses Têtes rondes, avait recouvert l'Angleterre d'une chape de plomb. La vie reprend peu à peu, brillante, spirituelle, frivole, corrompue, à l'image du prince qui gouverne. Un prince dissolu, amant des fastes et des plaisirs pour tout dire tout à fait à la convenance d'Hortense.

Beau cavalier et amant raffiné, Charles II se fait peu d'illusions sur l'humanité. Il est blasé. Quoi qu'il ait pu apercevoir des hommes durant sa jeunesse, dans les temps où il était à la rude école de la pauvreté et de l'exil, il n'est pas pour autant misanthrope. Il ne hait pas non plus ses semblables. Il aurait même une certaine commisération pour leurs souffrances. Homme de son temps, c'est un sceptique doublé d'un libertin. Mais ni plus ni moins que son cousin le prince de Condé ou que son ami Saint-Evremond. Pour ne pas afficher son athéisme, il s'amuse à entretenir un vague catholicisme ; juste afin d'enrager les puritains qu'il déteste. Car rien n'est, en effet, plus éloigné de lui que l'homme puritain, fût-il presbytérien ou épiscopal ; à tout dire, il est incroyablement peu intéressé par la religion quelle qu'elle soit. Dépourvu de principes religieux, il n'en possède guère plus en politique, n'étant pas homme à croire aux théories patriarcales de gouvernement ni aux doctrines de droit divin. Pour ce qui est de sa vie privée, il entretient à sa fantaisie des maîtresses dont il a de multiples bâtards à qui il distribue apanages et titres ; d'où s'ensuit une infinité de coteries à la cour.

### Un amant royal

Aussi Hortense tombe-t-elle à pic pour mettre tout ce petit monde d'accord. Charles II lui attribue pour logement un pavillon dans le parc de Saint James ainsi qu'une pension très substantielle. Il lui permet aussi d'avoir le rang et les prérogatives d'une duchesse anglaise. La voilà tout à fait en cour ; en passe d'être une favorite du roi si l'on en juge par son train de maison. Six laquais, deux valets de pied, deux porteurs, deux pages, sans compter l'indéfectible Pompée, plusieurs cameristes comme Mlles Fanchon et Grenier; et tout ce beau monde galonné, emplumé, comme il faut.

Dans Londres, chacun prend déjà des paris. Est-elle, n'est-elle pas la maîtresse du roi. A chaque instant on s'attend au renvoi de la favorite en titre, la duchesse de Portsmouth. Celle-ci d'ailleurs a préféré quitter la place, prétextant aller prendre les eaux à Bath. La truculente Nell Gwynn, ancienne actrice qui s'est hissée des planches dans le lit du roi, faveur qu'elle partage avec la Portsmouth ainsi que bien d'autres encore, laisse éclater sa joie. Elle est jeune, folle, hardie, débauchée et forte en gueule. Elle ne mâche pas ses mots et chaque fois qu'elle le peut elle prend sa rivale à contre-poil. Et toujours avec le brio et l'abattage d'une ancienne théâtreuse. Les grands airs de la duchesse de Portsmouth ne l'impressionnent guère. « Cette duchesse fait la personne de qualité. Elle dit que tout est son parent en France; dès qu'il meurt quelque grand, elle prend le deuil. Eh bien! puisqu'elle est de si grande qualité, pourquoi s'est-elle faite putain? Elle devrait mourir de honte. Pour moi c'est mon métier; je ne me pique d'autre chose. Le roi m'entretient; je ne suis qu'à lui présentement... » Et aussitôt pour singer la duchesse, la voici qui se pavane en grand deuil dans l'immense galerie Tudor de Whitehall au milieu des joueurs attablés. Qu'on l'approche pour lui demander quel est le parent proche qu'elle a eu la tristesse de perdre, elle affiche aussitôt un grand sourire : « Mais Sa Grâce la duchesse de Portsmouth, on dit qu'elle s'est noyée aux eaux de Bath... » Cela fait aussitôt l'objet de dépêches diplomatiques. L'ambassadeur de France, Honoré Courtin, petit homme avisé et fort galant, alerte Louis XIV : « Il importe peu à Votre Majesté que Mme de Mazarin ne couche pas avec M. de Mazarin et qu'il lui donne 50 000 francs pour sa dépense; mais il vous importe beaucoup dans la conjoncture présente que l'Angleterre ne joigne pas vos ennemis. » Les ennemis du Roi sont évidemment les Hollandais et leur stathouder, le prince Guillaume d'Orange, auxquels Louis XIV vient de déclarer la guerre.

*Louise de Kéroualle, duchesse*
*de Portsmouth*

Charles II a remarqué la duchesse de Portsmouth naguère, quand elle n'était encore que Louise de Kéroualle et fille d'honneur de Madame; c'était lors du voyage de feu la duchesse d'Orléans à Douvres, quand elle y vint pour négocier avec son frère l'accord secret entre la France et l'Angleterre. A la mort de Madame, Louis XIV l'avait renvoyée en Angleterre avec pour mission de séduire Charles II et de devenir son agent à la cour de Whitehall. Favorite en titre, faite duchesse de Portsmouth, elle a touché et touche encore des sommes considérables du Roi qu'elle renseigne sur les intentions de son royal amant. Elle demeurera loyale à Louis XIV; jusqu'à sa mort en 1685, Charles II restera l'allié de la France en dépit d'une forte opposition des Whigs au Parlement et de quelques Tories antifrançais.

La duchesse de Portsmouth à Bath, Hortense a le champ libre. Elle en profite pour braconner dans ses plates-bandes. On la voit au théâtre, à l'opéra avec le roi Charles; en barque sur la Tamise naviguant, musique en proue, de Saint James à Whitehall. La comtesse de Sussex, fille du roi et de la duchesse de Cleveland, s'est toquée d'Hortense et lui prête son appartement au palais. Hortense se plaît à susciter des émois chez cette jeune femme. On parle même d'un trio amoureux entre le roi, Hortense et lady Sussex. Goguenard, l'ambassadeur Courtin, que ces potins mettent en bouche, renseigne Louis XIV sur les moindres on-dit concernant Mme de Mazarin. Il est sous le charme; aussi ne prête-t-on plus guère d'attention à ses dépêches. Cependant, au fil des jours, se forme un réseau d'intrigues dont Hortense se retrouve le centre. Sans même s'en douter elle devient l'âme d'une petite fronde, menée par les lords Arlington et Montagu et la sœur de ce dernier, Mrs Harvey. Ils pensent se servir d'elle pour abattre la Portsmouth et servir leurs desseins politiques. Hortense a connu Montagu naguère en France quand il y était ambassadeur; elle l'a revu par la suite en Savoie. Volontiers, si elle possédait une tête politique, elle le prendrait pour mentor, car il lui paraît un homme galant ; mais voilà, Hortense se soucie comme de sa chemise de retourner les alliances ; en revanche, il ne lui déplaît pas, par jeu, peut-être même bien pour rattraper au vol sa pension que le duc de Mazarin ne lui verse plus, d'inquiéter Louis XIV. La volte-face du Roi l'avait laissée rêveuse. Est-ce bien un prétexte suffisant à pareille trahison que d'être le débiteur de M. de Mazarin ? Pour trois bassins en marbre à Versailles dont son mari a avancé l'argent de la construction, faut-il renier une amitié de jeunesse ?

### Le prince de Monaco, rose blond et charnu, lui aussi

Montagu pense l'affaire dans le sac. C'était compter sans les humeurs folâtres d'Hortense. Qu'un joli garçon passe et elle ne peut y résister. En fait de joli garçon, celui-ci est aussi un prince. Un minuscule prince d'une minuscule principauté. Prince de Monaco. Tout le monde s'accorde à dire qu'il est à peindre comme l'amour. Saint-Simon sur le tard en donnera un crayon rien moins qu'idyllique : « Il avait deux gros yeux d'aveugle éteints, et qui, en effet, ne distinguaient rien à deux pieds d'eux, avec un gros ventre en pointe qui faisait peur tant il avançait en saillie. » Quoi qu'il en soit Louis Grimaldi, duc de Valentinois, prince de Monaco, vingt ans avant que Saint-Simon ne l'avise, possède avec une tournure de page, la fraîcheur d'une rose ; et Hortense aime la chair fraîche et rose. Elle s'en amourache comme une débutante, cède avec fracas, s'affiche aux courses de Newmarket, l'entraîne aux chasses de Windsor. Tout Londres est, dans l'instant, au courant des malheurs du roi. Charles II a fort peu de goût à jouer les dindons. Il se vexe et coupe les vivres à la belle. Monaco est aussitôt pris de vertige. L'Angleterre, le climat, trop d'amour, une fièvre tierce... c'est assez pour lui faire repasser la Manche. La duchesse de Portsmouth, entre-temps, a repris ses droits sur son royal amant ; elle a même poussé Charles II à pardonner et à rétablir la pension d'Hortense, laquelle peu à peu retrouve le chemin de Whitehall. On crie au miracle, ce qui laisse songeur lord Montagu qui voit les deux favorites passer en se tenant par la main. Le seul à afficher un fin sourire est l'ambassadeur Courtin. C'est qu'il sait, lui, la cause de l'amitié. C'est même son œuvre. Le résultat dépasse d'ailleurs ses espérances. Cependant il n'en écrira rien dans le détail comme il en a l'habitude au marquis de Louvois. Peut-on trahir des femmes aussi charmantes pour se faire mousser auprès d'un ministre ? Ce sont là affaires de femmes entre elles. Il n'a aucune intention en révélant la chose de jouer le nigaud berné et laissé pour compte au bord d'un chemin buissonnier de Lesbos.

## Partie carrée ou les chemins des dames

Mrs Harvey s'étant rendue un soir à l'opéra en compagnie de sa chère amie Mrs Middleton, une des plus jolies personnes de Londres, et l'ambassadeur Courtin les y ayant aperçues, il les convie à souper pour le lendemain. C'est avec plaisir qu'elles se rendront à son invitation s'il permet à chacune d'elles d'amener une amie. Courtin frétille. Il est galant, possède de l'appétit, et une partie de dames avec lui en cinquième, n'est pas pour lui déplaire. Le lendemain quand les libertines se présentent à l'ambassade, quelle n'est pas sa surprise d'apercevoir la duchesse de Mazarin au bras de Mrs Harvey et Mrs Middleton tenant par la main la duchesse de Portsmouth. Surprise de part et d'autre des duchesses qui avaient toujours fait en sorte de s'éviter. La table est excellente, le vin est des meilleurs, la conversation ne chôme pas. On badine un peu, on libertine beaucoup. On passe les alcools forts. Courtin est aux anges. Il prépare son coup et s'arrange pour faire admirer aux deux duchesses son cabinet de curiosités. A peine y sont-elles qu'il les y enferme comme par mégarde. Une heure se passe. Mon Dieu, où donc est passée Mme de Mazarin ? Qui me dira où se trouve la duchesse de Portsmouth ? Soudain la mémoire lui revient. On recherche la clef, on trouve la serrure, on ouvre la porte. Courtin affiche un air confus de circonstance. Les deux dames paraissent main dans la main, l'œil battu, la coiffure défaite, mais apparemment assez contentes l'une de l'autre. L'histoire fait le tour de Londres. Après la Sussex, voilà la Portsmouth sous le charme d'Hortense. Charles II est aux anges car rien ne titille plus l'imagination de ce libertin que des histoires salées de dames.

### Salon ou tripot

La maison d'Hortense est devenue un lieu nécessaire à ce qui se veut élégant. Les femmes légères y côtoient les « beaux ». On y note au vol les dernières intrigues de la ville, les nouvelles galanteries de la cour. Avec un talent exquis, une tête en l'air et un cœur capricieux, elle tient une sorte de tripot de bon ton. Elle a introduit dans ses salons la bassette et aussi le « hoca » un jeu où l'on peut gagner vingt fois sa mise et qui a été interdit en France. On y triche aisément. Hortense y est passée maître. C'est un jeu de famille ; pensez ! on dit que c'est Mazarin qui l'aurait importé naguère d'Italie. Hortense plume ses hôtes avec grâce et en retour leur sert les grâces de sa conversation. Et si elle se trouve à court alors elle fait appel à son page, le jeune Déry, et le fait chanter. Le jeune homme est devenu la coqueluche de Londres. Il arrive même à Hortense de le prêter au roi Charles qui s'en est toqué ; d'autres fois c'est à milord Rochester qu'elle l'envoie. John Evelyn dans ses Mémoires se souvient d'avoir vu le roi Charles quelques jours avant sa mort, assis dans la galerie de Whitehall où avaient été comme chaque soir dressées des tables couvertes d'or autour desquelles s'affairaient les joueurs. Il s'y faisait de beaux coups. Des fortunes passaient de main en main. L'or glissait sur le tapis. Des bras de lumière accrochés au mur jetaient sur cette scène silencieuse d'une foule épaisse, avide, suspendue au hasard, une lueur blonde. Près du billard d'une grandeur extraordinaire, le roi Charles se trouvait assis entouré de ses concubines, Portsmouth, Cleveland et Mazarin, tandis qu'un jeune page français le berçait de madrigaux.

## M. de Saint-Evremond

M. Déry chante donc volontiers et, dans un fauteuil, non loin de là, un vieil homme l'écoute. A la façon dont chaque jour à la même heure il se fait annoncer chez Hortense, toujours le premier arrivé et le dernier parti, toujours occupant le même fauteuil d'où il surveille le manège du monde, on imagine volontiers que c'est un habitué. Mieux, l'âme de ce salon. Charles de Saint-Denis, seigneur de Saint-Evremond, cadet de bonne famille, a fait ses premières armes auprès de M. le Prince.

Il est brave quand il faut l'être et libertin de la belle sorte; son libertinage est chez lui un art de vivre, une manière de sagesse; il ne s'enivre pas aux plaisirs; il les déguste en y mettant de l'ironie. Il voit la meilleure compagnie. Il fréquente chez Ninon de Lenclos. Homme d'esprit, il lui vient spontanément des plaisanteries. Voilà donc qu'en tombent de sa bouche quelques-unes à propos de Mazarin. On l'expédie à la Bastille. Il en gardera une terreur pour le reste de ses jours. Il en sort, cependant, la langue toujours aussi bien pendue. Et comme tout l'intéresse, il se rend dans la suite du maréchal de Clérambault à la paix des Pyrénées. Il écrit au marquis de Créqui, intime de Fouquet, une lettre qui tient plus du pamphlet que de l'art épistolaire. Mazarin meurt; Fouquet est arrêté; les papiers de ses amis le marquis de Créqui et Mme de Plessis-Bellière sont saisis; dans une des cassettes on trouve la lettre de Saint-Evremond. Quoi! Comment! On ose attaquer la mémoire du grand ministre! Colbert qui veut la chute de Fouquet monte l'affaire en épingle! Atteinte à la mémoire d'un mort! A la mémoire d'un grand serviteur de l'Etat! Et voilà notre Saint-Evremond obligé de se cacher pour ne pas reprendre le chemin de la Bastille. Finalement il préfère passer en Hollande et, de là, en Angleterre, où on l'accueille à bras ouverts. Il n'est ni protestant, ni catholique, il est libertin et philosophe. Il est aussitôt accueilli dans les cercles élégants; sa réputation d'homme d'esprit fait le reste; le roi le pensionne et déjà on lui chauffe un petit coin pour sa tombe dans Westminster. C'est dire l'engouement qu'on a pour lui.

Dès qu'Hortense paraît, il subodore en elle une païenne de charme. Il ne lui en faut pas plus pour être à ses pieds. Il le restera jusqu'à sa mort. « Hasta la muerte » c'est ainsi qu'il signera jusqu'à la fin ses lettres à la duchesse. Mais comme il est trop vieux et elle trop jeune, il l'aimera par lettres et poulets interposés, en homme d'esprit. Elle lui répondra par des caprices, des humeurs, des foucades et mille mauvais traitements qu'il trouvera plus délicieux que des caresses.

Calé dans son fauteuil, il promène sur l'assemblée son regard ironique et indulgent. Il ne porte pas de perruque, mais une calotte en moire bleue pour cacher le sommet de sa calvitie. Le visage serait encore beau s'il n'y était poussé à la racine du nez une grosse loupe. Il lui arrive aussi de marcher avec une canne pour s'aider ; car sa jambe un peu raide se ressent toujours du coup de fauconneau reçu trente ans plus tôt à la bataille de Nortlingen quand il commandait aux Gardes de M. le Prince.

### Faut-il châtrer M. Déry ?

L'homme à la loupe écoute le jeune Déry. Il apprécie son timbre. Un jour il faudra qu'il lui écrive pour lui enjoindre de faire l'opération, car le gamin va grandir et perdre sa voix. Châtrer ? Non, le mot est vilain. Adoucir par une opération légère... L'euphémisme ne convainquit guère M. Déry quand il reçut la lettre. Il chanta plusieurs saisons puis, ayant pris du poil au menton, il perdit sa voix. Il y eut sans doute d'autres pages aussi chantants ; la maison changeait au gré des saisons ; et même à Pompée qui avait grandi on trouva un remplaçant en la personne d'un nouveau Mustapha.

La vie va son train, bon an mal an, au « petit palais » de Saint James. C'est ainsi qu'on nomme la maison d'Hortense. Quand M. Déry n'est pas en voix, alors c'est l'hôtesse qui danse une « furlane ». Elle retrousse ses jupes et montre ses jambes gainées de soie verte aux jarretières à boucle de diamant. Parfois elle arbore celles que lui a fait parvenir de Madrid sa sœur la

Connétable, à la mode des *majas*, ces jeunes élégantes de bas étage. Y est brodée une devise qui en dit long : *feliz quien las aparta* (heureux qui les dénoue). Le ton est donné. Les Londoniennes porteront dorénavant des bas verts et des jarretières noires à boucle à défaut des galanteries madrilènes. Hortense ne s'en tient pas aux jambes. Quelle n'est pas, en effet, la surprise des promeneurs matinaux du parc de Saint James de voir émerger de l'étang la duchesse accompagnée de sa bonne amie lady Sussex ; l'une et l'autre à peu près autant vêtues que Vénus sortant de l'onde. Sans doute pensaient-elles que piquer une tête dans la Serpentine, après une nuit passée à boire du gin et à jouer à la bassette, leur rafraîchirait l'esprit.

### On vit d'expédients

Hortense, pour être une reine de Londres, garde toutefois un œil sur Paris et une oreille à Versailles. C'est dire qu'à l'arrivée de chaque nouvel ambassadeur de France elle sollicite son intervention afin que soit rétablie sa pension de 24 000 livres que son mari ne lui verse plus ; car il estime que les 58 000 livres qu'elle reçoit de Charles II lui suffisent. Hortense est endettée. Elle vend ses porcelaines, ce qui lui reste de pierreries. Elle vit d'expédients. Sa demeure a auprès des joueurs professionnels la même notoriété que les tripots de luxe de Chancery Lane.

La France ? Y songe-t-elle encore ? Y retourner ? Elle le veut et en même temps ne le veut pas. Elle rage contre le duc de Mazarin qui s'est mis en tête de sortir ses filles du couvent pour leur briser les dents parce que l'abbesse de Sainte-Marie-de-Chaillot lui a dit qu'elles étaient en passe de devenir des beautés. Leur briser les dents pour qu'elles ne lui ressemblent pas !

Son humeur est changeante. Un jour c'est « point de Mazarin » ; le lendemain elle est prête à entrer au couvent. Elle veut même partir pour l'Espagne afin de rejoindre Marie dans le sien. Mais le soir même on l'aperçoit au théâtre à Drury Lane, dans la loge du roi au milieu d'un bouquet de maîtresses et d'épagneuls. Plus tard dans la nuit, elle courra la ville déguisée en marchande d'oranges avec des milords, auxquels se joindront peut-être le roi et son frère York. Cette folle bande s'introduira dans les maisons pour s'y livrer à mille excentricités et repartir à l'aube, souvent à pied, accompagnés par des « links » ces porte-flambeaux de louage, qui évitent les mauvaises rencontres avec des « Scourers » ou des « Mohawks », ces voyous qui terrorisent Londres la nuit et pratiquent la boxe et le combat de chiens.

Cette envie soudaine de quitter l'Angleterre survient à un moment où l'opinion publique se déchaîne contre Hortense. La Chambre basse a demandé son renvoi. Son nom a circulé dans les milieux papistes qu'on soupçonne de vouloir assassiner Charles II. « La duchesse de Mazarin ! Vous plaisantez ! » et le roi d'éclater de rire. Hortense ne sera évidemment pas inquiétée ; en revanche le duc d'York prend pour un temps le chemin de l'exil tandis que les lords catholiques sont exclus de la Chambre.

Hortense se console comme elle peut du temps qui passe. Elle choisit des amants et en change comme ses bas de soie. Il les lui faut de plus en plus jeunes depuis qu'elle soupçonne son miroir de la trahir.

### Un professionnel du tapis vert

C'est alors que survient à Londres son neveu, le jeune Philippe de Savoie-Carignan dit le chevalier de Soissons, qui aussitôt tombe fou amoureux de cette tante. Il s'en montre même jaloux. Que quelqu'un la regarde, et le voici l'épée à la main.

Un soir dans les salons d'Hortense, le marquis de Saissac perd jusqu'à ses boutons en diamants en faisant les yeux doux à son hôtesse. Louis de Castelnau de Clermont-Lodève, marquis de Saissac, n'a qu'une passion : le jeu, et il en vit fort bien. Il gagne à toutes mains ; c'est dire qu'il est passé maître dans l'art de corner les cartes. Surpris à tricher au jeu du Roi, il a été démis de sa charge de Maître de la Garde-Robe et exilé. Il est alors passé en Angleterre où il a joué follement. Il a d'ailleurs été l'un des piliers du salon d'Hortense, en son début. Le jeu favorise les rencontres fortuites, aussi était-il devenu une sorte d'agent secret, chargé de corrompre les membres influents de la Chambre basse qui par leurs votes de sanction se devaient d'apporter des coupes à la liste civile du roi. Ainsi démuni, Charles II se trouve, alors, obligé d'accepter les subsides de Louis XIV et de passer par ses conditions. C'était un jeu cynique et assez compliqué qui, à première vue, aurait dû parfaitement convenir au marquis de Saissac; mais il était gascon, partant assez fanfaron et bavard. On sut qu'il avait demandé au duc d'Ormond avec qui il faisait sa partie, s'il voulait recevoir une pension de Louis XIV; et aussi, quels étaient les députés à qui il serait bon de donner de l'argent. Saint-Evremond, qui était de ses amis, l'avait engagé à se montrer plus circonspect. Il fut rappelé en France pour cette bévue. Il n'y demeura guère. L'affaire des poisons venait d'éclater et il s'y trouvait mêlé. Lesage, ce magicien compère de la Voisin qui, dès 1667, chantait le Veni Creator tandis qu'un prêtre disait une messe sur le ventre de la marquise de Montespan, avait été arrêté le 17 mars 1679. Il comparut devant la Chambre ardente et raconta des choses si effroyables que Louis XIV fit soustraire des rôles certains interrogatoires. Des noms circulaient et des plus considérables. Il y avait de quoi salir les allées du pouvoir. Le crime se poussait sur les marches du trône de France. Notre marquis n'était que du menu fretin. Il n'était allé voir les sorcières que pour des vétilles : une recette pour gagner encore plus sûrement au jeu qu'avec ses cartes biseautées, et des poudres pour se défaire d'un frère et ainsi marier sa belle-sœur. Rien que du tout courant en regard de tant d'horreurs. Devant cette boue, le Roi pris de vertige donna l'ordre d'interrompre les séances de la Chambre ardente à l'Arsenal et on fit prévenir certaines des personnes compromises de sortir du royaume; car on préférait les voir hors de portée qu'à la Bastille où elles risquaient par de nouvelles confessions d'ajouter à la tourbe. Ainsi Louis XIV avait personnellement conseillé à son flûtiste préféré, Philibert, compromis dans une affaire d'empoisonnement, de quitter la France s'il se sentait coupable. Comme celui-ci avait toujours tout ignoré des menées de sa femme qui avait, en effet, tué son premier mari pour l'épouser, il préféra se constituer prisonnier à Vincennes. Il comparut et fut acquitté. Mais sa femme eut le poing tranché avant d'être pendue. Averti, et la conscience moins légère que le flûtiste, le marquis de Saissac préféra s'en aller embarquer à Calais pour l'Angleterre.

## Un neveu encombrant

Il se trouve donc ce soir-là du 24 novembre 1680 dans les salons de la duchesse de Mazarin. On y joue gros jeu, ce qui n'est pas pour lui déplaire. En revanche il n'aime guère le ton qu'emploie avec lui le neveu de la maîtresse de maison, le jeune chevalier de Soissons. Il préfère quitter la table et sort dans l'antichambre. Probablement croit-il que le chevalier l'y suivra pour une explication. Il n'en est rien. Au bout d'un moment, il retourne au salon. Le chevalier le reçoit aigrement. Le ton monte. Ils se disent des impertinences. Le chevalier envoie un flambeau à la tête du marquis. Le marquis sort de nouveau. Le chevalier cette fois-ci le suit. Ils ont déjà l'épée à la main. Saint-Evremond s'interpose. Il reçoit un coup dans le genou. Le marquis est blessé au côté. Le chevalier est touché à la jambe. On mande aussitôt un chirurgien. La vie du marquis n'est pas en danger. L'affaire fait assez de bruit pour que l'ambassadeur de France Barillon, qui a remplacé Courtin, en informe dès le lendemain Louis XIV.

Le Roi sait la passion que ses courtisans mettent aux jeux de hasard. Aussi ne s'étonne-t-il guère de la réaction du jeune chevalier de Soissons. N'a-t-il pas été à bonne école chez sa mère ? Louis XIV se souvient de la querelle qui a opposé chez Mme la Comtesse, quelques années auparavant, Langlée, ce parfait courtisan, copie conforme au physique comme au moral de Monsieur, et le marquis de Dangeau. Pour l'ambassadeur qui rapporte la scène comme pour le Roi, il ne peut s'agir que d'une querelle de jeu.

Hortense qui sait, elle, à quoi s'en tenir, se montre flattée de la passion soudaine de ce jeune neveu. C'est une passade, rien de plus. Bientôt Hortense n'y pense plus. C'est qu'elle vient de jeter son dévolu sur un jeune Suédois, le baron Banner. Lorsque le chevalier s'aperçoit des infidélités de sa tante, le voilà une nouvelle fois l'épée à la main. Mais cette fois-ci c'est dans Hyde Park. Le Suédois est blessé à la hanche. On le transporte chez lui. Le lendemain il est mort. Hortense est au désespoir. Elle fait tendre son appartement de noir. Le jeune Déry est prié de chanter des « Lacrimae » à la place des pastorales et des madrigaux. L'ostentation de cette douleur fait oublier, pour un temps, la douleur elle-même. Quelques semaines et les joueurs, les violons, les pages aux allures languides reprendront le chemin du petit palais de Saint James.

Le chevalier de Soissons est jugé et condamné à avoir l'intérieur de la main brûlée. C'est pour l'Angleterre l'équivalent de la fleur de lys imprimée au fer rouge par le bourreau en France. On surseoira à l'exécution par ordre du roi Charles. Le chevalier aura le temps de repasser en France où le Roi lui fera dire qu'il n'y est plus souhaité. Il s'engagera dans l'armée vénitienne et sera tué à la prise de Coron en Morée. L'ironie veut que pour ne pas déplaire à Louis XIV il se soit gardé de rejoindre son frère le prince Eugène et ses cousins Conti et Bouillon qui guerroient au même moment en Hongrie contre les Turcs.

Mais pouvait-il attendre encore quelque chose d'un Roi si prévenu contre toute sa famille, alors qu'une de ses tantes se trouve enfermée dans un couvent de Madrid, que les deux autres sont exilées et que sa propre mère a été contrainte par un décret de prise de corps de sortir du royaume ?

A tout prendre, Hortense ne serait-elle pas la mieux lotie des quatre sœurs ? Elle est libre, un monarque l'entretient, elle a des amants, des maîtresses, un philosophe à demeure, des milords à la pelle, une volière, un singe, un perroquet, un négrillon au turban rose et ses fenêtres ouvrent sur un beau parc ombreux où viennent s'effilocher les brumes de la Tamise.

# 48

# Arsenic et messes noires

*Une cabale littéraire et la mort-aux-rats*

A l'hôtel de Bouillon rue des Petits-Champs, la fête a repris de plus belle. Marianne a été au couvent de Montreuil mais en est ressortie au bras de son mari, la tête haute. Philippe de Nevers vient en voisin. Bientôt s'y forme comme une académie du goût. Mme Deshouillères, une bergère qui donne dans la pastorale mais qui a commencé chez les libertins, y fréquente. Elle poursuit la vieille querelle de Corneille contre Racine. Or Racine justement, Racine le lecteur du Roi, l'homme en cour, va faire représenter *Phèdre*, sa dernière pièce, à l'hôtel de Bourgogne. Pradon que Mme Deshouillères patronne et qui se trouve être de Rouen, comme Corneille, présente lui aussi, une pièce sur le même sujet. L'occasion est trop belle pour Marianne qui n'attendait que cela pour faire parler d'elle. On gratte du papier. On fait courir des libelles. La cabale prend forme, s'enfle. La pièce de Racine est placardée pour le 1er janvier 1677 et les jours suivants. Aussi fait-on acheter pour six représentations consécutives tout un rang de loges. Le jour de la première arrive. Le théâtre doit être comble. On attend même la crème de Versailles. Au parterre on se presse ; on veut voir. Mais personne ne se présente dans les loges ; le parterre qui n'est venu que pour apercevoir derrière une grille quelque chose de la Montespan, du Roi, qui sait, s'en retourne déçu après de chiches applaudissements. Quelques jours plus tard, *Phèdre et Hippolyte* de Pradon reçoit un accueil triomphal à la salle Guénégaud devant un parterre surchauffé. Mais ici ne

s'arrête pas la cabale. Un méchant sonnet où la Phèdre de
Racine est décrite « tremblante et blême » et prenant de la
« mort-aux-rats » circule dans Paris. On le donne pour être de la
main du duc de Nevers. Racine le croit. En fait il est de la Deshouillères. On n'en reste pas là. Nevers a des ennemis à la cour.
De plus, Racine est un ami de la favorite. Or Philippe est, c'est
le moins qu'on puisse dire, quelque peu brouillé avec la Montespan depuis qu'il lui a refusé de jouer les maris complaisants.
La favorite, en effet, sentant son crédit diminuer, avait imaginé,
pour chasser cette ombre de disgrâce, mettre sa nièce Diane de
Nevers dans le lit du Roi. Philippe éventa la ruse, dit son fait à
sa tante et à sa belle-mère et emmena sa femme à Rome. Cette
affaire qui datait de l'été précédent fut probablement l'une des
raisons qui motivèrent Philippe à entrer dans cette cabale
contre Racine, ami de toujours de la favorite. La réponse donc
ne se fait pas attendre. C'est un sonnet plein de venin et de
sous-entendus. Sa paresse, son « italianité », ses amours incestueuses, bref ses plumes et ses poils y sont livrés au public. On a
beau représenter à Philippe que le sonnet vient de la cour, il
veut y voir la main de Racine et de Boileau ; et menace de les
faire bastonner. La chose va si loin que le grand Condé est
obligé d'intervenir en offrant de les accueillir dans son hôtel
parisien. Il leur fait écrire par son fils M. le Duc, celui qui se
prend pour une salade, l'homme le plus spirituel et le plus
méchant du royaume : « Si vous n'avez pas fait le sonnet, venez
à l'hôtel de Condé, où M. le Prince saura bien vous garantir de
ces menaces, puisque vous êtes innocents ; et si vous l'avez fait,
venez aussi, et M. le Prince vous prendra de même sous sa protection, parce que le sonnet est très plaisant et plein d'esprit. »

*Marianne déménage*

Marianne a pris en grippe sa maison, cette demeure triste,
sombre, refermée sur une cour. Comme le duc de Bouillon se
sent un besoin de se faire pardonner l'encouventement de sa
femme auquel il ne s'est pas opposé, il lui achète une maison

sur le bord de Seine, non loin de l'hôtel de Conti, dont une partie est aujourd'hui devenue l'Ecole des Beaux-Arts.

On l'arrange à grands frais. On le ponce, on le dore, on y fait venir Lebrun et Le Nôtre. Bientôt Marianne y transporte sa ménagerie et avec elle bien sûr Jean de La Fontaine. Traverse la Seine également à sa suite, son neveu bien-aimé Philippe de Vendôme, et avec lui toute la fine crapulerie dont il s'entoure dans son palais du Temple depuis qu'il est devenu Grand Prieur de France. Philippe de Vendôme, en qui Saint-Simon voit « la plus vile, la plus méprisable et en même temps la plus dangereuse créature qu'il fût possible », ayant tous les vices de son frère le duc de Vendôme et sur le chapitre de la débauche en plus celui d'être bouc et bique, a beaucoup d'esprit et une figure d'ange. S'il croque du page, il entretient aussi des filles à l'Opéra. Marianne l'aime de passion. La Fontaine est son ami. Il le reçoit au Temple, que Mansart a reconstruit. Ce libertin qui sent le soufre ne fait pas peur à l'auteur des *Contes*. De cette petite société, Marianne fait ses délices. Elle se prend à rêver : elle aimerait tellement avoir ce neveu à demeure, complètement à elle. Il faudrait pour cela qu'il renonce à sa charge, la vende. Cela n'est pas insurmontable. Ensuite, il lui faudrait être veuve. Veuve, évidemment, si elle veut l'épouser. Et la voilà qui rêve, elle aussi, à la mort-aux-rats.


### Une folie de poison

Beaucoup de femmes au même moment dans Paris ressentent ce grand besoin de veuvage. C'est comme une épidémie, un mal larvaire qui court depuis que la marquise de Brinvilliers a mis la chose à la mode en empoisonnant toute sa famille avant de faire une fin extrêmement pieuse en place de Grève. On respire des effluves d'arsenic sans même s'en douter ; c'est une vogue encore mystérieuse à laquelle on accède par étapes. On se rend d'abord chez un alchimiste ; de là chez un astrologue ; bientôt on fait la connaissance d'une pythonisse; sait-on même quand on pénètre dans l'antichambre d'une empoisonneuse? Marianne pour les beaux yeux de Philippe de Vendôme fera le « grand tour ». Il se trouve toujours quelqu'un lorsqu'on a le désir de ces curiosités pour vous aboucher avec le crime. A une table de jeu, au fond d'une loge à l'Opéra, dans l'obscurité d'un entresol tandis qu'on attend son carrosse; jusque dans les antichambres des princes, grouille un peuple louche d'officieux intermédiaires. C'est que ces sorcières jettent loin leurs filets. Elles possèdent un réseau. Elles finissent même par devancer les désirs.

Quand le 7 décembre 1677 Louis de Vanens est arrêté, Louvois, averti par La Reynie qui a procédé à l'exécution, pense qu'il s'agit d'un espion. Tout dans ce gentilhomme provençal, ancien officier, bien fait de sa personne, pratiquant l'alchimie et vivant d'expédients, sent l'aventurier de haut vol. Le puissant ministre est bien loin de se douter qu'il vient, par cette arrestation fortuite, de déplacer une des bouches qui mène à un égout profond et mystérieux où le crime en ses variantes infinies, prospère, essaime, se multiplie. L'alchimie, le diable, les messes sataniques, l'assassinat d'enfants, le poison, l'envoûtement, tout y est bon.

### La Montespan mouillée jusqu'au cou...

Le valet de Vanens, un certain La Chaboissière, parle; il donne des noms. Vanens connaîtrait la marquise de Montespan intimement, aussi bien que Catherine Deshayes veuve Monvoisin dite la Voisin. Dans les notes de Nicolas de La Reynie on trouve ceci : « Revenir à La Chaboissière (le valet de Vanens) sur le fait qu'il n'a voulu être écrit dans son interrogatoire, après en avoir entendu la lecture, que Vanens s'était mêlé de donner des conseils à Mme de Montespan, qui mériteraient de le faire tirer à quatre chevaux. » Le valet revient sur l'aveu; cependant du côté du lieutenant général de police de La Reynie, l'affaire est entendue. Il gratte un peu ici, un peu là. Ce qu'il pensait au début n'être qu'un cul-de-sac, en fait communiquait. Bientôt il lève le plan de ce monstrueux cloaque. Les sorcières, qui ont gardé leurs mœurs crapuleuses en dépit des fortunes qu'elles ont amassées, s'enivrent, fanfaronnent, parlent à tort et à travers sous l'empire du vin. Elles veulent s'épater. Elles se jettent à la tête leurs « relations ». Ce sont des ménagères : elles comptent combien encore d'assassinats il leur faudra exécuter avant de penser à la retraite. Elles ne voient pas les yeux ronds que fait le petit violon qu'on a invité bien qu'on ne le connaisse pas pour égayer l'orgie ; ou encore la tête que tire ce convive amené là en raccroc par une connaissance. Elles parlent sous elles. Bientôt on parlera d'elles au Châtelet, à l'Arsenal, et dans les cachots de la Bastille. L'affaire des poisons est commencée.

Louvois brutal et hautain, toujours inquiet de la moindre rivalité, profite de ces rumeurs pour compromettre ses ennemis. Il s'est cassé la jambe en tombant de cheval. Aussi a-t-il du temps. Il s'empare du dossier. Et s'en va en claudiquant, des listes de suspects à la main. Un murmure de lui est déjà une accusation. Olympe de Soissons est inscrite en bonne place sur sa liste. Depuis longtemps le ministre veut la perdre. On fait mijoter l'affaire. Un an se passe entre l'arrestation de Vanens et celle de la Voisin. Enfin le 12 mars 1679, au sortir de la messe à Notre-Dame de Bonne-Nouvelle, la sorcière est arrêtée ; cinq jours plus tard c'est au tour de Lesage, le grand prêtre des messes noires, d'être appréhendé. Un mois plus tard, le 10 avril, à l'Arsenal se tient la première séance du tribunal de la Chambre ardente dont Nicolas de La Reynie est l'un des rapporteurs. C'est un tribunal d'exception ; l'instruction y est secrète ; la sentence sans appel. Les séances se tiennent dans une salle tendue de noir, éclairée par des torches et des flambeaux. Cette Chambre ardente entendra près de cinq cents prévenus et décrétera trois cent soixante-sept prises de corps. Il y aura trente-six exécutions capitales. Le reste des condamnés mourra en prison ou aux galères. Cependant, les plus coupables ne seront jamais inquiétés et continueront à faire laver les chemises de leur conjoint à l'arsenic, à perdre des fortunes à la bassette chez le Roi, à se quereller pour un tabouret, à courir le cerf chez Monseigneur le Dauphin à Meudon, et toujours sans plus de discernement pour le bien ou le mal, à se faire tuer avec bravoure aux guerres de la Hollande et de l'Allemagne.

### La Voisin, la Bosse et la Vigoureux

Quand, le 16 janvier 1680, le Roi marie sa fille préférée, Mlle de Blois, avec cinq cent mille écus d'or pour dot à Louis-Armand, prince de Conti, il vient d'avoir quarante ans, et ne se fait guère plus d'illusions sur ceux qui l'entourent. Il voulait, en maintenant la noblesse dans l'oisiveté, faire de sa cour une sorte d'abcès de fixation; son beau projet passe ses espérances puisqu'on en est déjà à la gangrène. On l'a tenu au courant de la déposition du sorcier Lesage, qui n'a fait que confirmer les déclarations de la Voisin. Louvois s'est, cependant, gardé de lui révéler le rôle joué par la marquise de Montespan dans cette affaire. Pour le reste, rien ne lui a été épargné : du trafic des sorcières, de leurs sabbats, des enfants égorgés, des potions qu'elles prescrivaient, il sait tout ; il se trouve même en possession de la liste des courtisans qui ont fréquenté la Voisin et ses consœurs la Bosse et la Vigoureux. On peut y lire les noms du maréchal de Luxembourg, de la princesse de Tingry, de la duchesse de Vivonne, de la marquise d'Alluye, de la duchesse de Bouillon, de la comtesse de Soissons, de la maréchale de La Ferté, de Mme de Polignac et bien d'autres encore parmi lesquels des robins également comme cette Mme de Dreux parente de MM. d'Ormesson et de Fortia ou encore la présidente Leféron. L'une des qualités du Roi, on le sait, est ce ton qu'il veut égal quelle que soit son humeur intérieure, ainsi que sa faculté de dissimulation; aussi c'est le visage serein, souriant, qu'il mène à l'autel Mlle de Blois. La justice est déjà en marche, mais il tient à donner le change aux courtisans les plus compromis dans cette affaire qui bientôt se retrouveront sur la sellette devant la Chambre ardente. Il n'attend que la fin de ces noces pour ordonner les arrestations. Il veut que l'abcès soit vidé avant le mariage du Dauphin avec la princesse de Bavière fille de l'électeur, en mars.

### *Mme la Comtesse vend sa charge*

Mme la Comtesse ne se doute pas, en se rendant au mariage de son neveu le prince de Conti, que c'est peut-être la dernière fois qu'elle paraît à la cour. Rien ne semble l'indiquer bien qu'elle se sache mal en cour depuis la querelle du marquis de Dangeau et de Langlée dans ses salons ; cependant elle pense avoir écarté le gros de l'orage en se défaisant de sa charge de Surintendante quelques mois auparavant. En fait elle en a reçu l'ordre du Roi qui depuis longtemps voulait cette place pour Mme de Montespan. C'est la dernière faveur qu'il accordera à cette maîtresse dont il est las. Elle est devenue épaisse à force de sucreries et son caractère, qu'elle n'a jamais eu bon, s'est aigri à mesure de son poids. Depuis deux ans la faveur de Mme de Maintenon est à son apogée ; le Roi ne fait rien, ne décide rien sans elle ; même si officiellement Mlle de Fontanges est sa maîtresse, il passe ses soirées chez la Maintenon. Cette faveur n'a pas échappé aux courtisans qui l'appellent dorénavant Mme de « Maintenant ». La Montespan enrage, qui fut au début de sa fortune. D'ailleurs pour l'instant encore la Maintenon loge dans les appartements de la favorite comme gouvernante de ses enfants. Bientôt elle sera nommée dame d'atour de la nouvelle Dauphine et aura son propre appartement.

Mme la Comtesse a été dépossédée de sa surintendance mais elle a reçu deux cent mille écus en dédommagement. La marquise de Montespan aura finalement attrapé son tabouret. Elle demeurera dix ans encore à Versailles pour sauver les apparences, alors que sa disgrâce sera consommée.

La duchesse de Bouillon est également de la noce. Elle trompette, parade. Son aplomb, ses manières sans-gêne, son verbe haut déplaisent à Louis XIV. Quand il s'est agi de déniaiser le Dauphin, le Roi a laissé tomber avec dédain qu'il ne voyait personne mieux que Mme de Bouillon pour instruire son fils des réalités de l'amour. Il faisait ainsi sans doute un bel hommage à son talent plutôt qu'à sa vertu. Elle-même ne sait pas que c'est également l'une des dernières fois qu'elle paraît à la cour.

### Dernière soirée à l'hôtel de Soissons

Le 19 janvier, la Voisin a été condamnée à mort par la Chambre ardente. Trois jours plus tard, le 23, les magistrats disposent d'instructions personnelles du Roi les chargeant de procéder aux arrestations et aux assignations à comparaître. Paris s'emplit de rumeurs. Cependant il y a jeu comme d'habitude chez Mme la Comtesse. A la table de la bassette c'est au tour de la marquise d'Alluye de tailler. Entre, à ce moment, le duc de Bouillon. Il n'était pas attendu mais comme il est le beau-frère de Mme la Comtesse, personne ne s'étonne. Il se penche à l'oreille d'Olympe. Celle-ci se lève aussitôt, quitte la table de jeu et passe dans son cabinet. Le duc de Bouillon a été mandaté par le Roi pour lui faire savoir qu'elle doit sortir du royaume ou bien se rendre à la Bastille.

« Quoi ! comme cela ! ainsi tout quitter ! et de nuit courir la poste ! » — « Par ordre du Roi il le faut ! C'est gagner au plus vite la frontière ou se laisser enfermer dans un cachot à la Bastille. »

Olympe n'hésite plus. Elle passe dans son cabinet et rafle ce qui s'y trouve de pierreries et d'or. Elle garde la tête froide. Elle sait le coup imparable et que Louvois veut sa perte. Autrefois elle a ri quand il lui a proposé brutalement de devenir sa maîtresse. Il ne lui a pas pardonné ; non plus que son refus d'accorder Mlle de Carignan, une de ses filles, en mariage à son fils. « S'il a osé ordonner un décret de saisie de corps contre une personne telle que moi, il ne s'arrêtera pas en chemin. Il m'enverra à l'échafaud ou, mieux, s'emploiera à me faire mourir au fond d'un cachot de la Bastille. Je préfère prendre la clef des champs. Je me justifierai par la suite... »

Elle sonne. Un laquais paraît qu'elle envoie aussitôt prévenir la marquise d'Alluye de laisser là ses cartes et de venir la retrouver. On tient un dernier conseil. Olympe passe dans les appartements de sa belle-mère la princesse de Carignan pour l'avertir. Donne ordre ensuite de faire atteler un carrosse à huit chevaux sans armes avec des laquais gris.

Dans les salons, l'heure du souper avance. Un majordome entre et annonce que Mme la Comtesse a été obligée d'aller souper en ville. Les invités se regardent sans mot dire mais n'en pensent pas moins ; chacun se retire persuadé que quelque chose d'extraordinaire vient d'arriver. Olympe et sa bonne amie la Fouilloux devenue marquise d'Alluye, à qui on reproche d'avoir empoisonné son beau-père le marquis de Sourdis, ont déjà passé les barrières de Paris quand les derniers invités quittent l'hôtel de Soissons.

En faisant prévenir Olympe, le Roi a eu un ultime réflexe où se mêlent différents sentiments comme le regret d'une amitié passée, la nostalgie de sa jeunesse, et peut-être encore une sorte de fidélité à Mazarin qui le porte à éviter la Bastille à l'une de ses nièces. Il a pris de court, ce dont au fond il n'est pas mécontent, Louvois dont il connaît les amertumes. Cependant il confiera à la princesse de Carignan : « J'ai bien voulu que Mme la Comtesse se sauvât. Peut-être en rendrai-je compte un jour à Dieu et à mon peuple. » Le ministre, mis au courant de cette fuite, jette aussitôt une escouade de cavalerie à sa poursuite. Mais grâce aux huit chevaux le carrosse atteint la frontière sans être rattrapé. Le surlendemain Olympe est à Liège. Bientôt on la retrouvera installée à Bruxelles.

La fuite de Mme la Comtesse, cependant, a porté la panique à son comble, dans Paris et aussi à Versailles. Chacun craint et s'interroge. Les exempts de M. de La Reynie vont bon train, délivrant des saisies de corps et des ordres à comparaître. Comme pour Olympe, le Roi a fait prévenir le maréchal de Luxembourg qui plutôt que de s'enfuir s'est constitué prisonnier à la Bastille. Il est accusé d'avoir voulu empoisonner sa femme, en plus d'un intendant du Roi auquel il aurait fait servir un bouillon d'onze heures. Il demeurera trois mois au secret dans les cachots de la prison avant d'être disculpé. Il sera néanmoins exilé un an puis reviendra gagner pour la France les batailles de Fleurus, de Steinkerque, de Nerwinden...

Louvois a fait répandre aux Pays-Bas des libelles sur la comtesse de Soissons ; aussi ne peut-elle sortir sans qu'on lui jette des chats au visage. Avec le temps les choses se calment. Et bientôt Olympe devient le centre d'une petite société de joueurs et de gens d'esprit. La bassette, la remise en selle, son élégance naturelle et ce qui lui reste de beauté à quarante-trois ans, ont fait le reste. Le gouverneur des Pays-Bas, Alexandre Farnèse, grand d'Espagne et prince de Parme, s'est épris d'elle et est devenu son amant.

La Bastille ! allons donc ! on voulait rire ! Et voilà la manœuvrière qui reprend du poil de la bête. Elle se verrait fort bien princesse de Parme, et, pourquoi pas, gouvernante des Pays-Bas ?...

### Belle représentation de Mme de Bouillon à la Chambre ardente

La duchesse de Bouillon a reçu ordre de comparaître par-devant la Chambre ardente. La femme d'un duc et pair de France ne saurait être entendue par une juridiction autre que celle du Parlement assemblé avec cinq chambres. Cependant ses intimes lui représentent qu'un refus de sa part indisposerait le Roi. Marianne se laisse persuader. Mais en femme qui connaît le théâtre, elle se promet de leur donner du spectacle ; et aussi pas mal de fil à retordre.

Le 29 janvier, quatre jours après le départ de sa sœur, elle se fait conduire en grand arroi à l'Arsenal. On compte plus de vingt carrosses dans sa suite. Une foule avertie de l'audience est massée aux portes du palais du Grand Maître de l'artillerie. Chacun veut voir les sorcières, chacun veut apercevoir les duchesses et les marquis. Marianne a bien ménagé son apparition. Elle s'avance au bras de son vieux mari qu'elle voulait tuer et qui par ailleurs n'a que trente-cinq ans ; son autre bras passé à celui de son jeune amant, le Grand Prieur de Vendôme que, veuve, elle voulait épouser. C'est ironique, c'est culotté, et ça ne manque pas de panache. Marianne d'ailleurs n'en manque pas. Et même sur la sellette, devant le président Boucherat et La Reynie. Elle retire ses gants lentement et ce petit déshabillage est un grand moment de théâtre auquel les magistrats restent suspendus. Elle fait voir de belles mains. Hautaine mais souriante, elle répond aux questions des juges.

« Connaissez-vous la Vigoureux ? » — « Non. » — « Connaissez-vous la Voisin ? » — « Oui. » — « Pourquoi vouliez-vous

vous défaire de votre mari?» — «Moi m'en défaire! Vous n'avez qu'à lui demander s'il en est persuadé; il m'a donné la main jusqu'ici.» — «Mais pourquoi aller si souvent chez la Voisin?» — «C'est que je voulais voir les sibylles qu'elle m'avait promises; cette compagnie méritait bien qu'on se déplaçât.» — «N'avez-vous pas montré à cette femme un sac d'argent?» — «Non. Le fallait-il?» La Reynie alors lui demande si elle a vu le diable. «Non pas alors. Mais je le vois à présent. Il est laid, vieux et déguisé en conseiller d'Etat.» Puis se tournant vers le président : «Eh bien, monsieur, est-ce bien tout ce que vous avez à me dire?» — «Oui, madame.» Elle se lève et tout en sortant de la salle, à la cantonade elle laisse tomber : «Vraiment, je n'eusse jamais cru que des hommes sages pussent demander tant de sottises.»

On a évoqué durant son interrogatoire le mari à demi empoisonné. Jamais le valet qu'elle a, dit-on, fait mourir car il connaissait trop de détails sur sa vie galante.

Marianne est relaxée. Mais le Roi ayant appris toutes ses railleries l'exile à Nérac.

Et voilà nos quatre sœurs à tous vents. Trois hors du royaume et une au fond de sa province. Cependant Marianne reviendra à Paris mais jamais vraiment à la cour. Durant son exil, son fils aîné le prince de Turenne se trouvera compromis avec d'autres jeunes gens de la cour dont le duc de La Roche-sur-Yon, le comte de Marsan, le marquis de Créqui dans un scandale touchant de près à l'entourage du Dauphin. Toujours le vice italien. «Toute la cour, écrit le marquis de Sourches, est devenue une petite Sodome.» Cela n'arrangera guère les affaires de Mme de Bouillon. De retour dans ses salons parisiens on la retrouvera aussi claironnante. Gourmande de tous et de chair fraîche surtout. Elle affichera tant d'amants que son salon sera bientôt rebaptisé le Temple de l'Amour. On dira d'autres fois encore le Temple de l'Athéisme; sans oublier celui de Sodome et de l'Inceste. Cependant au gré des saisons passant, des exils et des bougreries de ses familiers, il se maintiendra crânement à une époque où Versailles concentre tous les désirs, tous les regards; aussi peut-on avancer que l'hôtel de Bouillon a été le trait d'union entre les salons libertins de la Fronde et ceux de la

Régence et des Lumières. Pour tromper l'ennui d'un nouvel exil, Marianne passera en Angleterre. Elle demeurera presque un an chez sa sœur Hortense. Elle ira ensuite voir Venise un peu plus tard lors d'un autre exil; et visiter Rome. C'est là qu'elle croisera son cher neveu, le Grand Prieur, lequel alors courra l'Europe en compagnie de sa cousine, la jeune marquise de Richelieu, fille d'Hortense, une de celles à qui son père n'a pas réussi à briser les dents, et qu'il aura enlevée à son mari. A peu près au même moment à Paris, le duc de Bouillon tançant sur ses débauches le chevalier de Bouillon, comme un père le doit, se verra répondre dans un grand éclat de rire : « Vous, mon père ! vous savez bien que non et que c'est monsieur le Grand Prieur.» C'est ce même chevalier de Bouillon qui écrira que « le Roi était un vieux gentilhomme de campagne dans son château qui n'avait plus qu'une dent, et qu'il la gardait contre lui ».

Avec un fils de son beau-frère le cardinal de Bouillon, cet « enfant écarlate », qu'on nommait ainsi parce qu'il avait été Cardinal presque au sortir de sa première communion, avec un autre du Grand Prieur son neveu, on peut dire que Marianne aura eu assez joliment l'esprit de famille. Par ailleurs peu conventionnelle et assez avare, si l'on en croit Saint-Simon, elle sera peut-être la seule des Bouillon à approuver le mariage de son troisième fils, le comte d'Evreux, avec la fille du financier Croizat, ancien commis de bas étage, qu'elle caressera en l'appelant : « mon petit lingot d'or ». Cependant, malgré cette mésalliance, elle ne rabattra rien de son orgueil et continuera, forte d'une illusoire principauté étrangère, à éviter d'écrire dans ses lettres au Roi : « votre fidèle sujette ».

# 49

# Couvent, bal et cachot

*« La Vérité dans son jour »*

Marie lit et se cultive dans son couvent de San Domingo où l'on a remis des grilles neuves et un garde à sa porte. Elle lit et que lit-elle ? Tout simplement des mémoires apocryphes parus sous son nom en Hollande. On dit à Madrid que ce serait le marquis de Los Balbasès, son propre beau-frère, qui serait à l'origine de ce torchon : la *Vie aventureuse de Mme la Connétable Colonna*. Ses ébats avec le cardinal Chigi et le chevalier de Lorraine, rien n'y est laissé dans l'ombre. Evidemment on s'arrache le livre. Marie du fond de son couvent a beau crier que tout cela est ridicule ; qu'il n'y a pas un mot de vrai de cette histoire... Rien n'y fait et le livre se vend comme des petits pains. On en est déjà à la quatrième édition. Puisqu'ils veulent savoir le fond de mon existence, eh bien c'est moi qui la leur livrerai. Et voilà Marie la plume à la main, les doigts tachés d'encre. Elle écrit à la va-vite, spontanément, avec bonheur, d'une plume capricante comme elle, *La Vérité dans son jour*. En mars 1677 elle met un point final au manuscrit lequel passe en contrebande les murs du couvent, sans doute avec l'aide du confesseur sicilien. Le soir même il est sous presse. Marie aussitôt en fait tenir un jeu d'épreuves au Connétable à Rome. Du cocu patenté qu'il s'était retrouvé dans la version apocryphe, le voilà à présent sous la plume de sa femme devenu un meurtrier en puissance. A Rome, cependant, l'emploi d'assassin est plus gratifiant à tenir que celui du « *cornuto* ».

*Don Juan d'Autriche*

Le livre fait du bruit, mais pas assez pour ouvrir à Marie les portes du couvent. Les grilles de San Domingo resteront tirées, à moins d'un ordre exprès du Connétable ou du pape. La reine régente demeure ferme sur ce point. Mais la reine régente n'est pas éternelle. Le petit roi vient d'avoir seize ans. Le Royaume va à vau-l'eau et les grands complotent pour la chasser et son favori avec elle. Don Juan d'Autriche, le fils bâtard de Philippe IV réfugié à Saragosse dans sa vice-royauté d'Aragon, n'est pas le dernier à conspirer. Marie, qui a oublié qu'elle l'a gravement offensé jadis à Paris en faisant chasser du Louvre sa « folle », se met à espérer sa venue. Il tarde, peu importe ! nous nous porterons à sa rencontre. Et la voilà une nouvelle fois, par-dessus la clôture, en grande peau avec des rubans plein les cheveux. Mais une fois dehors, point de don Juan à l'horizon. Marie n'a d'autre ressource que d'aller demander asile à la sœur de la prieure de San Domingo, la marquise de Mortara, qu'elle connaît à peine. Grimace de la marquise qui fait aussitôt prévenir la cour. Mme la Connétable est devenue une sorte de mistigri dont chacun veut se débarrasser. Aussi persuade-t-on Marie qu'il faut retourner au couvent. Mais comment cette fois-ci fléchir les religieuses qui ne veulent plus entendre parler d'elle. Le nonce s'emploie par la ruse à l'y faire rentrer. C'est au fond d'un carrosse et le visage caché par une mante que Marie passe le porche du couvent. En apercevant la sœur tourière, elle ne peut résister à lui faire un pied de nez ; aussi laisse-t-elle glisser sa mante. Evidemment on la reconnaît et le couvent aussitôt est en alerte. Pour calmer les religieuses, le nonce fait quérir le supérieur de l'ordre des dominicains. Marie se divertit infiniment du chambardement qu'elle a provoqué ; elle s'emploie même à jeter de l'huile sur le feu : « Vrai c'est égal ! on fait peu de cas de vos privilèges ; non seulement on les viole en vous obligeant à me recevoir mais on vous contraint de me reprendre après ma première escapade ; et maintenant on vous force à nouveau à me donner asile... »

*La princesse de Sonnino chassée*
*du palais Colonna*

De Rome évidemment aucune autorisation ne vient ni ne viendra jamais. Le Connétable n'est nullement pressé. Marie, par ailleurs, a perdu sa meilleure informatrice au palais en la personne de sa belle-sœur la princesse de Sonnino; celle à qui elle demandait des onguents, des huiles de senteurs, des savons parfumés... Elle et son mari, ce Philippe Colonna frère cadet du Connétable qui, on se souvient, avait quitté les ordres pour épouser la fille du duc Cesarini, ont été chassés du palais des Santi Apostoli. Le Connétable avait naguère dû abandonner à son frère une partie de l'héritage de leur oncle le cardinal Colonna. Une certaine aigreur en était née, entretenue par l'amitié que Philippe et sa femme portaient à Marie. Philippe par son mariage avait rejoint le camp français sans se soucier des attaches espagnoles de sa famille. Dernièrement, il avait même reçu l'Ordre du Saint-Esprit. Ce qui avait mis le comble à la mauvaise humeur du Connétable qui avait prié son frère et sa belle-sœur de déloger aussitôt du palais. Un Cordon bleu et une Toison d'or ne s'accordant que fort mal ensemble. Le prince de Sonnino et sa femme furent aussitôt relogés au palais Mazarin par Philippe de Nevers.

Au fil des années, l'humeur du Connétable s'est aigrie considérablement. Il ne sort plus qu'entouré de *bravi*, cherchant partout querelle aux passants. Il aime la violence pour la violence. Il a pris à son service un gentilhomme assassin, don Fernando Resta et sa bande. Resta a été condamné à mort. Et le Connétable fait la sourde oreille quand le pape lui demande de le livrer.

Il est devenu avare. Il se plaît en compagnie de la canaille. Il a abandonné les princesses et les comédiennes, pour se rabattre sur les prostituées. Mais pour son quotidien il vit avec une ancienne servante de Marie. Si d'aventure on le croise encore dans un salon, l'impression première est celle d'un grand seigneur, aussitôt démentie par un regard dur et un peu fou. On le sent tourner à vide.

*Vague sentiment d'appartenir à l'Histoire*

Marie vient d'avoir trente-sept ans et elle est plus belle que jamais. Elle ne s'habille plus à présent qu'à l'espagnole ; mais à sa façon. Aussi la remarque-t-on tout de suite. Car elle est unique. Unique aussi est sa conversation qu'elle mène selon sa fantaisie, sans contrainte. Chacun en est charmé. Elle passe par des moments d'exaltation. A ces nervosités succèdent de grands abattements. Mais la plupart du temps elle règne sur sa solitude. Son âme qu'elle a vagabonde lui fait rechercher le péril ; elle se plaît au fil du rasoir ; c'est sa manière de forcer le bonheur ; au pis-aller : trouver enfin un lieu où se plaire. Elle se doute bien, cependant, qu'elle ne saurait être heureuse à sa guise après tant de rêves écroulés ; aussi ne lui reste-t-il qu'à aimer son errance et à y ajouter encore par ses folies et ses inconséquences. On la pressent comme exilée d'elle-même. Il y a même quelque chose d'une ascèse dans sa démarche. Une manière à elle de s'assurer de sa légende par des voies escarpées. Elle a le sentiment très vif, en effet, d'appartenir déjà à l'Histoire.

*Pas de Connétable à l'horizon*

Marie avait réintégré son couvent en signant un document qui spécifiait que ce n'était que pour trois mois. Les trois mois passèrent. A l'été avait succédé l'automne puis l'hiver.

Six mois, puis un an se sont écoulés et Marie continue à attendre le bon vouloir du Connétable qui ne se décide pas à quitter Rome comme il l'avait laissé entendre afin de régler lui-même le sort de sa femme.

Don Juan a finalement pris le pouvoir et renvoyé la reine régente et son favori. Marie croit comprendre que son sort va changer. Qu'il lui sera permis de vivre libre dans une maison de son choix. Elle n'attend pas que l'ordre soit signé du roi, fait atteler un carrosse et en compagnie de ses demoiselles s'en va demeurer dans une maison à quelques lieues de Madrid. La maison est humide et mal chauffée. Marie attrape froid. La fièvre la prend. Le nonce prévenu par Don Fernando accourt. « Vous vous êtes excommuniée en rompant votre promesse... Je viens vous absoudre... » Marie n'a que faire de son absolution. « Don Juan n'a-t-il pas dit que je pourrais... » — « Oui ! Don Juan l'a suggéré... Mais le roi n'a pas signé le décret... Et vous voilà, hors de l'Eglise... » Grelottante, ayant réintégré le sein de l'Eglise ce qui lui importe d'ailleurs assez peu, Marie revient au couvent. On a transigé. Au lieu de retourner derrière ses grilles, elle partagera la petite maison de son beau-frère don Fernando. Elle se rétablit assez vite pour y tenir son cercle. Les ambassadeurs, le nonce, les membres du conseil de Castille s'y pressent. On s'y donne du mouvement. Marie se prend à rêver d'un rôle politique. Cependant don Juan, prévenu de ce que l'Amirante avec qui il vient de se brouiller est un habitué de ce cénacle et se souvenant par ailleurs de l'affront que Marie jadis avait fait subir à sa « folle », lui fait dire qu'il lui faut retourner dans le couvent. Pour trois mois, quatre au plus ; puisque M. le Connétable ayant été nommé vice-roi d'Aragon est attendu à Madrid d'un moment à l'autre. Marie passera derrière les grilles du couvent de San Domingo un an encore à attendre.

Marie piaffe ; elle s'affole ; se voit abandonnée à jamais dans ce cloître. Cependant, au moment où on la sent au désespoir, elle prend sur elle, se rebiffe et fait savoir au petit roi et à don Juan que si le Connétable n'arrive pas rapidement pour régler sa situation, elle s'en retournera habiter dans la maison de don Fernando Colonna.


*Le Connétable arrive, le Connétable est là*


Or, depuis le début de juillet, le Connétable vogue sur sa galère en direction de l'Espagne. Il s'est embarqué le 2 juillet 1678 à Civitavecchia avec ses trois fils. Il va marier l'aîné Filippo à l'une des filles du duc de Medinaceli. Son beau-frère Balbasès s'apprête lui aussi à marier son fils aîné don Antonio Spinola à une autre des filles de ce duc. En fait c'est Balbasès qui a tout arrangé en seigneur de l'intrigue. Il joue Medinaceli contre don Juan d'Autriche. Les pourparlers de paix vont s'ouvrir bientôt à Nimègue. Le marquis de Los Balbasès y représentera les intérêts espagnols. De là il ira demander la main de la princesse Marie-Louise d'Orléans, fille de Monsieur, et de la défunte Henriette d'Angleterre pour le roi d'Espagne. Ces informations ont filtré jusqu'à Marie. Avec pour reine d'Espagne la fille de son amie d'enfance Henriette, son état va changer, elle en est certaine. De plus elle va revoir ses fils dont elle découvre, aux lettres qu'ils lui envoient, leur éducation négligée. Cependant elle s'aveugle et ne voit pas qu'on la berce d'espoir. Qu'on a besoin, en fait, de son accord et surtout de son argent pour ce mariage ; car si le Connétable perçoit bien les revenus de la dot de Marie, en revanche il ne peut toucher à son capital. Il lui faut l'autorisation de Marie pour prélever l'argent nécessaire à la dot de son fils. Aussi c'est tout sourire qu'il paraît au parloir du couvent, ce 5 novembre 1678. Marie s'est mis des rubans dans les cheveux ; et le Connétable des dentelles au collet. Ils se roucoulent des amabilités. Il y aurait presque de la galanterie dans l'air. Elle aperçoit dans l'ombre de leur père ses fils. Filippo gourmé dans ses révérences mais déjà un homme. Marcantonio qui bombe le torse tout fier de sa première campagne dans les Flandres ; enfin Carlo nerveux presque féminin avec de grands yeux qui font comme le tour de la tête et qui lui rappelle son frère Nevers au même âge. C'est dit, Carlo sera son favori. Les deux autres ressemblent trop à leur père pour l'émouvoir. Ils ne possèdent rien du charme « mazarin ».

*Donnez-nous votre argent,*
*Mme la Connétable*

Lorenzo revient chaque jour au parloir. Il a des prévenances pour Marie comme pour une jeune maîtresse. Cependant il ne parle pas de sortie. Marie promet une dot pour Filippo. Bientôt les assiduités de Lorenzo au parloir cessent. Marie se rend compte qu'elle a été une nouvelle fois bernée. Lorenzo a obtenu une promesse d'argent; pourtant Marie, elle, n'a pas retrouvé sa liberté. Il est vrai qu'elle a refusé tout net de le suivre comme il le lui demandait à Saragosse où il s'en va remplir sa charge de vice-roi d'Aragon; il est vrai aussi que la comtesse Stella est du voyage. Cette ancienne suivante de Marie qu'on a mariée au très commode comte Stella passe pour être une des maîtresses de Lorenzo. Marie cependant lui gardera toujours son amitié. Elle a refusé de se rendre à Saragosse et de loger sous le même toit que Lorenzo. Si encore on lui trouvait un couvent d'où elle pourrait sortir à son gré. C'est évidemment une proposition inacceptable pour le Connétable. A la limite du camouflet. A-t-on jamais vu une femme, dans une même ville que son mari, qu'il gouverne de surplus, s'en aller habiter ostensiblement sous un autre toit?

*Une reine française*

Lorenzo est donc reparti seul pour sa vice-royauté. Les mois passent. Marie se distrait comme elle peu avec ses rêveries. Cependant à l'extérieur le monde change. Don Juan d'Autriche est mort. A Nimègue on a signé la paix. L'Espagne a cédé à la France le comté de Bourgogne (la Franche-Comté) et diverses places fortes; et pour surenchérir on a célébré les noces du roi d'Espagne et de Marie-Louise d'Orléans à Fontainebleau, le 31 août 1679. Le marquis de Los Balbasès y a figuré comme procurant.

La reine d'Espagne a dix-sept ans et ne veut point partir pour son nouveau royaume. Quand on lui parle de carrosse et de départ aussitôt ce ne sont que des cris et des larmes. Elle veut bien être reine mais ne veut pas de ce roi comme mari. C'est qu'on lui a montré un portrait de l'époux; et même flatté on y devine l'avorton. Voilà la nouvelle reine d'Espagne aux pieds de Louis XIV qui se rend à la messe. Elle veut partir; elle veut rester; elle veut être reine et l'instant d'après ne le veut plus; elle crie miséricorde. Le roi toujours ponctuel s'impatiente et laisse tomber en guise d'adieu : « Madame, ce serait une belle chose que la *Reine Catholique* empêchât le *Roi Très Chrétien* d'aller à la messe. » Adieu donc!

La reine d'Espagne part. La reine d'Espagne est partie, flanquée du prince et de la princesse d'Harcourt ainsi que d'une maison qu'elle devra abandonner à la frontière car l'étiquette autrichienne oblige les reines à ne conserver aucun serviteur de leur pays d'origine. Pour l'heure elle profite de ses dernières libertés. Elle rallonge le voyage tant qu'elle peut. Elle a trouvé un allié en la personne de son écuyer le jeune marquis de Saint-Chamant. Il est lieutenant des gardes du corps et il commande le détachement de la maison du roi qui conduit la jeune femme vers la frontière. Il est bien fait et ne manque ni d'audace ni d'esprit. La reine ne lui ménage pas ses sourires; il se crée entre eux une complicité. Certains même veulent y voir une idylle. Madrid s'en émeut. Cela fait l'objet de courriers. Saint-Chamant est perdu, et pour la princesse et pour une carrière qui s'annonçait brillante.

Finalement la petite reine a passé la frontière; le roi Charles II l'a rejointe à Burgos où le mariage a été une nouvelle fois célébré. Puis lentement le cortège s'est ébranlé en direction de Madrid. Marie dans son couvent montre de l'impatience. Elle voudrait assister à l'entrée solennelle de la nouvelle reine. Elle sait qu'on lui a parlé d'elle, qu'elle est prévenue en sa faveur. C'est la fille de Monsieur, et Monsieur l'a toujours bien aimée. Elle demande à assister au défilé. Le Connétable y consent. Mais avant même qu'il lui en donne l'autorisation par écrit, Marie se fait conduire de son couvent chez les Balbasès. Sans ordre écrit cette sortie peut être considérée comme une nouvelle fuite. Marie n'en a cure. Elle veut voir la reine. Et c'est du balcon de la maison des Balbasès qu'elle assiste à la procession. Les grands d'Espagne vêtus de noir, raides, comme étirés dans leurs hausse-cols empesés, montés sur de sombres chevaux andalous, donnent à cette entrée une ordonnance sévère. La reine encore habillée à la française chevauche un petit barbe houssé de noir que tient par le frein son écuyer. Elle est la seule tache de gaieté au milieu de cette funèbre marche. Par-derrière, mais à distance, pour bien montrer qu'ils ne sont plus de sa maison, suivent les Français étincelants, magnifiques d'or et de brocart, avec leurs gens en livrées de couleurs vives. Marie y aperçoit le prince d'Harcourt qui est Lorraine et la princesse sa femme dont selon Saint-Simon « les grâces et la beauté s'étaient tournées en gratte-cul »; la maréchale de Grancey, qui a été la gouvernante des enfants de Monsieur, s'est fait accompagner de sa fille, Mlle de Grancey. C'est un passe-droit que Monsieur lui a accordé. Elle sera dame d'atour et ainsi, bien qu'elle ne soit pas mariée, on lui dira « madame ». Monsieur la récompense de lui avoir servi de maîtresse *ad honores*, de paravent en somme, le temps de ses amours avec le chevalier de Lorraine. De ces choses, Marie connaît le paysage. Le pourquoi et le comment; même après vingt ans d'absence, il lui en demeure mieux que des rudiments; elle pourrait se frayer les yeux fermés un chemin dans cet étrange pays qu'est la cour de France; ce qu'elle ne saurait faire en celle de Madrid où elle soupçonne partout des embûches.

*Marie craint pour sa vie*

Justement, à cet instant, le sinueux Balbasès penché à l'oreille de Medinaceli lui glisse quelques mots. Marie a senti leurs regards se poser sur elle. Ils la haïssent et elle sait que leur détestation d'elle pourrait les mener jusqu'au poison. Aussi pourquoi ont-ils prononcé le nom de Fernando Resta, l'homme de main du Connétable qu'il refuse de livrer à la justice bien que le roi d'Espagne, pressé par le pape Odescalchi, le lui ait demandé? Elle est prête à tout imaginer. Déjà elle se voit enfermée à vie dans un couvent de Saragosse. La panique la prend. Elle quitte la demeure des Balbasès et court se réfugier à l'ambassade de France chez le marquis de Villars. Elle arrive de nuit, drapée dans une mante, le visage masqué. Elle est en pleurs. Au bord de la crise de nerfs. Mme de Villars dont Saint-Simon dira qu'« elle avait de l'esprit infiniment, plaisante, salée, ordinairement méchante », veut la raisonner; la persuader de retourner chez son beau-frère Balbasès. Elle ne veut rien écouter. Au couvent alors. Elle ne saurait y retourner sans créer un scandale avec les religieuses qui déjà ont demandé audience au roi Charles II pour se plaindre d'elle. L'idée de recevoir cette délégation de nonnes a mis en joie le triste Charles II : « J'aurai bien du plaisir à voir cette procession qui viendra en chantant : *Libere nos, Domine, de la connestabile...* » bredouille le roi alors que dans son œil passe une vague lueur d'ironie.

Le nonce Mellini a été appelé en renfort. Mais Marie demeure butée. Entre le palais Balbasès et l'ambassade de France, on s'affaire à son sujet. Finalement Marie revient à la raison et se laisse reconduire chez son beau-frère. Le marquis et sa femme sont descendus de leurs appartements pour accueillir Marie. On pleure, on s'embrasse, on se jure fidélité. Et après trois jours passés chez ses « chers » parents, Marie est de nouveau expédiée au couvent de San Domingo Real. Elle n'y demeure pas longtemps. Sur ordre de Balbasès elle est transférée à cinq lieues de Madrid sur la route d'Aranjuez. Elle se retrouve en résidence surveillée à Ciempozuelos, au milieu d'un plateau aride balayé par les vents. Balbasès a agi, lui expliquera-t-on par la suite, de sa propre initiative. La maison est sévère et froide. Le jardin sans grâce. Marie y passe une semaine puis écrit au Connétable pour se plaindre. La lettre demeure sans réponse. Au bout d'un mois, Laurent paraît. Il blâme Balbasès pour son zèle. Il n'a pas pu revenir plus tôt de Saragosse, il était en voyage. Il noie le poisson comme il peut. Il est prêt à tous les mensonges ; à toutes les promesses, quitte ensuite à ne pas les tenir. C'est que la date fixée pour le mariage de Filippo approche et qu'il compte bien sur Marie pour fournir la dot. Medinaceli vient d'être nommé Premier ministre : on ne saurait le désobliger en marchandant sa fille. Marie refuse tout net de retourner chez les Balbasès. Laurent la rassure Elle retrouvera son appartement au couvent de San Domingo. Pour la quatrième fois les religieuses ont cédé devant l'ordre royal. Elle accepte de reprendre le chemin de Madrid.

De nouveau installée dans son couvent, Marie reçoit au parloir les visites du Connétable qui se montre prévenant, empressé. Il vient souvent et amène avec lui Filippo et sa fiancée ainsi que Medinaceli. On se sourit ; on reparle de la dot.

Chacun cache son jeu. Medinaceli déteste tout de Marie ; sa vie, sa façon d'être, les libertés qu'elle s'octroie, son sang « mazarin » ; mais il dissimule. Pour attraper l'argent de la dot, on s'en vient à parler de liberté. Lorenzo a loué un palais. Il propose à Marie de le partager. Elle aura son appartement et lui le sien. Ce serait comme vivre en frère et sœur dans une même maison. L'arrangement convient à Marie.

### Marie a ses entrées au palais

Grande d'Espagne, vice-reine d'Aragon, Marie a ses entrées dorénavant au palais. Sa présence distrait la petite reine Marie-Louise dont on a renvoyé toutes les dames françaises. Pour une princesse habituée aux médianoches et à voir le jour se lever sur les pièces d'eau du château de Saint-Cloud, l'étiquette espagnole qui veut que les reines d'Espagne se couchent à neuf heures l'hiver et dix l'été, lui semble bien rude. Souvent, alors qu'elle soupe encore, ses femmes commencent à la décoiffer tandis que d'autres la déchaussent en se glissant sous la table, si bien qu'elle se trouve prête à aller au lit avant même qu'elle n'en ait montré l'envie. Elle se meurt de mélancolie entre sa camarera mayor et son majordome. Elle s'est retrouvée prisonnière dans ce sombre palais, entourée des fantômes Habsbourg ; fantôme, déjà, elle-même, engluée dans un cérémonial qui répand autour d'elle une mort profonde, épaisse. A sa royale tristesse s'ajoute une peur de chaque instant. Elle se sent l'enjeu de sourdes manœuvres ; on la guette, on l'épie, on lit ses lettres ; la coterie d'Autriche a des espions partout, attendant leur heure. Ses pensées pas même formulées, ses regards, trouvent partout dans ce palais un écho. M. l'Archiduc n'est pas encore né à la Hofburg de Vienne que déjà à Madrid l'on travaille pour lui. C'est que l'on a deviné que la reine, malgré des efforts répétés chaque nuit, est encore demoiselle. Le roi Charles a beau la visiter dans son appartement en pantoufles et en manteau noir, une lanterne à la main, et de l'autre une épée, avec en plus une bouteille d'eau sous le bras, rien n'y fait.

*Un amant espagnol ?*

La moindre apparition de Marie au palais est comme un souffle de vie pour la pauvre reine. Marie lui parle d'Henriette sa mère qu'elle a à peine connue ; en retour la reine la tient au courant des derniers potins de Versailles. Le Roi n'est pas encore tout à fait installé dans ce palais mais, de plus en plus souvent, il y réside, délaissant Saint-Germain et les Tuileries. Par la reine également, Marie connaît les rebondissements du scandale des poisons où deux de ses sœurs se trouvent compromises.

Si l'on doit en croire la marquise de Villars, Marie aurait eu un amant à cette époque. Mme de Villars l'a vu. Si l'ambassadrice de France le connaît, il est probable que tout Madrid est au courant de sa liaison. « Elle a ici un amant ; elle me veut faire avouer qu'il est agréable, qu'il a quelque chose de fripon dans les yeux. Il est horrible... Sans citer une autre petite chose qui ne vaut pas la peine d'en parler, c'est que cet amant ne l'aime pas du tout à ce qu'elle m'a dit. Elle se trouve heureuse cependant qu'il soit comme cela. » Où Marie a-t-elle pu trouver cet amant, surveillée comme elle l'est par son mari et son beau-frère ? Marie s'est-elle jamais encombrée de ce genre de détail. Est-il noble au moins ? Est-ce un grand seigneur de la cour ? On l'imagine fort bien sortant de chez elle de nuit accompagnée de Morena et s'en allant le long du Manzanares chercher la bonne fortune comme une fille en masque et en « *tapada* ». Un amour de passage, rapide, qui assouvit la chair sans combler le cœur. Qui pour un instant la rassure sur ses doutes, sur le déclin de sa beauté, et apaise ses ultimes violences sensuelles.

Elle aurait dû le cacher. Elle le fait sortir de l'ombre. S'affiche. Est-ce pour courir plus vite à sa perte ?

Le Connétable a regagné Saragosse. Marie a refusé de le suivre. Il l'a donc confiée à Balbasès et à Medinaceli.

*L'alcazar de Ségovie*

Marie s'est engagée à payer la dot de son fils. On est début octobre (1680), les fiançailles sont prévues au cours de l'hiver. Balbasès se présente dans ses appartements avec l'ordre de signer la donation et ensuite d'aller rejoindre le Connétable à Saragosse. « Le roi le veut. Le roi l'ordonne. » « Le roi ? C'est une plaisanterie. C'est le duc de Medinaceli qui veut prendre l'argent et se débarrasser de moi ensuite. J'irai rejoindre le Connétable à Saragosse pour qu'il m'y fasse assassiner par don Fernando Resta. Je refuse d'obéir et je refuse de signer cette donation. Oui, je préfère déshériter mes enfants. Dites-le au duc de Medinaceli... »

Resta est devenu la hantise de Marie. Elle l'imagine comme son ange de la mort.

Pressé par le Premier ministre, le nonce Mellini intervient auprès de Marie. « Signez cette donation et ils déchireront l'ordre de rejoindre le Connétable. » Marie s'exécute. On lui permet de voir la reine. Celle-ci fait convoquer Medinaceli. Le lendemain elle doit partir pour l'Escurial où le roi va chasser le loup. Le duc se présente au « baisemain ». Marie-Louise lui fait jurer sur son honneur qu'il ne tentera rien contre la Connétable. Le soir même elle trouve des gardes à sa porte. Personne ne doit entrer, personne ne doit sortir par ordre du roi. C'est qu'entre-temps le roi, qui ne veut plus jouer les arbitres entre le Connétable et sa femme, a remis leurs affaires entre les mains d'un conseil que préside le Grand Inquisiteur et son confesseur.

Marie ne se doute de rien. La reine la protège. Personne n'osera aller contre cette protection. Il y a huit jours que la cour est à l'Escurial quand un soir, alors que toute la maison dort, on frappe des coups à la porte. Des gardes ont envahi la cour. On entend des bruits d'armes. C'est comme si l'assaut était donné à la maison. Une après l'autre les portes sont enfoncées. Marie, surprise dans son sommeil, est encore nue dans son lit quand les gardes de don Garcia de Medrano, membre du conseil royal, font irruption dans sa chambre. Don Garcia lui fait savoir qu'elle a été condamnée par le tribunal a être enfermée dans une forteresse. Déjà un alcade s'avance pour lui lier les mains. Marie s'empare d'un couteau. Frappe l'un des alguazils. A demi nue, hirsute, elle essaie de s'échapper. On la rattrape. On la saisit par les cheveux. On la jette au sol. Elle se trouve presque assommée. Finalement bâillonnée, ligotée, roulée dans un manteau, elle est jetée comme un paquet sur l'épaule d'un garde ; puis passant de main en main, elle est poussée dans une voiture avec la Morena et une autre de ses servantes.

Marie pense sa dernière heure arrivée. Ils vont la poignarder dans un bois, quelque part au fond d'une gorge de la sierra. L'horreur la glace. Elle ne peut même plus crier. Elle grelotte. La voiture roule sans relayer. Les fouets claquent dans la nuit. L'aube les surprend dans les montagnes ; elle ne saurait dire où ; plus tard elle apprendra que c'était la sierra de Guadarrama. Où la mène-t-on par ces ravins ? Elle croit reconnaître la route. Non elle n'est jamais passée par là. Les heures défilent. Elle n'a plus même conscience du temps. Elle aperçoit au loin un aqueduc, un château et des montagnes autour. Le carrosse passe le pont-levis et le grand porche. La voilà jetée au secret dans la cellule d'un haut donjon. Elle pense à tout moment que la porte va s'ouvrir pour laisser passer don Fernando Resta, un lacet de soie à la main. Le guichet s'ouvre. On lui tend une gamelle douteuse. « Où suis-je ? » demande-t-elle. A Ségovie, dans l'alcazar où l'on garde les prisonniers d'Etat. Le conseil et l'Inquisiteur n'ont pas voulu la condamner à une mort presque certaine, en l'envoyant à Saragosse retrouver le Connétable et ses sbires.

Le vieil alcazar construit par le roi Alphonse VI de Castille au Moyen Age puis agrandi sous Henri de Trastamare est à mille mètres de hauteur, un endroit beau, majestueux et sinistre. Les eaux du rio Eresma, grossies par les pluies de l'automne, grondent aux pieds. Bien que chaulée, la cellule transpire le salpêtre. L'air en est imprégné. Les judas claquent, les portes grincent, les vieilles pierres suintent l'eau qui goutte avec la précision d'une horloge. D'autres que Marie seraient mortes de froid et de peur. Marie résiste à ce traitement, fait de ce dénuement un luxe ; et trouve dans le blottissement de sa détresse comme une exaltation. Elle prend sur elle ; se fait industrieuse ; se procure du papier, de l'encre ; écrit au pape ; au nonce Mellini. Qu'on alerte la reine; qu'on fasse savoir à Versailles comment on traite la nièce de feu le Cardinal-ministre. Par les soins de Morena les lettres arrivent à quitter le donjon. Revenue à Madrid, la reine convoque le nonce. Que faire ? Le pape a été averti, il désapprouve ces procédés de brute mais ne veut pas se mêler des affaires du Connétable. La reine voudrait pouvoir intervenir auprès de Charles II. Mais le roi n'est à elle que la nuit ; et la nuit, il ne se possède plus. Le jour, il a pris en horreur tout ce qui est français. Il a chassé les petits épagneuls que lui avait donnés Monsieur. « *Fuera peros franceses !* » a-t-il crié comme un dément, en courant après eux dans tout le palais. Non, la reine ne peut rien.

*Un scandale international*

Cependant la nouvelle de l'emprisonnement de Marie se propage. De Londres, Hortense écrit sa façon de penser au Connétable. Il n'y a pas qu'elle. Marianne se propose de passer les Pyrénées pour venir s'expliquer avec Colonna et rechercher sa sœur. Olympe s'étonne avec une ironie froide de la manière dont on a fait voyager Marie jusqu'à Ségovie. Quant à Philippe, déjà brouillé avec son beau-frère pour avoir accueilli dans son palais romain le prince de Sonnino, il ne lui écrit qu'à la troisième personne et avec hauteur. Le scandale est patent. La reine envoie à Marie son confesseur. Le Connétable entretemps fait savoir que la solution serait que Marie se fasse religieuse tandis que de son côté il entrerait chez les chevaliers de Malte. Marie n'a qu'une foi très chancelante, elle n'aime rien de la religion ; elle refuse tout net.

Mi-décembre, Filippo se fiance. Le Connétable est à Madrid. Il voit la reine. La cousine de Marie, la duchesse de Modène, proposa de l'accueillir dans ses Etats ; la reine Marie-Louise sonde le Connétable sur cette possibilité de rechange. Il n'en est pas question. Marie sera religieuse ou restera à l'alcazar de Ségovie.

Dans sa cellule Marie est malade. Elle n'espère même pas en la fin de l'hiver. Elle soupçonne qu'on l'a abandonnée. Elle est depuis trois mois déjà dans cette prison glaciale. Elle pense qu'ils veulent l'y faire mourir. Autant alors le couvent. Quand le nonce se présente avec le document à signer, elle le signe aveuglément sans une plainte.

On la ramène aussitôt à Madrid. Tout a été préparé par avance. Elle ira chez les hiéronymites au couvent de la Conception. Elle sera dispensée de noviciat et pourra garder auprès d'elle Morena. Dans un an elle prononcera ses vœux. Un an, pense Marie ; mais un an, auprès des trois mois qu'elle vient de passer, c'est une éternité. En un an, quand on possède de la ressource et de l'imagination, on a du temps pour remédier au malheur.

# 50

# Une religieuse sans vocation

*Un perroquet étranglé par une
Camarera mayor*

La petite reine d'Espagne est lasse d'assister aux longs auto-dafés sur la plaza Mayor. Elle a vu brûler des enfants devant elle sans fermer les yeux, sans pleurer. Confortée par l'affaire des épagneuls, la Camarera mayor assurée de l'impunité a étranglé son perroquet parce qu'il disait quelques mots de français. Chaque nuit elle reçoit le roi qui s'escrime à la posséder. On dit que finalement elle n'est plus demoiselle. Mais l'héritier se fait toujours attendre. On laisse entendre que c'est un complot de la France ; que le roi est tout à fait en état mais qu'il en est empêché par un mauvais sort. C'est le comte d'Oropesa, depuis toujours acquis à l'Autriche, qui fait courir ce bruit. Ce comte est un grand seigneur, à la fois Bragance et Tolède. Il cherche désespérément une Circé à qui faire endosser cet enchantement. Mme la Connétable Colonna eût été la personne trouvée pour cet emploi si elle n'était enfermée au couvent. En réalité pas si enfermée que cela.

*Encore un couvent*

Marie a pris l'habit le 19 février 1681 au couvent de la Conception. Elle a revu ses fils pour l'occasion mais a refusé la visite du Connétable. On lui a donné comme cellule une sorte de grenier, où l'on étouffe l'été et l'on gèle l'hiver. Elle manque de feu et la nourriture qu'on lui procure est mauvaise. On l'a dépouillée entièrement et personne ne se soucie plus d'elle. Deux mois après son entrée au couvent, le 20 avril, les noces de son fils Filippo sont célébrées sans elle. Elle reçoit la visite de sa belle-fille au couvent qui lui annonce que tout de suite après le mariage le Connétable est reparti pour Rome. Ils ne se reverront plus de leur vie. Cependant le dénuement dans lequel vit Marie a fini par lui gagner la sympathie du monde. Aussi chacun à Madrid s'efforce-t-il d'adoucir par des cadeaux et des visites sa claustration. Le nonce Mellini est reparti pour Rome lui aussi ; non sans avoir auparavant laissé des instructions auprès des religieuses pour tempérer la vie monacale de Marie.

Des mois sont passés sans que, apparemment, on se soucie de lui faire prononcer ses vœux ; c'est que le nonce a écrit à Rome qu'il y aurait parjure à faire prononcer des vœux à quelqu'un qui n'a pas la vocation. Aussi on en reste là. Peu à peu Marie, avec cette intuition du bonheur qu'elle possède comme un don du ciel, aménage sa prison. Bientôt tout Madrid lui rend visite ; elle reçoit dans une robe de brocart que la reine lui a envoyée ; elle se coiffe avec ses éternels rubans ; quand sonne l'heure d'une observance à laquelle il lui faut assister, elle jette sur ses épaules un froc et se couvre la tête d'un voile et ainsi fardée, le voile de travers, les yeux scintillant encore de la conversation qu'elle vient d'interrompre, elle apparaît à la chapelle ; l'oraison dite, elle rejette la bure et s'en va reprendre la conversation là où la cloche l'avait interrompue. L'ambassadeur de France lui rend visite. De temps à autre, la reine la vient prendre en carrosse. On a fini par s'accommoder entre bure et satin. On ne pense même plus au Connétable. Les années passent.

# 51

# Pas de contrepoison
# pour la reine d'Espagne

*Olympe à Madrid*

Au mois de mars 1686, Marie apprend un beau matin que sa sœur Olympe a débarqué à Bilbao et qu'elle est en route pour Madrid. Elle est accompagnée par son fils, l'abbé de Savoie, qu'on appelle depuis ses exploits contre les Turcs le prince Eugène. Elle se propose de l'établir en Espagne ; d'obtenir pour lui la Toison d'or et peut-être une « grandesse ». En réalité Olympe vient en Espagne pour faire ce qu'elle sait faire le mieux : intriguer.

Elle s'est lassée de son exil bruxellois, de son gros amant Farnèse et comme elle ne voit, d'autre part, aucune amélioration du côté de Versailles où Louis XIV ne veut plus même entendre parler d'elle depuis que son fils sert chez les Impériaux, elle n'a trouvé d'autres remèdes à son ennui que voyager. De surcroît l'affaire des princes de Conti qui s'en sont allés à la suite de leur cousin Eugène combattre les Turcs en Hongrie sans l'accord du Roi n'a rien fait pour arranger sa situation à Versailles. En effet ces princes, non contents d'ignorer que la France a toujours, depuis François I$^{er}$, pour politique de se ménager le Turc comme une diversion face à l'Empire et la maison d'Autriche, se sont oubliés jusqu'à tourner le Roi en ridicule dans leurs lettres : « Un roi de théâtre pour représenter et un roi d'échecs pour se battre. » Le Roi à qui Louvois a montré les lettres ne le pardonnera jamais au prince de La Roche-sur-Yon qui, à la mort de son frère l'année suivante, deviendra prince de Conti à son tour. Ce qui fait dire au maréchal de Villeroi dont le petit-fils a suivi les princes dans leur équipée et dont la correspondance pleine d'impiété a été également saisie : « Au moins mon petit-fils n'a parlé que de Dieu, Lui, Il pardonne ; mais les hommes, eux, ne pardonnent point. »

Dès son arrivée à Madrid, Olympe se rend au couvent de Marie. Marie se méfie toujours d'Olympe. Elle a trouvé à grand-peine une sorte d'équilibre qu'elle ne tient pas à voir compromis par les entreprises d'une sœur intrigante. C'est que déjà Olympe a commencé ses manœuvres en s'installant chez les Balbasès, le temps de trouver une maison. Comme elle prétend aux mêmes traitements que les grands, et que de surcroît elle veut qu'on lui donne de l'altesse, personne ne vient la visiter. Elle n'est reçue par la reine qu'en particulier, presque à la dérobée. Elle pense pourtant tout acquérir de ce côté. Elle a vu naître et grandir cette princesse.

## Intrigues du comte d'Oropesa

Cependant la reine a été prévenue contre elle par l'ambassadeur de France. Pour le comte d'Oropesa, Olympe est une bénédiction. C'est exactement la personne qu'il lui faut pour faire tomber le soupçon d'enchantement de la reine et du roi. Sa mauvaise réputation accréditera d'autant mieux la fable. Le roi Charles II s'en laisse, en tout cas, persuader. Les grandes manœuvres de la succession d'Espagne viennent de commencer.

Le roi donne ordre à la comtesse de sortir du royaume ; cependant que dans le même temps il accorde la Toison d'or au prince Eugène. Olympe veut ignorer l'ordre du roi. Elle déménage de chez les Balbasès et s'installe dans une maison où elle reçoit un monde douteux de pique-assiettes, d'entremetteurs, de femmes entretenues qui fréquentent la promenade du Manzanares.

Le roi a fait demander un exorciste au palais. C'est une étrange cérémonie à laquelle le couple royal doit se livrer. Alors qu'ils seront étendus entièrement nus, on leur frottera le corps avec des reliques. Si le charme a été jeté après le mariage, il pourra être levé. Au contraire si la reine a été ensorcelée avant, l'exorcisme ne sera d'aucune utilité. L'affaire qui a été ourlée par Oropesa mettra en évidence que, malgré l'exorcisme, la reine demeure charmée, qu'elle est arrivée dans cet état en Espagne et que, donc, son mariage est nul. L'ambassadeur de France, averti du complot, prévient la reine que si elle accepte de se prêter à cette simagrée, elle est perdue. Marie-Louise refuse. Le roi la persécute durant des semaines pour qu'elle accepte. Finalement son envie d'exorcisme lui passe. Il a un nouveau caprice qui se trouve être le petit chien de Marie, donné par la marquise d'Alluye, l'âme damnée d'Olympe qui est venue rejoindre celle-ci à Madrid. Le chien, un papillon japonais, porte des bracelets d'or et des boucles d'oreilles. Charles II l'ayant aperçu au Prado alors que Mme d'Aulnoy (l'auteur des Contes) l'y faisait pisser, s'en est toqué. Marie l'abandonne volontiers au roi. En réalité le roi ne voulait que les boucles d'oreilles et les bracelets pour sa petite chienne. Il renvoie à Marie le papillon délesté de ses breloques mais accompagné, en retour, d'une boîte en or.

### Fête chez l'Amirante

Marie a retrouvé une quasi-liberté. Elle va et vient en carrosse fermé. Ne prend plus même la peine de se rendre aux offices. Finalement paraît à une fête que donne son vieux soupirant l'Amirante pour le roi et la reine dans sa Maison du jardin. Une troupe de gitans danse et fait de la musique. On est en hiver et les jardins intérieurs sont couverts par des tentes. Aux orangers et aux citronniers en fleurs pendent des fruits d'or finement ciselés. Les Balbasès sont de la fête. Ils aperçoivent Marie. Enfin ils tiennent leur vengeance. Le marquis court au couvent alerter les religieuses. Quand Marie s'y présente au retour du bal, elle trouve porte close. Le roi est obligé d'intervenir, encore une fois, pour faire ouvrir la porte du couvent à la Connétable. Mais Balbasès ne lâche pas facilement sa prise. Il écrit à Rome au Connétable, au pape. Comment, s'étonne ce dernier, depuis tant d'années Mme Colonna est dans un couvent, sans même être novice ? On ne peut garder cloîtrée ainsi une femme mariée. Mme la Connétable doit sortir de son couvent. Mais où doit-elle aller ? s'inquiète Balbasès. Chez vous, lui fait-on répondre. Chez moi ! J'ai déjà une sœur Mancini (à l'époque du bal chez l'Amirante, Olympe habitait toujours chez les Balbasès), n'est-ce pas suffisant pour un simple pécheur ?

Le Connétable fait une dernière tentative pour récupérer Marie, mais en vain ; elle refuse de revenir à Rome. Un tiède bonheur, un ménage paisible quand les désirs se sont assagis et que la chair est lasse, n'est pas son fait. D'ailleurs ses désirs sont toujours aussi ardents. Olympe ayant pris une maison, Marie propose d'y aller habiter. Il n'en est pas question, lui fait répondre le Connétable. Cependant une solution est trouvée. Elle ira loger dans un petit pavillon que possède le duc de Medinaceli au fond de son jardin. Elle ne sera pas obligée de voir son ancien bourreau ; d'ailleurs il est en exil. Marie restera deux ans dans ce lieu. Allant et venant à son gré ; paraissant à la cour. C'est là qu'elle apprendra la mort de Lorenzo qui a fait une fin très chrétienne, demandant pardon de ses crimes et recommandant Marie à ses fils.

### Mort de M. le Connétable

Il meurt d'un cancer de l'estomac ; et comme les personnes de sa qualité en ce siècle du grand baroque, il s'en va en grand apparat, entouré de sa parentèle. Le 15 avril 1689, jour du Vendredi Saint à neuf heures du soir, il rend l'âme dans son palais romain. Au même instant à Madrid, Marie au milieu des premiers jasmins et des orangers en fleurs, lui écrit. Elle lui écrit comme elle fait depuis plusieurs mois, pour le conseiller, pour le supplier de prendre ses médicaments. Lorenzo a répondu à ses lettres. Nous n'en avons aucune trace ; peut-être y aurait-on trouvé le secret effrayant de ces deux âmes partagées qui dans leur nuit se recherchèrent en se fuyant toujours.

*Un verre de lait à la glace*

Le 15 avril, ce même jour, Louis XIV déclare la guerre au roi d'Espagne qui vient de rejoindre la coalition contre la France. La reine Marie-Louise est morte deux mois auparavant, le 12 février. Le Roi l'a appris au sortir d'une représentation d'*Esther* à Saint-Cyr. Aussitôt on a parlé de poison. Des noms sont prononcés. L'ambassadeur de France, le comte de Rebenac, dans la lettre qu'il écrit au Roi pour lui annoncer la mort de la reine d'Espagne, en donne plusieurs. Ils appartiennent tous à la faction d'Autriche. On y retrouve don Emmanuel de Lira, le comte d'Oropesa, évidemment et bien sûr, également, la duchesse d'Albuquerque, la Camarera mayor qui avait étranglé de ses mains le perroquet de la petite reine. D'ailleurs elle n'a pas caché sa joie alors même que la reine était à l'agonie. Cette redoutable duchesse d'Albuquerque est l'une des filles du duc de Medinaceli, sœur aînée de la femme de Filippo Colonna.

La reine Marie-Louise se sentant de plus en plus menacée avait fait demander à Monsieur de lui envoyer du contrepoison. Ses ennemis devancèrent l'envoi. Des courriers pour la cour de Lisbonne avaient été saisis à la frontière du Portugal ; ils annonçaient la mort de la reine avant même qu'elle ne fût morte.

Sur la façon dont cette reine fut empoisonnée, mille contes ont couru ; on a dit qu'elle le fut par des huîtres ; d'autres fois que c'est en mangeant une tourte d'anguilles dont deux de ses suivantes, la Nina et la Zapata, ainsi que la comtesse de Pernitz qui en avaient goûté, moururent aussi ; et puis il y a, selon Saint-Simon, le verre de lait à la glace que lui aurait apporté la comtesse de Soissons. Ici encore sa mauvaise réputation a joué un vilain tour à Olympe.

Depuis quelques mois Olympe fréquentait le comte de Mansfeld, ambassadeur de l'empereur Léopold à Madrid. Olympe est hostile aux intérêts de la France ; sans doute par vengeance personnelle contre Louis XIV ; mais aussi pour mieux pousser à la cour de Vienne les affaires de son fils le prince Eugène. L'ambassadeur de France, Rebenac, a été prévenu de cette liaison, Olympe étant sous la haute surveillance de ses espions.

C'est qu'il avait fait part à Versailles de la présence de Mme la Comtesse à la fête donnée l'année précédente à Madrid par le plénipotentiaire de Hollande pour célébrer le débarquement et la prise de pouvoir de Guillaume d'Orange en Angleterre. Bien que cousine de la reine d'Angleterre détrônée, Olympe n'avait fait aucune difficulté pour paraître à cette fête. Toutefois, jamais Rebenac ne devait dans ses dépêches, par la suite, citer le nom d'Olympe parmi les probables assassins.

Cependant alors qu'elle fréquente Mansfeld, Olympe, au dire de Saint-Simon, aurait retrouvé les faveurs de la jeune reine. Un jour que celle-ci se plaint de n'avoir pas même la permission de goûter aux choses les plus simples comme un verre de lait glacé, Olympe aurait proposé de lui en apporter dès le lendemain. Le lendemain est un 9 février. Du lait glacé en plein hiver, la belle idée ! et pourtant la légende de ce verre a longtemps perduré. La reine l'aurait bu d'un trait. Le soir elle s'alite, souffrant d'horribles douleurs. Trois jours plus tard elle est morte. Mme la Comtesse n'aurait pas attendu sa mort, toujours selon Saint-Simon, pour déguerpir. Elle aurait été en mer quand la reine expirait. Ce conte est plein de mouvements et d'aventures. Mais Olympe de Soissons, quelle que fût sa réputation, n'est pas Milady de Winter.

En effet deux mois après la mort de la reine, Olympe se trouve toujours à Madrid. Cependant ayant compris qu'elle n'a plus rien à espérer de cette cour et peut-être aussi que les véritables assassins auront beau jeu de l'accuser, elle quitte la place.

On la dit ruinée, à la côte. Traînant une existence misérable en Allemagne. Perdue de réputation. Apparemment il n'en est rien. Trois ans après son départ d'Espagne on la retrouve de nouveau à Bruxelles où elle a repris sa grande existence. L'électeur de Bavière de passage aux Pays-Bas la visite. On lui accorde l'altesse. Elle n'a pour autant rien perdu de son goût de l'intrigue. Le prince Eugène en campagne dans les Flandres ne manque jamais l'occasion de venir la saluer. Le « Charmant », à présent maréchal de Villeroi, lui rend visite dans sa belle maison de Tervuren à une lieue de Bruxelles, dont lui a fait cadeau son vieil amant Farnèse. Le maréchal y mène avec lui son petit-fils. Olympe et le « Charmant » font figure de vieilles reliques aux yeux du jeune homme. « Ce grand vide que ne soutenait que la faveur du Roi », comme écrit Saint-Simon qui ne l'aime pas, s'était fait surprendre, deux ans plus tôt, dans Crémone par le prince Eugène dont on disait alors qu'il était peut-être son fils à moins qu'il ne fût celui de Louis XIV. Il était demeuré prisonnier un an. Libéré, de retour à Versailles, remis finalement en selle par le Roi, il s'en va à présent se faire battre à Ramillies après avoir salué la mère de son futur vainqueur. Après sa défaite il reviendra à Versailles. Le Roi pour tout reproche lui dira simplement : « Monsieur le Maréchal, on n'est plus guère heureux à notre âge. »

# 52

# Gin et déchéance

*Mort de Charles II d'Angleterre*

A Londres, Hortense vit toujours bien au-dessus de ses moyens dans la maison du parc Saint James. Dès l'aube les fournisseurs l'assiègent ; comme elle a encore de la main au jeu, elle se renfloue bon an, mal an ; cela lui permet de jeter quelques os aux plus affamés des créanciers et de payer les autres d'un sourire.

Elle a infiniment perdu à la mort du roi Charles II qui fut soudaine. Si soudaine qu'on a, aussitôt, parlé de poison. La veille encore Hortense l'avait gagné au reversi tandis que M. Déry, nonchalamment appuyé contre la cheminée, chantait une « *canzonetta* ». Le lendemain on l'avait retrouvé raide dans son lit, tirant une vilaine langue noire, tout enflée, qu'on avait en vain essayé de lui remettre dans la bouche. On avait eu cependant le temps de lui amener un prêtre catholique.

Hortense a pris un coup de vieux, c'est du moins ce qu'elle pense. Une époque s'est achevée ; et même la lumière des choses a changé. Les jeunes amants se montrent infiniment moins faciles à se laisser séduire ; d'autant qu'elle les aime de plus en plus tendres. Du blé en herbe. Les jeunes gens ont de longues dents. Ils ne se contentent pas d'un bon dîner préparé par Galet son cuisinier, d'une jolie conversation, d'une grimace de sa guenon ou encore de quelques madrigaux filés par M. Déry ; mais bien de choses un peu plus substantielles pour lesquelles on lui accorde de moins en moins de crédit.

*« Hasta la muerte »*

Le nouveau roi Jacques II dont elle est la cousine par alliance lui a conservé sa pension ainsi que sa maison. C'est au début de l'été de 1687 que sa sœur la duchesse de Bouillon débarque chez elle. Elle a été enveloppée dans la disgrâce qui, cette fois-ci, a frappé le cardinal de Bouillon. Le Roi a fait savoir à Marianne qu'il lui faut aller voir du pays. C'est un ordre d'exil que cette invitation au voyage. Aussi voilà les deux sœurs réunies ; elles ne s'étaient pas revues depuis vingt ans ; depuis l'épisode de l'abbaye de Chelles, quand les Bouillon étaient venus à la rescousse d'Hortense que le Mazarin voulait enlever. On était jeunes alors. On l'est encore, s'écrie Marianne. Et pour le prouver aussitôt tout est en l'air au pavillon Saint James. Le jeu, la danse, la musique reprennent, la ronde des jeunes milords aussi ; on rajeunit une fois encore les cadres. Saint-Evremond pour conjurer le mauvais sort est prié de faire l'oraison funèbre d'Hortense. Entre eux, c'est toujours : « hasta la muerte » ! On lit les lettres que La Fontaine envoie de Paris. La fable qu'il a adressée à Mrs Harvey la sœur de ce cher Ralph Montagu. A la suite d'Hortense Marianne en un tour de main est devenue la coqueluche de Londres. Après les ris et la danse, les amours aussi sont de retour. On ne pense plus au temps ; on ne pense plus à l'âge. Et puis patatras ! la politique s'en mêle. C'est la « glorieuse révolution ». Jacques II est chassé. Il s'enfuit en France. Sa fille Mary qui est protestante, monte sur le trône avec son époux, le prince de Nassau, Guillaume d'Orange, qui devient Guillaume III d'Angleterre. Les fêtes de Saint James sont interrompues. Hortense doit retrouver ses marques. Marianne profite de l'occasion pour tenter un retour à Versailles. Le roi Guillaume la fait reconduire en France sur son yacht avec tous les honneurs qu'on doit à une parente ; en effet la duchesse douairière de Bouillon, grand-mère du mari de Marianne, était une princesse de Nassau, la propre fille du Taciturne

*Dernier amour*

La pension d'Hortense est un temps supprimée. Pour survivre elle vend ses meubles. Grâce à Saint-Evremond le roi Guillaume lui accorde une pension de deux mille livres sterling. Elle quitte le pavillon de Saint James pour une maison de Kensington Square. Il est vrai que la cour, pour autant qu'il en existe encore une sous le règne de Mary et de Guillaume, s'est transportée avec les souverains hors de Londres. Guillaume atteint d'un asthme chronique supporte mal le climat de la capitale ; particulièrement l'humidité qui règne au palais de Whitehall, construit sur les berges de la Tamise. La résidence de Hampton Court retient dans un premier temps son choix. Cette vieille et magnifique demeure Tudor, édifiée par le cardinal Wolsey, se révèle à l'usage peu commode pour les souverains car trop éloignée du centre des affaires. C'est alors que Guillaume achète au comte de Nottingham son hôtel de Kensington. On n'est plus tout à fait aux champs sans pour autant être dans Londres. C'est à cette époque qu'intervient le déménagement d'Hortense pour Kensington Square ; par économie mais aussi pour se rapprocher de ce qu'elle pense être la nouvelle cour. Elle entend bien comme naguère au temps de Charles II et de Jacques II y tenir son rang ; y faire la belle ; qui sait, devenir la favorite du roi. Or Hortense est mal renseignée sur les goûts de Guillaume qui, à part la compagnie de quelques familiers, généralement des Hollandais débarqués en Angleterre avec lui, déteste tout ce qui pourrait ressembler de près ou de loin à une cour. De surcroît, à l'exception de Mary sa femme, les préférences de Guillaume vont plutôt aux garçons. Bentink, un Hollandais qu'il connaît depuis l'enfance, est son favori en titre. Il lui a donné le comté de Portland et l'a fait pair héréditaire d'Angleterre. Il l'a doté de tant de biens qu'il passe pour être la plus grosse fortune du royaume. D'une bonne famille batave, il n'était que page du temps où Guillaume n'était encore que stathouder des Pays-Bas. C'était un grand garçon d'humeur joviale. Quand Guillaume fut atteint de la petite vérole et qu'il pensa en mourir, Bentink ne quitta pas son chevet ; la nuit quand il le voyait grelotter il se glissait dans son lit et le réchauffait de son corps. De ce temps durait leur amitié. Et elle durera jusqu'à la mort du roi, malgré les humeurs jalouses de Bentink qui se conduisait en tout comme une favorite capricieuse. Or, depuis quelque temps Guillaume s'est attaché à un jeune homme du nom d'Arnold Van Keppel; hollandais également; d'une très ancienne famille de la Gueldre; et Bentink supporte mal cette concurrence.

Hortense qui pensait à cinquante ans faire un retour à la cour, dépitée, quitte Kensington pour une petite maison de Paradise Row à Chelsea. Kensington passait encore; Chelsea c'est le bout du monde. A l'exception de lord Montagu, de lord Godolphin et du fidèle Saint-Evremond, on la visite de loin en loin. Ses créanciers finissent par être les seuls à faire encore le siège de sa maison. Elle est dorénavant de ces vieilleries d'un autre âge. Vit-elle encore? s'interroge-t-on même. Elle a congédié sa domesticité et n'a gardé que Mustapha et une servante. Pamela son perroquet a perdu lui aussi de sa jactance et sa guenon est morte la saison passée. En revanche, elle a trouvé un merveilleux et nouveau compagnon dans le gin. Elle a toujours aimé boire; ce n'est pas vraiment une découverte; qu'on se souvienne de ses orgies de Chambéry. Mais c'était du vin de Champagne, au pire un « spumante » du Piémont. A présent elle se pique le nez au gin avec application. Mme la Duchesse de Mazarin était encore ivre hier au soir, c'est à présent ce qu'on se glisse à l'oreille. Malgré Saint-Evremond qui a été le premier à tirer la sonnette d'alarme, Hortense persévère. Faut-il y voir un besoin de déchéance; cet irrépressible besoin de se détruire; de courir à sa fin? Aux élégances du début, a fait place la crapulerie. Cependant, pour une dernière fois il y a comme une rémission, un retour en grâce. Saint-Evremond aurait-il été entendu? Pas même. Il a suffi d'un jeune homme sur un cheval gris pommelé, crinière tressée d'un ruban capucine, s'en allant au piaffé au milieu des jonquilles de Hyde Park.

Hortense se promène en calèche au parc en compagnie de milord Montagu par un petit matin ensoleillé. Elle aperçoit un jeune homme aussi rose que blond qui fait aller son cheval. Le printemps est dans l'air. Hortense n'a jamais su résister à la jeunesse. A la jeunesse sur un cheval. Elle raffole des centaures. Des cuisses épaisses. Des odeurs fortes. Des allées cavalières au petit printemps. Le jeune homme la croise chapeau bas. Le printemps est dans l'air mais aussi la galanterie. Le jeune homme a vingt ans; vingt-cinq au plus. Hortense cinquante. Où est la déraison? Le parc est si beau, les oiseaux si chanteurs... Hortense a retiré l'un de ses gants pour le laisser tomber au bas de la calèche. Et ce geste négligent, d'un gracieux abandon, accompli avec ce charme inimitable, est comme l'ultime révérence à une époque enfuie. Elle jette son gant et, une dernière fois, elle affiche cette grâce qui, chez elle, récompense non tant sa vertu que le talent qu'elle mit toute sa vie à n'en pas avoir. Le jeune homme a sauté de cheval et ramassé l'objet. Hortense fait signe de la main. La calèche est déjà loin. Le soir même le jeune homme rapportera le gant à Paradise Row. Le lendemain Londres connaîtra la dernière frasque d'Hortense. A cinquante ans, cette grand-mère vient de faire mat le roi d'Angleterre. Allant sur ses brisées, elle a mis dans son lit sans plus de façon l'amant de Guillaume, cet Arnold Van Keppel nouvellement fait comte d'Albemarle et pair du royaume.

### La marquise de Richelieu

Le bonheur ne fut que d'une saison. C'était, en effet, compter sans l'arrivée inopportune d'une des filles d'Hortense, Marie-Charlotte de Richelieu.

La terrible marquise de Richelieu a finalement quitté le mari qu'elle avait épousé en contrebande. Après avoir couru « le bon bord » à travers l'Europe avec des amants de fortune, entre autres son cousin le Grand Prieur de Vendôme, la voici qui s'en vient chercher l'aventure à Londres. Elle s'installe à Paradise Row. Et comme elle a un net penchant pour le vin et les alcools forts, elle ressort de la cave les bouteilles de gin qu'Hortense, le bonheur retrouvé, y avait remisées. La marquise est belle comme le jour. C'est Hortense avec vingt ans de moins. Et avec cela, le diable au corps. Albemarle aurait-il confondu la mère et la fille ? Quoi qu'il en soit, un beau matin Mme de Richelieu lève le pied avec le jeune milord, ne laissant à Hortense pour toute consolation que le fond de la bouteille de gin.

Hortense se soûlera « à la perfection ». Les derniers mois de sa vie se passeront même à se soûler à mort. Elle fera dire qu'elle n'y est pour personne.

Elle ne se supporte plus. L'horreur de vieillir lui fait même accélérer le mouvement. Du gin elle est passée à une sorte d'eau-de-vie. Un cordial pour l'estomac ? Un cordial dont elle aurait avalé deux grandes bouteilles coup sur coup ? Allons donc !

Saint-Evremond, inquiet, n'ayant aucune nouvelle d'elle depuis plusieurs jours, court à Chelsea. Il se fait ouvrir à grand-peine. Hortense ne veut pas le recevoir. Finalement elle lui permet d'entrer dans sa chambre. Il la trouve à l'agonie. Le roi Guillaume, alerté par les derniers amis d'Hortense, fait, passe-droit insigne en pays protestant, dénicher un prêtre catholique. Hortense ne veut pas le recevoir. Elle meurt en belle libertine ; en vrai disciple de son cher Saint-Evremond ; sans souci de Dieu ni de l'au-delà.

A Paris, Marianne qui a été prévenue de l'état de sa sœur, a fait atteler aussitôt. Elle arrive à Calais. Y embarque. Et finalement atteint Douvres pour y apprendre la mort d'Hortense survenue la veille, le 2 juillet 1699.


## Un cercueil sous scellés

Marianne fait aussitôt demi-tour. C'est qu'elle ne veut pas être obligée de rencontrer son beau-frère le duc de Mazarin, qui, alerté lui aussi de la fin imminente de sa femme, s'est mis en route pour l'Angleterre. Ayant appris en chemin la nouvelle, il a aussitôt drapé. Et c'est entouré de jeunes pages vêtus de noir, portant des cierges, qu'il se présente à Paradise Row.

Quel n'est pas son étonnement de trouver la dépouille de Mme la Duchesse son épouse sous scellés.

Dès que la mort d'Hortense a été connue dans Londres, tous ses créanciers se sont précipités à Chelsea pour se faire payer. Or il ne reste rien. Ni bijoux, ni or, ni argenterie ; à peine quelques meubles et une boîte de rubans dont elle savait comme Marie suprêmement se parer. Il ne reste plus que le cercueil et Pamela le perroquet. Ils s'en saisissent. M. de Mazarin tempête mais doit finalement payer pour dégager le cercueil de sa femme. Cette femme qu'il n'avait plus vue depuis trente ans et dont il est toujours éperdument amoureux.

Il retraverse la Manche, toujours en grand deuil, son carrosse drapé, avec pages et pénitents, et, dans ses bagages, le cercueil de Mme la Duchesse sa défunte épouse. Commence, alors, un grand tour. Il promènera Hortense à travers ses Etats sans pouvoir se décider à s'en séparer. S'il la met en dépôt quelque temps à Notre-Dame-de-Liesse, c'est pour mieux la reprendre ensuite avec lui. Cette pérégrination funèbre durera plusieurs années. Finalement, ne trouvant aucune sépulture digne d'elle il la place auprès de son oncle le Cardinal au Collège des Quatre Nations. Ainsi le *zio* Giulio récupéra post mortem sa nièce préférée.

## 53

# Dernier tour de piste en Espagne

*Jeu funèbre à l'Escurial*

A Madrid la mort est présente à chaque instant. Si elle n'est pas évoquée ouvertement, elle est pourtant là en filigrane dans les conversations, à mots couverts, codée dans les dépêches des ambassadeurs étrangers. On l'attend, on l'escompte, on l'espère. L'Europe entière est à l'affût; chacun tend l'oreille pour savoir si le roi Charles II respire encore. Il est si faible, ses jambes si vacillantes qu'il faut à présent le porter à bras d'homme pour le mettre en carrosse. Mais où se rend-il? Où court-il de nuit en carrosse entouré de porte-torches et précédé de sa garde flamande? Où le mènent-ils ces coureurs funèbres ainsi à travers la sierra? C'est que le roi a la mort inquiète. Cela le prend soudain comme une fièvre. C'est une maladie de famille. La mort est la grande affaire d'une vie pour un roi d'Espagne; c'est mieux que la découverte des Amériques. Les Amériques s'affranchissent. La mort demeure fidèle compagne. Une grande dame qu'il faut savoir charmer. Et les rois catholiques s'y entendent depuis Jeanne la Folle, qui ne se séparait jamais de la dépouille de son mari. C'est d'elle que les Habsbourg tiennent ce tempérament morbide. Charles Quint retiré comme simple moine à Yuste, langé dans un suaire, s'enfermait dans une bière pour entendre sa propre messe de Requiem. Philippe II dormait près de son cercueil avec une tête de mort à son chevet sur laquelle était posée la couronne d'Espagne. Philippe IV s'en allait de nuit, repérer la place qui lui conviendrait le mieux dans la crypte de l'Escurial. Il se glissait dans les niches et s'y endormait. La nuit suivante le retrouvait au même endroit essayant un autre poste. Charles II se fait ouvrir les cercueils de ses ancêtres; il aperçoit un instant leur visage puis, les uns après les autres, les voit s'effriter, tomber en poussière. Il se penche, il demande un flambeau, scrute longuement la profondeur du cercueil. Il tente de lire quelque chose de son destin dans cette poussière de rois. On lui ouvre finalement le tombeau de sa première femme, la tendre Marie-Louise d'Orléans. La jeune reine lui apparaît dans sa robe de morte, intacte. Le roi Charles veut s'emparer du corps. Déjà il l'a saisi et le tient embrassé. On veut le tirer de force; à tout prix il faut l'arracher aux tombeaux. On l'entraîne hors du caveau. Il crie comme un dément : « Elle est au ciel! Et vous aurez beau faire j'y serai bientôt avec elle!»

Depuis la mort du Connétable son époux, Marie a toute latitude d'aller et de venir à sa guise dans Madrid. Elle a quitté la maison au fond du jardin du palais de Medinaceli pour une résidence appartenant à l'ordre de Calatrava. Son fils Filippo lui alloue une pension suffisante pour qu'elle puisse figurer à la cour à son rang. Sa maison comporte un écuyer, un secrétaire, une troupe de valets et ce qu'il faut de cohéristes; à cela il faut ajouter les écuries avec un beau train d'équipage. De Rome on lui a fait venir de la vaisselle d'or. Son fils lui assure également un appartement au palais Colonna dans le cas où elle voudrait séjourner à Rome. Pour l'heure, Madrid lui convient comme résidence et elle n'entend pas en bouger. C'est là qu'elle pourra aider pour le mieux aux affaires de la famille, que le Connétable a laissées, en mauvais état.

### Marie chef de famille

Il s'est opéré un étrange changement chez Marie. Depuis la mort du Connétable, elle se sent responsable de sa maison; elle est devenue la gardienne de la tribu. Les Colonna sont grands feudataires de l'Espagne. Aussi, résidant à Madrid, se fait-elle un devoir de briguer charges, honneurs et pensions. Dans cette quête, oubliant parfois qu'elle est la nièce de Mazarin et qu'elle doit son établissement à la France, il lui arrive de prendre le parti de l'Autriche.

Après la mort de sa première femme, le roi Charles II s'est remarié. Il a épousé l'une des filles de l'électeur palatin, Marianne de Bavière-Neubourg, dont la sœur aînée a marié l'empereur Léopold. Ce mariage marque un point en faveur de la faction autrichienne, très puissante à la cour d'Espagne. Marie aussitôt rejoint cette camarilla. Elle se rend au « baise-main », suit la reine dans ses déplacements. Cependant il lui arrive, sait-on jamais par où le vent de l'Histoire tournera, de se ménager, à la nuit dans une maison retirée derrière Notre-Dame-d'Atocha, appartenant à une marquise de ses amies, des entretiens secrets avec d'Harcourt, l'ambassadeur de France. Cela sent son complot. Tout Madrid d'ailleurs complote en attendant la mort du roi. L'Espagne tombera-t-elle dans la gibe-cière de l'Autriche ou bien dans l'escarcelle de la France ? Les grands sont divisés. Oropesa en tient pour l'Autriche ; alors que Portocarrero le puissant archevêque de Tolède est tout acquis à la France. C'est lui d'ailleurs qui apprend à d'Harcourt que le roi Charles, hors de toute espérance de n'avoir jamais d'enfant, a testé en faveur du prince électoral de Bavière, son petit-neveu. Ce testament obtient l'agrément de la cour de France et apparemment aussi de celle de Vienne. Le prince électoral n'est qu'un enfant de sept ans. Trois mois plus tard il est mort. Per-sonne ne doute du poison ; le même qui a été employé sur Marie-Louise d'Orléans. La succession demeure donc ouverte. L'archiduc Charles, fils cadet de l'Empereur, qui veut soutenir ses droits à la couronne d'Espagne, trouve des alliés en la per-sonne de la reine et de sa favorite la Berlepsch, créature avide et corrompue. Et de nouveau Marie se rend nuitamment dans la petite maison pour y rencontrer l'ambassadeur et l'endormir avec de belles paroles. La reine se fait d'ailleurs payer très cher les quelques avis dont Marie se charge. Elle veut des bijoux pour elle et sa Berlepsch. Des broderies de Lyon, des colifichets de la dernière mode de Paris. C'est tout un catalogue de commandes que le marquis d'Harcourt fait parvenir dans ses dépêches à Versailles. Pour un peu, on se demanderait, oubliant les avancements et les grandeurs qu'elle escomptait en tirer pour sa famille, comment Marie, si généreuse, si légère quant à l'argent, si peu intéressée, a pu s'acoquiner avec des personnes aussi cupides que cette reine et sa favorite.

### Retour à Rome

Marie voyage cependant. L'hiver elle se rend à Barcelone. Le climat méditerranéen y est plus clément que celui de Madrid. Elle part pour Rome. Aussi demande-t-elle un passeport pour la France. On le lui accorde mais avec interdiction de s'approcher de Paris. Elle passera par Avignon et Aix, puis gagnera Gênes et, de là, par bateau, Rome. Ses fils lui font bon accueil. Carlo demeure toujours son favori. Elle habite au palais où elle n'a pas retrouvé ses habitudes d'autrefois. Son appartement est occupé par sa belle-fille, la Medinaceli. La ville a changé ; beaucoup de ses connaissances d'antan sont mortes. La reine Christine a disparu deux ans auparavant. Son vieil ami, le cardinal Flavio Chigi qu'elle eut jadis tant aimé voir pape, se traîne perclus de goutte. Il mourra l'année suivante. Vingt ans se sont écoulés depuis son départ de Rome et Marie en y revenant fait figure à présent d'ancêtre. Elle n'a pas vu le temps filer. Elle se coiffe toujours avec cette négligence concertée. Cependant elle entend bien les murmures et les réflexions quand elle passe en carrosse par le Corso. Mais qui est-ce ? qui est-ce donc ? se demandent les badauds. Et il se trouve toujours quelqu'un dans la foule pour crier : « Mais pardi, c'est la vieille Connétable Marie ! » Vieille ! que disent-ils ? elle vient d'avoir cinquante ans. Il n'y a pas que les badauds du Corso et de la piazza d'Espagna qui s'interrogent sur son âge ; dans les salons des palais où le soir elle se rend, on prend des paris sur sa date de naissance ; elle sent sur elle des regards appuyés ; le respect qu'on lui marque est celui qu'on doit généralement aux douairières ; elle est devenue un objet de curiosité. Si elle étonne encore par sa beauté, on lui fait bien comprendre que c'est un miracle. Jadis, du temps de sa splendeur, elle avait déjà eu du mal à supporter l'atmosphère confinée de la ville ; elle s'était donné six mois pour ce séjour, elle l'abrège soudain, prise de panique. Elle quitte Rome à la hâte. On l'attend à Madrid. Des affaires d'importance. Tous les prétextes sont bons. Cette urgence de se rendre à Madrid est si grande qu'elle s'attarde tout de même trois mois à Gênes. Elle aime cette ville. Et y reviendra par la suite à plusieurs reprises en villégiature. Elle finit par embarquer sur une felouque avec l'intention de gagner Barcelone. Elle est accompagnée de toute sa maison qui la suit dans ses déplacements, son écuyer, ses caméristes, son cuisinier et aussi son chapelain l'abbé Cavagna. Son bateau est arraisonné par des pirates. A leur tour ceux-ci sont capturés par des garde-côtes. Délivrée, on la débarque en Provence. On veut pendre les pirates. Marie obtient leur grâce. C'est que ces pirates se sont montrés galants hommes. Quand, à cinquante ans, la solitude talonne et que les sens réclament encore, fait-on la différence entre un corsaire et un pirate ? De Marseille, Marie se rend à Toulouse. C'est là que la rejoint son frère Philippe qu'elle n'a pas revu depuis ses trahisons savoyardes. Elle repasse ensuite en Espagne. Elle aime Madrid. Au fond, sans se l'avouer jamais, l'heure espagnole lui convient. Un cérémonial de cour compliqué, une ténébreuse religion d'ascèse ne sont que des paravents pour masquer le débordement des nuits où le cœur s'épuise en musique gitane ; quant à ses sens, ils trouvent leur compte en de furtives rencontres le long du Manzanares. A un âge où généralement un esprit de conduite vient aux plus délurées, Marie ne dédaigne pas de s'encanailler.

### La succession d'Espagne

La journée elle rend ses devoirs à la reine bavaroise ; elle va au baisemain, à la promenade entourée d'un essaim noir et sautillant de duègnes grimpées sur des mules. Le soir elle court l'aventure dans les bas quartiers en mante et en masque. La grande d'Espagne s'est faite *maja*.

Charles II qui agonise depuis trente-sept ans est au bord de rendre l'âme. Les prétendants ne manquent pas à la succession

L'archiduc Charles veut soutenir ses droits, comme on l'a vu ; Louis XIV fait savoir que dans ce cas il soutiendra ceux de son petit-fils le duc d'Anjou, dont la grand-mère était la fille aînée de Philippe IV ; l'archiduc Charles n'étant que le petit-fils d'une infante cadette. La reine Marie-Anne de Neubourg, en bonne Allemande, favorise les visées de l'Autriche. Le cardinal Porto-carrero après avoir eu raison du ministère du comte d'Oropesa fait chasser la Berlepsch, en lui permettant de s'enfuir avec ses rapines. Il licencie également le régiment du prince de Darm-stadt qui contrôle Madrid. Il fait tomber entre les mains de l'Inquisition le confesseur du roi, une créature zélée de l'Autriche. Le roi s'éteint le jour de la Toussaint, après avoir testé en faveur du duc d'Anjou. La nouvelle est encore secrète. Le Conseil d'Etat s'est assemblé dans le cabinet du roi afin d'ouvrir le testament, tandis que la foule envahit les apparte-ments du palais. Tous les Grands présents à Madrid s'y trouvent ainsi que les plénipotentiaires étrangers. Le comte d'Harrach, ambassadeur de l'Empereur, affiche déjà la morgue d'un vain-queur ; sûr de son fait, il toise le marquis de Blécourt que l'ambassadeur d'Harcourt, en quittant Madrid pour aller ras-sembler des troupes sur la frontière, a laissé en place. C'est alors que les portes du conseil s'ouvrent. Paraît le duc d'Abran-tès. Il semble chercher quelqu'un dans la foule. Son regard glisse sur Blécourt sans s'y attarder. Chacun retient son souffle. Les chances des Français de l'emporter paraissent, soudain, réduites à néant. Alors le duc d'Abrantès faisant semblant d'apercevoir pour la première fois dans cette assemblée le comte d'Harrach, sans même lui faire de révérence, lui saute au cou et tout haut lui fait le compliment suivant : « Monsieur c'est avec beaucoup de plaisir... Oui, monsieur c'est avec une extrême joie que pour toute ma vie... (ici il prend le temps de le serrer encore dans ses bras)... et le plus grand contentement je me sépare de vous et prends congé de la très auguste maison d'Autriche. » Puis les derniers mots prononcés il lui tourne le dos sans plus de façon. Les courriers partent dans toutes les directions. Huit jours plus tard, le 9 novembre, Louis XIV à Fontainebleau reçoit la nouvelle. Il partait pour la chasse qu'il annule pour tenir conseil. Il s'interroge quelque temps. Puis, de retour à Versailles le 16 novembre, fait entrer après son lever l'ambassadeur d'Espagne et lui montrant le duc d'Anjou lui dit qu'il peut dorénavant le saluer comme son roi. Alors les portes du cabinet s'ouvrent à deux battants. La foule est immense qui attend. « Messieurs, leur dit le Roi, voici le roi d'Espagne ! » Se tournant alors vers son petit-fils : « Soyez bon Espagnol, c'est présentement votre premier devoir ; mais souvenez-vous que vous êtes né français... » Cela est bien ronflé et avec de la grandeur. Cependant il ne faut pas être grand politique pour imaginer les milliers de morts qu'en leurs replis ces phrases frappées recèlent. La guerre éclatant sur tous les fronts, l'Artois envahi, les Anglais en Portugal, M. l'Archiduc dans Madrid en cavalcade... tout s'y trouve. L'Europe liguée contre la France, et la guerre générale.

### Marie joue la reine douairière et perd

A Madrid le cardinal Portocarrero a fait savoir à la reine Marie-Anne de Neubourg qu'il est temps pour elle de quitter le palais et de se retirer à Tolède. C'est un ordre qui émane de Versailles. Marie se croit obligée, par pur dévouement à la souveraine déchue, de la suivre à Tolède. C'est généreux mais c'est un faux pas. Par cette démarche, elle s'engage ostensiblement aux côtés des ennemis de la France. La guerre de succession d'Espagne vient de commencer, mais Marie, toujours évaporée, le sait-elle même ? Elle ne se trouve pas à Madrid lors de l'entrée de Philippe V dans sa capitale. Ce n'est qu'après quelques mois de règne, quand il se rendra à Tolède, qu'on le lui présentera.

Marie a beau le dévisager, elle ne retrouve rien de Louis en son petit-fils. En ceignant la couronne d'Espagne, il semble s'être revêtu des dégénérescences Habsbourg. Le sang Bourbon s'est comme étouffé en lui. On le devine inquiet, nocturne, bigot, obsédé par son sexe, et penchant déjà vers une neurasthénie profonde. Marie lui est nommée. On lui explique qui est la princesse Colonna. Quoi ! cette sexagénaire aurait été la première passion de son grand-père? Il ne saurait imaginer ce qu'on veut lui faire entendre. Tout cela est si loin. D'ailleurs que sait-il, lui-même, de l'amour? On lui a promis une reine, une princesse de Savoie, Marie-Gabrielle, la sœur cadette de Marie-Adélaïde, l'épouse de son frère Bourgogne, mais elle se fait attendre. On la dit cependant en route. Or justement voici que cette princesse se fait annoncer à Barcelone. Epousée par procuration à Turin, la petite reine a gagné Nice où l'attendaient à l'ancre la *Reale* d'Espagne ainsi que les galères françaises d'escorte. Elle s'y est embarquée en compagnie de sa Camarera mayor, la princesse des Ursins.

### Crayon de la princesse des Ursins

La princesse des Ursins, de naissance française est née Anne-Marie de La Trémoille-Noirmoutier. Fille du marquis de Noirmoutier, d'une branche cadette des ducs de La Trémoille, la jeune Anne-Marie a eu une jeunesse fort aventureuse. Ayant épousé en premières noces Blaise de Talleyrand, prince de Chalais, duelliste enragé, elle s'est sentie obligée de le suivre en exil après une méchante affaire, plusieurs morts ayant été laissés sur le carreau. Ensemble ils courent l'Espagne et l'Italie; vivent d'expédients. Le prince de Chalais meurt à Venise. Sa jeune veuve, malgré les injonctions de sa famille, s'entête à demeurer en Italie. Elle se rend à Rome. Elle y pressent un destin. Comme elle a de l'entregent et beaucoup d'ambition qu'elle dissimule à merveille sous un air de cour et de monde, elle débusque rapidement un vieillard, le duc de Bracciano. Il est veuf, sans enfants, et grand d'Espagne. De plus il est chef de la maison Orsini, ce qui lui confère le titre de prince au *sòglio* pontifical. Elle manœuvre, l'épouse et comme elle a de l'esprit, le palais Bracciano de la piazza Navona devient rapidement le rendez-vous de la meilleure société. Le vieux mari compte pour peu. Elle fait apposer les armes de France sur son palais et commande au compositeur Melani une cantate pour cette occasion. Elle manœuvre si bien que le vieux mari quitte sans même s'en douter la faction d'Espagne pour celle de France. Il est entièrement à sa main. Il la nomme sa légataire universelle ; sur quoi, il a le bon goût de ne pas s'attarder en ce monde.

Veuve pour la seconde fois et criblée de dettes, elle vend son duché pour près de deux millions au neveu du pape Innocent XI, don Livio Odescalchi ; mais cependant conserve les bijoux Orsini et les pierreries de la famille. Après quoi elle prend le nom de princesse Orsini qu'elle francise en des Ursins.

Depuis longtemps elle se trouvait liée avec la duchesse de Savoie, fille de Monsieur et d'Henriette d'Angleterre, et la duchesse douairière Madame Royale ; aussi quand dans l'urgence il faut trouver une Camarera mayor à la nouvelle reine d'Espagne qui ne soit ni française ni espagnole, son nom vient tout naturellement. Par son mariage elle est romaine, grande d'Espagne et veuve d'un prince du *sòglio*. Ce choix judicieux trouve aussitôt l'agrément de Versailles où la princesse des Ursins a su se ménager des appuis, lors de son dernier séjour, et non des moindres, puisque Mme de Maintenon la protège. A Madrid le cardinal Portocarrero qui, naguère à Rome, en fut amoureux, souscrit à sa nomination. Elle voit aussitôt ce que son ambition, aidée par un sens inné de l'intrigue, pourra tirer de cette charge. Elle procède par flatteries et fines insinuations, se pousse mais avec cette douceur qui n'est pas l'artifice le moins efficace de sa batterie ; aussi bien avant la frontière se rend-elle maîtresse du cœur de la jeune reine. Elle n'est encore que sur le marchepied, c'est le carrosse qu'elle veut.

### Le rendez-vous de Barcelone

La petite reine a le mal de mer. La princesse des Ursins, après s'être concertée avec le grand écuyer le marquis de Castel Rodrigo, donne l'ordre de rejoindre Marseille. Toute la maison de la reine y débarque. Et c'est par la route et en litière que le voyage se poursuit. On est fin octobre. Sur la campagne flotte une odeur d'automne. La nature pantelante, embuée d'or, glisse lentement vers l'assoupissement. Aux flancs des coteaux les vignes dessinent des traînées d'incendie. La terre ocre a un parfum de vanille. Sur tout le Languedoc et le Roussillon s'est répandue une chaude lumière. Les villes sont en fêtes de la vigne; on leur fait les honneurs du vin. A la frontière la jeune reine est accueillie par le marquis de Louville, chef de la maison française du roi d'Espagne. Dans son impatience de connaître sa femme, Philippe V a quitté Barcelone pour se porter au-devant d'elle. Les deux cortèges se rejoignent à Figueras. Les époux sont enchantés l'un de l'autre. On les marie à nouveau dans une petite chapelle. Puis ils gagnent le château de San Ferran où un souper est préparé. Les dames espagnoles, noires, osseuses et bardées de leur grandesse, montrent leur mépris pour la cuisine française en ne touchant d'aucun plat. La reine Marie-Gabrielle, qui n'a aperçu encore qu'un échantillon de la morgue espagnole, se retire en larmes dans sa chambre. Elle ne veut pas voir le roi, elle ne veut plus être reine. C'est la princesse des Ursins un peu avant l'aube qui la calme. Avant l'arrivée à Barcelone tout est rentré dans l'ordre. Et le roi qui découvre l'amour est fort content de sa petite reine.

C'est aux portes de la ville que Philippe V et la reine sont accueillis par les Grands qui ont fait le voyage de Barcelone. Marie en est. Elle s'avance sous un immense parasol que soutient un jeune Maure, sa traîne tenue par Morena. Elle s'avance protégée du soleil ainsi que l'étiquette lui en donne le droit. Seules les femmes des Grands ont droit au parasol devant le roi et la reine. Marie semble devoir plaire à la nouvelle reine. N'a-t-elle pas été du dernier bien avec son grand-père ce cher Charles-Emmanuel; et sa mère n'est-elle pas la propre fille d'Henriette d'Angleterre, son amie d'enfance... tout cela ne saurait compter pour rien. Elle est sûre de son fait. Marie n'est pas une manœuvrière comme la princesse des Ursins. Elle va au gré de son caprice, pire : de son cœur. Elle est brouillonne, indisciplinée. Et l'âge n'a rien arrangé.

La princesse des Ursins est fort renseignée sur Marie. Comme d'ailleurs sur la plupart des personnages de la cour. Toutes deux sont romaines mais elles ne se sont jamais rencontrées. Marie a quitté Rome à peu près au temps où Mme des Ursins alors princesse de Chalais s'y installait. Quand Marie y retourna après la mort du Connétable, la princesse des Ursins était à Versailles. Aussi est-ce leur première rencontre. Froidement, sans haine, la princesse des Ursins est décidée à la perdre; simplement parce que Marie par ses tocades imprévisibles, ses inconduites passées, sa liberté de parole, risque de compromettre la difficile installation d'une nouvelle dynastie en Espagne. Au fond Marie, à la longue en ne suivant que ses passions, en courant les grands chemins, est devenue une personne embarrassante, de réputation dangereuse, hormis pour une société d'hommes, rompus au jeu et au plaisir.

Son séjour à Tolède chez la reine douairière a été monté en épingle ainsi que les remarques ironiques qu'elle aurait laissées échapper devant la reine, sur certaines dames espagnoles.

Louville est dépêché auprès d'elle pour lui dorer la pilule. Sa présence à Madrid n'est pas nécessaire. Puisqu'elle aime le climat de la Méditerranée, pourquoi n'irait-elle pas faire un séjour dans une des villes de la Provence; et puis de là pousser jusqu'à Gênes, qui sait, elle pourrait trouver du charme à cette côte ligure. Marie est trop fine pour ne pas entendre le message. Le roi part pour Naples où s'est déclarée une révolte; la reine et sa Camarera mayor vont rejoindre Madrid en passant par les Etats d'Aragon, ces Etats dont elle avait refusé, naguère, d'être la vice-reine; elle s'en ira, donc, en France. Louville lui a fait donner un passeport. Encore une fois elle peut se rendre où elle veut à l'exception de Paris et de Versailles. Elle séjournera un temps à Lyon; poussera jusqu'à Nevers pour rendre visite à son frère Philippe; puis reviendra séjourner à Aix. Cependant, le temps passant, Avignon deviendra son port d'attache.

# 54

# Paris, Paris je te reviens encore...

*Aigrefins et gigolos*

Marie va avoir soixante-cinq ans. Elle ne les paraît pas. Sa silhouette est unique. Elle s'entretient par la marche à pied. Seul son visage s'est légèrement empâté. Au moral elle est toujours la même, généreuse, impétueuse, et souvent inconsidérée. Son goût du romanesque la pousse étrangement à collectionner les canailles. C'est une victime toute trouvée pour les aigrefins, qui, dans Avignon, pullulent. Un certain Morando Mazarini, rencontré on ne sait où, dont la mine louche pourtant aurait dû l'avertir, réussit à se faire passer auprès d'elle pour un parent éloigné, d'une branche de la famille encore sicilienne ; aussitôt, Marie, toujours grand cœur, lui abandonne un petit héritage d'un cousin éloigné de Palerme. C'est l'éternelle histoire du gigolo et de la vieille dame rattrapée par le démon de midi. Marie se fait tancer par son fils Filippo. C'est que non seulement elle a abandonné sa part mais aussi celles de ses sœurs. Et même elle a signé une renonciation pour Hortense morte depuis cinq ans. Cette brouille cependant ne dure pas. D'ailleurs Filippo se remarie. Veuf, sans enfant de la Medinaceli, il épouse une Pamfili qui lui donne bientôt un héritier.

Marcantonio, le deuxième fils de Marie, lui aussi s'est marié ; il a épousé la fille de Cristina Paleotti, l'ancienne maîtresse de Lorenzo. Ce mariage a déplu à Marie mais plus encore à Filippo par son inégalité. Et puis qui sait si cette Paleotti n'est pas une de leurs demi-sœurs ? Marie finit par replâtrer les deux frères ; elle a fait valoir à Filippo le récent mariage de la belle-sœur de

Marcantonio avec le duc de Shrewsbury. Marie n'aime rien tant qu'étendre par des alliances entrecroisées les zones d'influence de sa maison, cherchant par tous les moyens d'élever à la pourpre son cher Carlo. Un Colonna dans les ordres et qui n'est pas cardinal lui semble plus qu'une injustice, un affront. Se doute-t-elle seulement que, depuis l'avènement de Philippe V, c'est à Versailles et non plus à Madrid qu'il lui faut chercher l'agrément d'un chapeau ? Or Louis XIV n'a aucune raison de récompenser un membre de la famille Colonna, laquelle s'est toujours montrée contraire à ses intérêts, ne se ralliant aux Bourbons que tardivement et presque contrainte et forcée. Par ailleurs Marie se trouve être au centre, depuis quelque temps, d'une méchante affaire, dont on se chuchote jusque dans les antichambres de Versailles les détails croustillants.

Le lieutenant de police d'Argenson aurait probablement minimisé l'histoire si Jérôme Pontchartrain, le fils du Chancelier, qui aime à rapporter au Roi les scandales de Paris ne lui avait donné de la publicité.

A l'automne de 1702 on a arrêté un étrange capucin en rupture de couvent. Un Flamand du nom de Florent Brandembourg. Il joue de cette quasi-homonymie en prétendant appartenir à la famille de Prusse et fait des dupes. C'est en réalité un chevalier d'industrie qui, pourvu de bon argument, sait, quand il faut, payer de sa personne. Avec les dames de préférence. Quoiqu'il s'entende aussi à faire tourner la tête aux hommes. Il s'introduit dans les familles, s'attache au mari, pour mieux attraper la femme ou, qui sait, les enfants. Il met en confiance ; on lui révèle des secrets de famille ; il se fait donner des lettres de change, des bijoux.

Un temps le duc de Mazarin en a été coiffé. Fort content de ses patenôtres, il l'a recommandé à Rome à son neveu Filippo Colonna. De là, comme le capucin voulait se rendre en Espagne où, lui avait-on dit, la veuve catholique offre un champ infini pour la pratique de ses expériences, il se fit donner par Filippo une lettre de recommandation pour sa mère Mme la Connétable douairière.

A cette époque Marie se trouvait à Tolède auprès de la reine veuve Marianne de Neubourg. Le capucin défroqué y débarque.

C'est un caméléon, il dit ce que l'on a envie de s'entendre dire. Il est à tous les feux ; ceux brûlants de l'amour ; mais aussi ceux de l'espionnage qui nécessite du mitonné d'intrigues. Il vous fait voir, au choix, la queue de la comète ou un bout de la vraie croix. Marie est sous le charme. Elle a le goût canaille. Aussi l'entraîne-t-elle à Barcelone où elle le présente à Philippe V. Marie lui donne des lettres pour sa sœur Bouillon, pour son frère Nevers. C'est que l'escroc aimerait faire son chemin à Paris ; un chemin qui le conduirait, pourquoi pas, à Versailles. En fait celui-ci le mène droit à la Bastille.

D'Argenson l'y interroge. Il pense avoir arrêté un espion. Il n'a mis la main que sur un aigrefin qui vit de ses charmes. D'Argenson n'est pas bégueule et possède un esprit assez polisson pour s'amuser du personnage. C'est que le père Florent, tout bouc qu'il soit, est un sentimental. Il garde les lettres de ses conquêtes ; quand il le peut une mèche de leurs cheveux, un médaillon, un portrait, une jarretière. Il y a du collectionneur, du fétichiste chez ce capucin. Il est peu discret, même assez vantard ; il raconte tout dans le détail. Et le détail de ces vieilles échauffées par notre capucin est plaisant. Pontchartrain le fils, celui que Saint-Simon nomme « l'araignée venimeuse », toujours à l'écoute des bruits de Paris, y trouvant matière à faire sa cour, attrape le lardon et tout chaud encore le porte chez le Roi. Le capucin est nommé, ses conquêtes aussi ; le nom de la Connétable est prononcé ; Louis XIV veut qu'on diligente l'enquête. D'Argenson a beau minimiser l'affaire ; on le pousse ; Pontchartrain est là pour tout envenimer. Depuis l'Affaire des poisons, le Roi est prêt à tout entendre. Il n'a plus guère d'illusions ; cependant, l'image de Marie, cette héroïne de sa jeunesse, avait longtemps perduré intacte au fond de lui, enfouie dans les souvenirs d'un temps lointain, comme d'une autre vie. Mais ces lettres indécentes, ce capucin licencieux, soudain l'ont toute ternie. Rien ne peut donc rester intact ; même les amours légères. Tout se corrode.

En Avignon où pour l'heure elle réside, Marie a été alertée du tour que prend cette enquête de basse police. Elle est confuse. Ne sait comment expliquer ce faux pas. Le Roi est-il au courant ? Connaît-il tous les détails ? Sa confusion augmente encore quand on le lui assure. Elle demande à sa sœur Marianne d'intervenir. A son frère Philippe de s'entremettre. Il faut récupérer les lettres compromettantes, les bijoux — des bricoles certes mais de prix tout de même — qu'elle a confiés au père Florent; pour qui? pour quoi? le saura-t-on jamais. L'affaire dure un peu; des potins à bas mots; et puis un jour s'éteint. Le masque de Marie est cependant tombé la laissant le visage découvert. Le monde a pu voir, alors, celui d'une vieille femme encore travaillée par le désir. Marie n'a su esquiver la curiosité des hommes; empêcher ce besoin qu'ils ont de pénétrer les sentiments secrets de la femme. Marie sait bien qu'elle ne leur doit rien; qu'elle n'a aucun compte à rendre. Elle a toujours vécu ainsi; libre sans déguiser ses sentiments; sans composer son visage; prenant son plaisir sans être obligée de cacher sa jouissance; quitte à demeurer froide et insensible sans devoir faire semblant; sans obligation de feindre ses voluptés. Ainsi a-t-elle jeté chez son époux une méfiance éternelle, en se soustrayant à sa virilité. Encore qu'elle ait payé cher, par l'exil, le couvent, la prison, ce luxe de liberté. Sans doute si elle était demeurée à Rome, le Connétable l'aurait tuée; la brutalité, le crime parfois, sont la conséquence logique des méthodes employées par l'homme pour tenter de forcer le secret de la femme qui résiste.

## Une maison à Passy

Marie rend les armes. Une voix lui dit au fond d'elle-même de se retirer. Pour la première fois, elle éprouve sur elle la griffe effroyable du temps qui la pousse vers ce grand troupeau de monstres disloqués qui furent jadis des femmes.

Elle voyage en grande dame avec ses chapelains, ses écuyers, son majordome et Morena qui est devenue une petite vieille ridée. Elle passe ses hivers tantôt à Gênes, tantôt à Livourne. Elle séjourne souvent chez son fils Marcantonio et sa belle-fille lesquels habitent à Bologne le palais Paleotti. Ils ont une petite fille dont Marie s'occupe. Ils passeront ensemble une saison à Venise. Elle s'essaie à l'art d'être grand-mère. Mais quelque chose la pousse toujours à partir, l'entraîne toujours de l'avant. Espère-t-elle encore l'aventure ? De ses villas de Rapallo, de Sestri, elle regarde le crépuscule descendre sur la mer. L'idée de revoir Paris la démange. Elle voudrait retrouver sa famille, et puis voir Versailles. Elle arrive aux premiers jours de septembre 1705. Son frère a mis à sa disposition une maison qu'il possède sur la colline de Passy. Elle ne connaît plus guère de monde à Paris. Cependant on la visite. Marianne organise autour d'elle des fêtes où elle semble une curiosité que l'on vient voir. Elle comprend qu'elle appartient désormais à la mythologie d'un règne finissant.

Les frondaisons ont pris des teintes mordorées. Au loin de l'autre côté de la Seine elle entend sonner du cor. C'est le Roi qui chasse chez Monseigneur à Meudon. Le jour baisse. Les cors se sont éteints. La chasse est passée. Comme la vie, comme ses espoirs. Non décidément elle ne se rendra pas à Versailles, à l'invitation du Roi. Elle a attendu quarante ans cette invitation. Elle arrive trop tard. A la tombée des feuilles, Marie repart.

Ainsi elle errera encore quelques années ; toujours se cherchant, toujours se fuyant. On l'aperçoit sur la terrasse d'un palais de Gênes une saison ; on la retrouve l'hiver suivant à Naples. S'il lui arrive de passer par Rome, c'est sans s'y attarder.


### Mort de Philippe de Nevers, mort de Mme la Comtesse

La mort a commencé à faucher autour d'elle. D'abord son frère Philippe qui disparaît en octobre 1707 ; il avait été durant sa vie si négligent de ses affaires qu'il n'avait jamais pris la peine de faire enregistrer au Parlement son duché ; aussi son fils n'a pas l'autorisation du Roi de relever le titre de Nevers et se fait appeler le prince de Vergagne.

La nouvelle de la mort de sa sœur Olympe l'atteint à l'automne de l'année suivante alors qu'elle s'apprête à quitter Sestri Levante où elle vient de passer l'été.

Olympe est morte le 17 octobre 1708 à Bruxelles. Au début de l'été elle avait eu la satisfaction de recevoir son fils le prince

Eugène qui passait par les Flandres. Marie prend le deuil et
écrit à son neveu Eugène avec l'arrière-pensée d'obtenir son
soutien pour la promotion au cardinalat de Carlo. Sait-on
jamais où s'appuyer quand tout vacille en Europe ? Le roi
d'Espagne chassé de Madrid a retrouvé finalement son trône,
encore qu'il y soit fort mal assuré. La France est au bord d'être
envahie par les pays de la coalition. Le roi Guillaume d'Angleterre est mort, mais sa haine de Louis XIV se perpétue dans le
grand pensionnaire de Hollande Heinsius, et le triumvirat qu'il
forme avec le prince Eugène et Marlborough.

### Requiem versaillais

Dans Versailles solitaire Louis XIV fait face, sans pour
autant déroger à ses habitudes, avec son égoïsme à la fois
magnifique et monstrueux.

Regardons-le au sortir de la messe se promener autour de ses
bassins et y jeter du biscuit aux carpes baguées. La duchesse du
Lude accourt en émoi. « Madame la Duchesse de Bourgogne
s'est blessée... » Le Roi sans sourciller continue à jeter à ses
carpes. Puis s'arrêtant : « La duchesse de Bourgogne est blessée... » fait-il d'un air dépité. Aussitôt chacun autour de lui
manifeste en courtisan son chagrin. La Princesse a eu déjà deux
accidents de la sorte. Un des courtisans fait observer qu'il se
pourrait bien qu'après cela la Princesse ne puisse plus avoir
d'enfant. Louis XIV jusque-là silencieux éclate alors : « Et
quand cela serait ? N'a-t-elle pas déjà un fils ? Et quand cet
enfant mourrait, est-ce que le duc de Berry n'est pas en âge de
se marier et d'en avoir ? Et que m'importe qui me succède des
uns ou des autres ? Ne sont-ce pas également mes petits-fils ? »
Les courtisans demeurent muets. Aussi le Roi reprend-il encore
plus violemment : « Dieu merci ! elle est blessée, puisqu'elle
avait à l'être ! Je ne serai plus contrarié dans mes voyages et
dans tout ce que j'ai envie de faire par les représentations des
médecins et les raisonnements des matrones. J'irai et viendrai à
ma fantaisie et on me laissera en repos. » Voilà d'un beau vieil-

lard au cœur bien racorni. Qu'est devenu ce roi qui disait à Le Nôtre en regardant ses jardins : « J'y souhaiterais un peu plus d'enfance » ?

Il continue à prendre ses commodités comme il l'entend sans se soucier des autres. La Maintenon se voit obligée encore de céder aux assauts du vieux faune. Elle s'en plaint mais elle se conforme à ses exigences. Il n'a plus de dents ; et les attaques de la goutte sont de plus en plus fréquentes ; les humeurs du nez lui viennent dans la bouche par un trou au palais malencontreusement fait par Fagon son chirurgien lors de l'extraction d'une molaire. La fistule à l'anus dont on l'a opéré il y a plus de vingt ans n'est pas sans avoir non plus laissé quelques séquelles. On ne le voit plus guère à cheval et lorsqu'il chasse c'est toujours en calèche qu'il conduit seul.

Bientôt la mort aura ses grandes entrées à Versailles. D'abord les princes du sang : le prince de Conti, petit-neveu de Mazarin par sa mère, puis M. le Prince, le fils du grand Condé, lui-même suivi par son fils M. le Duc. L'année suivante viendra le tour de Monseigneur, le Grand Dauphin. On ne parle pas encore de poison mais bientôt, dans ce carrousel funèbre, la mort subite fait son entrée. Et coup sur coup en quelques jours, voilà la duchesse de Bourgogne, la nouvelle petite Dauphine, suivie du duc de Bourgogne le nouveau Dauphin et leur fils aîné le petit duc de Bretagne, expédiés à Saint-Denis. Dans Versailles, l'air même tourne à la mort. La stupeur accable la cour. Le poison est partout. La Dauphine n'avait-elle pas été avertie par son premier médecin qu'on voulait l'empoisonner ? Un avis analogue avait été envoyé de Madrid par Philippe V à son frère Bourgogne. Le Roi montre un visage impassible. Il regarde le corps du Dauphin quitter Marly pour Versailles où il va rejoindre celui de la Dauphine. C'est à la nuit tombante le 23 février 1712 que les deux cercueils quittent ce palais. Les dix-huit carrosses qui suivent le char funèbre sont drapés de noir ; les chevaux harnachés de deuil ; les voitures sont entourées par les valets porte-flambeaux. C'est à l'aube que le convoi passe la porte Saint-Honoré. Il traverse Paris. Dans les rues se presse une foule dense et silencieuse. Le soir même les deux bières reposent dans la basilique de Saint-Denis sous un même dais.

Le Roi est demeuré à Marly sans déroger à aucune de ses habitudes. Il va à la chasse ; abat trente faisans. La main est encore sûre. La vieille machine en impose toujours, comme se plaît à le dire l'ambassadeur d'Angleterre milord Stair. Ayant évoqué avec hauteur, lors d'une audience, les travaux du canal de Mardick comme pouvant suppléer au port de Dunkerque, Louis XIV lui avait répondu : « Monsieur l'ambassadeur j'ai toujours été maître chez moi, quelquefois chez les autres. Ne m'en faites pas souvenir. » Le vieux lion sait encore rugir à mots couverts avec cette politesse exquise qui est la sienne.

### Le « con capitaine » et le « con lieutenant »

Jusque dans le salon de l'Œil de Bœuf se sont répandues des rumeurs de poison. On accuse presque ouvertement le duc d'Orléans, neveu du Roi, fils de feu Monsieur. Lorsqu'il paraît les courtisans s'en écartent comme d'un pestiféré. Il est l'objet d'une cabale menée par la Maintenon qui le hait. Lors d'un dîner arrosé, en Espagne naguère quand il y commandait en chef, il avait, en levant son verre, porté une santé « au con capitaine » et « au con lieutenant ». Le rire gagna les convives. Le trait fut rapporté dans l'instant à la princesse des Ursins qui comprit aussitôt qui étaient le « lieutenant » et son « capitaine ». Elle en écrivit à ce sujet à la Maintenon. Depuis, toutes deux n'avaient eu de cesse de le perdre. Cependant le Roi, qui aime son neveu, n'a jamais voulu la suivre sur ce terrain ; aussi lorsque les médecins viennent lui annoncer, après autopsie, qu'aucun poison n'avait été administré au Dauphin ni à la Dauphine, il se tourne vers la Maintenon : « Eh bien, Madame ! Eh bien, ne vous avais-je pas dit que ce que vous m'avez dit de mon neveu était faux ?... »

Un an encore et disparaîtra le duc de Berry à son tour, aussi soudainement ; et l'on reparlera de poison. La mort mène le bal à Versailles. Le Roi de plus en plus faible prend des bains de jambe dans du vin aromatisé et le soir un verre de quinquina. Le père Le Tellier et ses satellites rôdent dans les antichambres comme des oiseaux de proie prêts à fondre sur le charnier royal. Le Roi s'est fait amener par le Chancelier la cassette contenant les dossiers soustraits jadis à la Chambre ardente lors de l'affaire des poisons. Il les jette dans le feu de sa cheminée. Tout l'agace, rien ne retient plus son esprit. Quelquefois cependant la musique le déride. Il fait venir alors Philidor à qui il a confié le recensement des œuvres jouées sous son règne. Ensemble ils évoquent les ballets d'antan. Un jour que Philidor lui avoue qu'il se trouve en peine de noter le récit de Pan dans le Ballet des Plaisirs, Louis XIV lui en chante aussitôt de mémoire les couplets : « que ces bois, ces prés et ces plaines... » Et Philidor de noter sous la dictée du vieux Roi. Il se souvenait encore d'un air sur lequel il avait dansé au Louvre près de soixante ans auparavant ; et qu'il avait, probablement, à son habitude, sifflé une saison, tout en menant sa chère Marie à la promenade sur la terrasse des Tuileries ou plus loin encore vers le jardin Renard.

# 55

# La grande fugue

*Marianne s'éclipse*

Marie est entrée dans sa soixante-quatorzième année ; elle essaie d'oublier et voyage. Sans cesse en mouvement elle s'étourdit. Elle s'adonne à de longues promenades le long du littoral, dans l'air embaumé de ce qui n'est pas encore la « Riviera italienne ». Les nouvelles de Versailles lui sont arrivées comme assourdies ; même la mort de Marianne a glissé sur elle comme l'eau sur les plumes d'un canard. Ne s'est-elle pas résignée elle-même au grand voyage ?

La duchesse de Bouillon est morte soudainement dans sa maison de Clichy, où son mari se remettait lentement d'une maladie dont on l'avait cru perdu.

Elle descend de voiture. Traverse ses appartements en coup de vent. Se fait annoncer chez le duc, entre dans la chambre. Elle titube. On la croit ivre. Son visage est tout rouge. Elle fait encore deux pas pour s'effondrer au pied du lit. On s'empresse ; on s'affole ; on veut la relever ; elle est morte. Apoplexie dit-on. Aujourd'hui on dirait rupture d'anévrisme.

Elle avait été durant plus de trente ans sans conteste la reine de Paris, n'apparaissant que rarement à Versailles. Elle avait de l'audace et de l'entreprise. Elle effarouchait par sa liberté. Elle était bonne amie. Son salon fut le rendez-vous de tout ce qui comptait. Sa mort passa presque inaperçue à Versailles où les courtisans guettaient celle du souverain. N'appartenait-elle pas aussi à un théâtre déjà à moitié englouti dans les dessous ?

Marie n'a pas le temps de pleurer, elle est déjà en route pour Rome. Filippo s'y meurt au fond de son grand palais. Marie se trouve à son chevet quand il passe le 6 novembre.

### Pise, terminus

Le temps presse. Carlo est devenu cardinal quelques années auparavant, ayant reçu enfin l'agrément de la France. Marie a réglé au mieux un procès délicat que lui faisait en la menaçant de chantage une soi-disant bâtarde de feu le Connétable. Elle sent qu'il lui faut refaire son testament. Aussi dans les premiers jours du printemps de 1715 se dirige-t-elle vers Pise où se trouve un de ses conseillers juridiques le père Ascanio. Elle arrive à Pise le 7 mai. Descend au palais Salviati. Au soir elle se promène le long des quais déserts de l'Arno. C'est une promenade mélancolique même au printemps. La vie s'y trouve ensablée.

Le lendemain le père Ascanio vient la saluer. Cependant, lui dit-il, des affaires d'importance l'empêchent de la recevoir ce jour. Il retourne à cet effet à son couvent. Aussi quelle est donc sa surprise quand il voit paraître dans sa cellule la Connétable, hagarde, ne se souvenant pas même de ce dont elle veut l'entretenir. Le religieux lui redit qu'il ne lui est pas possible de la recevoir présentement. Elle le regarde. Sort. Vers le soir le père Ascanio est de nouveau interrompu dans son travail par des coups répétés à la porte. Il ouvre. C'est encore la Connétable. Elle entre. Demeure un instant muette, le regard fixé sur une bible avant de s'écrouler dans les bras de sa suivante. On l'étend aussitôt sur le pauvre lit du religieux. On fait venir un médecin. Elle voudrait parler, elle ne peut. L'attaque l'a rendue aphasique. Elle meurt dans la nuit. Comme elle avait demandé d'être inhumée là où elle mourrait, elle fut selon ses dernières volontés enterrée dans l'église du couvent du Saint-Sépulcre. Le cardinal Carlo Colonna fit graver sur sa tombe en dessous de son nom ces simples mots : « Cendres et poussière ».

*Nunc et in hora mortis*

A Versailles où le Roi est de retour de Marly le 10 août, une mécanique de théâtre a été mise en place pour sa sortie de scène. Il donne cependant le change et soupe au grand couvert pour la dernière fois le 13 août. Le lendemain il se fait porter à la chapelle et entend la messe pour la dernière fois en public. Il ne quittera désormais plus ses appartements. Le 23 août il prend encore un grand bain de jambe ; et au dîner donne quelques conseils au marquis de Dangeau pour les nouvelles installations de son château. Il choisit des habits pour le lendemain qu'il ne revêtira pas ; un peu comme s'il voulait narguer la gangrène qui a gagné le genou.

Le 25 août, jour de la saint Louis, il veut dîner en public. « J'ai vécu parmi les gens de ma cour, dit-il, je veux mourir parmi eux. Ils ont suivi le cours de ma vie ; il est juste qu'ils me voient mourir. » Les portes de son appartement sont ouvertes et les courtisans peuvent l'apercevoir en robe de chambre, la jambe posée sur des coussins, mangeant une panade. Celle-ci avalée, les garçons bleus retirent la table et le Roi échange encore quelques paroles avec des dames présentes puis se tournant vers le gros des courtisans il leur dit : « Messieurs, il ne serait pas juste que le plaisir que j'ai de passer ces derniers instants en votre compagnie vous empêche de dîner. Je vous dis adieu et vous prie d'aller manger. » On referme les portes qui ne s'entrouvriront plus que pour ceux du premier cercle, « l'élixir de cour ». Le soir le cardinal de Rohan administre le Roi. Quelques familiers ont été introduits dans la chambre par les cabinets intérieurs. Le gros de la cour est demeuré dans la galerie des Glaces. Après avoir reçu le viatique, le Roi demande son testament et y ajoute de sa main un codicille. Il reçoit ensuite le duc d'Orléans à qui il témoigne de la tendresse ; ultime fourberie « mazarine » puisque, d'une plume allègre, il vient de le déposséder de tous les pouvoirs au profit d'un conseil de régence. Le Roi prend congé de ses familiers avec cette application et cette politesse exquise qu'il a mises dans toutes les circonstances de sa vie. Se tournant vers son neveu il

lui dit alors : « Je vous fais régent du royaume. Vous allez voir
un roi dans le tombeau et un autre dans le berceau. Souvenez-
vous toujours de la mémoire de l'un et de l'intérêt de l'autre. »
Il bénit le jeune Dauphin. Le lendemain, la fièvre empire. Il
aperçoit de son lit dans un miroir deux jeunes valets qui
pleurent. « Pourquoi pleurez-vous ? Est-ce que vous m'avez cru
immortel ? Pour moi je ne l'ai jamais cru... » Le père Le Tellier
rôde dans la chambre. « Souffrez-vous, sire ? » demande-t-il.
« Eh non ! lui répond le Roi, et cela me fâche. J'aimerais souffrir davantage pour expier mes péchés. » Tout cela est tiré au
cordeau ; parfaitement maîtrisé ; chaque mot, chaque parole
vient à point nommé. Le roi meurt en grand apparat. La
machinerie, bien huilée, n'a accusé aucune faille. Tout a fonctionné à merveille. Il ne manque que la musique du cher Baptiste pour élever cette mort au niveau d'une grande tragédie
lyrique. La vieille Maintenon, anticipant la fin, s'est retirée à
Saint-Cyr. Le Roi ressent soudain un rayon de mieux et l'en
rappelle. A cette nouvelle d'un retour de santé, les courtisans
qui depuis huit jours faisaient le siège des appartements du duc
d'Orléans se pressent à nouveau aux portes du Roi. La Maintenon a retrouvé sa place dans l'alcôve du mourant. Le Roi fait
quérir le duc d'Orléans pour lui recommander la marquise.
Cette funeste fée avait voulu le perdre ; il le savait. Ils se disent,
cependant, des politesses au travers du mouchoir qu'ils tiennent
sous leur nez. Le temps a tourné à l'orage et avec lui les chairs
pourries. Les garçons bleus ont beau passer des cassolettes de
parfum, l'atmosphère de la chambre est irrespirable. On défait
et refait les pansements. La gangrène a gagné la cuisse. Malgré
les parfums répandus, l'odeur de décomposition s'insinue de
pièce en pièce ; gagne le château ; dans la galerie des Glaces où,
à nouveau, la foule des courtisans s'est éclaircie, flotte une
odeur de décomposition et de mort ; tout en est imprégné ;
jusqu'aux miroirs dont le tain s'en trouve terni ; du corps du Roi
pourrissant, on dirait que la contagion s'est soudainement
communiquée au palais, au parc, aux bosquets, aux eaux, aux
forêts, aux domaines, qui sait peut-être, au royaume entier.
Faut-il voir, dans le demi-jour de ces appartements somptueux
et abandonnés, les tristesses feintes ou réelles d'une cour

dépeuplée, les valets intérieurs livrés à eux-mêmes, alors que dans le lointain sur les canaux et le grand miroir plombé passent les éclairs furtifs d'un orage d'été, la revanche de la nature jadis forcée ? Le Roi se décompose et des dessous du palais remonte l'humidité malsaine d'anciens marais et une puanteur qui l'est davantage ; comme une vengeance posthume des ouvriers, terrassiers, contremaîtres qui, afin d'établir les soubassements du grand théâtre de ce règne, sont morts, par milliers, enlisés, rongés par les fièvres paludéennes, d'épuisement à assécher des marais et à rassembler les eaux épaisses et vertes des étangs bourbeux. Et voilà comme à mesure de celle du monarque, s'en vient la lente corrosion des marbres, des ors, et de tant de merveilles par les eaux, les mousses et le lichen.

Dans la cour de marbre, la garde d'escorte qui doit conduire le petit Roi à Vincennes est déjà sous les armes. Les chevaux s'impatientent. « Nunc et in hora mortis », a repris le Roi puis il est entré en agonie. Au matin il rend l'âme. On est le 1er septembre. Quatre jours plus tard il aurait eu soixante-dix-sept ans. Le Roi a expiré ; la pièce a été dite ; les lumières sont éteintes ; le décor n'a plus qu'à s'abîmer dans les dessous. Aucun applaudissement n'a rappelé les acteurs. Le règne nouveau emporte le souvenir de l'autre.

Auprès de la grande misère du royaume, de tant de batailles gagnées, de tant de perdues, de ces morts par milliers, de ces carnages, de ces provinces ravagées, de quel poids est le destin de nos Mazarines ? Un certain sourire, une grâce. Ces aventureuses, en effet, demeureront l'ultime caprice italien en cette société cérémonieuse et gourmée du Grand Siècle qu'elles effrayèrent par leur liberté et leurs folies. Spirituelles, courageuses et fières, elles furent les protégées des fées. Leur chute même fut pour étonner. Elles n'ont fait que traverser l'Histoire tel un vol d'éphémères un soir d'été. Cendres et poussières, elles sont à présent à tous vents. Une froissure dans la soie, un vieil air de Baptiste, en restitueraient, qui sait, la grâce et le parfum.

# LA FAMILLE MAZARIN

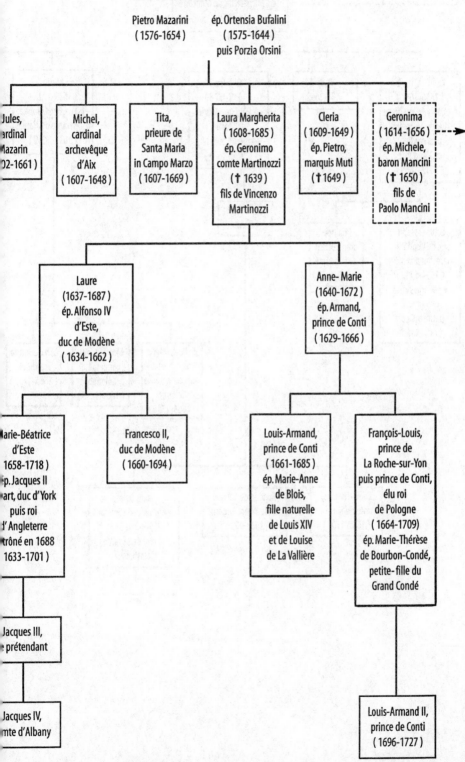

Pietro Mazarini
( 1576-1654 )

ép. Ortensia Bufalini
( 1575-1644 )
puis Porzia Orsini

Jules,
cardinal
Mazarin
( 02-1661 )

Michel,
cardinal
archevêque
d'Aix
( 1607-1648 )

Tita,
prieure de
Santa Maria
in Campo Marzo
( 1607-1669 )

Laura Margherita
( 1608-1685 )
ép. Geronimo
comte Martinozzi
( † 1639 )
fils de Vincenzo
Martinozzi

Cleria
( 1609-1649 )
ép. Pietro,
marquis Muti
( † 1649 )

Geronima
( 1614-1656 )
ép. Michele,
baron Mancini
( † 1650 )
fils de
Paolo Mancini

Laure
(1637-1687 )
ép. Alfonso IV
d'Este,
duc de Modène
( 1634-1662 )

Anne- Marie
(1640-1672 )
ép. Armand,
prince de Conti
( 1629-1666 )

Marie-Béatrice
d'Este
1658-1718 )
ép. Jacques II
art, duc d'York
puis roi
d'Angleterre
trôné en 1688
1633-1701 )

Francesco II,
duc de Modène
( 1660-1694 )

Louis-Armand,
prince de Conti
( 1661-1685 )
ép. Marie-Anne
de Blois,
fille naturelle
de Louis XIV
et de Louise
de La Vallière

François-Louis,
prince de
La Roche-sur-Yon
puis prince de Conti,
élu roi
de Pologne
( 1664-1709)
ép. Marie-Thérèse
de Bourbon-Condé,
petite-fille du
Grand Condé

Jacques III,
prétendant

Jacques IV,
mte d'Albany

Louis-Armand II,
prince de Conti
( 1696-1727 )

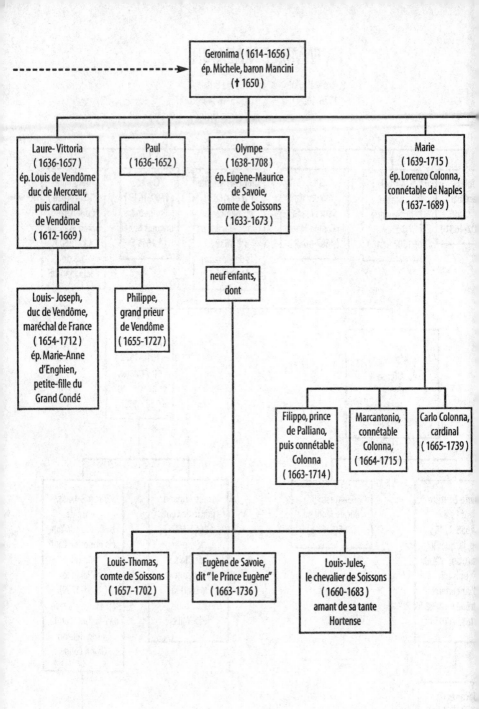

Geronima ( 1614-1656 )
ép. Michele, baron Mancini
( † 1650 )

Laure- Vittoria
( 1636-1657 )
ép. Louis de Vendôme
duc de Mercœur,
puis cardinal
de Vendôme
( 1612-1669 )

Paul
( 1636-1652 )

Olympe
( 1638-1708 )
ép. Eugène-Maurice
de Savoie,
comte de Soissons
( 1633-1673 )

Marie
( 1639-1715 )
ép. Lorenzo Colonna,
connétable de Naples
( 1637-1689 )

Louis- Joseph,
duc de Vendôme,
maréchal de France
( 1654-1712 )
ép. Marie-Anne
d'Enghien,
petite-fille du
Grand Condé

Philippe,
grand prieur
de Vendôme
( 1655-1727 )

neuf enfants,
dont

Filippo, prince
de Palliano,
puis connétable
Colonna
( 1663-1714 )

Marcantonio,
connétable
Colonna,
( 1664-1715 )

Carlo Colonna,
cardinal
( 1665-1739 )

Louis-Thomas,
comte de Soissons
( 1657-1702 )

Eugène de Savoie,
dit " le Prince Eugène"
( 1663-1736 )

Louis-Jules,
le chevalier de Soissons
( 1660-1683 )
amant de sa tante
Hortense

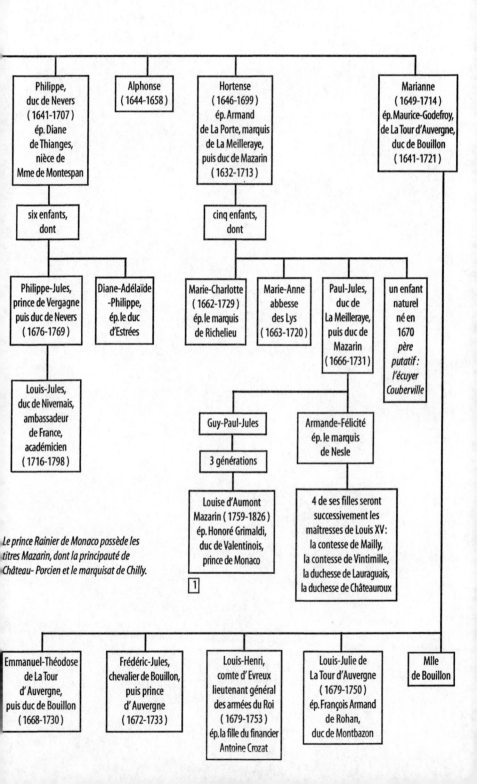

| Philippe, duc de Nevers (1641-1707) ép. Diane de Thianges, nièce de Mme de Montespan | Alphonse (1644-1658) | Hortense (1646-1699) ép. Armand de La Porte, marquis de La Meilleraye, puis duc de Mazarin (1632-1713) | | Marianne (1649-1714) ép. Maurice-Godefroy, de La Tour d'Auvergne, duc de Bouillon (1641-1721) |

**six enfants, dont**

**cinq enfants, dont**

| Philippe-Jules, prince de Vergagne puis duc de Nevers (1676-1769) | Diane-Adélaïde -Philippe, ép. le duc d'Estrées | Marie-Charlotte (1662-1729) ép. le marquis de Richelieu | Marie-Anne abbesse des Lys (1663-1720) | Paul-Jules, duc de La Meilleraye, puis duc de Mazarin (1666-1731) | un enfant naturel né en 1670 *père putatif: l'écuyer Couberville* |

Louis-Jules, duc de Nivernais, ambassadeur de France, académicien (1716-1798)

Guy-Paul-Jules

**3 générations**

Armande-Félicité ép. le marquis de Nesle

*Le prince Rainier de Monaco possède les titres Mazarin, dont la principauté de Château- Porcien et le marquisat de Chilly.*

Louise d'Aumont Mazarin (1759-1826) ép. Honoré Grimaldi, duc de Valentinois, prince de Monaco

**1**

4 de ses filles seront successivement les maîtresses de Louis XV: la contesse de Mailly, la contesse de Vintimille, la duchesse de Lauraguais, la duchesse de Châteauroux

| Emmanuel-Théodose de La Tour d'Auvergne, puis duc de Bouillon (1668-1730) | Frédéric-Jules, chevalier de Bouillon, puis prince d'Auvergne (1672-1733) | Louis-Henri, comte d'Evreux lieutenant général des armées du Roi (1679-1753) ép. la fille du financier Antoine Crozat | Louis-Julie de La Tour d'Auvergne (1679-1750) ép. François Armand de Rohan, duc de Montbazon | Mlle de Bouillon |

# TABLE

*Cet ouvrage a été réalisé par la*
*SOCIÉTÉ NOUVELLE FIRMIN-DIDOT*
*Mesnil-sur-l'Estrée*
*pour le compte des Éditions Grasset*
*en décembre 1999*

*Imprimé en France*
Première édition, dépôt légal : septembre 1999
Nouveau tirage, dépôt légal : décembre 1999
N° d'édition : 11385 - N° d'impression : 49518
ISBN : 2-246-47761-1